抄底逃顶六合一操盘法

梁富林　著

地震出版社
Seismological Press

图书在版编目(CIP)数据

抄底逃顶六合一操盘法／梁富林著. —北京：地震出版社，2019.6

ISBN 978-7-5028-4978-8

Ⅰ.①抄…　Ⅱ.①梁…　Ⅲ.①股票交易－基本知识　Ⅳ.①F830.91

中国版本图书馆CIP数据核字(2018)第200597号

地震版　XM4071

抄底逃顶六合一操盘法

梁富林　著

责任编辑：吴桂洪　王凡娥

责任校对：凌　樱

出版发行：地震出版社

北京市海淀区民族大学南路9号　邮编：100081

发行部：68423031　68467993　传真：88421706

门市部：68467991　传真：68467991

总编室：68462709　68423029　传真：68455221

证券图书事业部：68426052　68470332

http：//seismologicalpress.com

E-mail：zqbj68426052@163.com

经销：全国各地新华书店

印刷：廊坊市华北石油华星印务有限公司

版(印)次：2019年6月第一版　2019年6月第一次印刷

开本：787×1092　1/16

字数：427千字

印张：25.25

书号：ISBN 978-7-5028-4978-8/F(5681)

定价：80.00元

前　言

A股开市到现在已历经快三十个年头，吸引了众多投资者的竞相入场。在千变万化的股市行情中，输赢尽在一息之间。股市如战场，这是众多参与股市的投资者切身的感受。于是，为了把握股市胜率，一些人忙于看电视股评、参加股市沙龙、看证券类报刊、购买炒股软件，甚至添加了各种社交群组，坐等“大师”和“专家”为之推荐的“牛股”，炒股软件为之捕获的“牛股”，可谓乐此不疲。庞大的市场“需求”为股市“黑嘴”“网络股神”的泛滥提供了相应的土壤。而这些“黑嘴”与“股神”却利用投资者对他们的信任误导投资者，由“专家”变“庄家”，把投资者当“韭菜”割，采用“先行买入股票，然后向公众推荐，再卖出股票”的手法操纵市场，以牟取暴利。前些年有从创造“亿安科技”神话的罗成，到号称为全国散户服务的著名网络股评人“带头大哥”，再到因非法代客炒股而获刑的“名嘴”汪建中，2008年8月被处以1.25亿元天价“罚单”。此后，电视荐股虽被明令禁止，但“股神”“大师”“专家”的手法不断变着花样，让经验不足的投资者防不胜防。随着互联网的普及，近年来网络荐股之风肆掠，网络诈骗案频现报端，其中2016年深圳警方破获的一起“炒股大师”网络诈骗中，涉案金额超4亿元，被骗人数达3.5万人，一些受害者一生积蓄被骗光。为什么中国股市操纵股价和网络诈骗的犯罪频频发生?究其原因，一方面是由于中国股市是个新兴市场，制度和法律不健全，监管难度大，给某些投机取巧的人可趁之机，造成媒体虚假宣传十分严重；另一方面，A股向来以散户为主，与市场主力或庄家相比，缺乏信息优势、资金优势和技术优势。在千变万化的股市行情中，散户很难获得各种信息，而电视股评、证券类报刊就成为他们获得信息的唯一途径，再加上忽视专业的技术分析，进而盲从于那些“专家”“大师”，指望以此获得“内幕消息”，实现一夜暴富的理想。

股票投资，作为一项高风险，高收益的投资，一名投资者要想在这个高风险的市场获得成功，只有具备相当的专业知识和丰富的实战经验，除此之外没有任何捷径可走。那种把希望寄托在一套炒股软件或一些“专家”“大师”的投机者，只会让自己越陷越深，输得更惨。正所谓“天下熙熙，皆为利来；天下攘攘，皆为利往”。理性的投资者不妨试想：如果一套炒股软件能够让您在股市获得成功，那软件开发公司有必要出售自己的软件吗？这么好的工具，留着自己用，岂不是在股市赚得盆满钵满？如果那些“专家”和“大师”能让您“低投入、高回报，一夜暴富”，他们又何苦“不厌其烦”“苦口婆心”地在媒体、网络上做“义务宣传”？何不将“暴富”的机会留给自己？天下哪有免费的午餐！与机构投资者相比，作为普通的投资者在信息、资金方面的劣势无法改变，也没办法弥补。但进入实战之前，在技术分析方面的劣势，却可以通过自己一步一个脚印、脚踏实地、勤奋地学习股市投资的基础知识、模拟操盘等方式来弥补，回归到对市场价值的理性判断，从而降低踏入股市时所面临的风险。不过，投资者也必须面对一个严峻的现实：股市挣钱很难，股市中“一赢二平七亏损”的局面没人能改变。普通投资者对于股市而言，就如同沙漠中的一粒沙，大海中的一滴水，一粒沙虽然永远不可能改变沙漠，但却可以随沙丘移动而融于沙漠；一滴水虽也永远改变不了海洋，但却可以随洋流漂流而融于大海。所以，投资者欲成为股市中的“一赢”，唯有把与股市投资相关的基础知识，比如艾略特波浪理论、移动平均线理论、技术图形、道氏理论、KDJ(随机指标)等进行全面系统地学习。这些基础知识理论是投资前辈们长期实践总结的结晶，在欧美百余年金融市场中得到有效验证，成为当今市场中广泛使用的技术分析工具。作为新入市的投资者，在学习前人的成功经验基础之上，并辅之于不断地模拟操作，加上实战总结，形成独立分析市场的能力。当K线、技术指标和技术图形走势发出买进信号的时候，无论是绩优股还是绩差股，无论是高价股还是低价股，都要敢于买进。反之，要敢于果断卖出。只有彻底抛弃诸如买股票依赖于“专家”股评、“大师”推荐、“内幕消息”、炒股软件等缘木求鱼、舍本逐末的侥幸心理，才可能成为一名成熟的投资者。

投资者要学习诸如K线理论、移动平均线理论、技术图形、量价关系理论、道氏理论、艾略特波浪理论、KDJ、MACD、乖离率等相关的基础知识，首先要有这方面的参考书籍，否则无从谈起。屹今为止，中国股市虽然已经走过近三十年头，图书市场与股市相关的书种类繁多，层出不穷。笔者查阅大量相关资料，汲取现代股市研究的理论成果和他人股市操作成功的经验，根据A股的实际情况，对比较成熟的K线理论、技术图形、量价关系理论、道氏理论、艾略特波浪理论等相关基础知识进行全方位介绍和剖析，并在此基础之上结合个人心得，初拟出一套成熟的投资方法，供读者参考使用，希望有助于新入市的投资者学习和真正掌握股市的操作技巧，成为股市的赢家。笔者在投资初期，也同大多投资者一样，走了很长时间的弯路，几度陷入财务危机和心理危机，但相信只有不轻言放弃，总会找到解决问题之道，因为成长是一个痛苦而漫长的过程。

书中列举了大量案例，几乎揽括了沪深股市20多年来有代表性的技术图形和波浪结构，有力地验证了相关基础知识理论的科学性和有效性。笔者在基础知识和精典技术理论之上加以综合运用，结合沪深股市的实际情况与笔者的个人经验，归纳总结出一套“六合一操盘法”。依据“六合一操盘法对沪深股市20多年来历次顶部和底部的形成进行深入分析，期望读者能从这些案例中领悟到成功抄底和逃顶的方法和技巧。另外，根据稳健型投资者的需求，总结出行之有效的“擒牛七法”，供读者参考。

本书在编写过程中，借鉴、参阅和引用了一些书刊的相关资料，由于涉及的资料太广，恕不能逐一注明出处，谨向被引用资料的编著者表示诚挚的敬意和感谢！另外，由于编者水平有限，书中不免可能出现某些错误或缺陷，敬请专家和读者予以指正。

目　　录

第一章　技术图形的识别与案例分析 …… 1

第一节　技术图形概述 …… 1
第二节　技术图形一览表 …… 3
第三节　双底和双顶 …… 19
第四节　头肩底和头肩顶 …… 25
第五节　三重底和三重顶 …… 32
第六节　收敛楔形底和收敛楔形顶 …… 38
第七节　扩张楔形底和扩张楔形底 …… 43
第八节　下降旗形底上升旗形顶 …… 49
第九节　潜伏底 …… 54
第十节　底部三角形和下降三角形 …… 57
第十一节　V 形底和倒置 V 形顶 …… 62
第十二节　圆底和圆顶 …… 66
第十三节　跳空缺口 …… 69
第十四节　底部岛形反转和顶部岛形 …… 76
第十五节　上升三角形、收敛三角形和扩张三角形 …… 80
第十六节　上升楔形和下降楔形 …… 86
第十七节　上升旗形下降旗形 …… 92
第十八节　矩形 …… 97
第十九节　技术图形的识别小结 …… 99

第二章　移动平均线的运用 …… 102

第一节　移动平均线的概述 …… 102

第二节　移动平均线图形的常见形态和运用 …………………………… 107
第三节　移动平均线的使用要领 ………………………………………… 111

第三章　KDJ 和 MACD 指标运用 ……………………………………… 116

第一节　KDJ 的运用 ……………………………………………………… 116
第二节　MACD 的运用 …………………………………………………… 123
第三节　KDJ 与 MACD 指标的综合运用 ………………………………… 130
第四节　KDJ 和 MACD 指标识别与运用小结 …………………………… 132

第四章　乖离率的运用 …………………………………………………… 135

第一节　乖离率的概述 …………………………………………………… 136
第二节　乖离率负值转为正值和正值转为负值的运用 ………………… 142
第三节　乖离率接近历史最大值和最小值的应用 ……………………… 147
第四节　乖离率背离的运用 ……………………………………………… 154
第五节　乖离率的运用小结 ……………………………………………… 159

第五章　成交量的识别与运用 …………………………………………… 162

第一节　成交量概述 ……………………………………………………… 162
第二节　量价关系形态的识别和运用 …………………………………… 164
第三节　量价关系性质的识别和运用 …………………………………… 170
第四节　量价关系的辩证分析 …………………………………………… 174
第五节　均量线的识别和运用 …………………………………………… 176
第六节　成交量的识别和运用小结 ……………………………………… 185

第六章　趋势线的运用 …………………………………………………… 187

第一节　趋势线的概述 …………………………………………………… 187
第二节　趋势线的突破与修正 …………………………………………… 197
第三节　趋势线突破后的作用转换 ……………………………………… 203
第四节　趋势线的 123 法则 ……………………………………………… 205
第五节　趋势线识别和运用小结 ………………………………………… 208

第七章 轨道线的运用 …… 212

第一节 轨道线的概述 …… 212
第二节 轨道线的买卖法则 …… 214
第三节 轨道线衰竭形态的识别与应用 …… 218
第四节 轨道线突破形态的识别与运用 …… 219
第五节 轨道线的运用小结 …… 225

第八章 道氏理论核心法则的应用 …… 227

第一节 道氏理论的概述 …… 227
第二节 道氏理论 123 法则的识别与运用 …… 232
第三节 道氏理论 2B 法则的识别和运用 …… 235

第九章 艾略特波浪理论 …… 240

第一节 波浪理论的概述 …… 240
第二节 波浪理论口诀和解析 …… 243
第三节 波浪的各浪特征及操作策略 …… 253
第四节 推动浪形态的识别和运用 …… 257
第五节 调整浪形态的识别和运用 …… 265
第六节 波浪理论的更替原则 …… 270
第七节 黄金分割理率在波浪理论中的应用 …… 272
第八节 波浪的比率分析 …… 277
第九节 波浪运行的时间 …… 283
第十节 艾略特波浪理论小结 …… 287

第十章 阻力位与支撑位的识别和运用 …… 292

第一节 支撑位和阻力位概述 …… 292
第二节 支撑位和阻力位的案例分析 …… 296
第三节 支撑位与阻力位的有效性识别 …… 305
第四节 支撑位与阻力位的识别和运用小结 …… 307

第十一章 六合一操盘法 …… 310

第一节 六合一操盘法 …… 311
第二节 六合一操盘法之——逃顶技巧 …… 323
第三节 六合一操盘法之——抄底技巧 …… 344
第四节 六合一操盘法小结 …… 362

第十二章 擒牛七法 …… 365

第一节 行业龙头中抓牛股 …… 366
第二节 题材股中抓牛股 …… 369
第三节 高送转中抓牛股 …… 375
第四节 ST 股中抓牛股 …… 378
第五节 从公司基本面分析中抓牛股 …… 383
第六节 先于大盘见底的个股或板块中抓牛股 …… 388
第七节 潜伏底中抓牛股 …… 391

第一章　技术图形的识别与案例分析

在众多技术分析方法中，技术图形分析是最直观、最基本、运用最为广泛的技术分析方法之一，也是投资者在判断市场走势中较为重要的一个技术环节和分析手段。不过令人遗憾是，很多投资者并不了解和掌握技术图形的分析方法，甚至于不知“颈线”“头肩顶”“岛型反转”为何物，那就更不用说如何在高风险的股市中成功地“逃顶”和“抄底”了，对于这样的投资者而言，在股市中面临的风险不言而喻。所以，要识别顶部与底部，并做到在股市风险来临之前，成功逃顶；在股市机遇出现时候，精准抄底，熟悉和掌握技术图形，是投资者必须具备的基础知识。

第一节　技术图形概述

无论是股票还是黄金、白银、铜等期货品种，在长期的市场波动中，都会在其走势图上形成各种不同的图形。有的像三角形，有的像一枚楔子，有的像一面旗帜……历经人们的长期观察、总结后发现：一旦股价或者商品价格形成这些图形后，其后的走势几乎如出一辙，并且每一种图形的变化都具有其规律性，这就是技术图形分析的基础，由此而产生以大盘指数、股价走势图形为研究对象的技术图形理论。并广泛的应用于股市和期货市场，成为人们判断市场走势的重要手段。

由于每一种图形变化均有其规律性，根据技术图形的变化规律，可归纳为两类：一类图形是转势形态为主，另一类图形是整理形态为主。

一、转势形态

所谓转势形态，指的是股价(指数)在走势中出现这种图形后，其价格运行的方向会发生改变。转势形态又可细分为顶部形态和底部形态。

(1)顶部形态指的是股价(指数)由原来的上升趋势转为下降趋势。其常见形态有：双顶、头肩顶、三重顶、矩形顶、圆顶、倒置V形顶、楔形顶、旗形顶、顶部岛型反转、向上衰竭缺口等。

(2)底部形态指的是股价(指数)由之前的下降趋势转为上升趋势。其常见形态有：双底、头肩底、三重底、矩形底、圆底、V形底、楔形底、旗形底、底部三角形、底部岛型反转、向下衰竭缺口等。

二、整理形态

整理形态也称持续形态，指的是股价(指数)原来是什么样运行趋势，整理结束之后，市场依然沿着原有的趋势继续运行，整理只是原有趋势的暂时停顿或修复，原来的运行趋势没有发生根本性的改变。其常见形态有：三角形、矩形、上升楔形、下降楔形、上升旗形、下降旗形。

不过，转势形态和整理形态之间并没有严格的界限，也不是一成不变的，有时转势形态会以整理形态的形态出现。比如头肩顶，只有在股价有效跌破颈线时，才能确认头肩顶形态的成立，而很多时候股价(指数)运行过程中，其走势图从形态看类似头肩顶形态的特征，但是股价并未跌破颈线或者短时、快速跌破颈线后，又重新回到颈线上方，并沿着原来的市场方向继续运行，这时候我们称之为头肩顶的失败形态。其实质就是头肩顶以整理形态出现的一种形式。

同样，整理形态也是一样，并不是总是以整理形态出现，当出现在阶段性顶部或底部的时候，常常会以转势形态出现。比如以收敛三角形为例，收敛三角形绝大数情况下是以整理形态出现，即股价原来是上升趋势，整理结束后，股价依然会继续原有的上升态势；股价原来是下降趋势，整理结束后，股价仍将会延续之前的下降趋势。而当它出现在底部区域时，则是以转势形态出现。

所以，投资者在学习技术图形时，一定要以辩证的思维对技术图形进行客观、正确的认识，切勿机械地认为转势形态只能以顶部形态或底部形态的形式出现，整理形态只能以持续形态出现。比如跌势末期出现收敛三角形，投资者若固执的以为收敛三角形只会以持续形态出现，依然以看空的思维来判断市场，可股价(指数)却在此位置止跌回升，形成阶段性的底部后调头向上，这样，往往让自己陷入不知所措的窘境。

另外，每一种图形从时间上都可分为日K线图、周K线图、月K线图或者更短周期的小时K线图、分钟K线图。不同时间周期的图形，其形成后涨跌力度也有所不同，总的来说，图形形成后涨跌力度与与其形成时间成正比。比如月K线图上形成三重顶形态，代表者股价(指数)中长期走势较弱，一定会比日K线图上出现的三重顶对多头的杀伤力度更大、更强、持续时间也更长。

总之，只有投资者对各种技术图形的基本知识，变化规律有了足够的认识和了解之后，才能成功的躲避股海中的狂风暴雨，沐浴股市中的和熙阳光。

第二节　技术图形一览表

一、以底部转势形态为主的技术图形

名称		技术图形	特征	技术含义	操作建议	备注
双底	反转形态	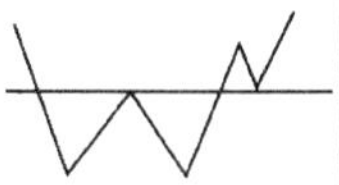	(1)在跌势中出现； (2)有两个低谷，最低点基本相同； (3)第二个低谷形成时，成交量极度萎缩，但向上突破颈线时成交量迅速放大； (4)在突破之后常常回抽，在颈线附近止跌回升，从而确认向上突破有效	筑低回升，买进信号	激进买点：①重返前低点上方可买进；②放量突破颈线时买入。稳健买点：放量突破颈线经回抽颈线后再度放量创新高时买进	筑底时间越长可信度越高，不过上升力度不如头肩底
	失败形态	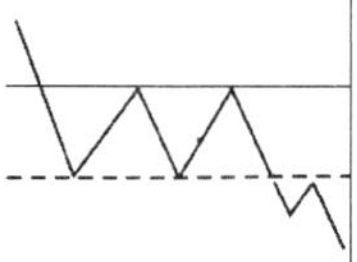		筑底失败，卖出信号	股价重返前低点下方，激进型投资者应果断止损出局	股价无力有效突破颈线，回落再创新低

续表

<table>
<tr><th colspan="2">名称</th><th>技术图形</th><th>特征</th><th>技术含义</th><th>操作建议</th><th>备注</th></tr>
<tr><td rowspan="2">头肩底</td><td>反转形态</td><td></td><td rowspan="2">(1)在跌势中出现；
(2)有3个低谷，左右两个低谷的低点基本处在同一水平，而中间低谷的低点明显低于左右两个低谷的低点；
(3)前两次反弹高点基本相同，最后一次反弹向上突破了前两次反弹高点的连线(俗称“颈线”)，并收于其上方；
(4)右肩成交量出现极度萎缩，向上突破颈线时成交量显著放大；
(5)在突破颈线后常常有回抽，在颈线附近止跌回升，从而确认向上突破有效</td><td>筑底回升，买进信号</td><td>激进买点：①可在右肩形成时，与左肩相近位置买入，必须设置止损点；②可在右肩形成，放量向上突破颈线时买进．稳健型买点：可在放量突破颈线经回抽后再次放量创新高时买进</td><td>筑低时间越长越有可能产生大涨行情；在实际走势中常常同时出现一个、两个或多个左肩，右肩的复合型头肩底，与标准的头肩底技术含义相同</td></tr>
<tr><td>失败形态</td><td>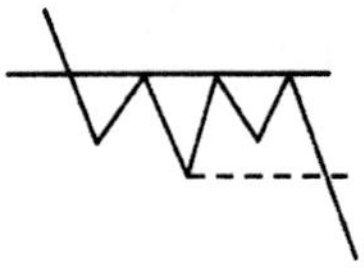</td><td>筑底失败，卖出信号</td><td>激进型投资者应果断止损出局</td><td>股价无法有效突破颈线或者短时突破颈线后又重新回到颈线下方，回落再创新低</td></tr>
<tr><td rowspan="2">三重底</td><td>反转形态</td><td>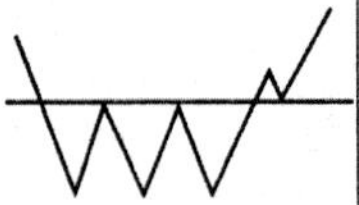</td><td rowspan="2">(1)在跌势中出现；
(2)有3个低谷，三个低谷的低点基本处在同一水平；
(3)前两次反弹高点基本相同，最后一次反弹向上突破了前两次反弹高点的连线即颈线，并收于其上方；
(4)成交量逐级减少，上冲突破颈线时成交量显著放大；
(5)在突破颈线之后常常有回抽，在颈线附近止跌回升，从而确认向上突破有效</td><td>见底回升，买进信号</td><td>激进买点：①价格重返前低点上方，适量买进；②可在放量向上突破颈线时买进。稳健买点：可在放量突破颈线经回抽后再次放量创新高时买进</td><td>由双底演变而成，筑底信号强于双底；筑底时间越长，后市爆发力度越强</td></tr>
<tr><td>失败形态</td><td>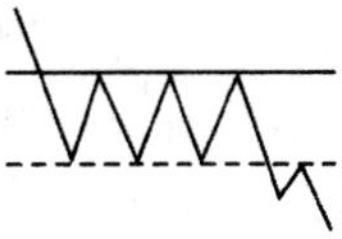</td><td>筑底失败，卖出信号</td><td>激进型投资者应果断止损离场</td><td>股价无法力有效突破颈线，受阻回落时再创新低</td></tr>
</table>

续表

<table>
<tr><th colspan="2">名称</th><th>技术图形</th><th>特征</th><th>技术含义</th><th>操作建议</th><th>备注</th></tr>
<tr><td rowspan="2">收敛楔形底</td><td>反转形态</td><td>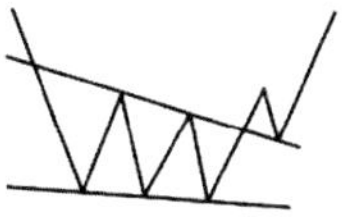</td><td rowspan="2">(1)在跌势中出现；
(2)有3个低谷，三个低谷的低点依次走低；
(3)前两次反弹高点也依次降低，反弹高点的连线与回落低点的连线相交于右下方，构成一个向下倾斜的楔形图，最后一次反弹向上突破楔形上边线，并收于其上方；
(4)成交量出现极度萎缩后，向上突破上边线时成交量显著放大；
(5)在突破上边线之后常常有回抽，在上边线附近止跌回升，从而确认向上突破有效</td><td>筑底回升，买进信号</td><td>激进买点：可在放量向上突破上边线时买进，但需设好止损位；稳健型买点：可在放量突破上边线经回抽后再次放量创新高时买进</td><td>由头肩底演变而成；如果触底时间过短，形态易流产</td></tr>
<tr><td>失败形态</td><td>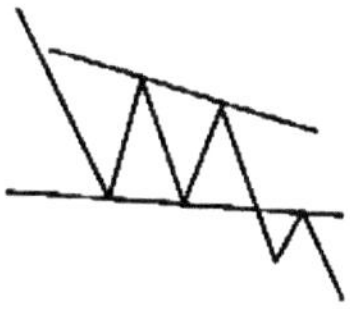</td><td>筑底失败，卖出信号</td><td>激进型投资者应果断止损离场</td><td>股价无力有效突上边线，受阻回落时再创新低</td></tr>
<tr><td rowspan="2">扩张楔形底</td><td>反转形态</td><td>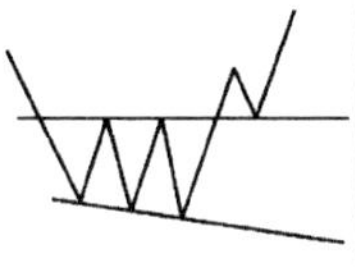</td><td rowspan="2">(1)在跌势中出现；
(2)有3个低谷，三个低谷的低点依次走低；
(3)前两次反弹高点基本相同，反弹高点的连线与回落低点的连线相交于左上方，构成一个向下扩张的楔形图，最后一次反弹向上突破楔形上边线，并收于其上方；
(4)成交量逐级减少，上冲突破上边线时成交量显著放大；
(5)突破上边线之后常常有回抽，在上边线附近止跌回升，从而确认向上突破有效</td><td>筑底回升，买入信号</td><td>激进买点：①价格重返最近低点上方后适量买进；②放量突破上边线适量加码。稳健买点：放量突破压力线经回抽后再次放量创新高时加码买进</td><td>由头肩底演变而成，扩张楔形底一旦形成，常常易出现急速上攻行情</td></tr>
<tr><td>失败形态</td><td>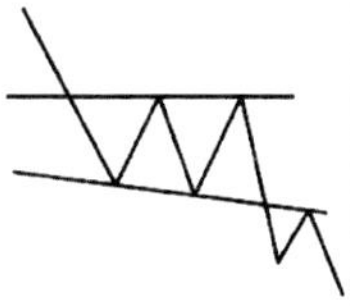</td><td>筑底失败，卖出信号</td><td>激进型投资者应果断止损离场</td><td>股价无法有效突上边线，受阻回落时再创新低</td></tr>
</table>

续表

<table>
<tr><th colspan="2">名称</th><th>技术图形</th><th>特征</th><th>技术含义</th><th>操作建议</th><th>备注</th></tr>
<tr><td rowspan="2">下降旗形底</td><td>反转形态</td><td>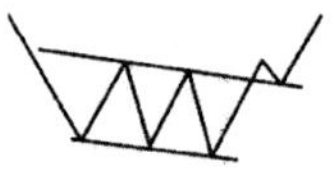</td><td rowspan="2">(1)在跌势中出现;
(2)有3个低谷,三个低谷的低点依次走低;
(3)前两次反弹高点也依次降低,反弹高点的连线平行于回落低点的连线,且往下倾斜,像一面旗子的旗面,最后一次反弹向上突破旗形的上边线,并收于其上方;
(4)成交量出现逐步萎缩,上冲突破上边线时成交量显著放大;
(5)在突上边线之后常常有回抽,在上边线附近止跌回升,从而确认向上突破有效</td><td>筑底回升,买入信号</td><td>操作方法与扩张楔形底相同</td><td>由头肩底演变而成,多数情形出现在大幅下跌后</td></tr>
<tr><td>失败形态</td><td>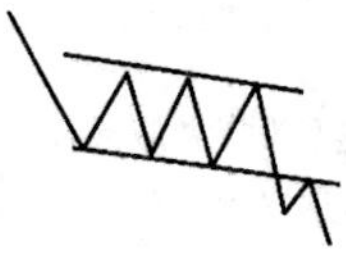</td><td>筑底失败,卖出信号</td><td>激进型投资者应果断止损离场</td><td>常常出现在下跌行情初期和途中,股价无法有效突上边线,回落时再创新低</td></tr>
<tr><td colspan="2">潜伏底</td><td>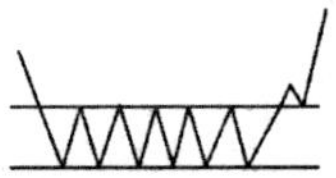</td><td>(1)在一轮大的跌势过后出现;
(2)长时间地作狭小窄幅波动,成交量稀疏,随后放巨量突破上档压力线大幅上扬</td><td>买进信号,上升潜力巨大</td><td>在放巨量向上突破颈线时,大胆跟进</td><td>1)潜伏底形成时间一般都比较长,多数发生在被市场长期冷落的个股上;2)潜伏底是股价上升潜力最大的一种底部形态</td></tr>
<tr><td colspan="2">底部三角形</td><td>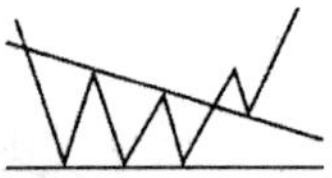</td><td>(1)在跌势中出现;
(2)股价在3次探底时几乎都在相同价位获得支撑;
(3)每次反弹的高点不断下移;
(4)股价第三次探底后反弹力度增强,成交量放大,突破上档压力线并收于上方;
(5)三角形形成时成交量逐步萎缩;
(6)向上突破后常常会有一次回抽,呈现突破放量,回抽缩量的态势</td><td>筑低回升,买进信号</td><td>在底部三角形形成后期,不宜再盲目看空,应密切注意成交量变化,一旦发现成交量放大,股价冲破上边线时,可试着做多,如回抽颈线后再创新高时可加码买进</td><td></td></tr>
</table>

续表

名称	技术图形	特征	技术含义	操作建议	备注
V形底	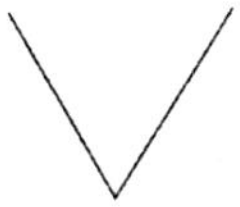	（1）出现在跌势中； （2）下跌速度越来越快，突然峰回路转，出现快速回升，其形状像个英文字母“V”； （3）转势点的成交量特别大	触底飙升，买进信号	V形底唯有KDJ指标才能及时发出有效信号，KDJ一旦金叉可快速跟进，但要控制好仓位，如V形走势失败，应及时止损离场	V形底一旦形成，其上升速度快而有力，常常走出一轮逼空行情
圆底		（1）在跌势中出现； （2）下跌后速度越来越慢，成交量逐渐萎缩，后逐渐转变为上涨，速度越来越快，成交量也伴随放大，其形状像圆弧	筑低回升，买进信号	投资者可在均量线黄金交叉时跟进做多，但要做好止损离场的准备	圆底形成时间越长，上升潜力就越大，若形成时间太短，易出现失败情形；圆底不像双底、头肩底、三重底有明显的买进点，需借助均量线、KDJ、MACD等指标
底部岛形反转		（1）出现在跌势中； （2）股价下跌和上升时出现两个跳空缺口，缺口位置基本处于同一区域，底部就像一座远离海岸的孤岛	大多数情形表示大势转暖，买进信号。但出现在下跌途中时，只是跌势的暂时停顿	在跌势中出现岛形反转，投资者应看多做多为主，可适量建仓，若上涨趋势形成，再加码追进。但是若一旦发现趋势转弱，应止损出局	

续表

名称	技术图形	特征	技术含义	操作建议	备注
向上跳空缺口	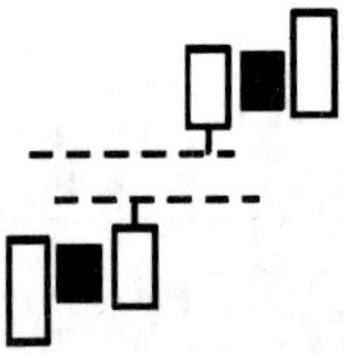	（1）出现在涨势中； （2）在上升行情中，由于多方力量占了绝对优势，股价跳空高开，向上留下无成交的空白区域，并保持到收盘，这就形成了上升时的缺口； （3）向上跳空缺口一般不超过3个，依次为向上突破缺口、向上持续缺口、向上竭尽缺口	向上突破缺口：预示做多能量集聚，买进信号；向上持续缺口：，表是做多能量仍在增加，买进信号；向上衰竭缺口表示是做多能耗尽，为顶部转势信号	操作方法如下：股价上攻留向上突破缺口后，可跟进做多；往后出现向上持续缺口可追加筹码，一旦发现收盘回补完缺口应反手沽空，离场观望；向上衰竭缺口出现后，应适时减仓，一旦发现被回补，持股者应立即平仓出局	向上突破缺口：①向上缺口，对股价回落有较强支撑作用，但一旦股价回落将缺口回补，市场将由强转弱；②在超强市场或超强个股中，向上持续缺口有时会出现多个，“跳三空，气数尽”在这里不能简单套用

二、顶部转势形态的技术图形

名称		技术图形	特征	技术含义	操作建议	备注
双顶	反转形态		（1）在涨势中出现； （2）有两个峰顶，峰顶的两个高点基本相近； （3）形成第二个峰顶后，回落时跌破了前一个低点，并收于其下方； （4）在跌破颈线之后常常有一个回抽，在颈线附近受阻回落，从而确认向下突破有效	见顶回落，卖出信号	①股价无法创新高或重返前高点下方时应减磅；②跌破颈线后应果断清仓离场	双顶形成时，右顶成交量通常小于左顶
	失败形态	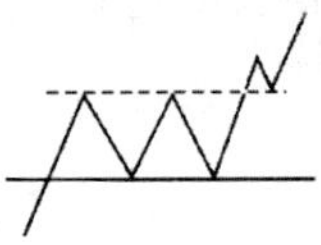		整理结束，买入信号	激进买点：放量突破前高点时跟进做多；稳健买点：放量突破前高点经回抽支撑线后再度放量创新高时买进	股价回落时无力有效跌破颈线，上攻时再创新高

续表

名称		技术图形	特征	技术含义	操作建议	备注
头肩顶	反转形态	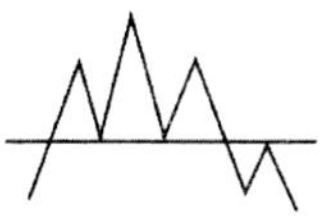	（1）在涨势中出现；（2）有3个峰顶，左右两个峰顶的高点基本处于相近，但当中峰顶的高点明显高于左右两个峰顶的高点；（3）前两次冲高回落止跌的低点基本相近，最后一次冲高回落跌破了前两次回落止跌低点的连线，（俗称“颈线”），并收于其下方；（4）在形成头肩顶的过程中，成交量出现递减态势；（5）在跌破颈线之后常常有一个回抽，在颈线附近受阻回落，从而确认向下突破有效	见顶回落，卖出信号	①股价重返左肩下方或再度上升时无法创新高时应减磅；②跌破颈线位应坚决清仓离场	①筑顶时间越长，下跌幅度越大；②常常出现两个或多个左肩或右肩的复合型头肩顶，其技术含义与标准的头肩顶相同
	失败形态	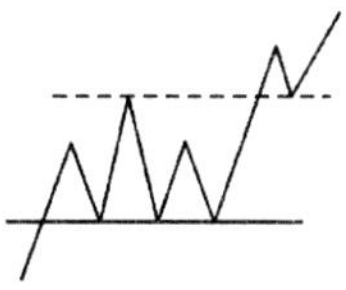		整理结束，买入信号	激进买点：放量突破前高点时跟进做多；稳健买点：放量突破前高点经回抽支撑线后再度放量创新高时买进	股价回落时无力有效跌破颈线，而上攻时再创新高，多出现在涨势初期
三重顶	反转形态	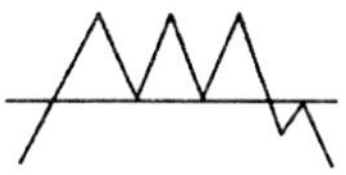	（1）在涨势中出现；（2）有3个峰顶，三个峰顶的高点基本处于同一水平；（3）前两次冲高回落止跌的低点基本相同，最后一次冲高回落跌破了前两次回落止跌低点的连线即颈线，并收于其下方；（4）在三重顶形成过程中，成交量则常呈现不规则状态；（5）在跌破颈线之后常常有一个回抽，在颈线附近受阻回落，从而确认向下突破有效	见顶回落，卖出信号	①股价重返最近高点下方或再度上升时无法创新高时应减仓；②跌破颈线果断清仓离场	由双顶演变而成，信号强于双顶。常常出现在行情大幅上涨之后
	失败形态	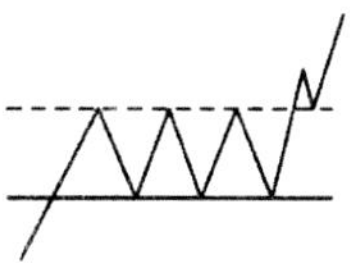		整理结束，买入信号	激进买点：放量突破前高点时跟进做多；稳健买点：放量突破前高点经回抽支撑线后再度放量创新高时买进	股价回落时无力有效跌破颈线，上攻时再创新高．通常出现在升势的初期或途中

续表

<table>
<tr><th colspan="2">名称</th><th>技术图形</th><th>特征</th><th>技术含义</th><th>操作建议</th><th>备注</th></tr>
<tr><td rowspan="2">收敛楔形顶</td><td>反转形态</td><td>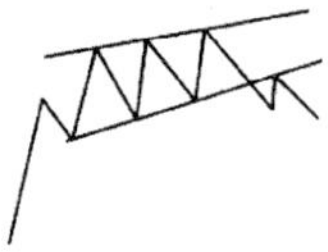</td><td rowspan="2">(1)在涨势中出现;
(2)有3个高峰,三个高峰的高点呈现依次走高;
(3)前两次冲高回落止跌的低点也逐步上移,上升高点的连线与回落低点的连线相交于右上方,构成一个向上倾斜的楔形图,最后一次冲高回落跌破了楔形下边线并收于其下方;
(4)在楔形顶形成过程中,成交量逐步减少,呈现价涨量缩的背离现象;
(5)在跌破下边线后常常有一个回抽,在下边线附近受阻回落,从而确认向下突破有效</td><td>见顶回落,卖出信号</td><td>①股价重回最近高点下方时应适时减仓;②跌破下边线应果断清仓离场</td><td>由头肩顶演变而来,股价上涨而成交量却在递减,二者呈现背离状态</td></tr>
<tr><td>失败形态</td><td>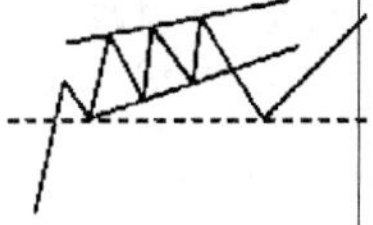</td><td>整理结束,买入信号</td><td>①重返下边线上方可适量买进;②放量突破前高点时可加码跟进</td><td>股价跌破下边线后但无力有效跌破最近低点,而上攻时再创新高。这种形态通常出现在涨势初期</td></tr>
<tr><td rowspan="2">扩张楔形顶</td><td>反转形态</td><td>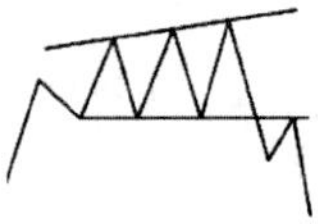</td><td rowspan="2">(1)在涨势中出现;
(2)有3个高峰,三个高峰的高点呈现逐步走高;
(3)前两次冲高回落止跌低点基本处于同一水平,上升高点的连线与回落低点的连线相交于左下方,构成一个向上倾斜的扩张楔形图,最后一次冲高回落跌破了楔形下边线并收于其下方;
(4)在扩张楔形顶形成过程中,成交量常呈现不规则;
(5)在跌破下边线后常常有一个回抽,在下边线附近受阻回落,从而确认向下突破有效</td><td>见顶回落,卖出信号</td><td>操作方法与收敛楔形顶相同</td><td>这种形态常出现在一波大涨行情之后,由头肩顶演变而成</td></tr>
<tr><td>失败形态</td><td>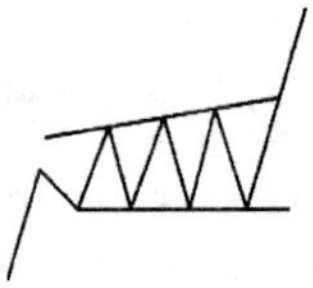</td><td>整理结束,买入信号</td><td>放量突破前高点时跟进做多</td><td>这种形态通常出现在涨幅不大的上涨行情初期</td></tr>
</table>

续表

名称		技术图形	特征	技术含义	操作建议	备注
上升旗形顶	反转形态	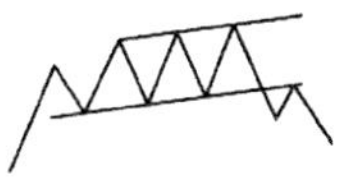	（1）在涨势中出现； （2）有3个高峰，三个高峰的高点呈现逐步走高； （3）三个高峰的高点的连线平行于回落低点的连线，且往上倾斜，看上去就像一面旗子的旗面，最后一次冲高回落跌破了旗形下边线并收于其下方； （4）在上升楔形顶形成过程中，成交量常呈现不规则； （5）在跌破下边线之后常常有一个回抽，在下边线附近受阻回落，从而确认向下突破有效	见顶回落，卖出信号	操作方法与收敛楔形顶相同	这种形态常出现在一波大涨行情之后，由头肩顶演变而成
	失败形态	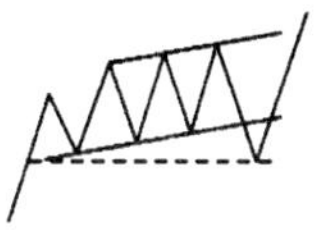		整理结束，买入信号	①重回下边线上方可适量买进； ②放量突破前高点时可加码跟进	股价跌破下边线后但无力有效跌破最近低点，而上攻时再创新高。这种形态通常出现在涨幅不大的上涨行情初期
倒置V形			（1）出现在涨势中； （2）上涨的速度越来越快，突现乌云压顶，快速下跌，其形状像个倒置的V字； （3）转势点的成交量特别大	触顶暴跌，卖出信号	倒置V形K顶唯有DJ指标能及时发出有效信号，一旦KDJ死叉，应及时止损离场	倒置V形走势一旦形成，股价回落速度很快，可参考K线形态和KDJ指标及时决断离场
圆顶			（1）出现在涨势中； （2）上涨的速度由越来越慢逐渐转为缓慢的下沉，最后下跌的速度加快，形成一个圆顶状； （3）一般在顶点时成交量有减少的迹象。有时成交量和股价走势保持同步也呈现圆顶状。	见顶回落，卖出信号	投资者可在均量线死叉时趁早离场	圆顶形成时间越长，下跌力度就越大，圆顶一般无颈线可辨认，可参照成交量、MACD等指标

续表

名称	技术图形	特征	技术含义	操作建议	备注
顶部岛形反转	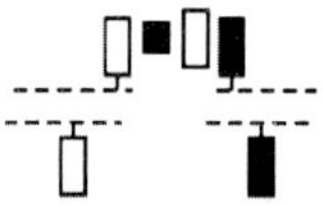	（1）出现在涨势中； （2）股价上升和下跌时出现两个跳空缺口，缺口位置基本上处于同一区域，顶部就像一座远离海岸的孤岛	大势向淡，卖出信号	在涨势中出现顶部岛形反转，投资者应立即清仓离场	顶部岛形反转信号比底部岛形反转信号更为可靠
向下跳空缺口	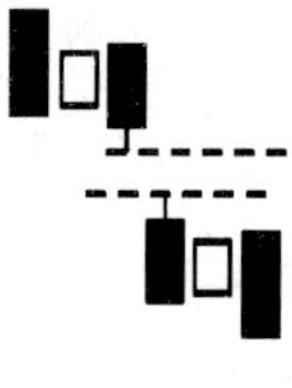	（1）出现在跌势中； （2）在下跌行情中，由于空方占了绝对优势，股价跳低开盘，向下留下无成交的空白区域，并保持到收盘，形成下跌时的缺口； （3）向下跳空缺口一般不超过三个，依次为向下突破缺口、向下持续缺口、向下竭力缺口	向下突破缺口：预示做空能量积聚，是卖出信号；向下持续缺口，表示做空能量仍在增加，是持续卖出信号；向下竭尽缺口，做空能量耗尽，为底部转势信号	操作方法如下：①当股价出现向下突破缺口时，应果断出局；出现向下持续缺口，空仓观望，若股价反弹将缺口完全回补后，股价有可能见底回升，此时不宜盲目看空做空，可试探性做多；②股价出现衰竭缺口时，空头力量衰竭信号，要随时作好入市准备	向下缺口对股价上行有较强阻力作用，但反弹时一旦将缺口回补，市场将由弱转强。在极弱市场或极弱个股中，向下持续缺口有时会出现多个，“跳三空，气数尽”在这里不宜简单的套用

三、整理形态的技术图形

<table>
<tr><th colspan="2">名称</th><th>技术图形</th><th>特征</th><th>技术含义</th><th>操作建议</th><th>备注</th></tr>
<tr><td rowspan="2">上升三角形</td><td>整理形态</td><td>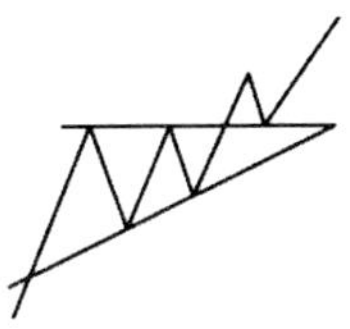</td><td rowspan="2">(1)在涨势中出现；
(2)上涨的高点基本处于同一水平，回落低点却不断上移，上边高点的连线和下边低点的连线构成一个向上倾斜的直角三角形；
(3)成交量不断萎缩，向上突破上边线时放出大量；
(4)在突破上边线后常常有一个回抽，在上边线处止跌回升，从而确认向上突破有效</td><td>蓄势上扬，买进信号</td><td>在股价突破上边线经回抽后再次发力创新高时，投资者可加码跟进</td><td>上身三角形最终向上突破居多，通常出现在上升行情初期或上升途中</td></tr>
<tr><td>反转形态</td><td>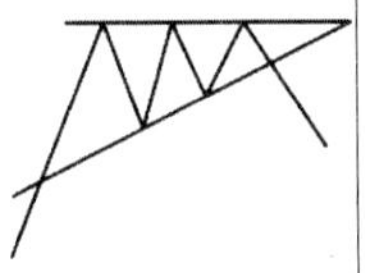</td><td>无力突破上档压力，卖出信号</td><td>股价无力突破上档压力，跌破下边线应果断止损出局</td><td>在大幅上涨后出现易演变成三重顶向下突破，投资者应及时沽空离场</td></tr>
<tr><td rowspan="2">下降三角形</td><td>整理形态</td><td>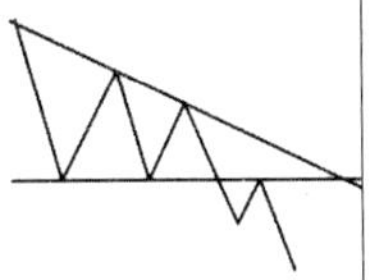</td><td rowspan="2">(1)在跌势中出现；
(2)反弹的高点不断下移，但回落的低点处于同一水平，上边高点连线与下边低点的连线构成一个向下倾斜的直角三角形，最后股价跌破下边线向下滑落；
(3)在跌破下边线后常常有有一个回抽，并在下边线附近遇阻回落，从而确认向下跌破有效</td><td>盘整下挫，卖出信号</td><td>投资者在跌破下边线后坚决止损离场</td><td>下降三角形通常出现下跌初期或途中，向下突破居多</td></tr>
<tr><td>反转形态</td><td>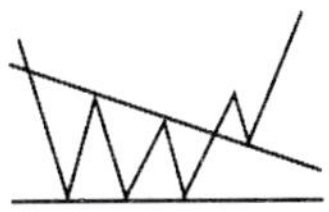</td><td>筑底回升，买入信号</td><td>放量突破上边线后反手做多</td><td>下降三角形向上突破通常出现在大幅下跌后，应视为底部三角形</td></tr>
</table>

续表

<table>
<tr><th colspan="2">名称</th><th>技术图形</th><th>特征</th><th>技术含义</th><th>操作建议</th><th>备注</th></tr>
<tr><td rowspan="4">收敛三角形</td><td>跌势整理形态</td><td>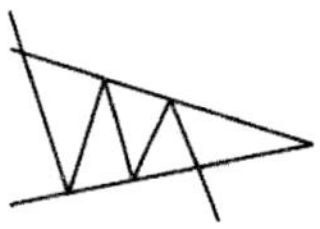</td><td rowspan="4">（1）既可出现在涨势中，也可出现在跌势中；
（2）高点的连线与低点的连线相交于右方，呈收敛状，形如一把三角形尖刀；
（3）成交量逐步减少</td><td>整理结束，重返跌势，卖出信号</td><td>跌破下边线应止损离场</td><td></td></tr>
<tr><td>跌势反转形态</td><td>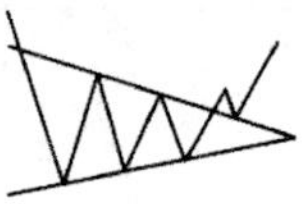</td><td>跌势已尽，买入信号</td><td>①股价放量突破上边线时可适量建仓；②放量突破上边线经回抽支撑线后再度发力创新高时可加码跟进</td><td></td></tr>
<tr><td>升势整理形态</td><td>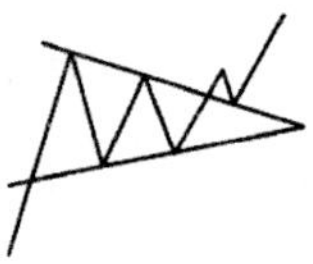</td><td>整理结束，重回升势，买入信号</td><td>①股价放量突破上边线时可加仓；②放量突破上边经回抽支撑线后再度发力创新高时可加码跟进</td><td></td></tr>
<tr><td>升势反转形态</td><td>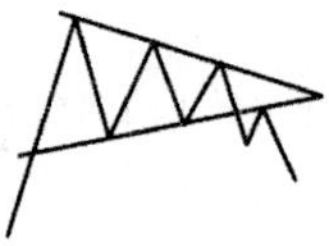</td><td>升势已尽，卖出信号</td><td>跌破下边线应止损离场</td><td></td></tr>
</table>

续表

<table>
<tr><th colspan="2">名称</th><th>技术图形</th><th>特征</th><th>技术含义</th><th>操作建议</th><th>备注</th></tr>
<tr><td rowspan="2">扩张三角形</td><td>整理形态</td><td>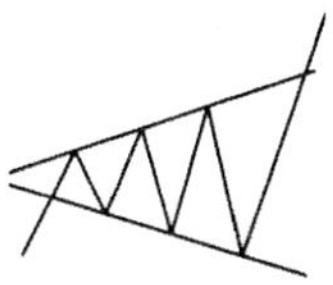</td><td rowspan="2">（1）多数出现在升势中；
（2）高点的连线与低点的连线相交于左方，呈向右扩散状，形似一个喇叭；
（3）成交量大而不规则</td><td>整理结束，重回升势，买入信号</td><td>①股价重返最近低点上方后可适量买入；②放量突破上边时线可加码跟进</td><td>扩张三角形向上突破通常出现在涨幅不大的升势初期</td></tr>
<tr><td>反转形态</td><td>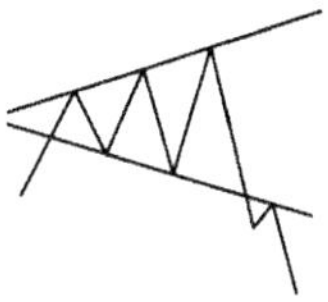</td><td>升势已尽，卖出信号</td><td>可在里面高抛低吸，但要快进快出。①股价重返最近高点下方后需减仓；②跌破下边线应坚决止损离场</td><td>扩散三角形作为反转形态出现势时是股市投机呈极端疯狂状态的一种表现，多数出现在行情大幅上涨之后</td></tr>
<tr><td rowspan="2">上升楔形</td><td>整理形态</td><td>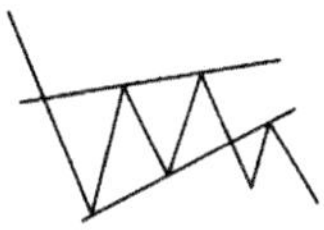</td><td rowspan="2">（1）在跌势中出现；
（2）反弹高点的连线与下跌低点的连线相交于右上方，构成一个向上倾斜的楔形图，最后股价跌破下边线向下滑落；
（3）在楔形的形成过程中，成交量逐步减少，呈现价升量缩的态势；
（4）股价跌破下边线后常常有一个回抽，并在下边线附近受阻回落，从而确认向下突破有效</td><td>诱多陷阱，卖出信号</td><td>不要被股价低点上移所迷惑，多为空头的诱多陷阱，应持币观望，跌破下边线持仓者要果断止损出局</td><td>上升楔形多数情形出现在下跌初期或途中，向下突破居多</td></tr>
<tr><td>反转形态</td><td>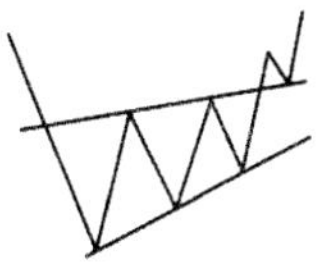</td><td>跌势已尽，买入信号</td><td>①股价放量突破上边线时可适量建仓；②放量突破上边线经回抽后再度发力创新高时可加码跟进</td><td>通常出现在行情大幅下跌之后</td></tr>
</table>

续表

<table>
<tr><th colspan="2">名称</th><th>技术图形</th><th>特征</th><th>技术含义</th><th>操作建议</th><th>备注</th></tr>
<tr><td rowspan="2">下降楔形</td><td>整理形态</td><td>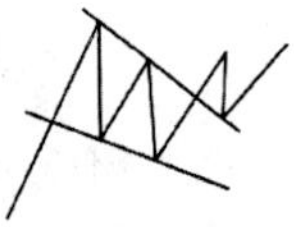</td><td rowspan="2">（1）在升势中出现；
（2）上涨高点的连线与回落低点的连线相交于右下方，构成一个向下倾斜的楔形图，最后股价突破上边线，并立于其上方；
（3）在楔形的形成过程中，成交量不断减少，而且股价越接近尖端，成交量越小，但当股价上升突破上边线时成交量明显放大；
（4）股价突上边力线后常常有一个回抽，并在上边线附近止跌回升，从而确认上升突破有效</td><td>诱空陷阱，买进信号</td><td>不要被股价低点下移所迷惑，多为主力为吸筹打压股价的诱空行为，持筹者应静观其变，一旦向上突破，可加码跟进</td><td>下降楔形多数情形出现在上升行情初期或途中，向上突破居多</td></tr>
<tr><td>反转形态</td><td></td><td>升势已尽，卖出信号</td><td>跌破下边线应止损出局</td><td>通常出现在行情有较大涨幅之后</td></tr>
</table>

续表

名称		技术图形	特征	技术含义	操作建议	备注
上升旗形	整理形态	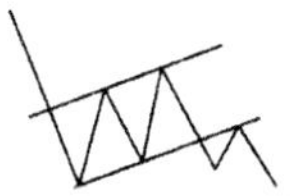	(1)在跌势中出现； (2)反弹高点的连线平行于下跌低点的连线，且往上倾斜，看上去就像一面旗子的旗面； (3)在股价跌破下边线后常常有一个回抽，并受阻于下边线，确认向下突破有效； (4)成交量呈不规则状态	诱多陷阱，卖出信号	不要被股价低点上移所迷惑，多为主力拉高出货的诱多行为，应持币观望，跌破下边线，持筹者要及时止损出局	上升旗形多数情形出现在下跌初期或途中，向下突破居多
	反转形态	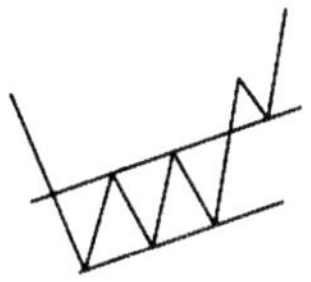		跌势已尽，买入信号	①股价放量突破上边线时适量建仓；②放量突破上边经回抽后再度发力创新高时可加码跟进	在大幅下挫的行情后，上升旗形可能呈反转形态出现
下降旗形	整理形态	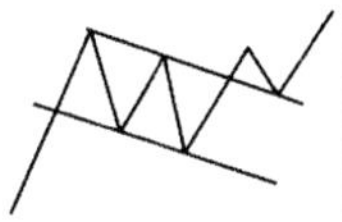	(1)在涨势中出现； (2)上涨高点的连线平行于回落低点的连线，且往下倾斜，看上去就像迎面飘扬的一面旗子； (3)股价冲破上边后常常有一个回抽，并在上边线附近止跌回升，以确认向上突破有效	诱空陷阱，买入信号	不要被股价低点下移所迷惑，多为主力为吸筹打压股价的诱空行为，持筹者应静观其变，一旦突破上边线，可加码跟进	下降旗形多数情形出现在上升行情初期或途中，向上突破居多
	反转形态	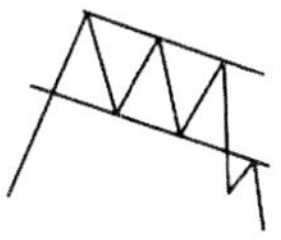		升势已尽，卖出信号	跌破下边线应止损离场	通常出现在行情有较大涨幅之后

续表

<table>
<tr><th colspan="2">名称</th><th>技术图形</th><th>特征</th><th>技术含义</th><th>操作建议</th><th>备注</th></tr>
<tr><td rowspan="2">矩形</td><td>升势整理形态</td><td>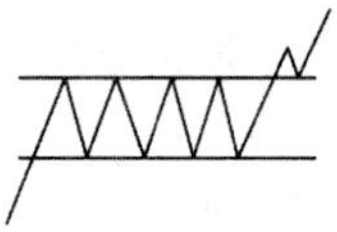</td><td rowspan="2">（1）涨跌势中均可出现；
（2）股价在上下距离相近的水平位置中作上下波动，股价高点的连线和低点的连线形成一个长方形，最后寻求向上或向下突破；
（3）在矩形形成过程中成交量不断减少</td><td>整理结束，重回升势，买入信号</td><td>激进买点：
放量突破上边线后买进；
稳健买点：
待放量突破上边线经回抽后，再次上攻创新高时加码跟进</td><td>矩形也称箱体整理形态，多空双方反复博弈，直到空头力量耗尽。通常在上升初期或途中出现</td></tr>
<tr><td>升势反转形态</td><td>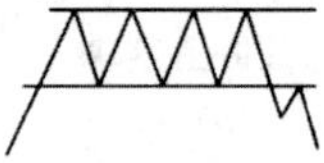</td><td>见顶回落，卖出信号</td><td>跌破下边时应果断清仓离场</td><td>通常出现在行情经过大幅上涨之后</td></tr>
<tr><td rowspan="2">矩形</td><td>跌势整理形态</td><td>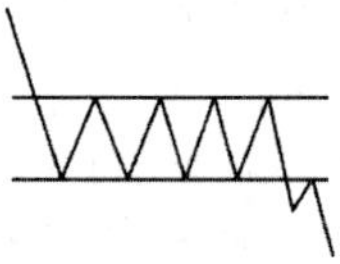</td><td rowspan="2">（1）涨跌势中均可出现；
（2）股价在上下距离相近的水平位置中作上下波动，股价高点的连线和低点的连线形成一个长方形，最后寻求向上或向下突破；
（3）在矩形形成过程中成交量不断减少</td><td>整理结束，卖出信号</td><td>跌破下边线应止损离场</td><td>多空双方反复在箱体内博杀，直到多头力量耗尽。通常在下跌途中出现</td></tr>
<tr><td>跌势反转形态</td><td>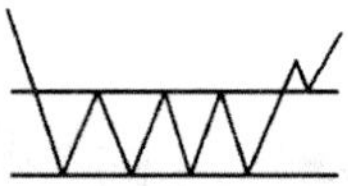</td><td>筑底回升，买进信号</td><td>激进买点：
放量突破上边线后买进；
稳健买点：
待放量突破上边线经回抽后，再次上攻创新高时加码跟进</td><td>通常出现在行情经过大幅下跌之后</td></tr>
</table>

第三节　双底和双顶

一、双底的基本特征

双底，由于其形状像英文字母 W，所以又也称 W 底(图 1－1)。常常出现在股价跌势晚期，以底部转势形态出现居多，偶尔也会出现在下跌行情途中。

其特征是：

(1)有 2 个低谷，每个低谷的最低点位置基本接近(注：第二个底点可能高于第一个底点，也可能低于第一个底点。

(2)第二个低谷形成时，成交量极度萎缩，但向上突破颈线时成交量会迅速放大。

(3)在双底形成时，KDJ、MACD 指标与股价常常出现底背离现象。

(4)股价突破颈线，标志着双底形态确立。双底突破颈线后有两种走势：

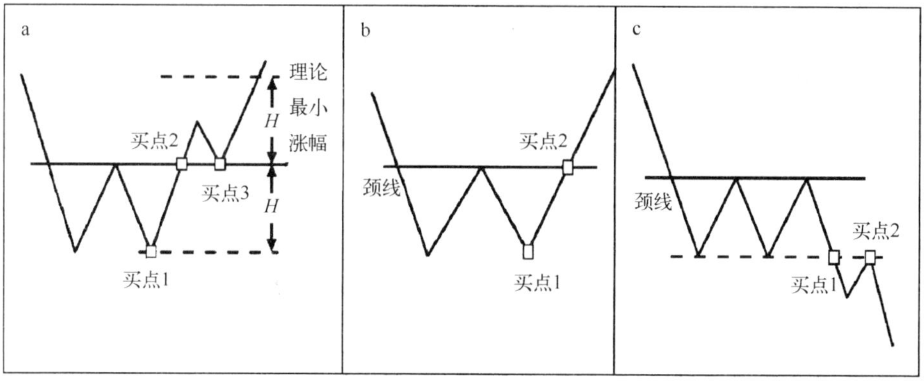

图 1－1　双底

注：①双底突破有两种情形：一种是突破经回抽后再度上行(如图 a)，一种是突破后一直上行(如图 b)。

②上攻时无力有效突破颈线，回落时再度创新低，延续下行趋势(如图 c)；跌破前低点后也有回抽下边线或直接向下两种情形

一种是在成交量的配合下，股价一路上涨；另一种是股价突破后回抽颈线，在颈线附近止跌回升，从而确认向上突破有效。在实际走势中，以后一种情形居多。

不过，双底形态出现在下跌途中时，由于多方上攻能量不足，无力突破颈线，或者短时站上颈线后，遭受空方的强力阻击，很快又重新回到颈线下方，很可能创出新低，从而出现双底形态流产的情形。此时形态与矩形类似，也可把双底的失败形态看作一个矩形整理形态。

(5)双底形态一旦确认，其理论上的最小涨幅等于颈线到头部的垂直距离(注：在市场实际走势中并不意味必然如此，如图 1 -1 所示)。

二、双底的操作策略

股市众多投资者中，无外乎分为两类：一类是激进型投资者，一类是稳健型投资者。这样对于双底的操作策略，也就分为激进操作策略和稳健型操作策略。

(1)激进型。

买点 1：根据双底特征，如果在第二个底点出现时，成交量极度萎缩，KDJ、MACD 指标又与股价出现底背离状态，并且第二个底点不再创新低(或者第二个底点击穿第一个底点后重新回到其上方)，此时可把第二个底点视为第一个买进信号。但必须设好止损，以防形态失败带来的损失，投资者宜把止损点设在第一个底点附近。

买点 2：股价放量突破颈线时，此时为第二个买入信号，止损位宜设在颈线下方附近。

买点 3：股价回抽颈线，在颈线位止跌回升后为第三个买入信号。止损位宜设在颈线下方附近。

(2)稳健型。

稳健型的投资者可在股价放量突破颈线后，经过回抽颈线确认，再度放量创新高时买进。

作为激进型的投资者，在博取高收益的同时，也面临承受较高的风险。因此，设置止损点尤为重要，一旦双底形态失败，止损离场是必做的选择。

三、双底的案例分析

图 1－2 为民生控股 2008 年 8 月至 2009 年 2 月的日线走势图。民生控股的股价构筑一个完美的双底形态，图中显示，股价第二个底点也在第一个底点上方止跌，成交量出现极度萎缩，激进型投资者可以视为第一买进信号，在此尝试性建仓，第一个底点股价为 2.28 元，建仓后止损点宜设在 2 元左右，一旦筑底失败，即刻平仓出局；突破颈线后应视为第二个买进信号，颈线为股价为 3 元，止损位设在 2.8 元左右为宜；该股股价突破颈线后先后出现两次回抽颈线的情形，这两次回抽颈线确认双底形态成立，均可视为第三个买进信号，最近高点股价为 4 元，稳健型投资者在股价放量突破 4 元后可以及时跟进。

图 1－2　民生控股

图 1－3 为上证指数在 2011 年 7 月 8 日至 2012 年 1 月 6 日的日 K 线图。大盘在下跌途中形成一个小双底，头部到颈线的距离为 145 点（2452－2307＝145），根据双底技术图形理论，股指这轮反弹理论最小幅度应该为 2597 点（2452＋145＝2597），而由于双底构筑时间过短，上证指数实际反弹至 2536 点就戛然而止，开始了新一波的下跌。所以，投资者在应用该计算方法时，切勿按步就搬地机械套用，毕竟，中外股市历经一两百年，屹今为止还没有

任何一种理论或计算方法能够精准预测股市顶部与底部，预测的只是一个大概区域而已。

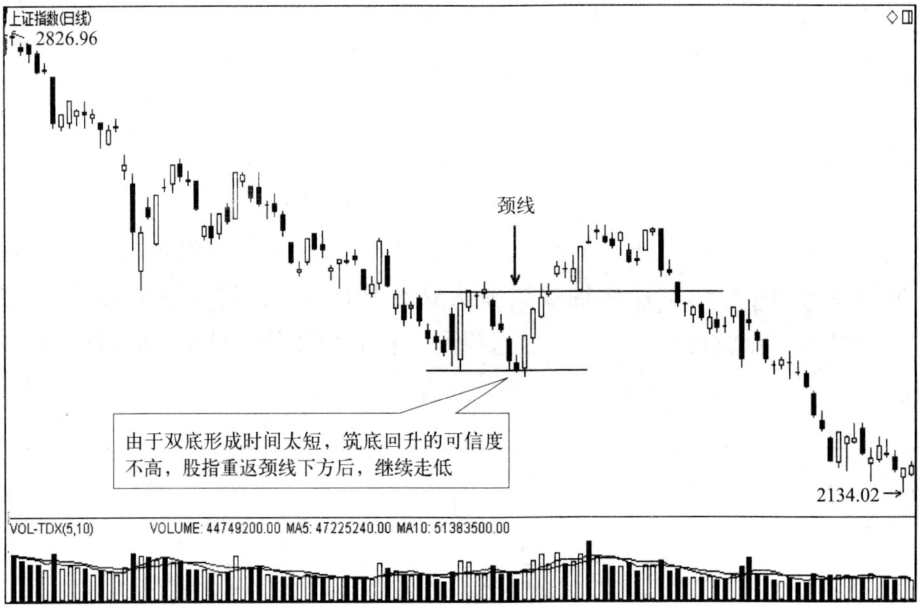

图 1－3　上证指数

四、双顶的基本特征

双顶，由于其形状像英文字母 M，所以又也称 M 顶(见图 1－4)。双顶常常出现在股价上升趋势晚期，以顶部转势形态出现居多，偶尔也会出现在上涨行情途中。其特征是：

(1)有二个高点，最高点位置基本接近(注：第二个高点可能高于第一个高点，也可能低于第一个高点)。

(2)第二个高点形成时，成交量通常小于第一个高点，股价在第二次触顶回落时跌破前一次回落的低点位即颈线位时，可放量也可不放量。

(3)在双顶形成时，KDJ、MACD 指标与股价常常出现顶背离现象。

(4)股价跌破颈线，宣告双顶形态确立。双顶突跌颈线后有两种走势：一种是股价跌破颈线后一路下跌；另一种是跌破颈线后回抽颈线，股价反弹至颈线附近时，成交量明显萎缩，股价受阻于颈线压力再次掉头向下，从而确认向下突破有效。

不过，双顶形态出现在上升途中时，由于空方做空能量薄弱，无力跌破颈线，或者短时跌破颈线后，遭遇多方的强力拉升，很快又重新回到颈线上方，继续上行并创出新高，而出现双顶形态失败的情形。此时形态与矩形类似，也可把“双顶”的失败形态看作一个矩形整理形态。

(5)双顶形态一旦确认，其理论上的最小跌幅等于颈线到头部的垂直距离。

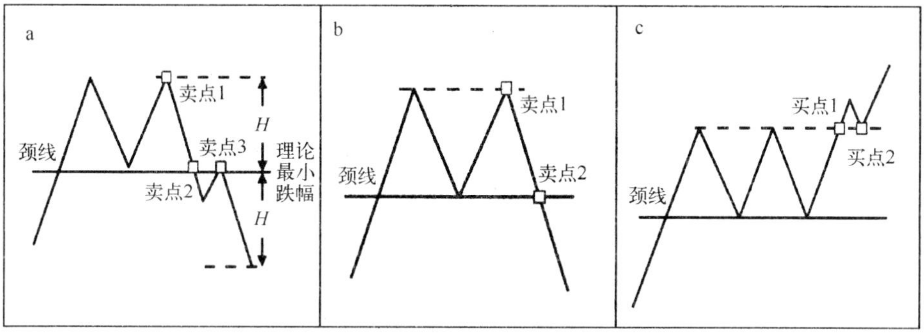

图1－4　双顶

注：①双顶突破有两种情形：一种是突破颈线经回抽后再度下行(图a)；一种是突破颈线后一路下行(图b)；

② 回落时无法有效跌破颈线，而再度上行突破前高点，延续上升走势(图c)；突破前高点后也有回抽或直接向上两种情形。

五、双顶的操作策略

卖点1：根据双顶特征，如果在第二个高点出现时，成交量小于第一个高点的量，KDJ、MACD指标又与股价出现顶背离状态，并且第二个高点不再创新高(或者第二个高点冲破第一个高点后又重新回到其下方)，此时可把第二个高点视为第一个卖出信号。

卖点2：股价跌破颈线时，此时为第二个卖出信号。

卖点3：股价回抽颈线，在颈线位受阻再次掉头向下时为第三个卖出信号。

不过，值得投资者留意的是：如果股价无力跌破颈线，则双顶形态不成立，此时投资者应抛弃看空思维，一旦股价在颈线上方止跌回升，并创出新高时应反手做多。

六、双顶的案例分析

图1－5为英洛华2016年4月28日至2016年12月15日的日K线图。从图中显示，股价第二个高点无力越过第一个高点，意味着升势可能发生逆转，此时可视作第一个卖出信号。股价跌破颈线后，有过两次回抽颈线的过程，回抽颈线可视作第三个卖出信号。之后股价受阻于颈线回落，确认颈线压力有效，股价继续下跌。

图1－6为中洲控股2014年10月至2015年4月的日K线图。从图中显示，股价在上升途中出现“双顶”形态时，但该股之前涨幅并不大，第二个高点回落时，庄家通过以一根中阴线击破“颈线”位，通过“骗线”手段诱使一些投资者交出筹码。但随后股价很快回到“颈线”上方并一路上扬，放量突破前高点而创出新高。

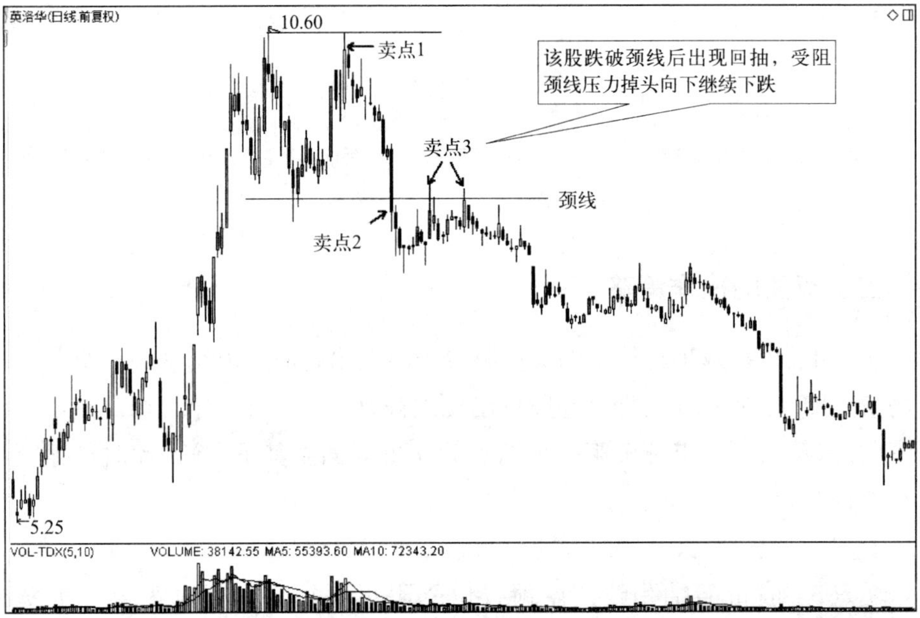

图1－5　英洛华

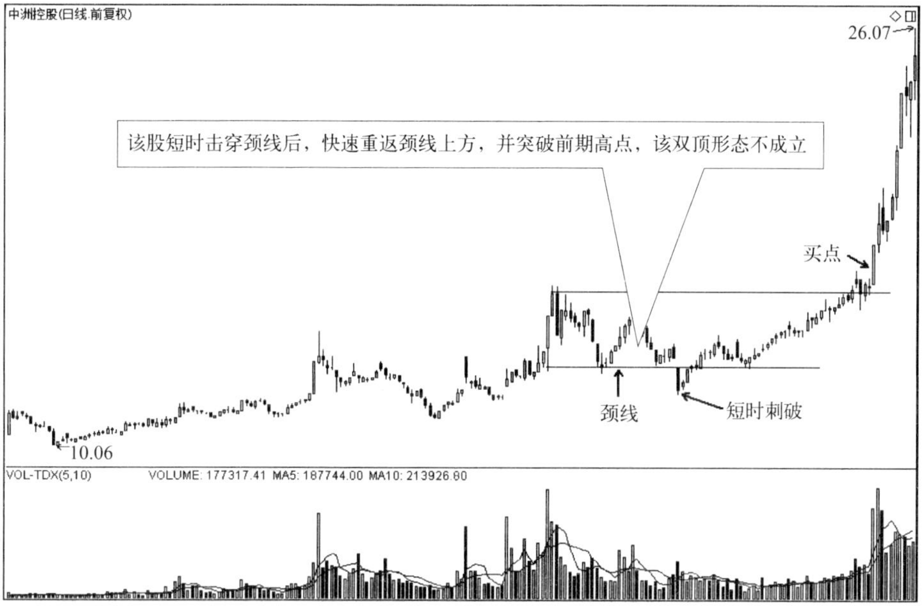

图 1-6 中洲控股

第四节 头肩底和头肩顶

一、头肩顶的基本特征

头肩底常常出现在股价下跌趋势末期，以底部转势形态出现居多，偶尔也会出现在下跌途中(图 1-7)。其主要特征是:

(1)有三个低谷，第一个低谷通常称之为“左肩”，第二个低谷称之为“头部”，左肩与头部反弹高点的连线，就是压制股价上涨的“颈线”，第三个低谷称之为“右肩”，头部位置明显低于左肩和右肩，而左肩和右肩位置基本处于同一水平(注：有时左肩可能高于右肩，也可能低于右肩)，这就是标准的头肩底形态。不过在实际市场走势中，有时会出现一个或者两个左肩与两个右肩并存，甚至两个头部的情形，这与标准的头肩底形态意义相同。通常情况下，头肩底筑底时形态越复杂，时间越长，这样的底部越可信，以后上涨空间越大。

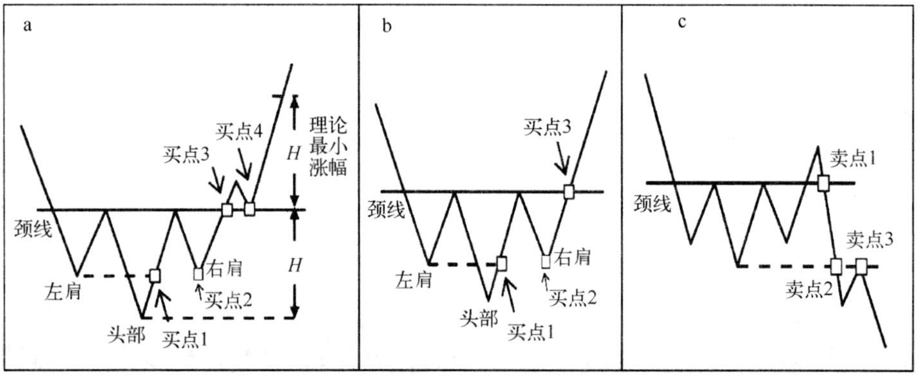

图1－7　头肩底

注：①头肩底突破有两种情形：一种是突破颈线经回抽后再上行(图a)；一种是突破颈线后一路上行(图b)；

②上攻时无法有效突破颈线或下降趋势线，掉头向下跌破前低点后延续下跌走势(图c)；跌破前低点后也有回抽或直接向下两种情形。

(2)左肩形成时，成交量在下跌过程中有放大迹象，而回升时则有减少倾向；头部形成时，成交量通常会小于左肩，而在右肩形成时，此时成交量会极度萎缩，但向上突破颈线时成交量会迅速放大。

(3)在头肩底形成时，在左肩与头部区域，KDJ、MACD指标与股价常常出现底背离现象。

(4)股价突破颈线，宣告头肩底形态确立。头肩底在突破颈线后有两种走势：一种是在成交量的配合下，股价一路上涨；另一种突破后常常回抽颈线，在颈线附近止跌回升，从而确认向上突破有效(注：通常以股价站上颈线后时间超过3天，涨幅超过3%视为有效突破的参考标准)。

不过，头肩底形态出现在下跌途中时，由于多方上攻能量不足，无力突破颈线，或者突破颈线时，成交量无明显增加，极有可能为“假性突破”，股价可能很快又重新回到颈线下方创出新低，而出现头肩底的失败形态。

(5)头肩底形态一旦确立，预示一轮较大的涨势即将来临，其理论上的最小涨幅等于颈线到头部的垂直距离。

头肩底作为一种筑底信号可靠性比较高的转势形态，左肩、头部和右肩之间彼此相距越远，在底部盘整的时间越久，其后市上涨的力度越大。

二、头肩底的操作策略

(1)激进型。

买点1：根据头肩底特征，如果在头部出现后，左肩与头部区域的KDJ、MACD指标与股价出现底背离状态，并且股价重新回到左肩上方时，此时可视为第一个买进信号。短线投资者可以博取短线差价，但必须设好止损点，把止损点设在头部附近为宜，同时股价反弹至前一高点区域时，尽量获利了结，不可恋战。

买点2：股价回落至左肩区域时，若出现成交量极度萎缩，则可把左肩区域看作第二个买进信号，投资者可适量建仓。

买点3：股价放量突破颈线时，此时为强烈的做多信号，可视为第三个买入信号，止损位宜设在颈线下方附近。

买点4：股价回抽颈线，在颈线位止跌回升时为第四个买入信号。止损位设在颈线下方附近。

(2)稳健型。

可在股价放量突破颈线后，经过回抽颈线确认颈线支撑有效，再度放量创新高时积极买进。

作为激进型的投资者，在博取高收益的同时，也面临承受更高的风险，设置止损点尤为重要。头肩底也一样，一旦头肩底形态失败，应果断止损离场。

三、头肩底的案例分析

图1－8为黔轮胎A在2008年3月至2009年8月的日K线图。从图中显示，股价在筑底期间构筑一个头肩底形态，股价在筑底过程中出现两个右肩，为一个复合型头肩底。另外，股价突破颈线后回抽颈线，在颈线位止跌回升，从而确认颈线支撑有效。之后股价一路上涨，从突破颈线位的5元左右涨到17元。

图1－9为古井贡酒2000年12月至2004年1月的日K线图。该股在下跌途中出现“头肩底”形态，股价数次冲击颈线，还曾一度放量突破颈线并在站上颈线上方(图中箭头A所示)。但股价上行可谓阻力重重，突破颈线后又面临前期高点压力，在该区域遭遇空方的强势阻击，股价掉头向下，并重新回到颈线下方(箭头B)，表明这次突破为假突破，“头肩底”形态以失败告终。此时投资者止损出局是必做的抉择。股价重返颈线下方后继续走低，让优柔

寡断的投资者越陷越深。

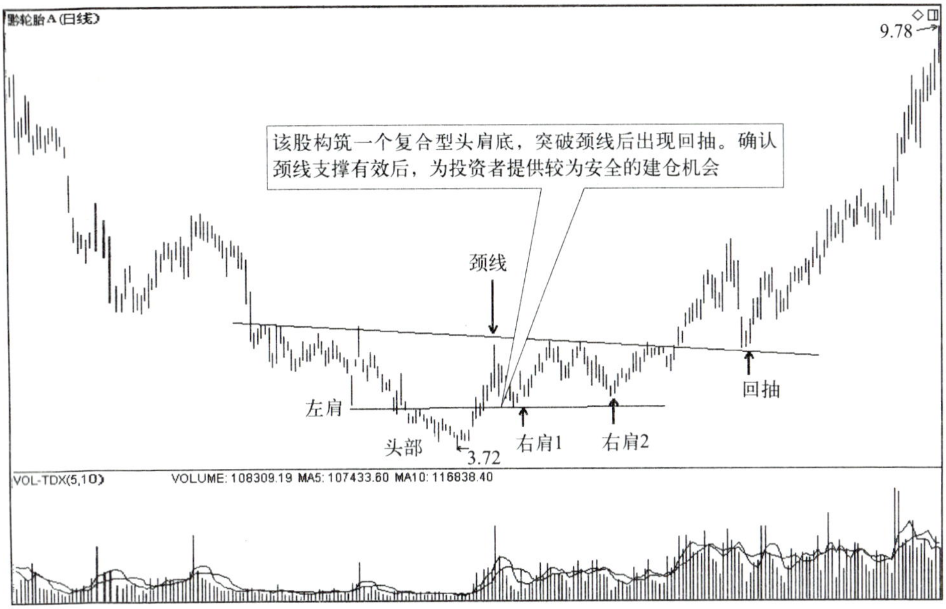

图 1－8　黔轮胎 A

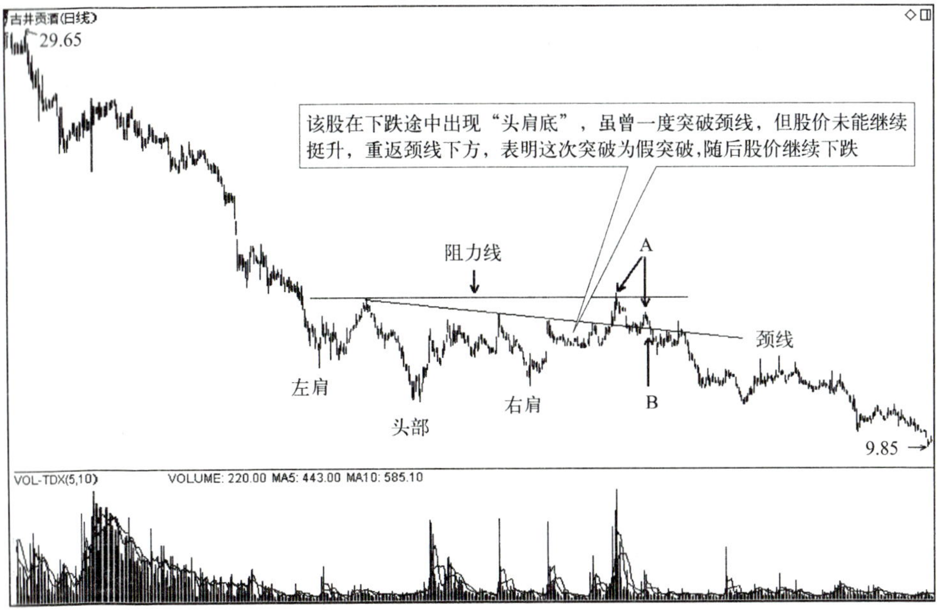

图 1－9　古井贡酒

四、头肩顶的基本特征

头肩顶常常出现在股价上升趋势末期，以顶部转势形态出现居多，也会出现在上升途中，以整理形态出现。其主要特征是：

(1)有三个峰顶，分别称之为左肩、头部和右肩(图1-10)。左肩与头部回落低点的连线，就是阻止股价回落的“颈线”，若股价击穿颈线，则宣告头肩顶形态确立。头肩顶的头部位置明显高于左肩和右肩，而左肩和右肩位置基本处于同一水平(注：有时左肩可能高于右肩，也可能低于右肩)这就是标准的头肩顶形态。不过，在实际市场走势中有时会出现一个或者两个左肩与两个右肩并存，甚至两个头部的情形，这与标准的头肩顶形态的技术含义是一样的。

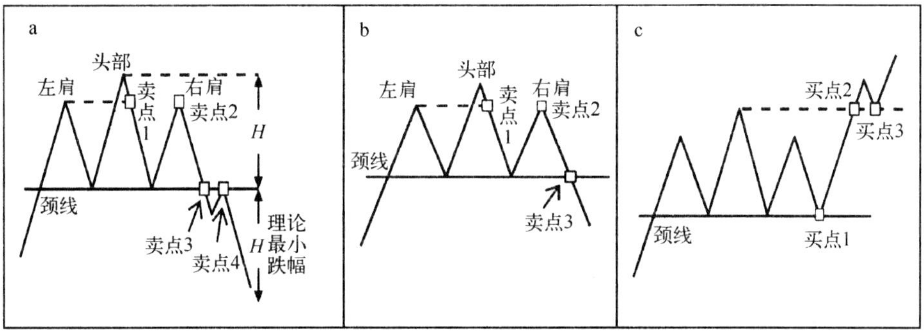

图1-10 头肩顶

注：①头肩顶有两种突破形态：一种是突破颈线经回抽后再度下行(图a)；一种是突破颈线后一路下行(图b)；

②回落时无法有效跌破颈线，而调头向上再突破前高点后延续上升走势(图c)；突破前高点后也有回抽或直接向上两种情形

(2)头肩顶形成过程中，左肩成交量最大，头部次之，右肩成交量最小，呈递减状态(注：在实际市场走势中，很多时候左肩、头部和右肩之间成交量会呈现不规则状态)，量能的减弱，预示股价上涨已到尽头。股价向下击穿颈线时，成交量可大可小，因为股价上涨需要成交量配合，而下跌时则不需要成交量配合，量能可放大，也可缩小。

(3)在头肩顶形成时，在左肩与头部区域，KDJ、MACD、成交量等指标与股价常常出现顶背离状态。

(4)头肩顶跌破颈线之后有两种走势：一种是股价一路下跌，另一种是跌破

后常常回抽颈线，在颈线附近受阻回落，从而确认向下突破有效(注：通常以股价跌破颈线后时间超过3天，跌幅超过3%作为有效跌破的参考标准)。

有时，头肩顶形态会出现在上涨途中时，由于空方势弱，无力跌破颈线，或者短时跌破颈线后，股价很快又重新回到颈线上方并创出新高，而出现头肩顶的失败形态，也可称之为头肩顶的持续形态。所以，只有在股价有效跌破颈线的条件下，才能确认头肩顶形态成立。

(5)头肩顶形态一旦形成，预示一轮较大的下跌即将出现，其理论上的最小跌幅等于颈线到头部的垂直距离。

五、头肩顶的操作策略

卖点1：根据头肩顶特征，在头部出现时，如果左肩与头部区域的KDJ、MACD和成交量等指标与股价出现顶背离状态，并且股价重新回到左肩下方，此时可视为第一个卖出信号，投资者应适量减磅。

卖点2：股价反弹至与左肩相近区域时(即右肩)，若出现成交量减少现象，则可把右肩看作第二个卖出信号，投资者也应做减磅处理。

卖点3：股价跌破颈线时，此时基本可以确认下跌已成定局，可视为第三个卖出信号，投资者应清仓离场。

卖点4：股价回抽颈线，在颈线位受阻回落为第四个卖出信号。头肩顶作为一种杀伤力极强的顶部形态，投资者应给予足够的重视。另外，头肩顶杀伤力度的大小，与其形成的时间长短成正比。比如周K线、月K线图如果出现头肩顶形态，其杀伤力度远远强于日K线图上的头肩顶，预示股价中长期趋势走弱，将步入熊途。

六、头肩顶的案例解析

深纺织A在2010年7月至2011年8月期间，走出一个复合型头肩顶(图1-11)，该头肩顶分别包含两个左肩、两个右肩和两个头部。从图显示，两个头部出现区域，股价与成交量呈现顶背离状态。成交量的减少，表明股价上涨时多方力量趋于减弱，此时已经向投资者发出明确的警示信号：股价上涨已接近尾声，投资者应该做好离场准备。股价跌破颈线后出现一次回抽，在颈线位受阻回落，从而确认头肩顶形态成立，之后股价整荡走低，从顶部的17.90元跌至2012年12月的5.66元，跌幅达70%以上。

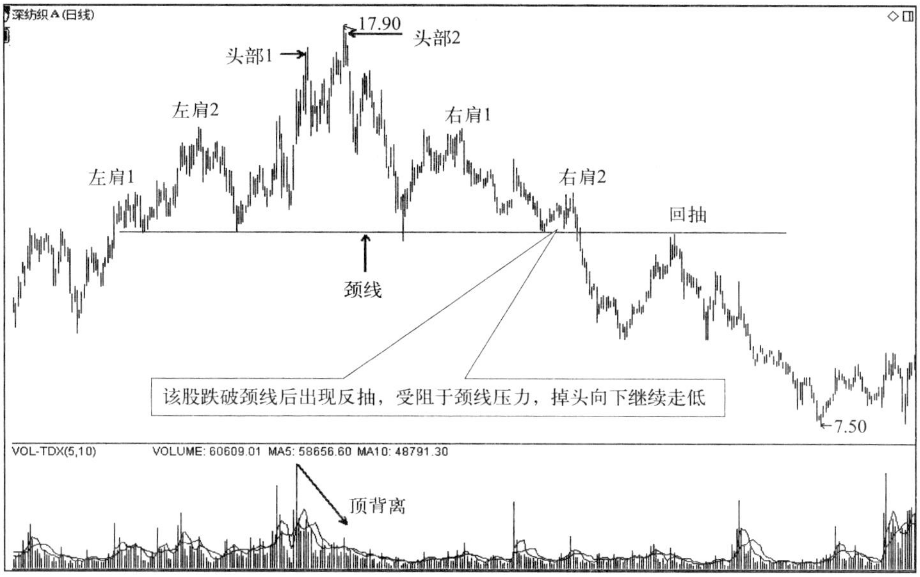

图1-11 深纺织A

在2015年3月至5月期间，乾照光电的股价走出一个“头肩顶”形态（图1-12），股价从右肩回落时，可空头力量无力击破颈线，并在颈线位止

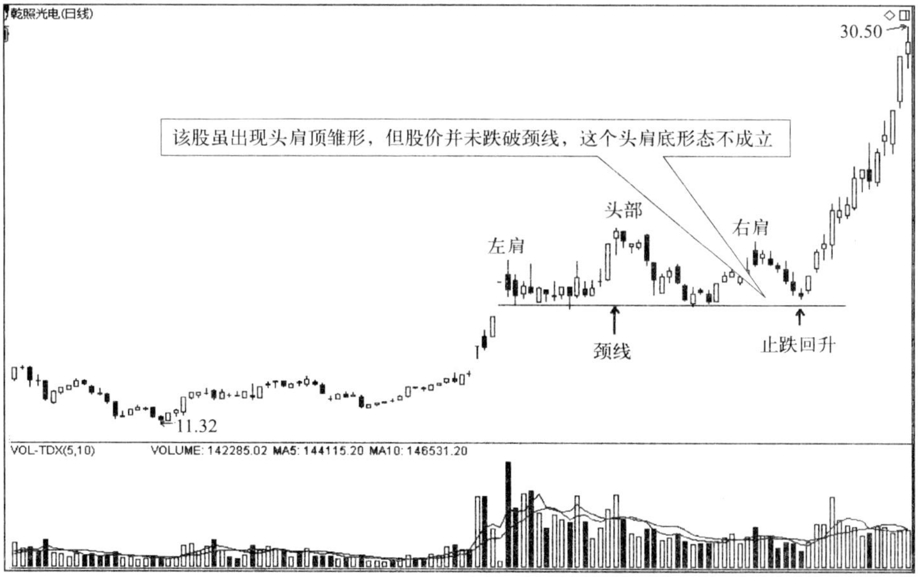

图1-12 乾照光电

跌回升而创出新高，这标志着“头肩顶”以失败告终。而这个头肩顶实际是以整理形态的形式出现。

从上述案例可以得知，头肩顶形态不仅仅只出现在上涨行情的末期，以顶部转势形态出现。同时还可以出现在上升势的途中，以整理形态出现，是否有效击穿颈线，成为确认头肩顶是转势形态还是整理形态的重要标志。

第五节　三重底和三重顶

一、三重底的特征

三重底由双底演变而来，相比双底，多了一次探底的过程，常常出现在股价跌势晚期，以底部转势形态出现居多，偶尔也会出现在下跌途中。其主要特征是：

(1)有三个低谷，三个低点位置基本接近(图 1－13)。

(2)形成过程中成交量逐步减少，但在第三个低点上升时，成交量便开始增加，向上突破颈线时成交量激增。

(3)在三重底形成时，KDJ、MACD 指标与股价常常出现底背离现象。

(4)突破颈线后，标志三重底形态确立。三重底在突破颈线后有两种走

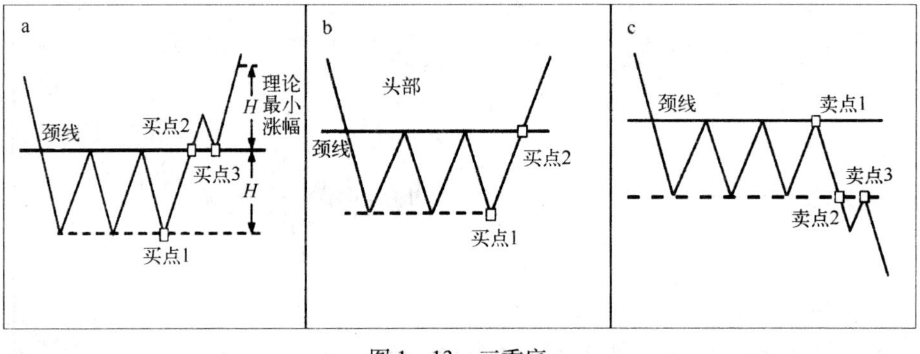

图 1－13　三重底

注：①三重底有两种突破情形，一种是突破颈线经回抽后上行(图 a)，一种是突破颈线后一路上行(图 b)；

②上攻时无法有效突破颈线，调头向下时又跌破前低点，延续原来下降走势(图 c)；突破前低点后，也有回抽或直接下行两种情形

势：一种是在成交量的配合下，股价一路上涨；另一种是突破后回抽颈线，股价在颈线附近止跌回升，从而确认向上突破有效。

(5)三重底形态一旦确认，其理论上的最小涨幅等于颈线到头部的垂直距离。

不过，三重底形态出现在下跌途中时，由于多方上攻能量不足，无力突破颈线，或者短时站上颈线后，遭受空方的强力阻击，很快又重新回到颈线下方，很可能创出新低而出现三重底形态失败的情形。此时形态与矩形类似，也可把三重底的失败形态看作一个矩形整理形态。三重底作为一种筑底信号可靠性比较高的转势形态，三个低点之间彼此相距越远，在底部盘旋的时间越久，其后市上涨力度和空间越大。

二、三重底的操作策略

(1)激进型。

买点1：根据三重底特征，如果在第三个底点出现时，成交量极度萎缩，KDJ、MACD 指标又与股价出现底背离状态，并且第三个底点不再创新低(或者第三个底点击穿第一个或第二个底点后重新回到其上方)，此时可把第三个底点视为第一个买进信号。但必须设好止损点，把止损点设在前两个底点附近。

买点2：股价放量突破颈线时，此时为第二个买入信号，止损位宜设在颈线下方附近。

买点3：股价回撤颈线并在颈线位止跌回升，此时为第三个买入信号。止损位设在颈线下方附近。

(2)稳健型。

可在股价放量突破颈线后，经过回撤颈线确认，再度放量创新高时买进。作为激进型的投资者，在博取高收益的同时，也面临承受高的风险，一定设置好止损点，一旦三重底形态失败，应果断止损离场。

三、三重底的案例分析

图 1－14 为深中华 A 2011 年 4 月 22 至 2014 年 9 月 26 日的周线图。股价在筑底期间走出一个三重底形态，后面两个低点始终未能跌破第一个低点，低点逐步抬升，预示跌势可能逆转，突破颈线后，宣告三重底成立。股价成功突破颈线后，多方一鼓作气，头也不回推动股价一路上扬。

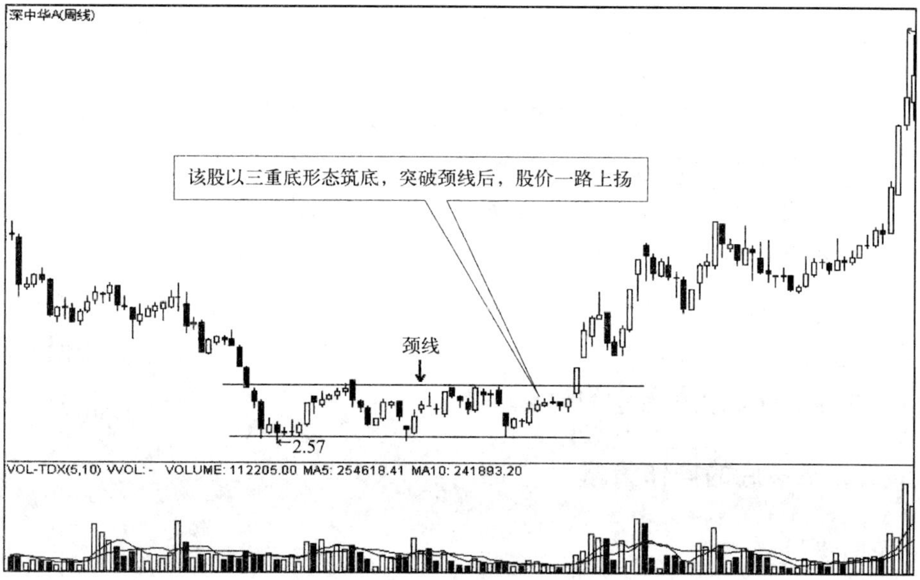

图 1－14 深中华 A

在 2008 年 6 月至 8 月，天润控股在下跌途中走出一个类似“三重底”的形态（图 1－15），在第三个低点后股价冲击颈线未果，掉头向下并创出新低，筑底以失败告终，股价继续下挫。

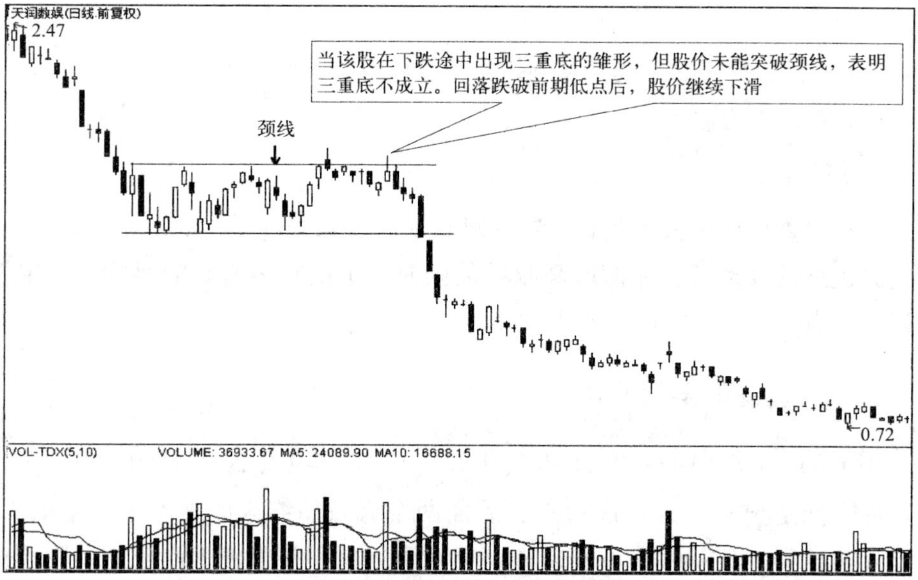

图 1－15 天润控股

四、三重顶的特征

三重顶由双顶演变而来，常常出现在股价大幅上涨之后，以顶部转势形态出现居多，偶尔也会出现在上涨行情途中，以矩形整理的形态出现。其主要特征是：

(1)有三个高点，最高点位置基本接近(图1－16)。

(2)三重顶形成时，通常三个高点的成交量从左到右呈递减状态(注：有时也呈现不规则状态)，股价在第三次触顶回落跌破前两次回落的低位(即颈线)时，可放量也可不放量。

(3)在三重顶形成时，KDJ、MACD指标与股价常常出现顶背离现象。

(4)突破颈线后，宣告三重顶成立。三重顶在跌破颈线后有两种走势：一种股价跌破颈线后一路下跌；另一种是跌破颈线后回抽颈线，股价反弹到颈线附近时成交量明显减少，股价受阻于颈线压力再次掉头向下，从而确认向下突破有效。

不过，三重顶形态出现在上升途中时，由于空方力量薄弱，股价无力跌破颈线，或者短时跌破颈线后，但在多方的强力拉升下又重新回到颈线上方，继续上行并创出新高，由此出现三重顶的失败情形。此时形态与矩形类似，也可把“三重顶”的失败形态看作一个矩形整理形态。

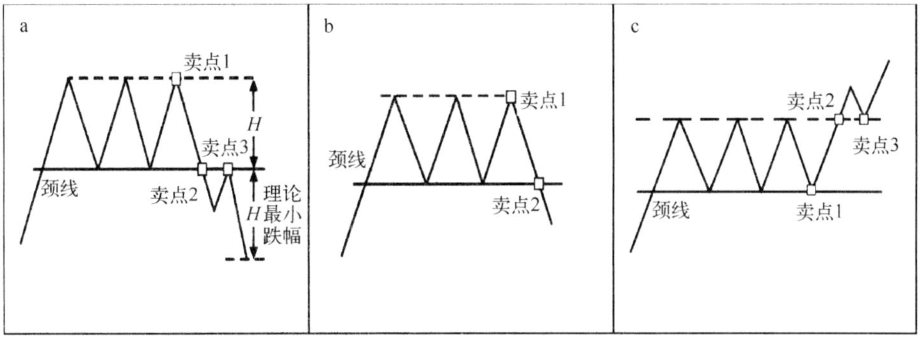

图1－16　三重顶

注：①三重顶突破后有两种情形，一种是突破颈线经回抽再度下行(图a)；一种是突破颈线后一路下行(图b)；

②回落时无法有效跌破颈线，而调头向上突破前高点，延续原来上升趋势(图c)；突破上档压力后，也有回抽或直接上行两种情形

(5)三重顶形态一旦确认，其理论上的最小跌幅等于颈线到头部的垂直距离。

五、三重顶的操作策略

卖点1：根据三重顶特征，如果在第三个高点出现时，成交量小于前两个高点的量，KDJ、MACD 指标又与股价出现顶背离状态，并且第三个高点不再创新高(或者第三个高点击穿前个高点后又重新回到其下方)，此时可把第三个高点视为第一个卖出信号，此时投资者应逐步减仓。

卖点2：股价跌破颈线时，标志着三重顶已经形成，此时为第二个卖出信号，投资者应将手中股票全部抛出。

卖点3：股价回抽颈线，在颈线位受阻再次掉头向下时，为第三个卖出信号，未来得及出逃的投资者应果断清仓离场。

不过，值得投资者留意的是：如果“三重顶”出现在股价涨幅不大的上升途中时，股价无力跌破颈线，则三重顶形态不成立，此时投资者应抛弃看空思维，一旦发现股价在颈线附近止跌回升，重续升势并创出新高时，应反手做多。

六、三重顶的案例分析

在2007年7月6日至2008年8月8日期间，泸州老窖的股价构筑一个标准的三重顶形态(图1－17)。只是在构筑顶部时，成交量呈现不规则状态，三个高点的成交量并非逐次递减，第一个高点的成交量较小，而第二个和第三个高点的成交量却有所放大。但是，成交量的放大并未改变股价的运行趋势，股价击穿颈线，标志三重顶已经形成，股价下跌已成定局。股价跌破颈线后，虽出现短暂反弹而回抽颈线，但受阻于颈线阻力而掉头向下，随后股价急速下跌。

2014年12月—2015年3月，宝新能源走出一个形似“三重顶”形态(图1－18)，但之前该股涨幅并不大，股价回撤时始终未能击穿“颈线”位，并在“颈线”位止跌回升，创新高后延续上升趋势。该“三重顶”最终以失败告终，走出类似矩形的整理形态。

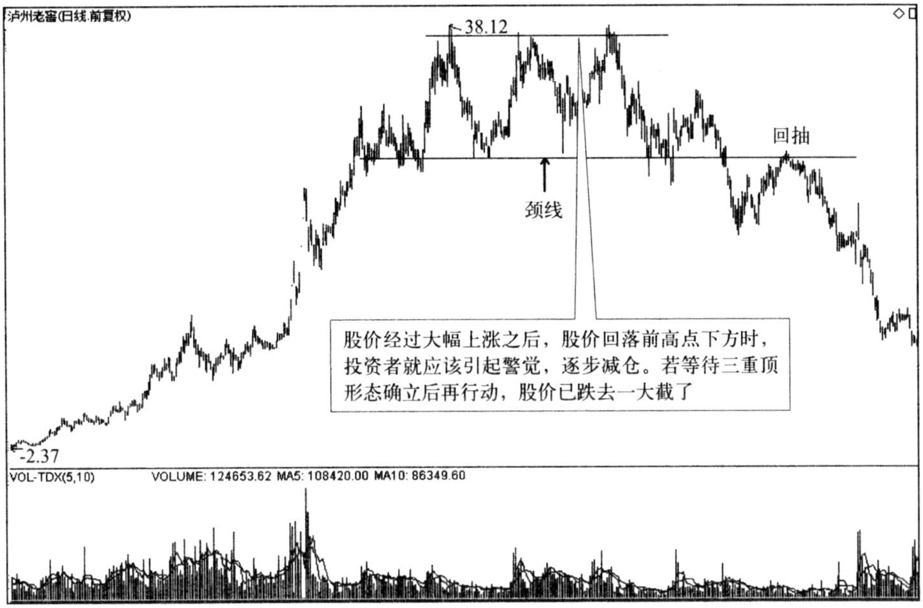

图1－17　泸州老窖

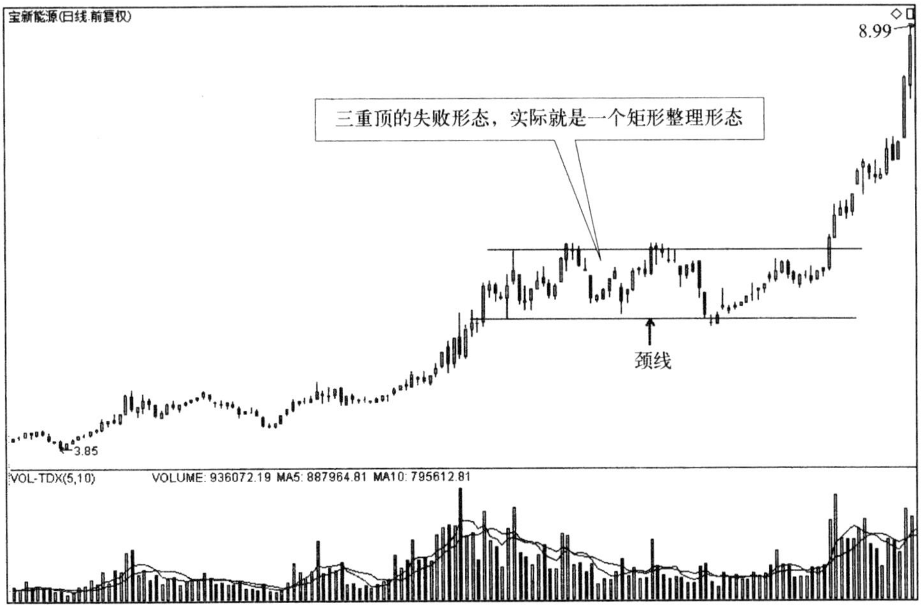

图1－18　宝新能源

第六节 收敛楔形底和收敛楔形顶

一、收敛楔形底的特征

收敛楔形底指的是股价在大幅下跌后，在跌势末期跌速渐缓，跌至某一低位后回升，但未回升到上次高点又再次回落，而第二次下跌跌破上次低点后，又快速回升，两个低点及两个高点连线相交于右下方，形成一个向下倾斜的楔形（如图 1－19 所示）。多数情况下，由于收敛楔形底筑底时间过短的缘故，该形态出现后，上升行情以反弹居多。其特征是：

（1）有三个低点，每一个低点逐级走低，高点也逐步走低，下跌低点的连线与反弹点的连线相交于右下方，构成一个向下倾斜的楔形图。

（2）形成过程中成交量逐步减少，但在第三个低点上升时，成交量便开始增加，且向上突破上边线时成交量激增。

（3）在收敛楔形底形成时，KDJ、MACD 指标与股价常常出现底背离现象。

（4）在突破上边线后走势有以下三种情形：

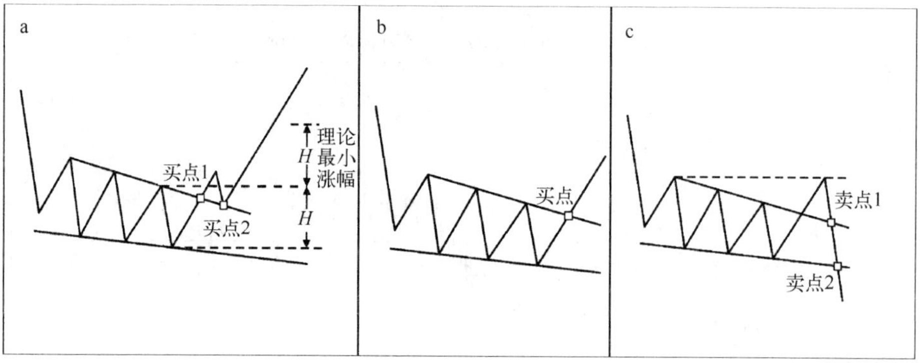

图 1－19 收敛楔形底

注：收敛形底向上突破有三种情形：

情形 1：突破上边线经回抽后再度上行，如图 a；

情形 2：突破上边后一路上行，如图 b；

情形 3：突破上边后无力有效突破最近高点，调头向下并跌破前低点，延续下跌走势，如图 c

情形 1：突破后回抽上边线，在上边线附近止跌回升，从而确认向上突破有效；

情形 2：突破后上边线后，股价在成交量的配合下一路上涨；

情形 3：突破上边线后无力有效突破最近高点，受阻回落并跌破下边线而创出新低，延续原来的下跌走势。

(5)收敛楔形底一旦形成，其理论最小涨幅等于第三个低点到第二个高点的垂直距离。

二、收敛楔形底的操作策略

(1)激进型。

买点 1：股价放量突破上边线时，此时为第一个买入信号，投资者可适量买些筹码，止损位宜设在下边线附近。

买点 2：股价回撤上边线，在上边线止跌回升时为第二个买入信号，止损位设在上边线下方附近。

(2)稳健型。

可在股价放量突破上边线后，经过回撤上边线确认支撑有效后，再度放量创新高时买进。

作为激进型的投资者，一定要设置好止损点，一旦楔形底形态失败，应果断止损离场。如果收敛楔形底形成的时间较短，通常对盘面的清理不如头肩底那样干净彻底，转势信号不如头肩底，尤其出现在日 K 线图时，多为反弹且幅度有限，投资者期望不宜过高，短线投资者可快进快出，博取差价，稳健型投资者可不必参与。当然，如果大跌后的周 K 线图、月 K 线图上出现收敛楔形底，预示股价见底后中长期走势转好，应积极介入。

三、收敛楔形底的案例分析

在 2011 年 1 月至 2013 年 12 月，一汽富维周 K 线图走出一个完美的楔形底形态(图 1－20)，股价突破上边线后出现回抽，在上边线获得支撑后，股价继续爬升，从突破 7 颈线时的 17 元涨至 2015 年 6 月的 42.94 元。

在 2004 年 4—9 月，处于下降趋势中的深科技的日 K 线图上走出一个类似“收敛楔形底”的形态(图 1－21)，股价虽短时突破上边线，但在最近高点区域遭受空头的强势阻击而回落，并创出新低，该“收敛楔形底”以失败告终。

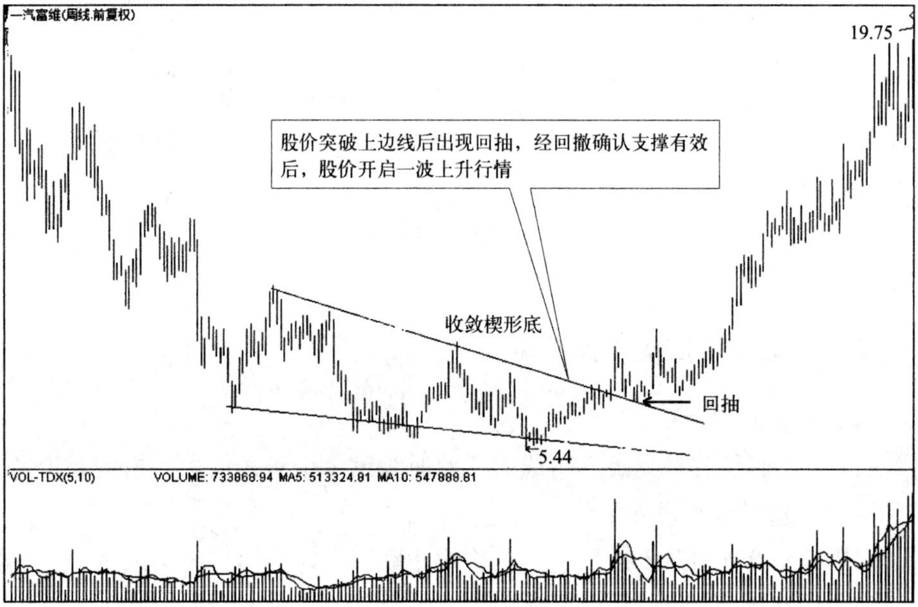

图1－20　一汽富雄

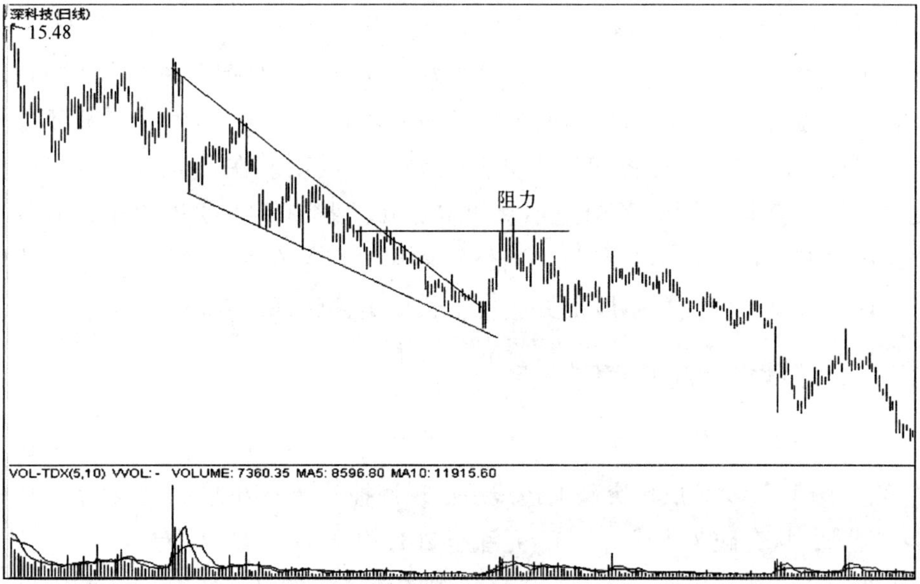

图1－21　深科技

四、收敛楔形顶的基本特征

收敛楔形顶由头肩顶演变而成，常常出现在股价上升趋势末期，以顶部转势形态出现居多，也会出现在上升途中，以整理形态出现。其主要特征是：

(1)有三个高点，每一个高点逐级走高，低点也逐步走高，上涨高点的连线与回落低点的连线相交于右上方，构成一个向上倾斜的楔形图(图1－22)。

(2)收敛楔形顶形成过程中，成交量从左至右呈递减状态，量能的减弱，预示股价升势已到尽头。股价向下击穿楔形的下边线时，成交量可大可小。

(3)在收敛楔形顶成时，KDJ、MACD、成交量等指标与股价呈现顶背离状态。

(4)收敛楔形顶在突破下边线之后，走势常常有以下三种情形：

情形一：突破后股价一路下跌；

情形二：突破后常常回抽下边线，在下边线附近受阻回落，从而确认向下突破有效。在实际行情走势中，通常以这一种情形居多。

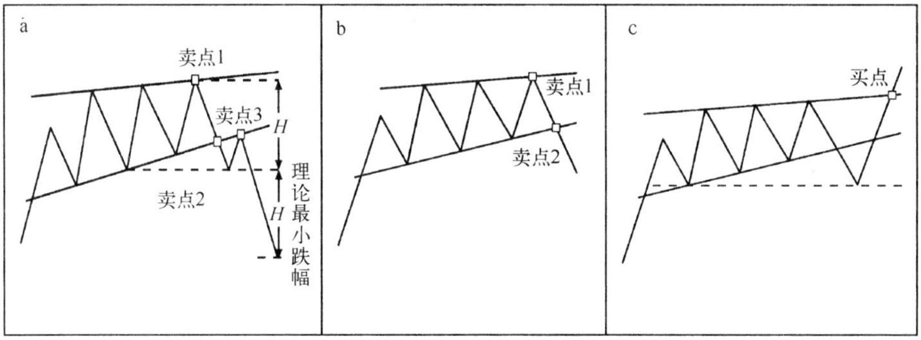

图1－22　收敛楔形顶

注：①扩张楔形顶突破有两种情形：一种是跌破下边线经回抽后再度向下(图a)；一种是跌破下边线后一路下行(图b)；这种情形居多。

②扩张楔形受压上边回落时，无力跌破下边线而在下边线止跌后调头向上并突破上边线，延续上升走势(图c)

情形三：股价跌破下边线后，无力跌破最近低点，并在该低点位置止跌回升并创出新高，延续之前的上升走势。

(5)收敛楔形顶形态一旦形成，预示一轮较大的下跌即将出现，其理论上的最小跌幅等于顶点到第二个低点的垂直距离。

不过，有时收敛楔形顶形态会出现在上涨途中，由于空方力量薄弱，股价无力跌破最近低点，而出现收敛楔形顶的失败形态，也可视作收敛楔形顶的持续形态。

五、收敛楔形顶的操作策略

卖点1：根据收敛楔形顶的特征，如果在第三个高点出现后，与前两个高点区域的KDJ、MACD、成交量等指标与股价出现顶背离状态，股价触及楔形上边线附近时，此时可视为第一个卖出信号，投资者应逐步减磅，并做好随时离场准备。

卖点2：股价跌破下边线时，此时基本可以确定下跌已成定局，可视为第二个卖出信号，投资者应将股票全部抛出，清仓离场。

卖点3：股价回抽下边线(注：这种情形极少出现，通常只是回抽楔形的起点便会受阻回落)，在下边线位受阻回落为第三个卖出信号，手中握有筹码的投资者应抛去幻想，果断平仓出局。

收敛楔形顶作为一种杀伤力极强的顶部形态，尤其是在大幅上涨之后出现时，投资者应给予足够的重视。

六、收敛楔形顶的案例分析

2015年4月27日—6月19日期间，上证指数的日K线图走出一个标准的收敛楔形顶形态(图1－23)。股指跌破下边线后直线暴跌，沪深股市出现了继2008年全球金融危机之后的最大股灾，不足三个月时间里，股指从高峰时5178点狂泻之2850点，让众多对收敛楔形顶缺乏足够了解的投资者吃尽苦头。

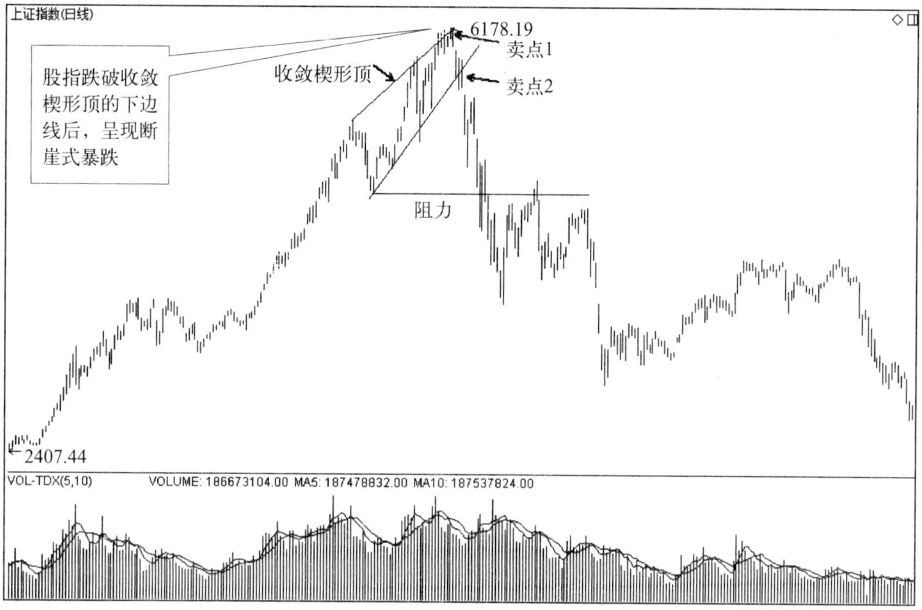

图 1－23　上证指数

第七节　扩张楔形底和扩张楔形底

一、扩张楔形底的特征

扩张楔形底也是由头肩底底演变而来，与收敛楔形底形状正好颠倒。多数情况下，扩张楔形底出现在股价下跌趋势末期，是底部转势形态的之一，偶尔也会出现在下跌途中。其主要特征是：

（1）有三个低点，每一个低点逐级走低，前两个低点反弹时高点大致相近，两高点连线微微向下倾斜或呈水平状，下跌低点的连线与反弹点的连线在右下方呈扩张形态，构成一个向下倾斜的楔形图（图 1－24）。

（2）形成过程中时，成交量逐步减少，但在第三个低点上升时，成交量便开始增加，并在向上突破楔形上边线时成交量激增。

(3)在扩张楔形底形成时，KDJ、MACD指标与股价常常出现底背离现象。

(4)突破扩张楔形的上边线，宣告扩张楔形底确立。在突破上边线后，走势有两种情形：一种是突破后回抽上边线，在上边线附近止跌回升，从而确认向上突破有效；另一种是在成交量的配合下，股价一路上涨。

不过，扩张楔形出现在下跌途中时，由于上攻无力突破上边线，并受阻回落跌破下边线而创出新低，将延续原来的下跌走势。

(5)扩张楔底形底一旦形成，其理论最小涨幅等于最低点到上边线的垂直距离。

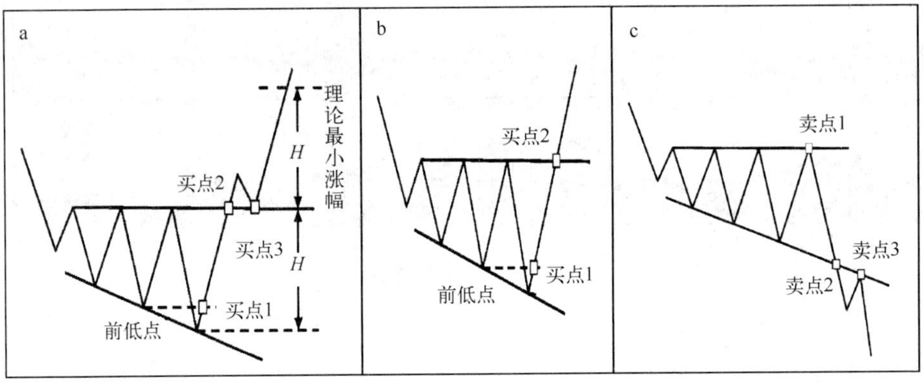

图1－24　扩张楔形底

注：①扩张楔形底突破有种情形：一种是突破上边线后经回抽再度向上(图a)；一种是突破上边线后直接上行(图b)，这种情形居多；

②反弹时无力有效突破上边线，受压力回落并跌破下边线，延续原来下降走势(如图c)；跌破下边线后也有回抽或直接向下两种情形

二、扩张楔形底的操作策略

(1)激进型。

买点1：股价遇下边线止跌回升，在重新返回前低点上方时，此时为第一个买入信号。投资者可以适量买些筹码，并把损位设在最近低点附近。

买点2：股价放量突破上边线时，此时为第二个买入信号。投资者可以及时跟进，止损位宜设在上边线下方附近。

买点3：股价回抽上边线，在上边线止跌回升时为第三个买入信号。止损

位宜设在上边线下方附近。

(2)稳健型。

可在股价放量突破上边线后，经过回撤确认上边线支撑有效，再度放量创新高时买进。

三、扩张楔形底的案例分析

在2012年6—12月期间，民生银行日K线图走出一个扩张楔形底形态(图1－25)，股价放量突破上边线，经小幅回抽上边线后，标志扩张楔形底已经确立，随后出现一波凌厉的上升行情。

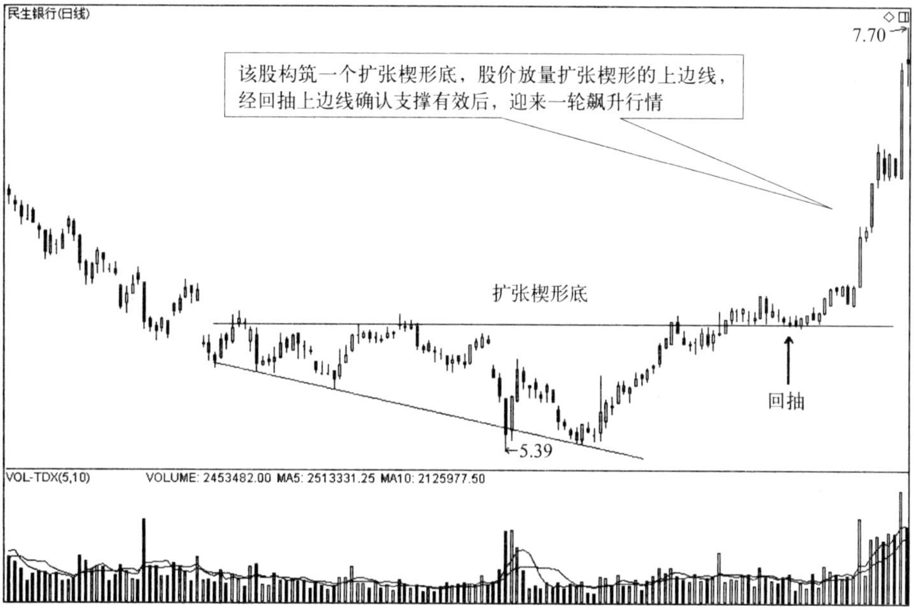

图1－25　民生银行

在2004年4月19日—6月25日期间，处于下跌趋势中的中国联通的日K线图走出一个“扩张楔形底”形态(图1－26)，可惜多方势微，在楔形上边线位置遭遇空头阻击，股价掉头向下并创出新低，延续之前的下跌走势。

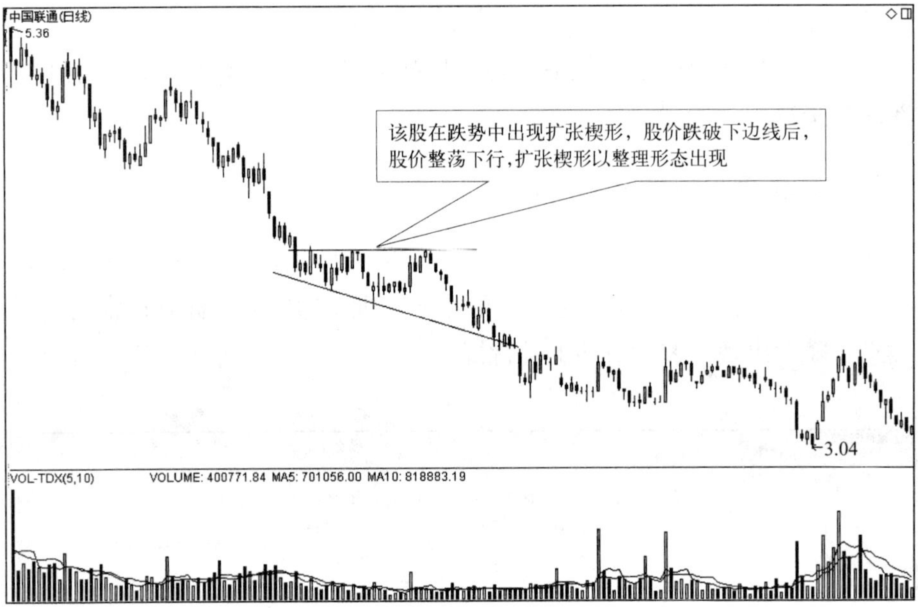

图 1－26　中国联通

四、扩张楔形顶的基本特征

扩张楔形顶由头肩顶演变而成，其形状正好与收敛楔形顶颠倒。扩张楔形顶常常出现在股价上升趋势末期，以顶部转势形态出现居多，或者出现在下跌行情反弹末期，也会出现在上升途中，以整理形态出现。其主要特征是：

(1)有三个高点，每一个高点逐级走高，回落时低点也逐步走高，上涨高点的连线与回落低点的连线在右上方呈扩张形态，构成一个向上倾斜的楔形图(图 1－27)。下边线微微向上倾斜或呈水平状态。

(2)扩张楔形顶形成过程中，成交量常呈现不规则状态；股价向下击穿楔形的下边线时，成交量可大可小。

(3)在扩张楔形顶形成时，KDJ、MACD、成交量等指标与股价常常出现顶背离状态。

(4)股价跌破下边线，宣告扩张楔形顶确立。在突破下边线之后，走势有两种情形：一种是突破后常常回抽下边线，在下边线附近受阻回落，从而确认向下突破有效；另一种是股价击破下边线后一路下跌；实际走势中通常以第二种情形居多。

(5)扩张楔形顶形态一旦形成，预示一轮较大的下跌即将出现，其理论上的最小跌幅等于顶点到下边线的垂直距离。

不过，扩张楔形顶有时会出现在上涨途中时，由于空方势弱，无力跌破最近低点，并在该位置止跌回升并创出新高，延续之前的上升走势。

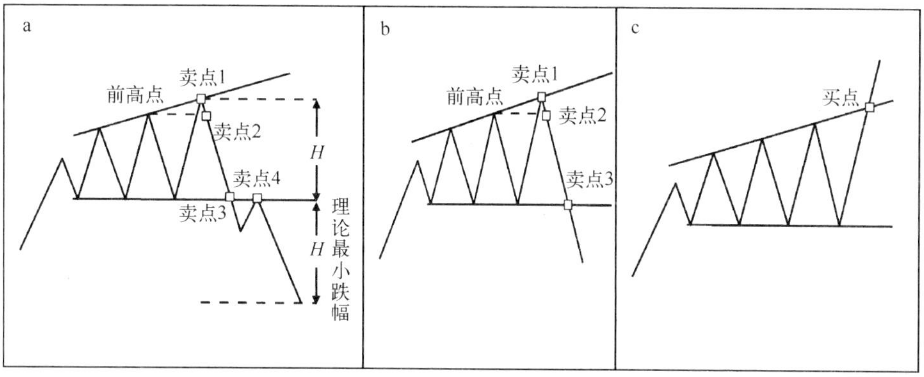

图 1－27　扩张楔形顶

注：①扩张楔形顶突破有两种情形：一种是跌破下边线经回抽后再度向下(图 a)；一种是跌破下边线后一路下行(图 b)；这种情形居多。

②扩张楔形受压上边回落时，无力跌破下边线而在下边线止跌后调头向上并突破上边线，延续上升走势(图 c)

五、扩张楔形顶的操作策略

卖点 1：根据扩张楔形顶的特征，如果在第三个高点出现后，与前两个高点区域的 KDJ、MACD、成交量等指标与股价出现顶背离状态，股价触及楔形上边线附近时，此时可视为第一个卖出信号。此时投资者不宜继续看多，应逐步减仓。

卖点 2：股价重返最近高点下方时，为第二个卖出信号。投资者应继续减仓。

卖点 3：股价跌破下边线时，此时基本可以确定股价下跌已成定局，可视为第三个卖出信号，投资者应将手中筹码悉数抛出，清仓离场。

卖点4：股价回抽下边线，在下边线位受阻回落为第四个卖出信号。未来得及出逃的投资者，宜果断平仓出局。

六、扩张楔形顶的案例解析

图1－28为攀钢钒钛在2011年2—7月期间的日K线图。从图中显示攀钢钒钛经过一波连续上涨后也形成一个的扩张楔形顶形态，股价击破下边线后出现一波反弹，反弹至下边线时，股价受阻于下边线阻力而掉头回落，出现新一轮下跌。

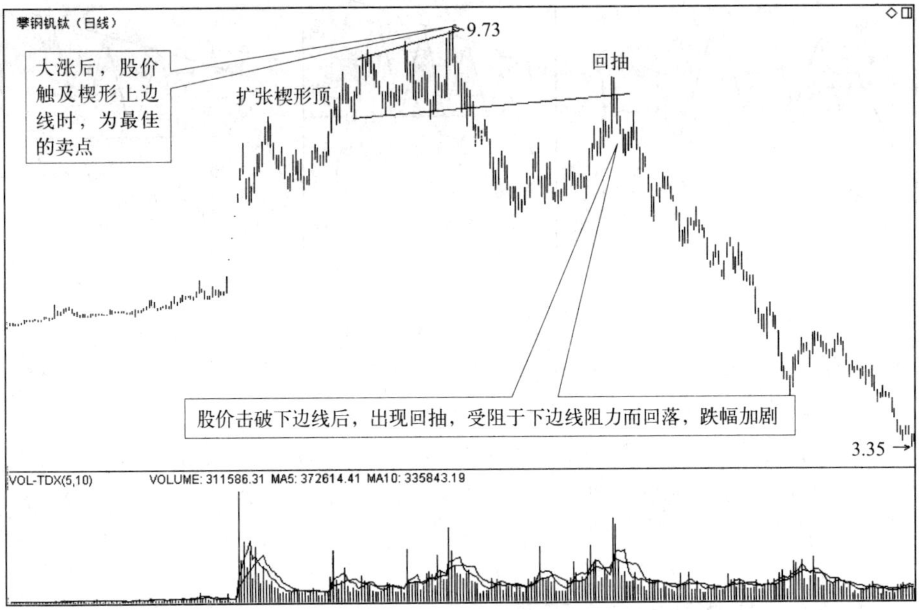

图1－28　攀钢钒钛

2014年11月至2015年3月，正处于上升趋势中的金发科技，在日K线图走出一个的“扩张楔形顶”的形态（图1－29），从图中显示，出现“扩张楔形顶”之前股价走势平缓，涨幅也不大，这样的顶部形态的可靠性值得怀疑，庄家曾一度让股价击穿楔形下边线，但之后股价很快重返下边线上方，“扩张楔形顶”以整理的形态出现，股价延续原来的上升走势。

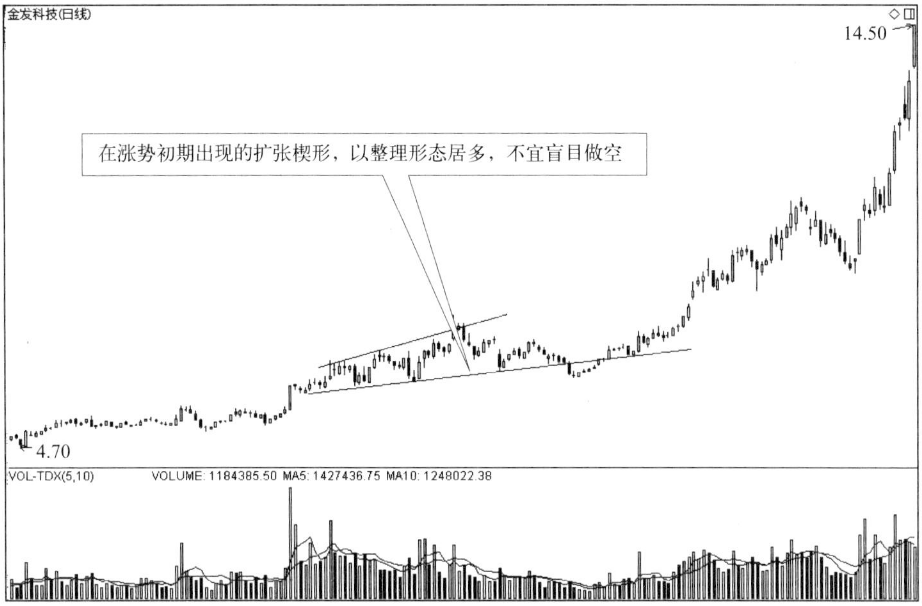

图 1－29 金发科技

第八节 下降旗形底上升旗形顶

一、下降旗形底的特征

下降旗形底也是由头肩底演变而来，常常出现在股价下跌趋势末期，是底部转势形态之一。如果下降旗形底筑底时间过短，在下跌趋势中出现时，多数情况下以阶段性反弹居多。其特征是：

(1)有三个低点，每一个低点逐级走低，反弹的高点也逐步走低，下跌低点的连线与反弹点的连线在右下方呈平行状，构成一个向下倾斜的旗形图(图 1－30)。

(2)形成过程中时，成交量逐步减少，但在第三个低点上升时，成交量便开始增加，并且向上突破旗形上边线时成交量激增。

(3)在下降旗形底形成时，KDJ、MACD 指标与股价常常出现底背离现象。

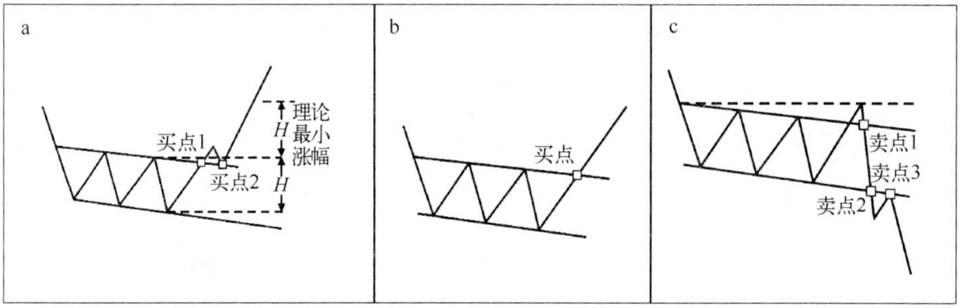

图 1－30　下降旗形底

注：下降旗形底向上突破有三种情形：

情形 1：突破上边线经回抽后再度上行（图 a）；

情形 2：突破上边线后直接上行（图 b）；

情形 3：突破上边线后无法有效突破最近高点，调头向下跌破下边线延续原来下跌走势（图 c）

（4）股价突破旗形的上边线，宣告旗形底形成。在突破旗形上边线后，后市走势有以下三种情形：

情形 1：突破后常常回抽上边线，在上边线附近止跌回升，从而确认向上突破有效。

情形 2：突破旗形上边线后，股价在成交量的配合下一路上涨。

情形 3：突破上边线后，股价无力有效突破最近高点，受阻回落并跌破下边线创出新低，延续原来的下跌走势。

（5）下降旗形底一旦形成，其理论最小涨幅等于第三个低点到上边线的垂直距离。

二、下降旗形底的操作策略

（1）激进型。

买点 1：股价放量突破上边线时，为第一个买入信号。投资者可适量跟进做多，止损位宜设在上边线下方附近。

买点 2：股价回撤上边线，在上边线止跌回升时为第二个买入信号。投资者应积极做多，止损位设在上边线下方附近。

(2)稳健型。

可在股价放量突破上边线后，经过回撤确认突破有效，再度放量创新高时买进。作为激进型的投资者，一定要设置好止损点，一旦旗形底形态失败，应果断止损离场。由于旗形底形成的时间较短，通常对盘面的清理不如头肩底那样干净彻底，转势信号不如头肩底和三重底。

三、下降旗形底的案例解析

深证成指在1995年12月21日—1996年2月16日筑底期间，日K线图上形成一个标准的下降旗形底(图1－31)。股指突破上边线时，多方力量略显犹豫，成交量并未跟进放大，股指在上边线附近经过短暂徘徊后，多头势力逐渐占据上风，发起一轮逼空的上升走势。

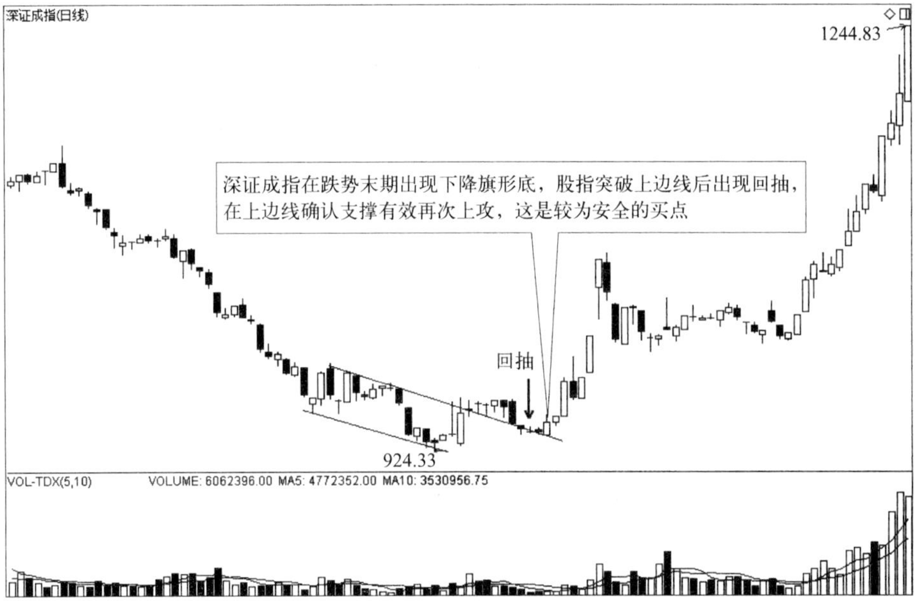

图1－31　深证成指

如图1－32所示，2011年9—11月期间，正处于下跌中的三一重工的日K线图也走出一个“下降旗形底”，并且也突破上边线，怎奈之后成交量未出现明显增加，显示多方做多意愿较弱，股价反弹至在最近高点附近时遭遇空方反扑，股价掉头向下，继续滑落。

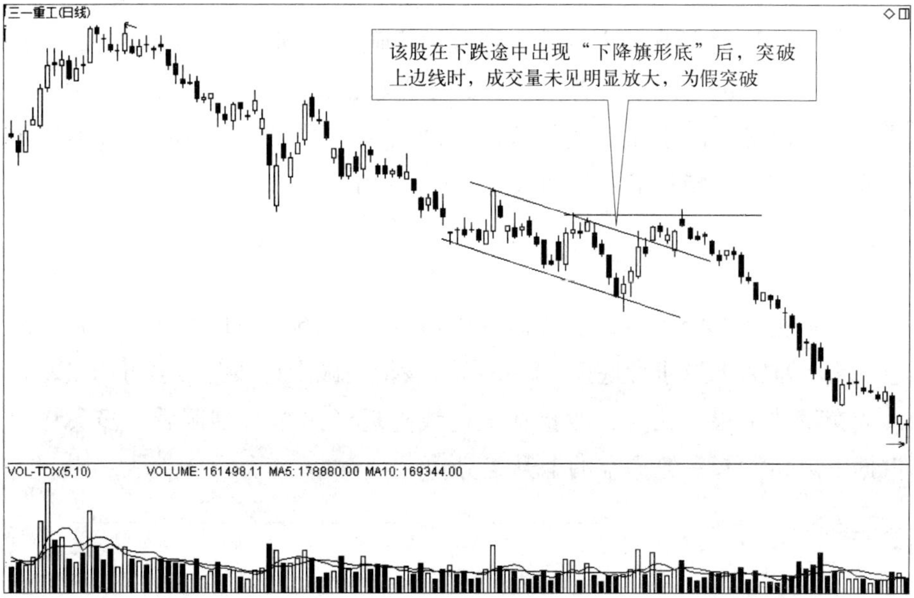

图 1－32　三一重工

四、上升旗形顶的特征

上升旗形顶由头肩顶演变而成，常常出现在股价上升趋势末期，或者会出现在下跌行情反弹末期，以顶部转势形态出现居多。也会出现在上升途中，以整理形态出现。其主要特征是：

(1)有三个高点，每一个高点逐级走高，低点也逐步走高，上涨高点的连线与回落低点的连线在右上方呈平行状，构成一个向上倾斜的旗形图(图 1－33)。

(2)上升旗形顶形成过程中，成交量从左至右呈递减状态，量能的减弱，预示股价趋于见顶；股价向下击穿旗形的下边线时，成交量可大可小。

(3)在上升旗形顶形成时，KDJ、MACD、成交量等指标与股价常常出现顶背离状态。

(4)股价跌破下边线，标志着上升旗形顶的确立。在突破颈线之后，走势有以下三种情形：

情形一：突破后常常回抽下边线，在下边线附近受阻回落，从而确认向下突破有效。

情形二：股价跌破下边线后一路下跌；

情形三：股价跌破下边线后，无力跌破最近低点，在该位置止跌回升并创出新高，延续之前的上升走势。

(5)上升旗形顶一旦形成，预示着一轮较大的下跌即将出现，其理论上的最小跌幅等于顶点到下边线的垂直距离。

不过，当上升旗形顶形态出现在上涨途中时，由于空方势弱，无力跌破最近低点，从而出现上升旗形顶的失败形态。

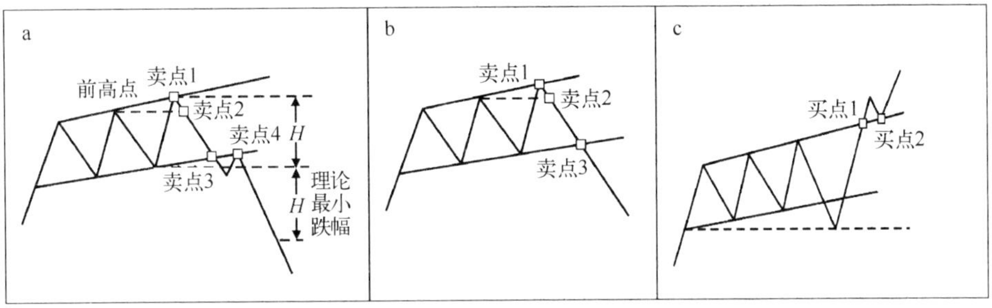

图1－33 上升旗形顶

注：上升旗形顶跌破下边线后有三种情形：

情形1：跌破下边线经回抽后再度下行(图a)；

情形2：跌破下边线后直接下行(图b)；

情形3：跌破下边线后，在最近低点处止跌，调头向上并突破上边线，延续原来上升走势(图c)

五、上升旗形顶的操作策略

卖点1：根据上升旗形顶的特征，如果在第三个高点出现后，与前两个高点区域的KDJ、MACD和成交量等指标与股价出现顶背离状态，股价触及旗形上边线附近时，此时可视为第一个卖出信号。投资者应逐步减磅，并做好离场准备。

卖点2：股价返回最近高点下方时，可视作第二个卖出信号。投资者应继续减仓。

卖点3：股价跌破下边线时，此时基本可以确定股价下跌已成定局，可视为第三个卖出信号，投资者应清仓离场。

卖点4：股价回抽下边线，在下边线受阻回落时为第四个卖出信号。尚未离场的投资者应放弃幻想，抛空离场。

六、上升旗形顶的案例解析

在2014年12月—2015年6月期间，国元证券的日K线图上走出一个标准的上升旗形顶（图1－34）。股价击穿旗形的下边线，回抽该线后掉头向下，标志着上升旗形顶形态已经确立，随后股价直线下挫。

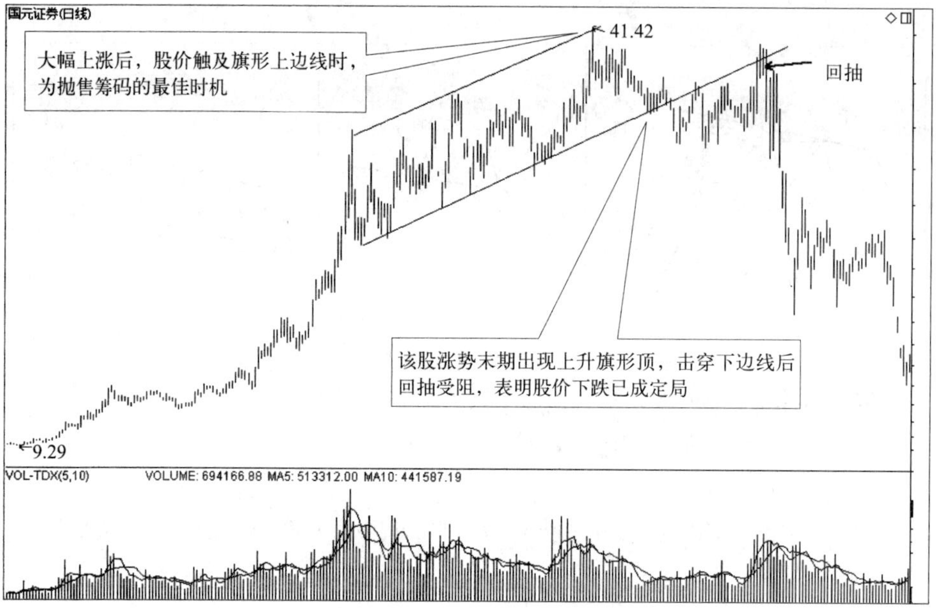

图1－34　国元证券

第九节　潜伏底

一、潜伏底的基本特征

潜伏底常常在股价经过一轮长期大幅下跌之后出现，是所有底部转势形态中最具上涨潜力，和突破颈线后爆发力最强的底部转势形态（图1－35），沪深股市中很多大牛股均出自这种形态。其主要特征是：

(1)股价经过一轮长期大幅下跌。

(2)股价长期在一个狭窄区域内小幅波动，交易清淡，成交量极度萎缩，股价和成交量各自形成一条带状，但向上突破上边线时成交量激增，常以放巨量的形式向上突破。

(3)在潜伏底形成末期，MACD 指标的 DIF 与 DEA 粘合成一条线，柱状线显示为红色，在向上突破上边线时，乖离率往往可能出现历史最大值。

(4)股价放量突破潜伏底突破上边线，标志着潜伏底形态确立。股价突破上边线后有两种走势：一种是突破后回抽上边线，在上边线附近止跌回升，从而确认向上突破有效，这一种走势较为少见；另一种是在巨额成交量的配合下，股价一路上飙，实际走势中，尤以这种情形居多。

(5)从 K 线形态上看，潜伏底在突破上边线后，常常会出现连续拉出大阳线的逼空走势。

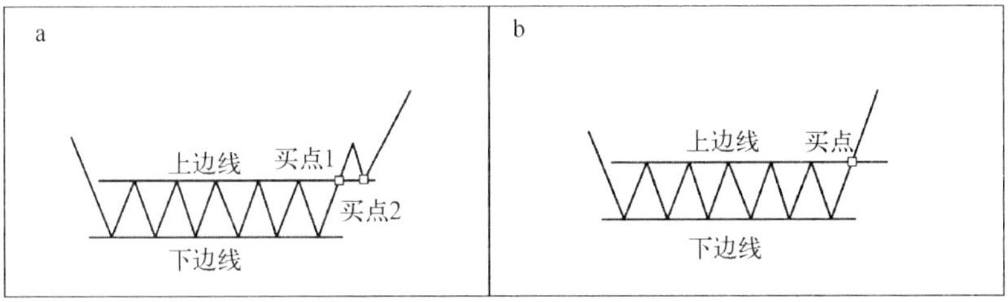

图 1－35　潜伏底

注：潜伏底向上突破有两种情况：一种是突破上边线后经回抽上边线再度上行(图 a)；一种是突破后直接上行(图 b)，这种情形居多

二、潜伏底的操作策略

买点 1：根据潜伏底特征，在股价放量突破上边线时大胆买进。

买点 2：股价放量突破上边线后，如果出现回抽上边线的情形，此时无疑为投资者提供了一个难得的第二个买入信号。

值得投资者注意的是：在面对潜伏底形态时，要克服“不在大涨之后买入股票”的思维定势，以及在股价连续拉出大阳线后不敢追涨的恐高心态。由于潜伏底爆发潜力巨大，只要股价涨幅不超过 50%，且成交量在持续增加的情况下，投资者可以大胆追涨，如果超过50%，可待其回调时逢低介入。

三、潜伏底的案例解析

图1－36为是金证股份2003年12月—2015年6月的月K线图。在2003年12月—2013年12月这长达10年的时间里，金证股份的股价始终在4～17元之间窄幅波动。2014年1月份以一根涨幅为59.5%的月中阳线突破潜伏底的上边线，突破后股价一度出现回抽，在上边线上方结束调整，之后股价一路攀升，到2015年6月时，股价已经狂飙至269.5元。从最低价3.9元至269.5元，涨幅高达近70倍，就是以突破上边线时的当月中阳线收盘价24.65元计算，到最高价之间也相差11倍。股价放量突破潜伏底上边线时，果断追涨是投资者的明智之举。

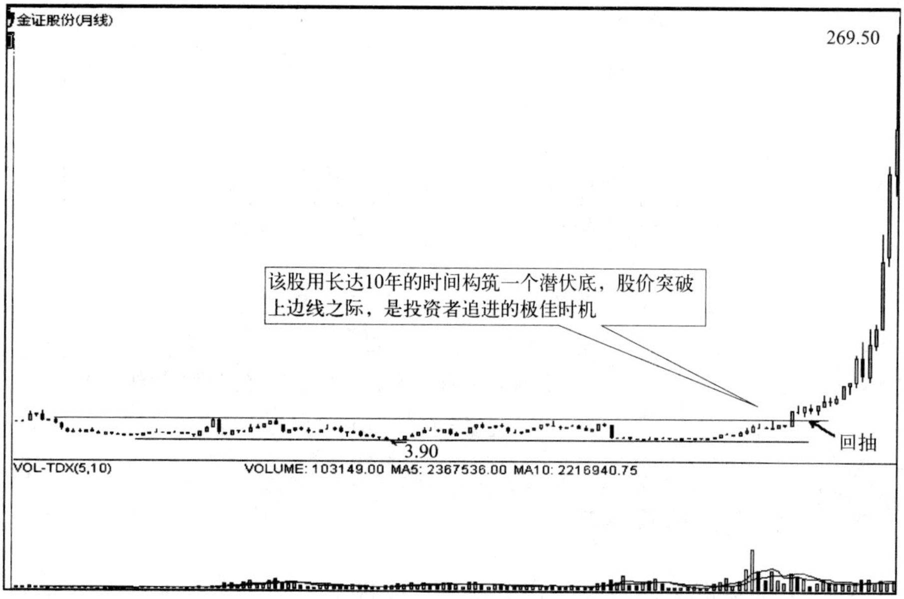

图1－36　金证股份

从案例的解析中，投资者可以认识到，对于潜伏底这种底部转势形态，由于筑底时间很长，调整充分，浮筹较少，股价一旦突破上边线，往往是一轮逼空暴涨行情的开始，投资者在发现股价突破上边线时，应毫不犹豫地及时追进，获取股价大幅拉升时带来的丰厚回报。

第十节　底部三角形和下降三角形

一、底部三角形的基本特征

底部三角形是常常在股价经过一轮长期大幅下跌之后出现的一种底部转势形态。其特征是：

(1)股价经过一轮长期大幅下跌。

(2)股价下跌后的触底过程中出现三次探底，三个低点几乎处于同一水平位置，股价每一次反弹的力度越来越弱，其反弹高点也逐步下移，如将反弹的高点和回落的低点分别用直线连接起来，就构成一个向下倾斜的直角三角形(图 1－37)。

(3)三角形在形成过程，交易清淡，成交量逐步萎缩，直至三角形最末端时成交量最小，交易极为清淡，但在向上突破上边线时成交量开始放大。

(4)股价放量突破上边线，标志着底部三角形得以确立。突破上边线后有两种走势：一种是突破后常常回抽上边线，在上边线附近止跌回升，从而确认向上突破有效；另一种是在成交量的配合下，突破后股价一路上涨。

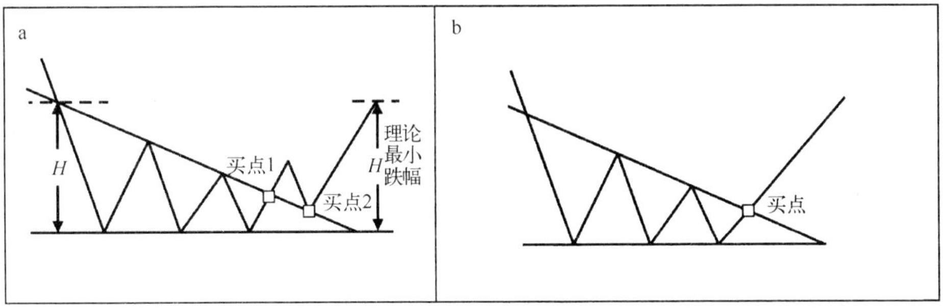

图 1－37　底部三角形

注：底部三角形突破有两种情形：一种是突破压力线经回抽后再度上行(图 a)；一种是突破压力线后一路上行(图 b)

二、底部三角形的操作策略

（1）激进型。

买点1：在股价放量突破上边线时，可视为第一个买进信号。投资者应适量建仓，止损位设在三角形下边线附近。

买点2：股价放量突破上边线后回抽上边线，并在上边附近止跌回升时为第二个买进信号，止损位也设在三角形下边线附近。

（2）稳健型。

股价放量突破上边线，经回撤确认突破有效后再次上升，并创出最近新高时，投资者应及时积极跟进。

对于激进型投资者，一旦发现三角形筑底失败，应果断止损离场。

三、底部三角形的案例分析

2014年1—7月，浙能电力的日K线图上也走出一个大的底部三角形（图1－38）。股价突破上边线时，成交量虽有所增加，但放量并不明显，随后股价出现回抽，在下边线经过一段时间的徘徊整理后，再度发力上攻，股价从底部的3.94元涨至2015年6月的14.86元。

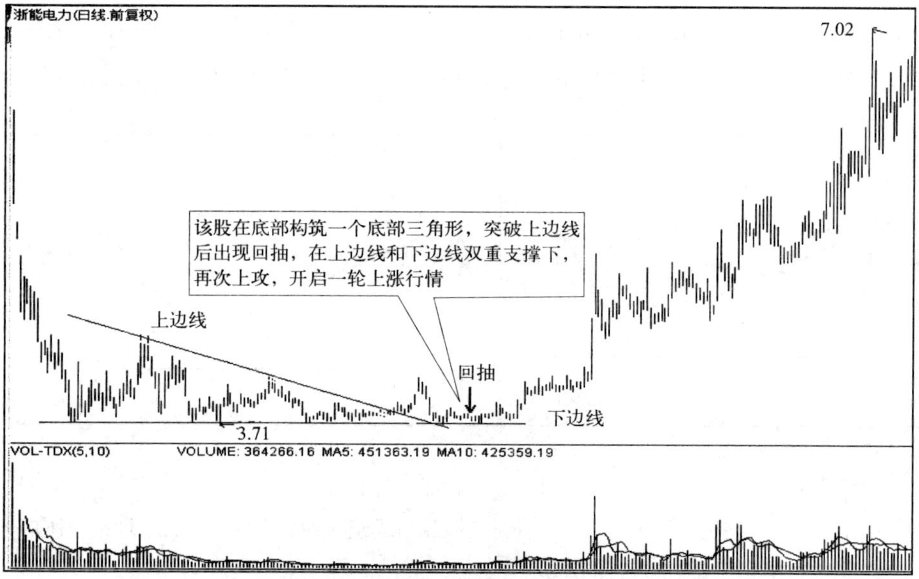

图1－38　浙能电力

四、下降三角形的基本特征

下降三角形常常出现在下跌途中，偶尔也会在上升趋势中的回档时出现。总的来说，下降三角形以整理形态出现居多。其主要特征是：

(1)股价处于下跌途中。

(2)股价下跌过程中出现3个低点，三个低点几乎处于同一水平位置，构成三角形的下边线。股价每一次反弹的力度越来越弱，其反弹高点也逐步下移，形成三角形的上边线，两线相交就构成一个向下倾斜的直角三角形(见图1－39)。

(3)下降三角形在形成过程中，呈现出反弹时成交量减少，而下跌时反而增加的现象。在向下突破下边线时，成交量可放量也可不放量。

(4)跌破三角形下边线，是下降三角形确立的标志。跌破下边线后有两种走势：一种是突破后常常回抽下边线，反弹至下边线时受阻回落，从而确认向下突破有效；另一种是突破下边线后，股价一路下跌。

(5)在股价长期大幅下跌之后出现，若三角形末端成交量极度萎缩，股价无力跌破下边线，而是向上放量突破上边线，此时的下降三角形成为底部转势形态，即底部三角形。

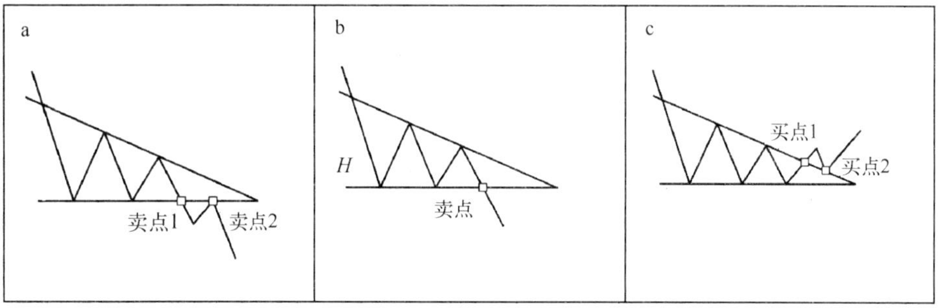

图1－39　下降三角形

注：①下降三角形向下突破有两种情形：一种是跌破下边线经回抽后再度下行(图a)；一种跌破下边线后一路下行(图b)；

②回落时无法有效跌破下边线，而是向上突破压力线形成底部三角形(图c)；突破上边线后也有回抽和直接向上两种情形

五、下降三角形的操作策略

卖点1：在股价击穿下边线时可视为第一个卖出信号。持股的投资者应及时止损出局，而持币的投资者宜继续持币观望。

卖点2：股价击穿下边线后，回抽下边线，并在下边附近受阻回落时，视为第二个卖出信号，持股的投资者应抛空离场。

下降三角形作为一种整理形态，在实际走势中以向下突破居多。如果出现在下跌趋势中时，投资者宜多看少动，在方向未明朗之前切勿贸然进场抄底。倘若下降三角形出现在上升趋势中时，投资者不宜盲目看空，应密切留意其走势，一旦发现股价向上突破上边线，应及时跟进做多。

六、下降三角形的案例分析

图1-40显示的是风华高科某一时期的日K线图。该股股价运行在下降

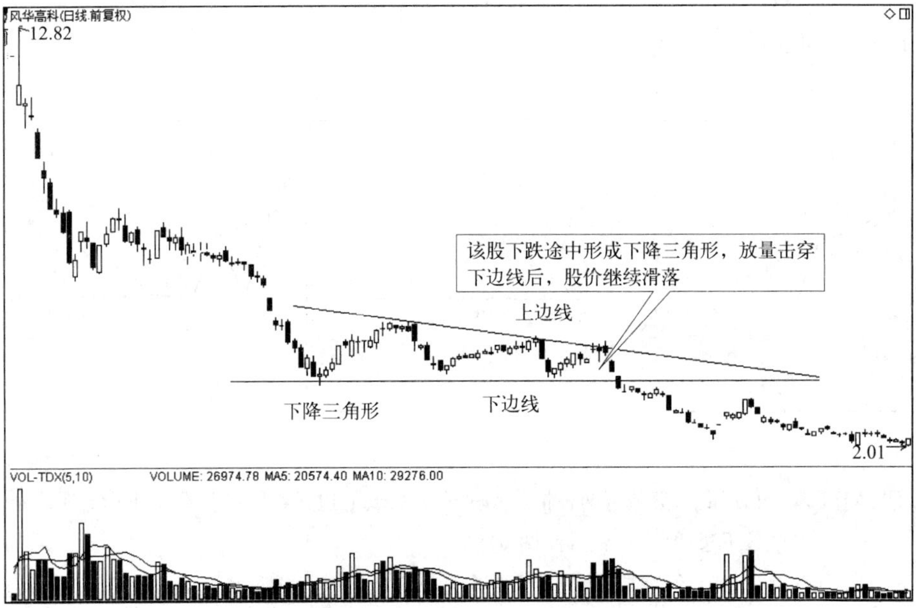

图1-40　风华高科

趋势中，整理期间形成下降三角形。股价放量击破下降三角形下边线后，延续原来跌势，继续下跌，股价走势持续低迷。

图 1－41 为宝钢股份某一时期的日 K 线图。该股正处于上升势中，期间股价出现回落，以一个下降三角形进行整理。不过，下降三角形出现后，股价非但没有击穿下边线继续走低。相反，却是放量突破上边线，延续原有的上升趋势，加速上扬。

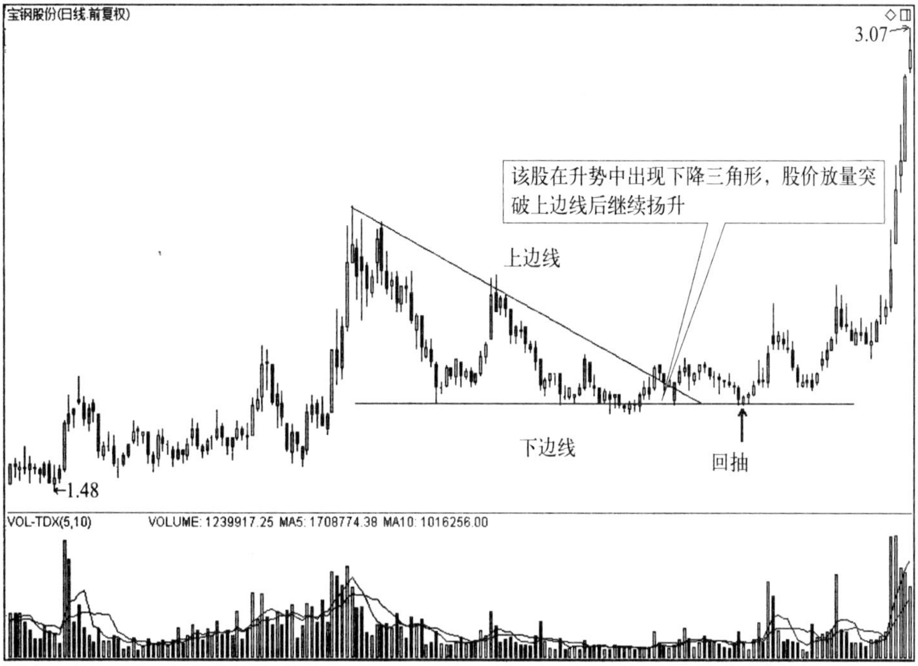

图 1－41　宝钢股份

七、底部三角形和下降三角形的区别

在实际操作中，一些初学的投资者，常常容易把底部三角形和下降三角形混淆，辨别不清。为此特从突破方向、形成时间、量价关系三方面作为比较，二者之间不同之处主要有以下五点，如表 1－1 所示。

表 1-1 底部三角形和下降三角形区别一览表

序号	名称	
	底部三角形	下降三角形
1	出现在大跌之后的反转形态	涨势或跌势中均可出现的整理形态
2	筑底时间较长	形成时间较短
3	形成时成交量逐渐萎缩	形成时出现价跌量增的背离现象
4	突破前成交量极度萎缩	突破前开始放量
5	突破上边线时放大量	突破下边线时不一定放量

投资者应特别注意底部三角形和下降三角形形成时和突破时成交量的变化：

底部三角形形成时成交量逐步萎缩，预示空方能量的逐步衰竭，股价也已经跌到尽头，而下降三角形形成时出现价跌量增的背离现象，说明空方力量并未完全释放，股价还有继续下跌的空间。

底部三角形向上突破上边线时会放大量，因为股价向上突破阻力线一定需要有量能的支持，而下降三角形向下突破下边线时，不一定会放量，因为股价的下跌不需要量能的放大，较小的成交量也可以击穿三角形的下边线。相反，在股价击破下边线后，成交量却往往出现增加的现象。

第十一节 V 形底和倒置 V 形顶

一、V 形底的基本特征

V 形底也称尖底，基本出现在下跌趋势中。其主要特征是：

(1)在下跌趋势中，股价下跌的速度越来越快，最后在股价下跌最为猛烈的时候却峰回路转，触底后股价一路飙升，其走势与英文字母 V 极为相似(图 1-42)；

(2)触底后的上涨，常常拉出大阳线，出现曙光初现、旭日东升或阳线穿头破脚等 K 线组合；

(3)触底转势时的成交量特别大；

(4) KDJ 在低位迅速形成黄金交叉。

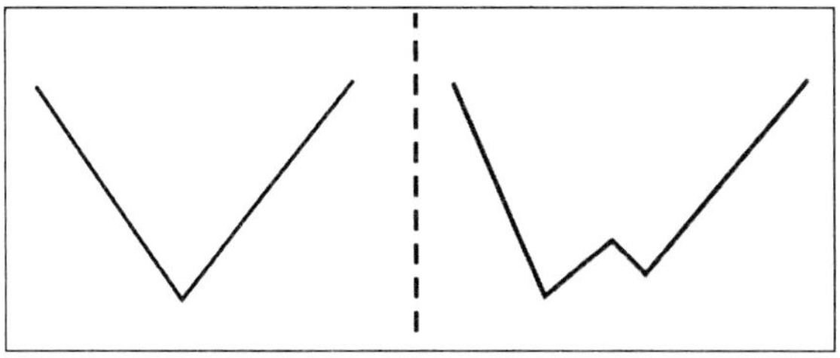

图 1-42　V 形底

二、V 形底的操作策略

(1) 依据 V 形底的特征，持股的投资者应握住手中筹码，勿轻易抛售；

(2) 激进型的持币投资者，可在拉出第一根放巨量的大阳线，与昨日 K 线形成曙光初现、旭日东升或阳线穿头破脚等 K 线组合，以及 KDJ 在低位迅速出现黄金交叉时适量买入。当股价重心继续上移，V 形反转走势逐步明朗时，可继续加仓；

(3) 稳健型的持币投资者，可在成交量持续增加，V 形反转走势明朗时买进，而切勿在量能减少的情况下买入，因为量能的减少，可能预示多方力量在逐步衰退，股价可能进入涨势末期，此时买进风险极高。

三、V 形底的案例分析

2015 年 6 月 11 日至 8 月 13 期间，特力 A 在 6 月 26 日至 7 月 8 日连续跌停后，7 月 9 日拉出一根带巨量涨停大阳线（图 1-43），与前一根跌停的“一”字线形成阳线穿头破脚。与此同时，KDJ 指标也在低位迅速出现黄金交叉，此时股价已经具备 V 形反转的特征。仅一个月时间，股价就从 V 形底部的 9.88 元狂飙至 51.99 元，涨幅达 5 倍多。

四、倒置 V 形顶的基本特征

倒置 V 形顶也称尖顶，基本出现在股价升势末期。其特征是：

(1) 在上升趋势中，股价上升的速度越来越快，快速上升形成顶部后，股价随即快速下跌，其走势与英文字母“倒置 V 形”极为相似（图 1-44）；

(2) 见顶时常常出现吊颈线、射击之星、淡友反攻、乌云盖顶、倾盆大雨

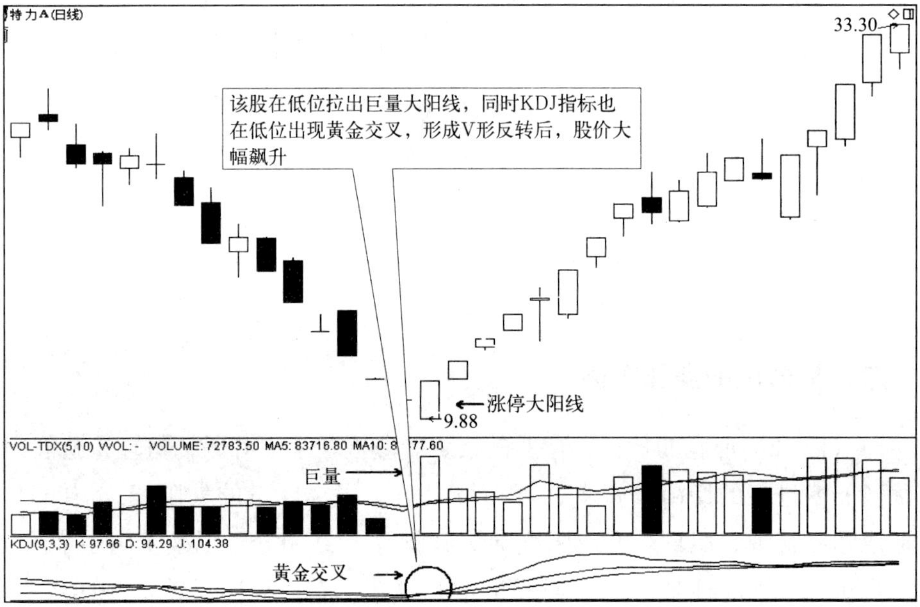

图1-43　特力A

等见顶K线组合；

(3)转势点通常都有较大成交量；

(4)KDJ指标在高位迅速形成死亡交叉(注：KDJ指标平常易出现钝化现象，因而其有效性常常失真，但在股价连续大涨后，绝大数指标都失效的情况下，唯独KDJ指标独树一帜，极具参照价值，此时KDJ高位出现死亡交叉后，股价见顶的概率极高)。

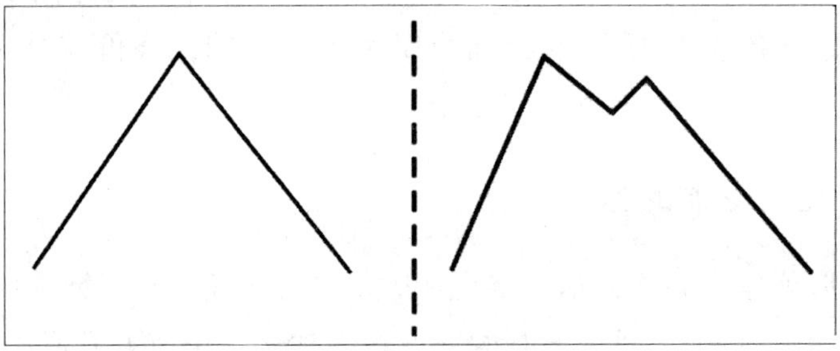

图1-44　倒置V形顶

五、倒置 V 形顶的操作策略

依据倒置 V 形顶的特征，倒置 V 形顶一旦形成，其下跌速度极快，往往在短短的几个交易日内，股价就会跌去大半甚至吞掉前期全部涨幅。因此，股价连续大涨后，一旦发现在高位出现吊颈线、射击之星、淡友反攻、乌云盖顶、倾盆大雨等见顶 K 线组合，股价重心下沉，以及 KDJ 在高位迅速形成死亡交叉时，投资者应坚决抛空手中筹码，即刻离场，稍有犹豫，可能面临巨大风险。

六、倒置 V 形顶的案例分析

从图 1－45 中显示，大禹治水股价前期走势平缓，到 2015 年 5 月 25 日—6 月 2 日，连续拉出三根阳线，股价呈加速上涨状态。随后分别在高位出现螺旋桨、吊颈阳线和乌云盖顶等见顶 K 线形态；同时，KDJ 指标也在股价加速上扬后，在高位迅速形成死亡交叉，这些均已符合倒置 V 形顶的基本特征。倒置 V 形顶出现后，股价稍作反弹后，随即出现疯狂暴跌，跌速凶猛。

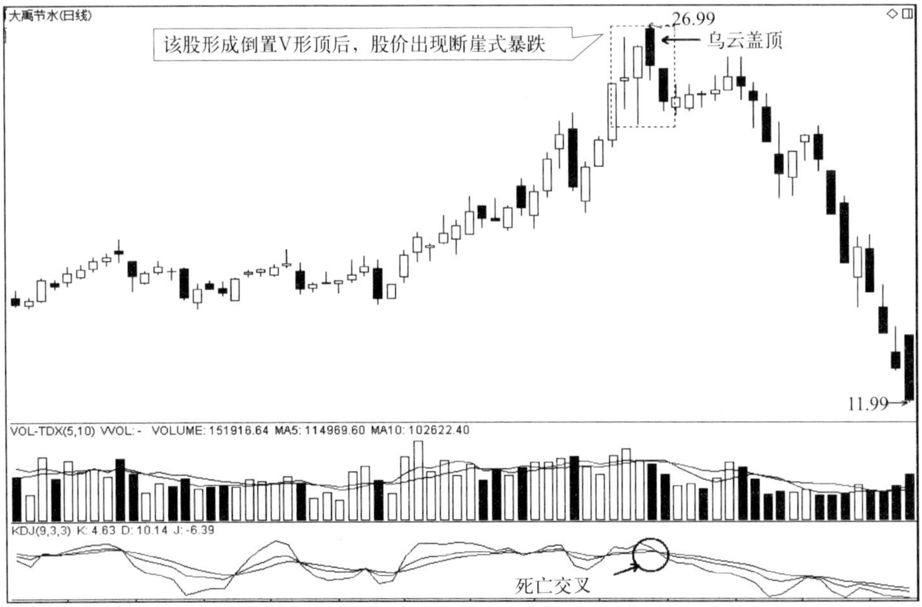

图 1－45 大禹治水

第十二节　圆底和圆顶

一、圆底的基本特征

圆底又称为碟形或碗形，是一种底部转势形态，但并不常见，多数出现在一个由熊市转为牛市的长时间整固期。作为底部转势信号，其形成的时间越长，后市上升的力度越大。其主要特征是：

(1)股价在下跌过程中成交量逐步减少，到下跌后期，下跌速度越来越慢，成交量也极度萎缩，股价也就此止跌回升，之后随着多方力量的增强，成交量也逐步增加，股价也由初期温和上涨，转为上升速度越来越快。股价与成交量的形态均呈圆弧状(图1－46)；

(2)随着成交量递增，均量线出现黄金交叉；

(3)MACD也在0柱下方形成黄金交叉。

图1－46　圆底

二、圆底的操作策略

由于圆底筑底时间相当漫长，如果过早入市，多数投资者经不住长时间的筑底煎熬，常常会在多方发动攻势之前，将手中筹码交出，从而错失即将到来的上升行情。这样，面对圆底形态时，入市时机的选择就显得十分重要。依据圆底的特征，投资者可以重点关注均量线和MACD这两个指标，在二者出现共振金叉时，可看作积极的买入信号。如果二者没有出现共振金叉时而贸然买进，投资者难免不会陷入因漫长筑底而备受长时间折磨的窘境。

三、圆底的案例分析

图 1-47 为 A 国农科技在 2007 年 5 月 28 日至 9 月 4 日的日 K 线图。从图中显示，该股经过一波急速下挫之后，到下跌后期，股价下跌速度越来越慢，成交量也极度萎缩。随着股价止跌回升，成交量也逐步增加，股价也出现温和上涨，形成典型的圆底形态。与此同时，MACD 与均量线先后出现黄金交叉，股价的上升势头开始加速。

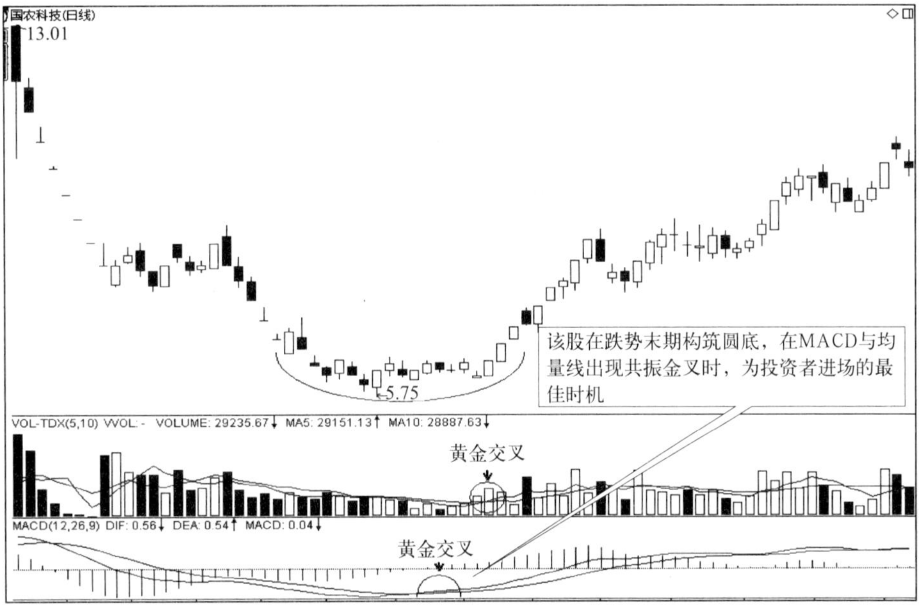

图 1-47 国农科技

四、圆顶的基本特征

圆顶是一种顶部转势形态，出现在上升趋势的末期。作为顶部转势信号，其形成的时间越长，后市下跌的力度越大。其主要特征是：

(1)股价在上升过程中，成交量有逐步减少迹象，上涨的速度由越来越慢，逐渐转为缓慢的下沉，最后下跌的速度加快，股价呈现圆顶状(图 1-48)。而成交量也可呈圆弧状，但大多数情况下，呈现不规则状态；

(2)随着成交量递减，均量线会出现死亡交叉；

(3)MACD 也在 0 柱上方形成死亡交叉。

图 1－48　圆顶

五、圆顶的操作策略

依据圆顶的特征，投资者可在圆顶形态雏形出现时抛空手中筹码，以免遭受后市下挫的深度套牢之苦。圆顶形成时最重要的两个参考指标是均量线和 MACD，当二者共振发出死亡交叉时，投资者可作为卖出股票的重要信号，切不可犹豫不决，错失最佳卖出时机。

六、圆顶的案例分析

图 1－49 是 ST 成城在 2001 年 5 月 23 日至 7 月 25 日期间，日 K 线图走出圆顶形态。在均量线和 MACD 共振发出死亡交叉时，基本可以确认圆顶形态已经成立，随后股价由见顶初期的缓慢下跌到跌势逐步加速，股价逐级走低。

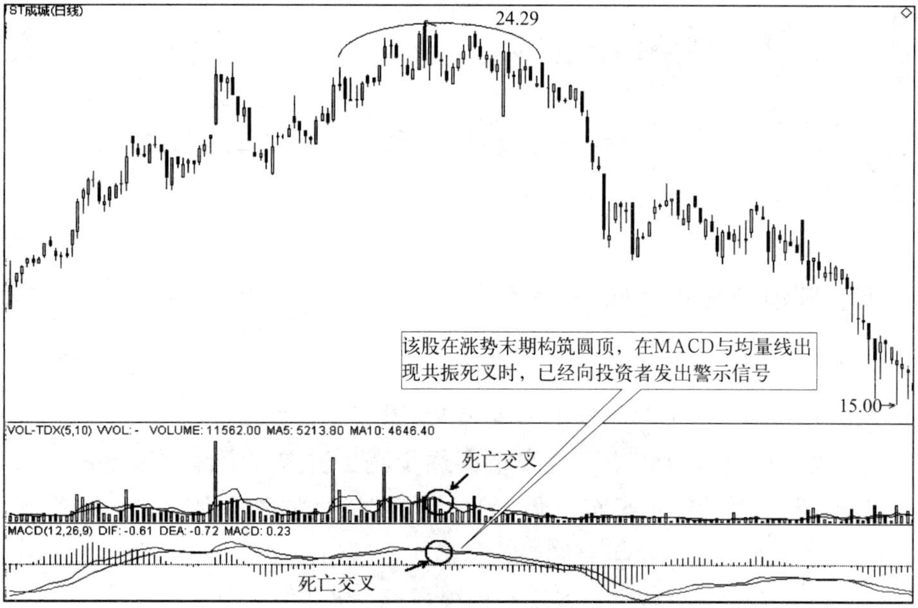

图 1－49　ST 成城

第十三节　跳空缺口

一、缺口的定义

缺口指的是由于受到利好或者利空消息的影响，股价（指数）在大幅上涨或大幅下跌过程中，有一段价格没有任何交易，显示在日K线图上是一个真空区域，这个区域称之为“缺口”，也称为跳空。当股价出现缺口，经过几天，甚至更长时间的波动，然后反转过来，回到原来缺口的价位时，称为缺口的封闭，也叫回补。

二、缺口分类

缺口按性质可分为普通缺口、突破缺口、持续性缺口与衰竭缺口等四种；按方向划分可分为向上跳空缺口和向下跳空缺口两种。

1. 普通缺口

普通缺口，一般是指在横盘整理中偶然出现的跳空，并且很快就会被封闭（通常在3个交易日左右），对趋势研判作用不大。

2. 突破缺口

突破缺口，指的是在一个密集的反转或整理形态完成后，突破盘局时产生的缺口。即一般出现在股价打破盘局的初期，当突破缺口出现后，股价会迅速脱离整理区域。一般情况下，突破缺口在3交易日个内，甚至在更长的时间内都不会被轻易回补。当股价以一个很大的缺口跳空远离整理区域时，这表示真正的突破已经形成了。同时，突破缺口空档愈大，信号越强。

3. 持续性缺口

持续性缺口出现在上升或下跌途中，位于突破缺口之后，对行情有助长助跌的作用，也不会被轻易回补，在极端的情况下有时会产生2个、3个甚至更多的持续缺口。

4. 衰竭缺口

衰竭缺口，指的是当行情即将接近尾声时，由于大幅上涨后，多方力量的集中消耗性释放，或者大幅下跌后，空方的恐慌性抛售而出现的缺口。衰竭缺口一般很快会在短时间内被封闭，预示原有趋势可能即将的结束。

三、向上跳空缺口的识别和案例分析

1. 向上跳空缺口的特征及技术含义

(1)出现在上升趋势中；

(2)在上升行情中，由于多方力量占了绝对优势，股价跳空高开，留下了向上无成交的空白区域，并保持到收盘，这就形成了向上跳空缺口(图1－50)。

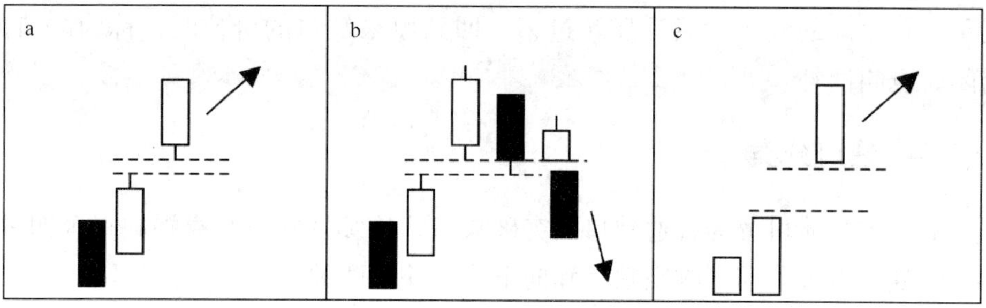

图1－50　向上跳空缺口

注：1)向上跳空缺口可分为：突破缺口、持续缺口、衰竭缺口、普通缺口四种类型，持续缺口可能出现多个，如图a；2)缺口若被封闭，股价将转弱了，可能再创新低，如图b；3)缺口距离越大，信号越强烈，如图c

(3)向上跳空缺口一般不超过3个，依次为突破缺口、持续缺口、衰竭缺口；如果超过三个则依次是：第一个是突破缺口、所有处于中间的缺口均为持续缺口、最后一个才是衰竭缺口。

(4)突破缺口形成时，通常伴有较大的成交量，成交量越大，预示多方力量越强，日后上升潜力越大。同时，缺口空档越大，表示多头向上发动攻击的信号越强，并且短期内不会被封闭。突破缺口的出现，预示多方已经开始发动了一轮新的攻势，股价将继续扬升。持续缺口出现时，成交量会持续增加，表示多方力量仍然十分强大，股价将持续走高，通常持续缺口也不会在短期内被封闭。衰竭缺口出现时，常常会出现巨额成交量(注：仅指个股而非指数)，并且缺口短期内很快被封闭，股价开始重心下移，预示上涨行情已接近尾声。

值得投资者留意的是：当持续缺口出现两个或两个以上时，如何辨别是持续缺口还是衰竭缺口，就变得至关重要，这是判断股价走势最为关键一步。投资者要准确辨别持续缺口和衰竭缺口，可从下面三点着手分析：

(1) 分析大盘走势：自然界有一个“二八定律”，股市作为自然界的一部分，当然也不会违背这一定律。当大盘见顶，那么会有80%的股票跟随大盘一起见顶，则其余20%的股票走势可能与大盘走势不同。这样，如果大盘见顶，那么该缺口为衰竭缺口的概率很高，反之，如果大盘处于上升势中，该缺口应该视为持续缺口，为衰竭缺口的概率很低。

(2)关注股价重心移动：如果股价重心继续上移，该缺口应该视为持续缺口；相反，如果股价重心下移，则很可能为衰竭缺口。

(3) 缺口出现时的成交量变化：对于个股而言，如果向上缺口出现时，成交量平稳，与以前无明显变化，那么该缺口应视为持续缺口；如果向上缺口出现时，成交量剧增，并且缺口很快被封闭，则该缺口为衰竭缺口的可能性极高，意味着推动股价上涨的力量将耗尽。即便不是，也预示着衰竭缺口也将随即出现，而此时的成交量往往低于前一缺口的成交量，表明多方能量已经消耗殆尽，升势将逆转。

2. 向上跳空缺口的操作策略

(1)突破缺口出现时，空仓的投资者应及时跟进做多，持股的投资者应继续持股待涨；

(2)持续缺口出现时，投资者可继续持股或追加筹码，若一旦发现缺口被封闭，则应平仓出局，持币观望；

(3)衰竭缺口出现时，持股的投资者应择机逢高减仓，将利润兑现，落袋为安，一旦出现衰竭缺口被封闭，应果断清仓离场。而持币的投资者此时绝不可盲目追高。

另外，投资者需要注意的是：向上跳空缺口对股价有强烈的支撑作用，当股价回落至缺口附近或回补缺口时，常常会在此位置止跌回升，尤其是突破缺口。所以，突破缺口对股价的支撑作用强于持续缺口。但是，如果向上缺口被封闭后，当股价再一次回落至该位置时，其对股价的支撑作用就完全消失。因此，绝大多数类型的向上跳空缺口被回补后，应由之前的看多做多转为看空做空。不过，如果衰竭缺口没有出现时，仅仅是持续缺口被封闭，经回档后止跌回升，股价将可能继续走高，直到衰竭缺口出现趋势逆转（见案例2）。

3. 向上跳空缺口的案例分析

图1－51显示的是上证指数2010年7月—2011年4月的日K线图。从图中标注显示，股指放量突破前期整理区域，形成第一个向上跳空缺口即突破缺口后，次日股指继续高开高走，形成第二个向上跳空缺口即持续缺口。之后，大盘继续上行，在3100点区域出现第三个向上跳空缺口，可该缺口很快被一根长阴线封闭。封闭后，股指重心继续下沉，基本可以确认该缺口为衰竭缺口，随后股指急速下挫。当股指跌至持续缺口附近时，由于向上缺口的支撑作用，股指在该区域进行长期的盘整，怎奈持续缺口的支撑作用有限，股指继续走低，直至接近突破缺口时，股指才得到突破缺口的强力支撑而止跌回升，出现一波强势反弹行情。在图中，一共出现4个向上缺口，衰竭缺口和普通缺口出现后很快就被封闭，持续缺口出现很长时间后，股指见顶后在回撤过程中才被封闭，而突破缺口在该波段回撤行情中，始终没有被封闭。

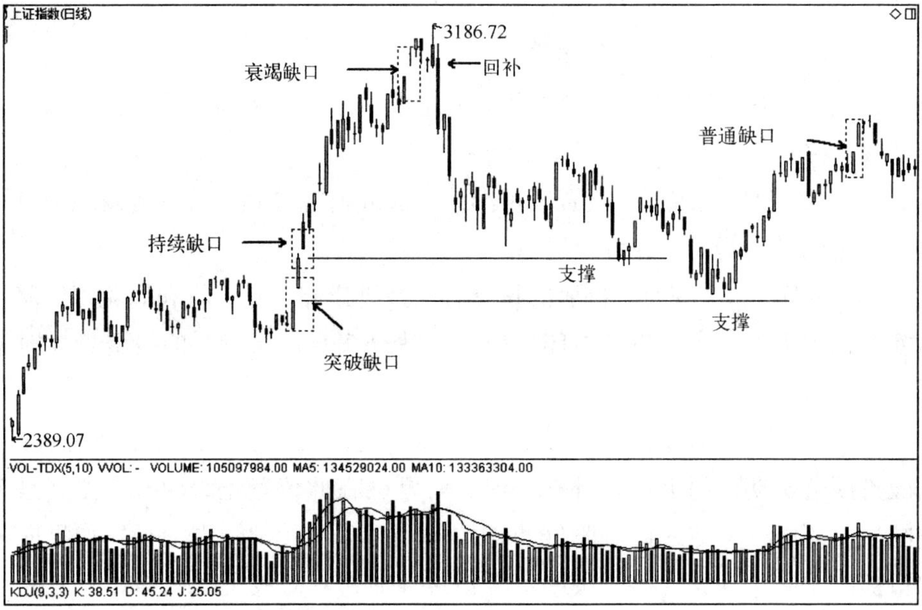

图1－51　上证指数

四、向下跳空缺口的识别与案例分析

1. 向下跳空缺口的特征及技术意义

(1)出现在下跌趋势中；

(2)在下跌行情中，由于空方力量占了绝对优势，股价跳空底开，留下了一个向下无成交的空白区域，并保持到收盘，这就形成了向下跳空缺口，如图1－52所示。

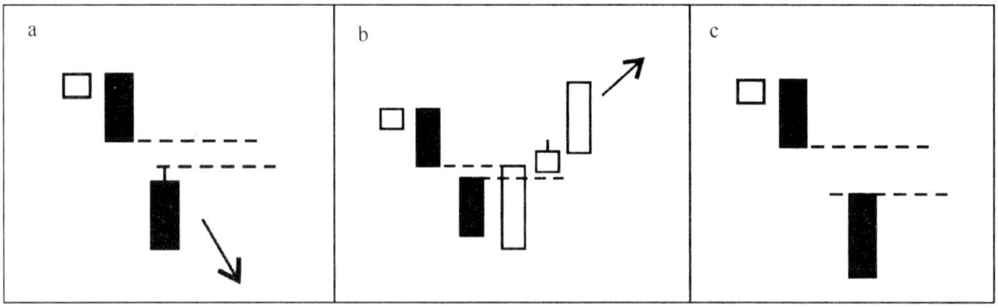

图1－52　向下跳空缺口

注：1)向下跳空缺口可分为：突破缺口、持续缺口、衰竭缺口和普通缺口四种类型，持续缺口可能出现多个，如图a；2)缺口若被封闭，股价将走强，可能再创新高，如图b；3)缺口距离越大，信号越强烈，如图c

(3)向下跳空缺口一般不超过3个，依次为突破缺口、持续缺口、衰竭缺口，如果超过三个则依次是：第一个是突破缺口、所有处于中间的缺口均为持续缺口、最后一个才是衰竭缺口。

(4)向下突破缺口形成时，成交量可放大也可不放大，但缺口空档越大，表示空方向下发动攻击的信号越强；并且突破缺口短期内不会被封闭。突破缺口的出现，预示市场趋势已经发生逆转，原来的上升趋势已经结束，一轮新的跌势才刚刚开始。持续缺口出现时，表示空头力量依然强盛，股价仍将继续下跌，缺口也不会在短期内被封闭。而衰竭缺口出现时，成交量呈逐步萎缩的迹象，并且缺口会在短期内很快被封闭，股价开始重心上移，预示下跌行情将接近尾声。

与向上持续缺口可能出现多个一样，在市场低迷或极度弱势的个股中，向下持续缺口也可能出现多个。如何辨别持续缺口和衰竭缺口，也可以从下面三点着手分析：

(1)分析大盘走势：如果大盘见底，那么该缺口极有可能为衰竭缺口，反之，如果大盘处于下降势中，该缺口应该视为持续缺口，为衰竭缺口的概率不大。

(2)关注股价重心移动：如果股价重心继续下移，该缺口应该视为持续缺口；相反，如果股价重心上移，则很可能为衰竭缺口。

(3)缺口出现时的成交量变化：如果向下缺口出现时，成交量平稳，与以前无明显变化，那么该缺口应该视为持续缺口；如果向下缺口出现时，成交量极度萎缩，并且缺口很快被封闭，则该缺口为衰竭缺口的可能性极高。

2. 向下跳空缺口的操作策略

(1)突破缺口出现时，投资者应即刻清仓离场；

(2)持续缺口出现时，投资者应继续持币观望，看空做空；

(3)衰竭缺口出现时，投资者应改变之前的看空思维，被套的投资者不宜随意割肉，而场外的投资者应做好入场的准备，一旦发现衰竭缺口被封闭，可尝试性做多。由于衰竭缺口封闭后，并不一定意味着股价会立马触底回升，因为多空双方在这区域常常可能产生激烈交锋，多方将缺口封闭后，如果后续力量不济，股价仍将维持一段时间的疲弱态势。

另外，投资者需要注意的是：向下跳空缺口对股价有强力的压制作用，当股价反弹至缺口附近或回补缺口时，股价往往会在此位置受阻回落，特别是突破缺口。所以，向下突破缺口对股价的压制作用强于向下持续缺口。但缺口一旦被封闭，当股价再一次上升至该位置时，其对股价的压制作用就完全消失。

除了由于市场多空博弈而产生的向下跳空缺口之外，还有一种由于股票每年分红派息、配股等导致的对股价重新计算而形成的除权、除息缺口。这种缺口往往对股价有拉升作用，除权缺口的出现常常诱发填权行情，股价由此而产生一波新的上涨行情，尤其在牛市行情中出现时。

3. 向下跳空缺口的案例分析

图1－53显示的是上证指数的日K线图。在2010年4—7月期间，走势图上共出现5个缺口，除去向下突破缺口、向下持续缺口、向下衰竭缺口之外，还有一个向上普通缺口。从图中显示，其中持续缺口有2个，第一个持续缺

口未被封闭，而第二持续缺口被快速封闭，封闭后股指重心继续下移，大盘继续下跌，故此，该缺口是持续缺口，而非衰竭缺口。普通缺口和向下衰竭缺口均被很快封闭，突破缺口和第一个向下持续缺口，半年之后才被封闭。由于向下突破缺口对股指的强大压制作用，突破缺口被封闭后股指迅即掉头向下，这一波上涨行情宣告结束。

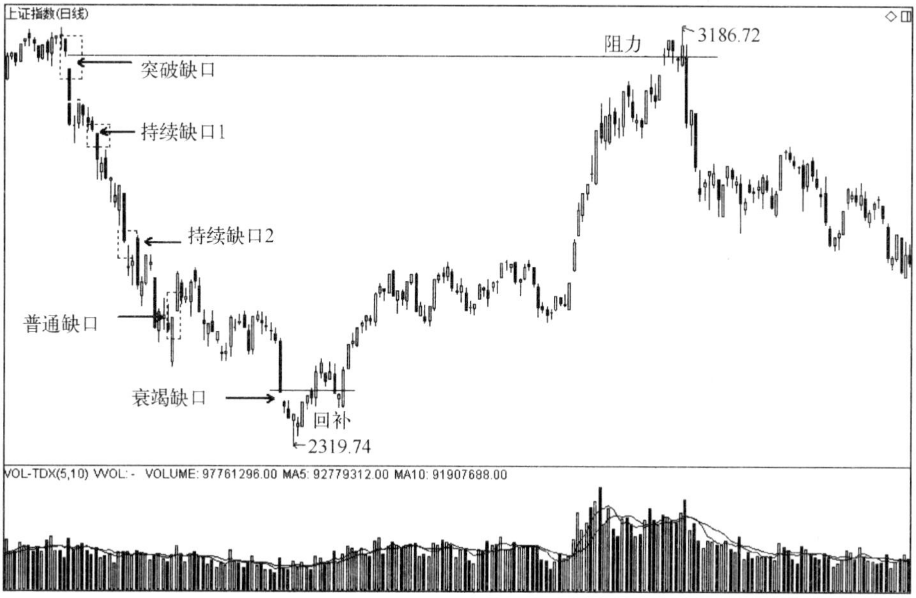

图 1－53　上证指数

五、跳空缺口的识别和运用小结

缺口理论是技术分析中最常见，也是最重要的分析方法之一。通过对不同性质缺口的认识，可以预测和把握股价的运行方向：是突破，还是已到趋势之尽头。从缺口空档的大小，可以预测股价走势的强弱。缺口，成为投资者研判市场走向时最有力的技术工具，投资者在学习和应用跳空缺口时，需注以下几点：

(1)虽然向上跳空缺口对股价有支撑作用，但不能被封闭，若一旦被封闭，其对股价的支撑作用就完全消失，反而转化为对股价上涨时的阻力作用。同样，向下跳空缺口虽然对股价有压制作用，也不能被封闭，若一旦被封闭，其对股价的压制作用就完全消失，反而转化为对股价回落时的支撑作用。

(2)一般缺口都会被回补。因为缺口是一段没有成交的真空区域，反映出投资者当时的冲动行为，当投资情绪平静下来时，会反省过去非理性的行为，于是缺口将被回补。但并非所有类型的缺口都会回补，像突破缺口、持续性缺口未必会被填补，至少不会马上回补。只有衰竭缺口和普通缺口才可能在短期内被回补。

(3)突破缺口出现后会不会马上回补，可以从成交量的前后变化着手分析。就向上突破缺口而言，如果突破缺口出现之前有大量成交，而缺口出现后成交相对减少，那么短期内填补缺口的概率较高；如缺口形成之后成交大量增加，股价在继续上扬时仍保持较大的成交量，那么缺口短期回补的可能便会很低，就算出现回档，也会在缺口以外。

(4)向上衰竭缺口出现时，当天成交量往往是最大的(也有可能在次日出现)，随着成交量减少，显示市场多方力量已经消耗殆尽，预示股价上升趋势将走到尽头，很快将见顶回落。相反，向下衰竭缺口出现时，当天的成交量往往较之前更小(也有可能在在次日出现)，显示市场空方力量已经消耗殆尽，下跌趋势将被终结，股价不久将触底回升。

(5)在一波上升或下跌的过程中，缺口出现愈多，预示其趋势愈快接近尾声。比如当上涨行情中出现第三个、第四个缺口时，暗示升势将快到尽头；当第五个缺口出现时，短期下跌的可能性大大增加 。

只要投资者对各种类型跳空缺口的特征、技术含义及其操作策略有了足够的认识和有效掌握之后，相信将有助于提高在操作过程中对市场研判的准确率。

第十四节　底部岛形反转和顶部岛形

一、底部岛形反转的特征

底部岛形反转绝大多数情形出现在跌势末期，是股价触底回升信号。偶而出现在下跌途中，表示下跌趋势的暂时停顿或短暂反弹，之后将继续走低。其主要特征是：

（1）出现在跌势中；

（2）股价下跌末期，先是由于利空消息所致造成恐慌性抛盘，出现一个向下的“衰竭缺口”，而空头力量已经衰竭，股价拒绝继续下跌，由此逐渐企稳回升，不久股价在多方的推动下，跳空放量突破之前的衰竭缺口，在与衰竭缺口相同的价格区域留下一个向上的突破性缺口。两个缺口的位置基本处于同一价位区域（注：并非均如此）。从图形上看，股价明显地分成两部分，中间被左右两个缺口隔开，底部犹如一座远离海岸的孤岛（图 1－54），有时底部岛形可能只是由单一根或两根 K 线组成的情形。

（3）岛形部分的成交量一般比跳空前下跌时的成交量小，出现萎缩整理特征，而在股价脱离岛形盘整部分时，成交量逐步增加，尤其是向上突破缺口出现时成交量显著扩大，若是量能过小，图形形态极有可能失败。

（4）一般来说，底部岛形反转形态一旦成立，那么上升势头强度就会相当大，时间也会很长。不过，在大多数情况下，底部发生岛形反转后，股价总会出现激烈地上下震荡，但股价在下探至向上缺口处时会戛然而止，然后再次发力上攻。

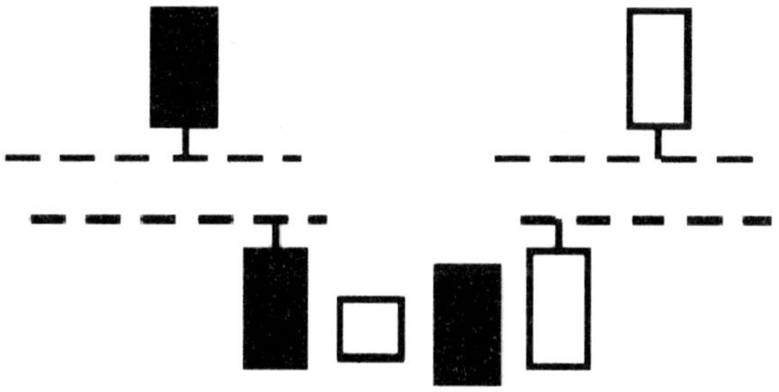

图 1－54　底部岛形反转

二、底部岛形反转的操作策略

（1）当底部岛形反转出现时，激进型投资者可在向上突破缺口产生且成交量明显放大时买进，而稳健型投资者可在股价急速上冲后回探向上跳空缺口获得支撑后再买进。如果没有回探，可以追高买进。

（2）如果股价回撤封闭了向上跳空缺口后，但很快重返缺口上方，并且重心上移，重续升势，则可跟进做多。

(3)如果股价回撤封闭了向上跳空缺口，则不宜再买入，而持股的投资者一旦发现向上缺口被封闭且股价重心继续下移时，应平仓出局。

三、底部岛形反转的案例分析

图1-55显示的是霞客环保某一时期的日K线图。图中显示，该股在下跌中形成岛形反转后，成交量未见明显放大，股价弱势反弹，受阻于前期向下跳空缺口的阻力，股价掉头向下将岛型反转的向上缺口回补。在向上缺口的支撑作用下，股价再次弱势弹升，之后随着股价重心下移，股价继续滑落。

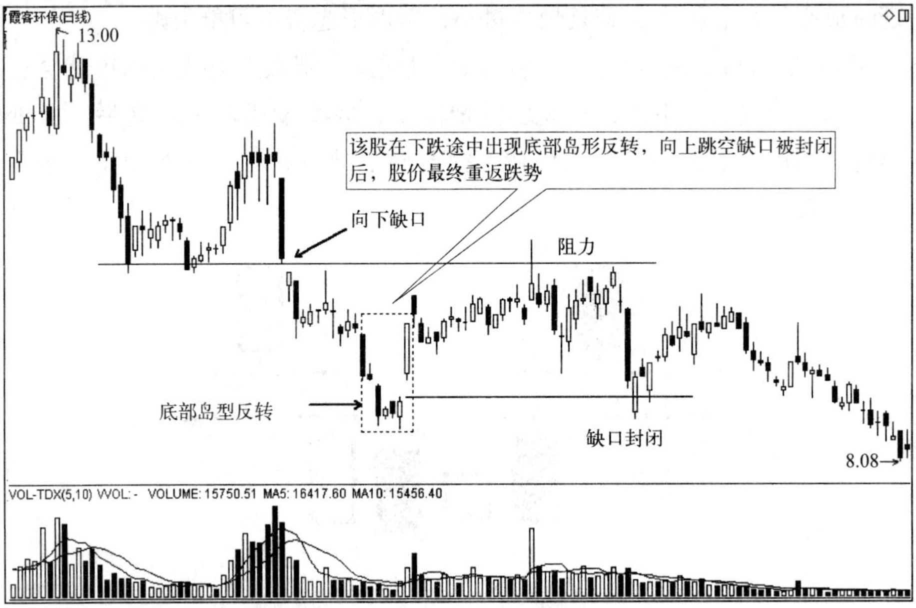

图1-55　霞客环保

四、顶部岛形反转的特征

顶部岛形反转绝大多数情形出现在涨势末期，是股价见顶回落的信号。偶而出现在上升途中，表示上升趋势的暂时停顿或短暂回档，而后将继续走高。其主要特征是：

(1)出现在涨势中。

(2)涨势末期，股价上升和下跌时出现两个跳空缺口，两个缺口的位置基本处于同一区域。从图形上看，股价明显地分成两部分，中间被左右两个缺口隔开，顶部犹如一座远离海岸的孤岛(图1-56)。顶部岛形反转以单日顶部岛形反转最为常见，形成倒置"V"形顶走势，其杀伤力巨大。

(3)岛形部分的成交量十分巨大，甚至天量，而在股价脱离岛形盘整部分时，成交量逐步减少。

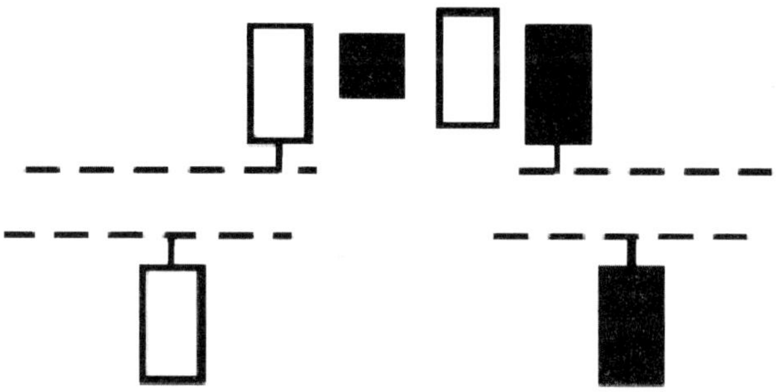

图1-56 顶部岛形反转

五、顶部岛形反转的操作策略

(1)顶部岛形反转一旦成立，预示股价近期下跌已成定局。投资者遇此图形时，持股者应立即平仓离场，以免遭受更大损失。

(2)如果股价反弹封闭了向下跳空缺口，一般情况下，持股的投资者应趁反弹离场。

(3)如果顶部岛形反转出现在上升途中，意味着股价将有调整出现。此时投资者应暂时离场，再伺机低吸。

六、顶部岛形反转的案例分析

在图1-57显示，超图软件的股价经过一轮长期大幅上涨，在涨势末端出现由单根K线形成的顶部岛型反转。该顶部岛型反转出现后，股价直线暴跌。

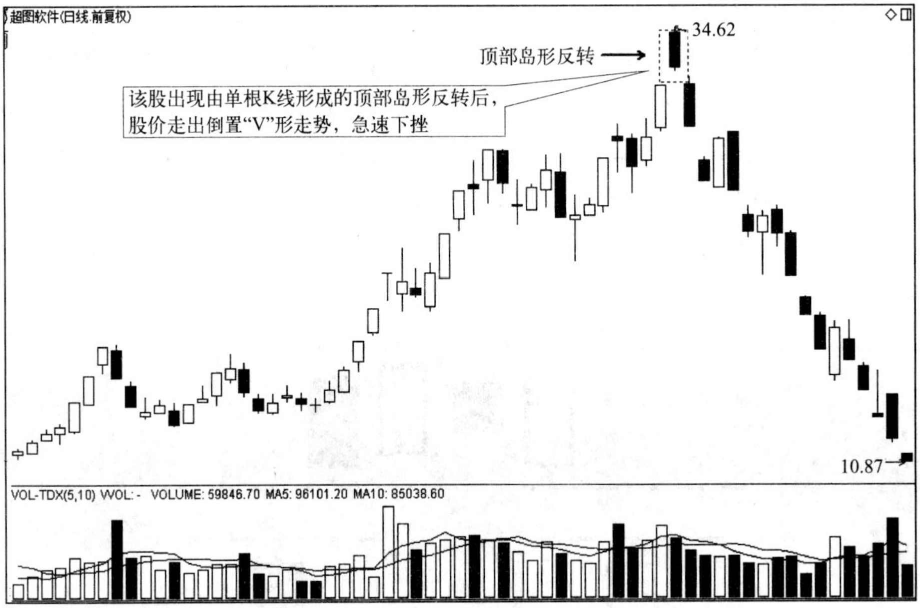

图 1－57　超图软件

第十五节　上升三角形、收敛三角形和扩张三角形

三角形的表现形式有上升三角形、下降三角形(注：前面介绍的底部三角形只是下降三角形的一种反转形态)、收敛三角形与扩张三角形四种形态。下降三角形在第十节已经做详细介绍，这里将对上升三角形、收敛三角形与扩张三角形进行介绍。

一、上升三角形

1. 上升三角形的特征

上升三角形绝大数情况下是以整理形态出现，向上突破居多。但是，若是在股价大幅上涨或下跌之后出现，将是一种转势形态，尽管不是很常见。其主要特征是：

(1)多数情况下出现在涨势中；

(2)上涨的高点基本处于同一水平位置，回落低点却不断上移，如果将上涨的高点和下跌的低点分别用直线连接起来，就构成一个向上倾斜的直角三角形(图1-58)；

(3)形成过程中涨时量增，跌时量减，成交量总体呈不断萎缩状态，而在向上突破上边线时会放出大量；

(4)放量突破三角形的上边线，宣告上升三角形确立。在突破上边线后走势有两种：一种是常常出现回抽，在上边线处止跌回升，从而确认向上突破有效；另一种是突破后在成交量的支持下一路上行。

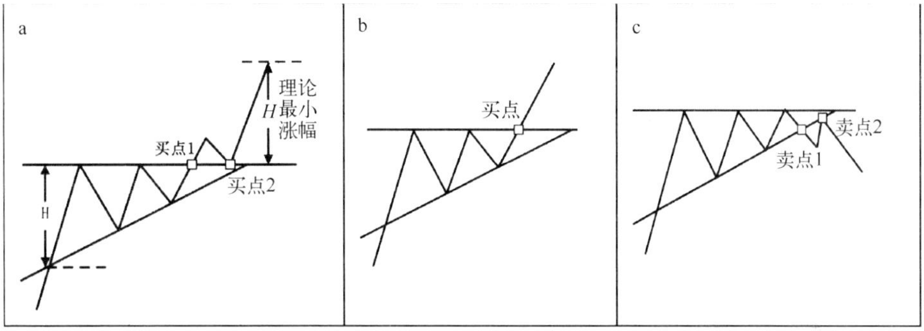

图1-58 上升三角形

注：①上升三角形突破有两种情形，一种是突破上边线经回抽后再度上行，如图a；一种是突破上边线后一路上行，如图b；

②上攻时无法有效突破上档压力而向下跌破下边线形成多重顶，如图c；上升三角形突破下边线后也有回抽或直接向下两种情形

2. 上升三角形操作策略

(1)在股价放量突破上边线时，标志上升三角形已经形成，投资者可以及时跟进做多；

(2)上升三角形突破后，股价回抽上边线经确认支撑有效，再次上攻时为买进信号。而稳健型投资者可在股价回抽上边线后，再次发力创新高时买进；

(3)股价突破上边线时，如果成交量过小，很可能为假突破，以观望为主；

(4)如果股价无力突破上边线，极有可能形成多重顶，尤其在股价大幅上涨之后出现时，投资者一旦发现股价跌破下边线，应及时手中筹码悉数抛出，沽空离场。

3. 上升三角形的走势分析

上升三角形由于其出现时的市场趋势或位置不同时，其技术含义也就不同，因而上升三角形出现后的后市走势有以下四种情形：

情形1：出现在上升途中的上升三角形，以持续形态出现，整理结束后向上突破。

情形2：出现在下跌途中的上升三角形，以持续形态出现，整理结束后向下突破。

情形3：上升三角形出现在股价大幅下跌后时，突破上边线形成底部反转。

情形4：出现在大涨后的上升三角形，跌破下边线向下突破，形成多重顶。

二、收敛三角形

1. 收敛三角形的特征

收敛三角形也称对称三角形，绝大数情况下是以整理形态出现，向上或向下突破均有可能，但是，若在股价大幅上涨或下跌之后，将以转势形态出现。其主要特征是特征：

(1)既可出现在涨势中，也可出现在跌势中；

(2) 上涨的高点逐步走低，而回落低点却不断上移，如果将上涨的高点和回落的低点分别用直线连接起来会相交于右方，呈收敛状的三角形(图1-59)；

(3)形成过程中，成交量逐渐减少，向上突破压力线时放出大量，而向下突破是无需放量；

(4)在突破后可能出现回抽，上升时的反抽止于三角形的上边线，下跌时的反抽则受阻于三角形的下边线。

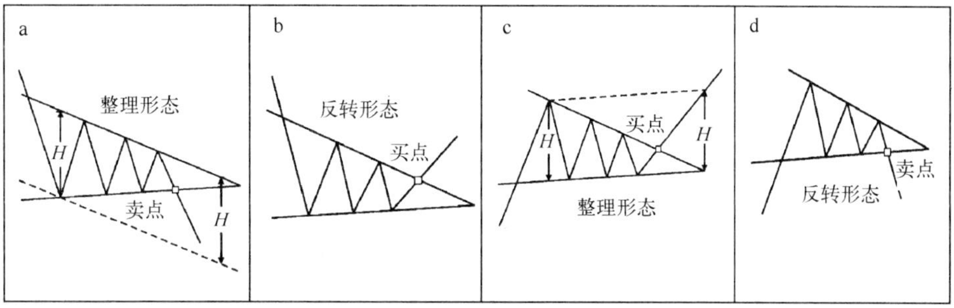

图 1－59　收敛三角形

注：收敛三角形向下或向上突破都是常见形态；分别做一条与上边或下边的平行线即可得出收敛三角形的理论最小涨跌幅度。

2. 收敛三角形操作策略

(1)出现在上升趋势中时，向上突破居多，股价放量突破上边线，投资者可以及时跟进做多。但一旦发现股价跌破下边线，应及时沽空离场，尤其在股价大幅上涨之后出现时；

(2)出现在下降趋势中时，向下突破居多，股价突破下边线，投资者应及时平仓出局。但一旦发现股价突破上边线，可以及时跟进做多，尤其在股价大幅下跌之后出现时；

(3)收敛三角形向上突破后，股价回抽上边线时，为再次买进信号；而向下突破后，股价回抽下边线时，为再次卖出信号。

(4)股价突破上边线时，如果成交量过小，很可能为假突破，投资者宜观望为主；

(5)若在升势中股价无力突破上边线，极有可能形成顶部反转，尤其在股价大涨之后出现时，一旦发现股价跌破下边线，投资者应及时沽空离场。同样，若在跌势中股价无力跌破下边线，极有可能形成底部反转，尤其在股价大跌之后出现时，一旦发现股价突破上边线，投资者应反手做多。

3. 收敛三角形的走势分析

收敛三角形由于其出现时的市场趋势或位置不同时，其技术含义也就不同，因而收敛三角形出现后的后市走势有以下四种情形：

情形 1：收敛三角形出现在上升途中时，以持续形态出现，整理结束后向上突破。

情形2：收敛三角形出现在大幅上涨之后，股价跌破下边线形成顶部反转。

情形3：收敛三角形出现在下跌途中时，以持续形态出现，整理结束后向下突破。

情形4：收敛三角形出现在大幅下跌之后，股价突破上边线形成底部反转形态。

三、扩张三角形

1. 扩张三角形的特征

扩张三角形与收敛三角形的形状正好颠倒，通常在上升趋势中出现。出现在上升行情初期时，是一种整理形态，最终将向上突破。而在股价大幅上涨之后出现，是股市投机呈现极端疯狂状态的一种表现：当股价上升时，投资者受市场炽热投机氛围的感染，疯狂追涨，成交量急剧增加，而股价下跌时，又盲目杀跌，这样导致股价的大起大落。所以，扩张三角形在大涨后出现，股价将向下突破，是一种顶部反转形态，大跌的前兆。不过，扩张三角形偶尔会出现长期大幅下跌之后，以底部反转形态出现，将向上突破。扩张三角形的特征是：

(1)在涨势中出现居多；

(2)上涨的高点越来越高，而回落低点越来越低，上涨的高点的连线和下跌的低点的连线相交于左方，呈向右扩散状，其形状像一个喇叭(图1-60)；

(3)形成过程中，成交量呈现出大而不规则的状态，向上突破时，上边线多微微向上倾斜，喇叭口较小，且突破压力线时放出大量。而向下突破时，上边线基本都向上倾斜，喇叭口较大，跌破下边线时成交量可大可小；

(4)在突破后可能出现回抽，上升时的回抽止于三角形的上边线，下跌时的反抽则受阻于三角形的下边线。

2. 扩张三角形的操作策略

(1)出现在大幅上涨之后，宜逢高减仓。

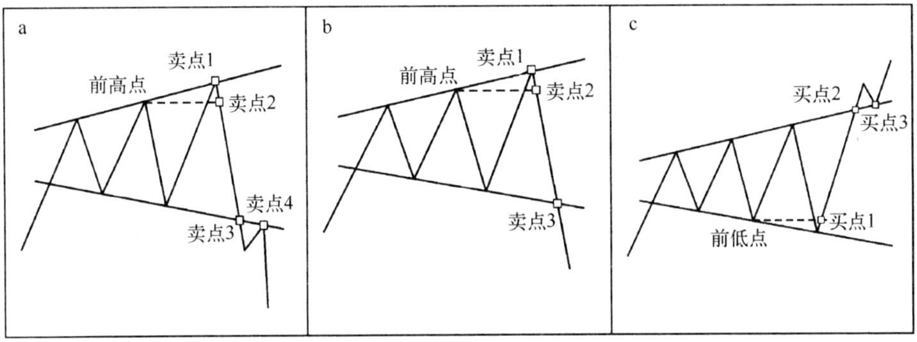

图 1－60　扩张三角形

注：①扩张三角形向下突破有两种情形：一种是跌破下边线经回抽后再度下行，如图 a；一种是跌破下边后一路下行，如图 b；

②回落时无法有效跌破下边线，在下边止跌后调头向上并突破上边线延续原来上升走势，如图 c；

③扩张三角形突破上边后也有回抽或直接上行两种情形。

卖点 1：股价触及三角形上边线时，应视为第一个卖出信号，是投资者最佳出货时机；

卖点 2：股价回到最近高点下方时，应视为第二个卖出信号；

卖点 3：股价击破下边线时，表明升势已经逆转，为第三个卖出信号，此时，投资者应将股票悉数抛出，平仓出局；

卖点 4：股价回抽三角形下边线受阻后再次掉头向下时，为第四个卖出信号，未来得及出逃的投资者应即刻清仓离场，以免深度套牢。

(2)出现在大幅下跌之后或者上涨行情初期时，应以看多做多为主。

买点 1：股价触及三角形下边线止跌回升并重返最近低点上方时，可视为第一个买进信号，投资者可以适量建仓；

买点 2：股价放量突破上边线时，可视为第二个买进信号，投资者可以及时跟进做多；

买点 3：回抽三角形上边线受支撑后，再次发力上攻时为第三个买进信进号，投资者可以加码跟进做多。

3. 扩张三角形的走势分析

扩张三角形由于其出现时的市场趋势或位置不同时，其技术含义也就不同，因而扩张三角形出现后的走势有以下四种情形：

情形1：扩张三角形出现股价大幅上涨后，跌破下边线，形成顶部反转。

情形2：扩张三角形出现在股价涨幅不大的升势初期时，以持续形态出现，整理结束后，突破上边线持续上涨。

情形3：扩张三角形出现在下跌途中，以持续形态出现，整理结束后突破下边线持续下跌。

情形4：扩张三角形出现在股价大幅下跌之后，突破上边线，形成底部反转。

第十六节　上升楔形和下降楔形

上升楔形是一种跌势中的技术性反弹图形，典型的“多头陷阱”。多数情况下，表示股价在下跌过程中的一次反弹，是多方在遭遇空方连续打击后的一次弱势抵抗。上升楔形通常以整理形态出现，向下突破居多。但是，如果出现在股价长期大幅下挫之后，将可能以底部反转的形态出现。

一、上升楔形的特征

(1)出现在跌势中；

(2)股价经过一段下跌后，出现强烈的技术性反弹，反弹的高点和下跌的低点都呈现逐步走高态势，反弹高点的连线与下跌低点的连线相交于右上方，构成一个向上倾斜的楔形图(图1-61)。通常下边线较上边连线陡峭，最后股价跌破下边线向下滑落；

(3)在楔形形成的过程中，成交量逐渐减少，呈现价升量减的反弹特征；

(4)股价跌破下边线时无需放量，而向上突破上边线时常伴巨量；

(5)股价跌破下边线后有三种走势：第一种是突破出现回抽，并在下边线附近受阻回落，从而确认向下突破有效；第二种是突破后，股价一路下跌；第三种是跌破下边线后，无力跌破楔形的最低点，止跌回升后突破楔形的最高点而创出新高，形成底部反转。

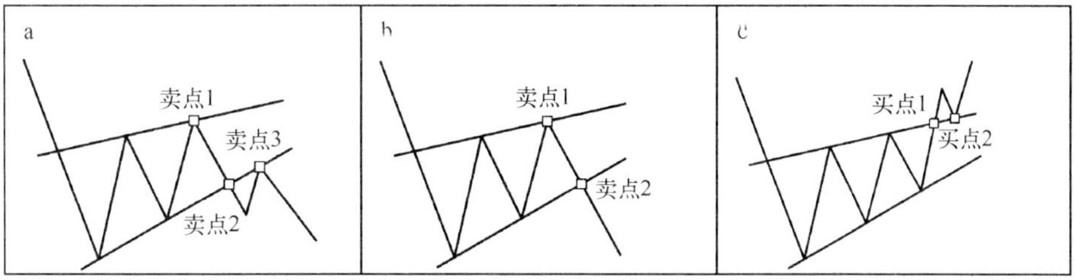

图 1－61　上升楔形

注：①上升楔形向下突破有两种情形：一种是突破下边线后，经回抽再度向下，如图 a；一种是突破下边线后一路下行，如图 b；

②下跌时无力有效跌破下边线，止跌后调头向上并突破上边线，出现反转形态，如图 c；突破上边线后也有回抽或直接向上两种情形。

二、上升楔形的操作策略

（1）出现在下跌途中时，投资者应看空为主，持币观望。

卖点 1：股价触及楔形上边线时，应视为第一个卖出信号，持股的投资者应趁反弹出局，以减少损失。而持币的投资者应继续观望，切勿被低点的上移所迷惑；

卖点 2；股价击破下边线时，表明股价重新步入跌势，应视为第二个卖出信号，投资者应平仓离场；

卖点 3：回抽楔形下边线受阻后，再次掉头向下时为第三个卖出信号，投资者应继续看空做空。

（2）出现在长期大幅下跌之后，以底部反转形态出现时，应及时反手做多。

买点 1：股价放量突破上边线时，可视为第一个买进信号，投资者可适量建仓；

买点 2：回抽楔形上边线受支撑后，再次发力上攻时为第二个买进信号，投资者可以跟进做多。

三、上升楔形的案例分析

上升楔形由于其出现时的位置不同，其技术含义也就不同，因而上升楔形出现后的走势有以下两种情形。

情形1：出现在下跌途中以持续形态出现，跌破下边线后延续原来的跌势。

图1－62为宋都股份某时期的日K线图。图中显示，跌势中的宋都股份出现短暂反弹，股价逐步走高，而成交量却逐渐减少，收出一个标准的上升楔形。股价击穿下边线后，宣告反弹结束，空方发动新一轮攻势，股价再度大幅下跌。

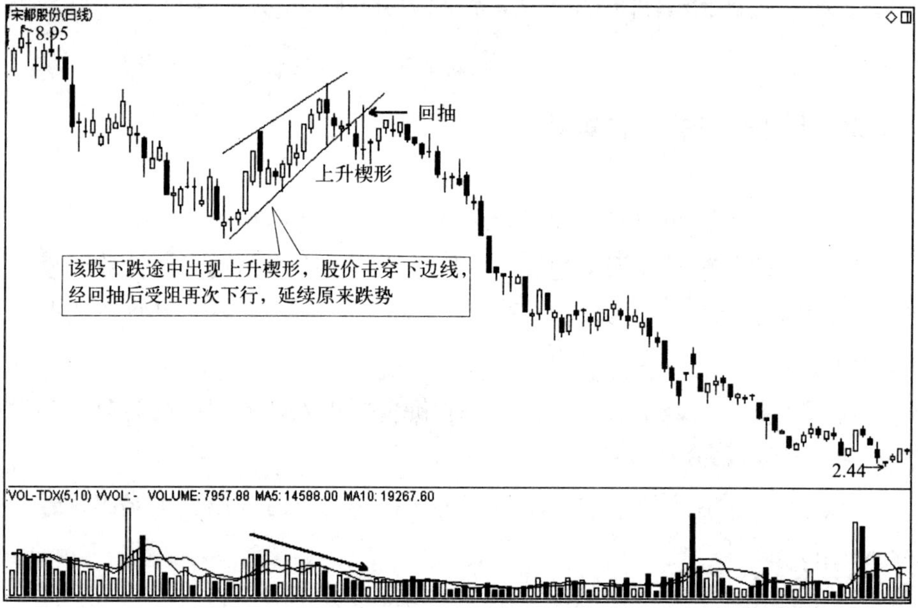

图1－62 宋都股份

情形2：上升楔形出现在大幅下跌之后，以底部反转形态出现。

图1－63为华天酒店某时期的日K线图。图中显示，该股经历一波大幅下跌之后止跌回升，也走出一个上升楔形。股价击穿下边线后并未继续走低，而是在最近低点附近受到强力支撑止跌而继续上攻，并突破楔形的最高点，形成底部反转之势。

下降楔形是一种升势中的技术性回调图形，是典型的“空头陷阱”。表示股价经过一段时间上涨后，多方为了减轻拉升股价的压力，故意打压股价、清洗浮筹，是多方发动新一轮进攻前的诱空行为。所以，下降楔形通常以整理形态出现，以向上突破居多。但是，如果下降楔形出现在股价长期大幅上涨之后，将可能以顶部反转的形态出现。

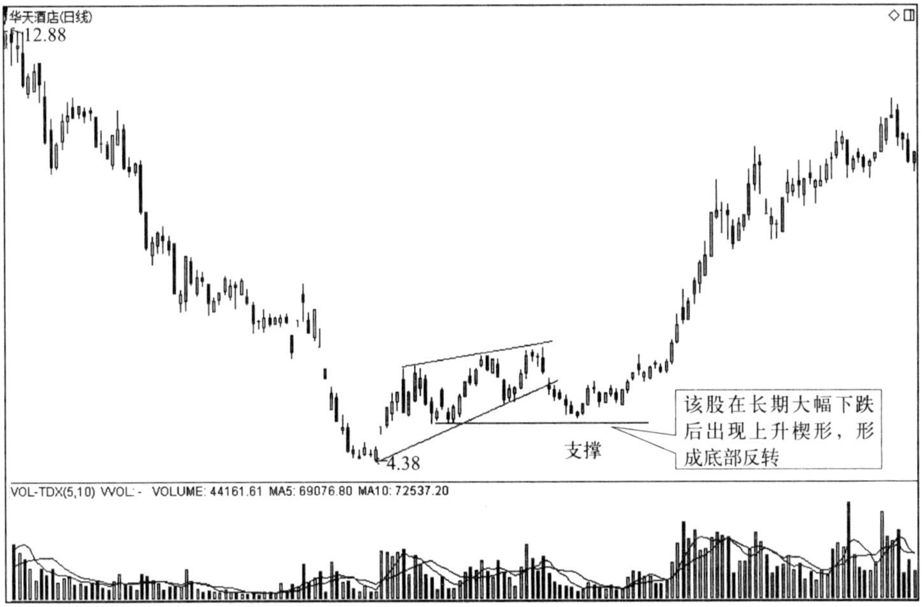

图 1-63　华天酒店

四、下降楔形的特征

(1)出现在升势中；

(2)股价经过一段上涨后，出现强烈的技术性回调，回落低点和反弹的高点都逐步走低，回落低点的连线与反弹高点的连线相交于右下方，构成一个向下倾斜的楔形图(图 1-64)，最后股价放量突破上边线后加速上扬；

(3)在楔形形成的过程中，成交量逐渐减少，而向上突破上边线时成交量明显放大；

(4)股价突破上边线后有两种走势：一种是突破后回抽，并在上边线附近止跌回升，从而确认向上突破有效；另一种是突破后就一路扬升。

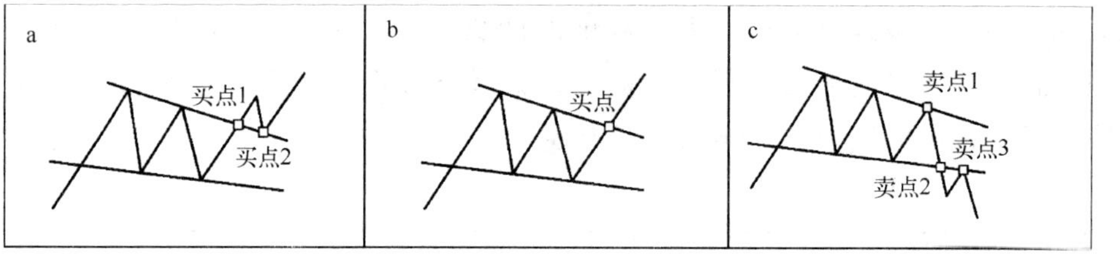

图1－64　下降楔形

注：1）下降楔形向上突破有两种情形：一种是突破上边经回抽后再次向上，如图a；一种是突破后直接上行，如图b；

2）向下回落时跌破下边线并继续下行，形成反转形态如图c；下降楔形跌破下边后也有回抽或直接向下两种情形

五、下降楔形的操作策略

（1）出现在上升途中时，以看多做多为主，逢低吸纳。

买点1；股价放量突破上边线时，应视为第一个买进号，投资者应积极跟进；

买点2：股价回抽楔形上边线受支撑后，再次发力上攻时为第二买进信号，投资者可以加码大胆跟进。

（2）出现在长期大幅上涨之后，投资者应以看空做空为主。

卖点1：股价触及楔形上边线时应视为第一个卖出信号，投资者应适时减磅；

卖点2：股价击穿下边线时，可视为第二个卖出号，投资者应将筹码全部抛出，清仓离场；

卖点3：股价回抽楔形下边线受阻后，再次掉头向下时为第三个卖出信号。

六、下降楔形的案例分析

下降楔形由于其出现时位置不同，其技术含义也就不同，因而下降楔形出现后的走势有以下两种情形：

情形1：出现在上升途中以持续形态出现，突破上边线后延续原来的上升走势。

图1-65为东方航空某时期的日K线图。该股经过一段强势上涨之后出现调整，在整理期间走出一个标准的下降楔形。整理结束后股价以一根放量大阳线突破上边线，多方发动新一轮进攻，股价继续攀升。

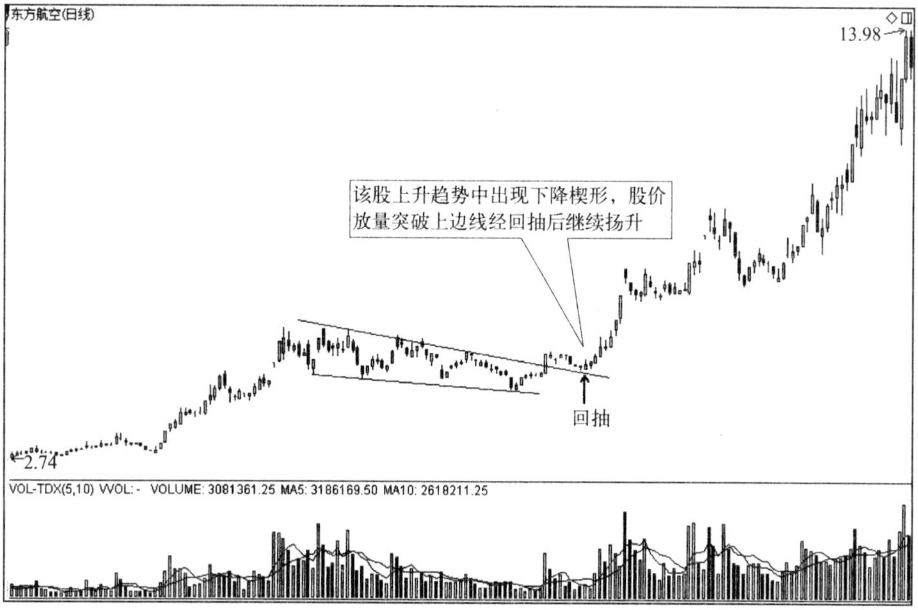

图1-65 东方航空

情形2：下降楔形出现在股价大幅上涨之后，形成顶部反转。

图1-66为海伦哲某时期的日K线图。从图中显示，该股经过一波凌厉上涨之后，股价逐步走弱，在回落过程中也形成下降楔形。随后以向下跳空的形式击穿下边线，股价继续下挫。

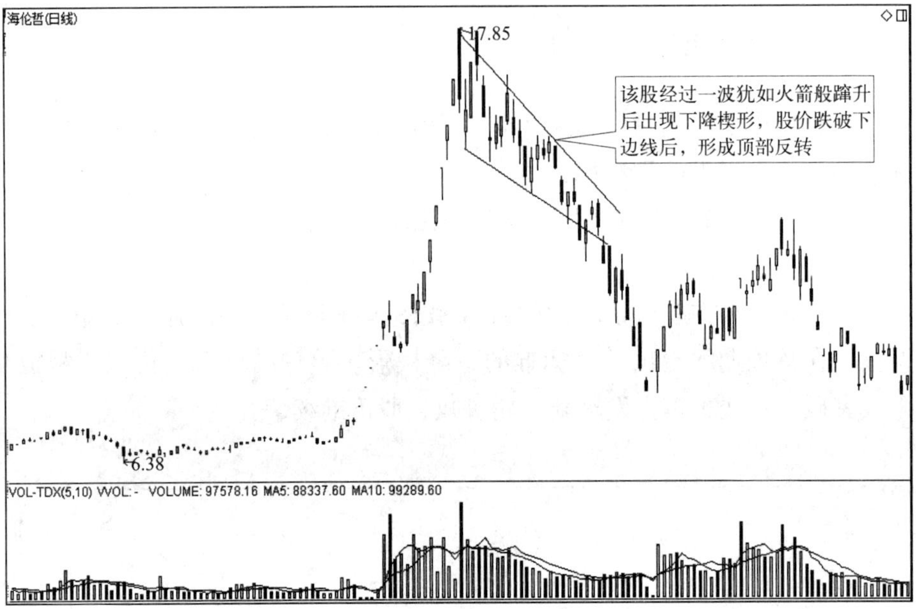

图 1-66 海伦哲

第十七节 上升旗形下降旗形

上升旗形与上升楔形只是形状略有不同，其技术含义完全一样，都是是一种跌势中的技术性反弹图形，是空方在发动新一轮攻势前营造的“多头陷阱”。所以，上升旗形通常以整理形态出现，整理结束后，向下突破居多。但是，如果上升旗形出现在股价长期大幅下挫之后，将可能以底部反转的形态出现。

一、上升旗形的特征

(1)出现在跌势中；

(2)股价经过一段下跌后，出现强烈的技术性反弹，反弹的高点和下跌的低点都逐步走高，反弹高点的连线与下跌低点的连线平行，且向上倾斜，其形状就像一面旗子的旗面(图 1-67)，最后股价跌破下边线向下滑落；

(3)在旗形的形成过程中，成交量呈现不规则状态；

(4)股价跌破下边线无需放量，而向上突破上边线时则常伴巨量；

(5)股价跌破下边线后有三种走势：第一种是突破出现回抽，并在下边线附近受阻回落，从而确认向下突破有效；第二种是突破后，股价一路下跌；第三种是跌破下边线后，股价无力跌破旗形的最低点，止跌回升后突破旗形的最高点而创出新高，形成底部反转。

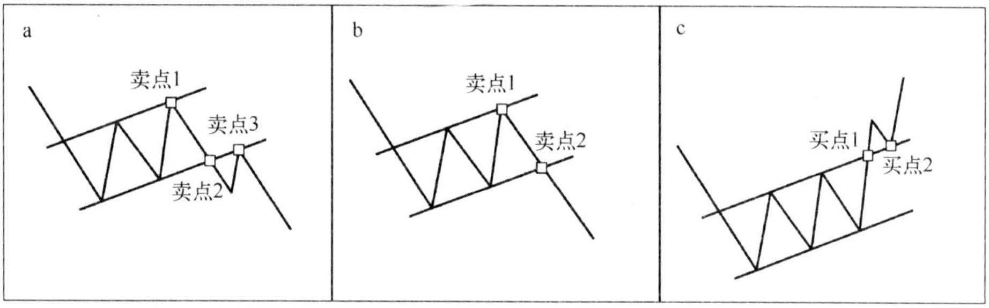

图1－67 上升旗形

注：①上升旗形向下突破有两种情形：一种是突破下边线经回抽后再度下行，如图a；一种是突破下边线后一路下行，如图b；

②下跌时无力有效跌下边线，止跌后调头向上突破上边线上行，出现反转形态，如图c；上升旗形突破上边线后也有回抽或直接上行两种情形。

二、上升旗形的操作策略

(1)出现在下跌途中时，投资者应以持币观望，以看空做空为主。

卖点1：股价触及旗形上边线时，应视为第一个卖出信号，投资者应趁反弹离场；

卖点2；股价击破下边线时，应视为第二个卖出信号，投资者应手中筹码全部抛出，以免遭受更大损失；

卖点3：回抽旗形下边线受阻后，再次掉头向下时为第三个卖出信号，未来得及出逃的投资者应果断清仓离场。

(2)出现在长期大幅下跌之后，以底部反转形态出现时，投资者应以看多做多为主。

买点 1：股价放量突破上边线时可视为第一个买进信号，投资者可积极跟进；

买点 2：股价回抽上边线受支撑后，再次发力上攻时为第二个买进信号。

三、上升旗形的案例分析

上升旗形由于其出现时的位置不同，其技术含义也就不同，因而上升旗形出现后的走势有以下两种情形。

情形 1：上升旗形出现在下跌途中时，整理结束后延续原来下跌走势。

图 1－68 为创兴资源某时期的日 K 线图。该股经过一段下跌后出现一波短暂反弹，也形成一个上升旗形。股价跌破下边线后，先后两次回探下边线均受阻回落，之后股价逐步走低。

情形 2：上升旗形出现在大幅下跌之后，股价突破上边线，形成底部反转。

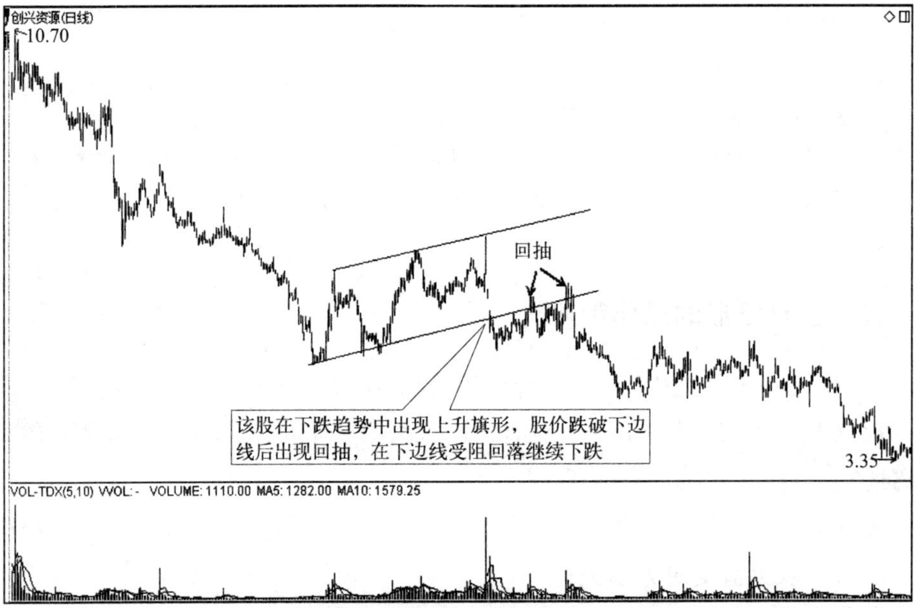

图 1－68　创兴资源

图 1－69 为上证银行指数某时期的 15 分钟 K 线图。从图显示，上证银行指数在急速大幅下跌之后出现上升旗形，一举放量突破上边线，形成底部反

转，随后，指数出现大幅飙升。

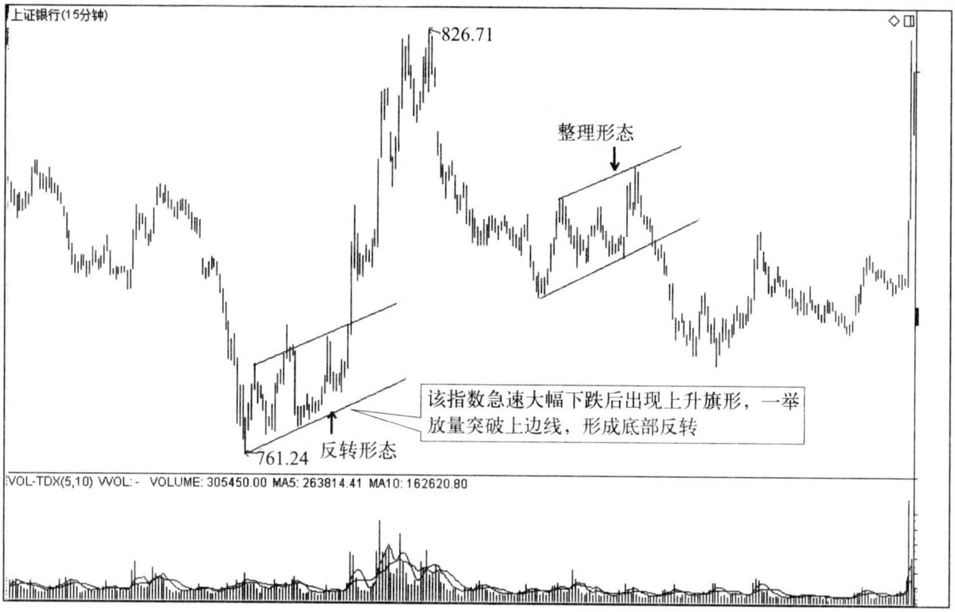

图1－69　上证银行

下降旗形与下降楔形也只是形状略有不同，其技术含义完全一样，都是一种升势中的技术性回调图形，表示股价经过一段时间上涨后，市场主力为了打压股价、清洗浮筹，在发动新一轮进攻前而制造的"空头陷阱"。所以，下降旗形通常以整理形态出现，以向上突破居多。不过，如果出现在股价长期大幅上涨之后，将可能以顶部反转的形态出现。

四、下降旗形的特征

(1)出现在升势中；

(2)股价经过一段上涨后出现回落，回落低点和反弹的高点都逐步走低，回落低点的连线与反弹高点的连线呈平行状，其形状犹如一面旗子的旗面(图1－70)。形态完成后股价突破上边线，延续原来的上涨走势；

(3)在旗形形成的过程中，成交量逐渐减少，而向上突破上边线时成交量则明显放大；

(4)股价突破上边线后有两种走势：一种是突破后出现回抽，在上边线受

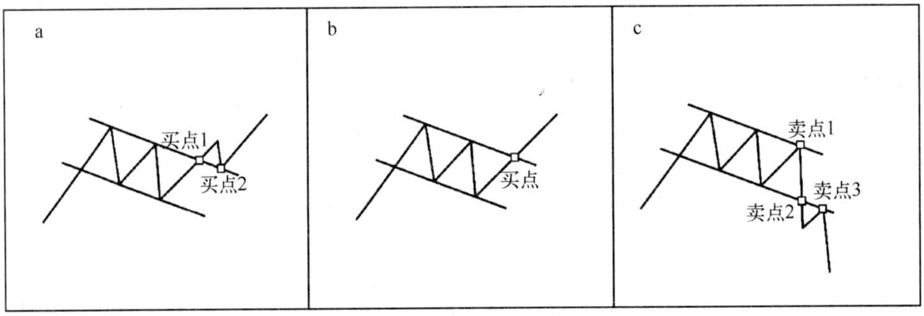

图 1－70　下降旗形

注：①下降旗形向上突破有两种情形：一种是突破上边线经回抽后再度上行，如图 a；一种是突破上边线后一路上行，如图 b；

②回落时突破下边线继续下行，形成反转形态，如图 c；下降旗形突破下边线后也有回抽或直接向下两种情形。

支撑后继续上攻，从而确认向上突破有效；另一种是突破后一路上行。

五、下降旗形的操作策略

(1)出现在上升途中时，以看多做多为主，逢低吸纳。

买点 1：股价放量突破上边线时，应视为第一个买进号；

买点 2：股价回抽上边线受支撑后，再次发力上攻时为第二买进信号。

(2)出现在长期大幅上涨之后，应逢高减磅，看空做空为主。

卖点 1：股价触及旗形上边线时，应视为第一个卖出信号

卖点 2：股价击穿下边线时，可视为第二个买卖出号；

卖点 3：回抽旗形下边线受阻后，再次掉头向下时为第三个卖出信号。

六、下降旗形的走势分析

下降旗形由于其出现时的位置不同，其技术含义也就不同，因而下降旗形出现后的走势有以下两种情形：

情形 1：下降旗形出现在上升途中时，以持续形态出现，整理结束后突破上边线延续原来的上升走势。

情形 2：下降旗形出现在大幅上涨之后，股价跌破下边线，形成顶部反转。

第十八节 矩形

矩形就是长方形，也称箱型，股价触及箱顶(即上边线)就回落，触及箱底(即下边线)就弹升，如此周而复始，反反复复，直至多空双方中一方力量耗尽，选择向上或向下突破后，宣告矩形形成。矩形既可以出现在涨势中，也可以出现在跌势中，大多数情况下以整理形态出现。但是，如果出现在长期大幅上涨或大幅下跌之后，矩形将会是一种转势形态，即矩形顶或矩形底。

一、矩形的特征

(1)既可以在涨势中出现，也可以在跌势中出现；

(2)股价在上下距离相近的水平位置中作上下波动，将股价的高点和低点分别用直线连接起来，就形成一个长方形图形(图1－71)，最后寻求向上或向下突破；

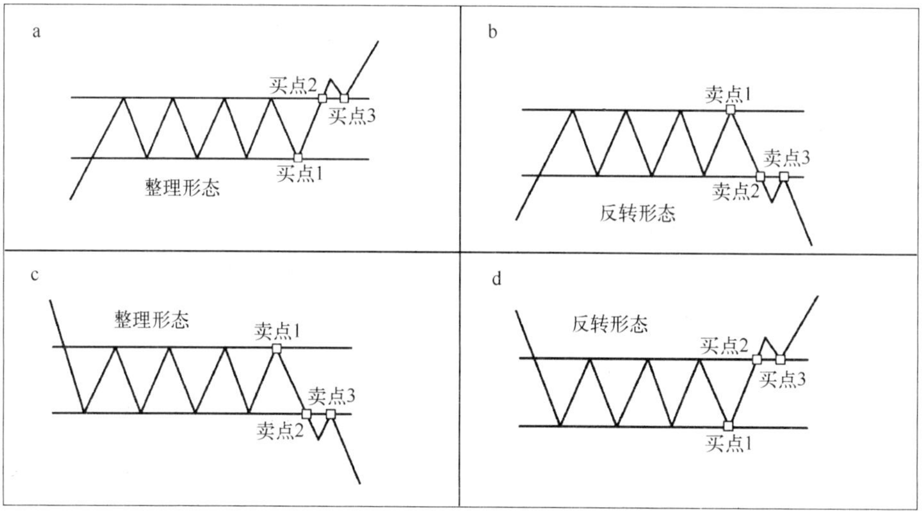

图1－71 矩形

注：矩形向下或向上突破都是常见形态。

向上突破有两种情况：一种是突破上边线后经回抽上边线再度上行，如图a；一种是突破后直接上行。

向下突破也有两种情形：一种是突破上边线后经回抽上边线再度上行，如图b；一种是突破后直接上行。

(3)矩形形成过程中成交量呈逐步减少状态；向上突破上边线必须有成交量的支持，而向下突破下边线成交量可大可小；

(4)矩形形成时若涨时量增，跌时量减，则向上突破概率大；涨时量减，而跌时量增则向下突破概率大；

(5)从运行时间和幅度上看，矩形顶呈现短而宽的特点，而矩形底呈现长且窄的特点。

二、矩形的操作策略

1. 出现在上升趋势中时

(1)出现在涨幅不大的行情中时，多为整理形态，向上突破居多，应以看多做多为主。持股的投资者可继续持股待涨，而持币的投资者则应择机介入。

买点1：股价触及下边线时，可视为第一个买进信号，止损设在下边线下方附近；

买点2：股价放量突破上边线时，可视为第二个买进信号；

买点3：股价放量突破上边线，经回抽上边线确认支撑有效后，再次拉升时为第三个买进信号。

(2)出现在大幅上涨之后，形成矩形顶见顶回落的概率极高，此时投资者应以看空做空为主，逢高减仓。

卖点1：股价触及上边线时，可视为第一个卖出信号；

卖点2：股价击穿下边线时，可视为第二个卖出信号；

卖点3：股价跌破下边线，回抽下边线受阻后，再度下跌时为第三个卖出信号。

2. 出现在下降趋势中时

(1)出现在跌幅不深的行情中，多为整理形态，向下突破居多，应以看空做空为主。持股的投资者应择机离场，而持币的投资者则应继续持币观望。

卖点1：股价触及上边线时，可视为第一个卖出信号；

卖点2：股价击穿下边线时，可视为第二个卖出信号；

卖点3：股价跌破下边线，回抽下边线受阻后，再度下跌时为第三个卖出信号。

(2) 出现在大幅下跌之后，形成矩形底的概率极高，持股的投资者不可轻易割肉，持币的投资者应做好入场准备。

买点1：股价触及下边线时，可视为第一个买进信号，止损设在下边线下方附近；

买点2：股价放量突破上边线时，可视为第二个买进信号；

买点3：股价放量突破上边线，经回抽上边线确认支撑有效后，再次拉升时为第三个买进信号。

三、矩形的走势分析

矩形由于其出现的市场趋势或位置不同时，其技术含义也就不同，因而矩形出现后的走势有以下四种情形。

情形1：出现上升趋势中以持续形态出现，整理结束后突破上边线，延续原来的上升走势。

情形2：出现在大幅上涨之后，股价跌破下边线，形成顶部反转。

情形3：出现下降趋势中以持续形态出现，整理结束后突破下边线，延续原来的下跌走势。

情形4：出现在长期大幅下跌之后，股价突破上边线，形成底部反转。

第十九节 技术图形的识别小结

技术图形分析法是所有技术分析方法中较直观、也较为形象、实用、最容易学习和掌握的分析方法，受到越来越多投资者的青睐和喜爱，成为极为实用的操盘工具。不过，投资者在学习技术图形和运用技术图形进行实盘操作时，应注意以下几点：

(1)熟悉各类图形的基本特征。股票技术图形有几十种，图形相似的颇多，稍有疏忽就容易搞错，以致于做出错误判断，所以，投资者就务必熟悉各类图形的基本特征和弄清它们之间的区别与联系，才能尽可能避免出现误判。

(2)技术图形在形态尚未完成之前，可能发生演变。比如双顶在没有向下突破之前，可能演变为三重顶、头肩顶或者矩形顶；双底在没有向上突破之前，也可能演变为三重底、头肩底或者矩形底，甚至筑底失败的情形。对于初学的投资者而言，在形态尚未完成之前，切勿主观地推断可能将会走出什么图形，并以此盲目操作。当然，作为熟悉技术图形的投资者或者激进型投资者，为了获取更高收益，在形态尚未完成之前离场或入场时，应制定相应的应变预案，尤其是买进股票时设置止损位就显得尤为重要。

（3）每一种图形（V底、倒置V顶和潜伏底除外）不存在绝对的转势形态和整理形态，只是以其中一种形态出现较多而已。

比如头肩顶，只是因为其常常以顶部转势形态出现，而当它出现在上升途中，具备“头肩顶”的雏形，若股价始终未能击破颈线，这时头肩顶形态就不成立。相反，却在颈线位受到支撑后重拾升势时，这时的“头肩顶”其实就是整理形态。同样，收敛三角形是一种整理形态，是因为其常常以整理形态的形式出现，如果它在股价连续大幅上涨之后出现，随后股价击穿三角形的下边线后继续下跌，这时收敛三角形就不再是整理形态，而是顶部反转形态。所以，初学的投资者不要机械的误以为：“转势形态”的图形只会以反转形态出现，而“整理形态”的图形只能以持续形态出现。

（4）同一种图形出现在股价走势中的不同位置时，其性质也就不同。

比如矩形，当它出现在升势中，股价突破上边线后继续上涨，此时它是整理形态；当它出现在股价长期连续大幅上涨时，股价击穿下边线后继续走低，此时的矩形不再是整理形态，而是顶部反转形态。同样，当它出现在股价长期连续大幅下跌时，股价突破上边线后继续攀升，此时属于底部反转形态。

（5）每一种图形的形成，均与成交量有着密切关系。

每一种图形的形成时，在成交量上都会出现与之相呼应的特征：比如底部三角形形成时，成交量会出现极度萎缩；V底形成时，常伴大额成交量；收敛楔形顶形成时，成交量逐步减少，呈现价升量缩的背离形象

另外，股价向上突破颈线时，通常伴随成交量的增加（除极少数庄家绝对控盘的个股外），无量突破极有可能为假突破或者为无效突破；而股价向下突破颈线时，却不一定需要成交量配合，无量也照样可以轻松击穿颈线而形成跌势。

（6）一个技术图形能否构筑成功，其后市的涨跌幅度，均与其形成的时间周期长短密切相关。

转势形态图形构筑的时间越短，失败的概率越高。比如日K线上出现的

三重顶，和周 K 线上的三重顶，二者转势信号的强度就大不一样。日线上的三重顶，预示股价短期走势看空，而周线上形成的三重顶，则代表股价中长期趋势已经转弱。即便是同为转势形态的技术图形，底部形态构筑的时间往往大幅长于顶部形态的时间，因为底部形态图形构筑时间太短，如果少于一个月，其可靠信号较差，筑底不牢固，形态极度容易失败，而顶部形态只需一两周，甚至几天就可完成筑顶。

而整理形态的技术图形中，构筑时间越长，失败的概率越高。比如下降楔形构造的时间如果超过三周，整理失败的可能性就很大，极有可能跌破下边线继续走弱。所以，投资者在分析图形时，应充分考虑时间与图形的密切关系，才能把握股价的运行走势。

(7)运用技术图形时，应与 K 线、KDJ、MACD、趋势线等指标和分析方法相结合，将有助于提高对技术图形研判的准确性。这些指标和分析法将在下以后的章节中详细介绍，这里就不再展开对相关知识的介绍。

(8)不同类型的投资者，应根据自己的投资风格，制定相应的投资策略。

激进型的投资者在获取高收益的时候，同时也面临更大的风险，在图形构筑期间或在没有突破，方向不明朗之前介入时，一定要设置好止损位，一旦图形的变化没有向自己所预期的方向发展，则应即刻止损出局，以免遭受更大损失。而稳健型的投资者，可以在图形形态构筑完成，在突破并回抽颈线后，方向明了时进行买卖操作，虽然这样在买进时成本会高一些，卖出时所获利润会薄一些，常言道："有得必有失"，风险与收益始终是成正比的。

第二章　移动平均线的运用

股市投资，如何发现市场走向，追踪市场走向，不至于在股市中迷失方向，这就需要投资者找到一种安全可靠的导航工具。而移动平均线，揭示了股价的波动方向，无疑是当今各种股市技术分析方法中最有效、最好的导航工具。其有效性已经在具有百年历史的欧美成熟股市得以成功验证。有了它，人们就不至于在股市中迷失方向，可以在熊市降临之时，快速撤离市场，躲过股市下跌带来的巨大风险，从而实现成功逃顶；也可以在牛市脚步临近的时候，跑步进入市场，及时抄底，分享股市上涨所带来的丰厚回报。

第一节　移动平均线的概述

移动平均线是由著名的美国投资专家格兰威尔于20世纪中期提所创立。由道.琼斯股票技术分析理论(简称：道氏理论)的“三种趋势说”演变而来。它有效帮助交易者确认现有趋势、判断将要出现的趋势以及发现即将反转的趋势。移动平均线是除K线之外，当今应用最普遍的技术指标之一，被广泛用于股票、期货、现货及其他金融衍生产品市场。

一、移动平均线的定义

移动平均线(Moving Average，简写为MA)：是指在一定交易时间内(分、时、日、周、月、季、年)的收盘价之和除以该周期的算术平均线，称之为移动平均线，简称均线。比如日线(MA5)：指5天内的收盘价除以5，得出5日的平均值，然后再把这些平均值在图纸上依次连接而绘出来的这条线就叫5日移动平均线。同样，要绘制10日移动平均线，只需把“5“换成”10“即可。以此类推可以画出20日、30日、60、120、250等均线。

二、移动平均线的分类

移动平均线从形态来分，可分为单根移动平均线和组合移动平均线两种类型。

1. 单根移动平均线

单根移动平均线按时间可分为短期、中期、长期 3 种形式。

短期移动平均线：可分为 3 日、5 日、10 日等均线，其中 5 日、10 日移动平均线使用较为广泛，是短线买卖的依据，反映的是短期股价的平均成本的变动情况和趋势。其特性是对市场行情波动较为灵敏，买卖信号较难把握。

中期移动平均线：可分为 20 日、30 日、60 日等均线。其中 30 日移动平均线使用频率最高，它常被用于与其他均线配合使用，作为中短期买卖的依据。而 60 日均线由于对中短期股价有明显的趋势指示和制约作用，为行情的分析判断提供较为准确的依据。

长期移动平均线：可分为 120 日(半年线)、150 日、200 日、250 日(年线)等，其中使用较多的 120 日和 250 日均线，其对研判股价的中长期走势具有重要的意义。

2. 组合移动平均线

在实际操作中，为了更加真实地反映市场持股成本，以及股价的变化状况，基本上都是把几根(通常是 3 根均线)移动平均线组合起来使用，简称均线组合。

组合移动平均线又可分为普通组合移动平均线和特殊组合移动平均线两种。

(1)普通组合移动平均线。

普通组合移动平均线按时间可分为短期均线组合、中期均线组合和长期均线组合。

短期均线组合：最常用的是 5 日、10 日、20 日和 5 日、10 日、30 日这两种。其主要用于观察价格的短期运行趋势。比如，在多头市场，5 日均线为多方护盘线，如果 5 日均线多头都无法守住，那么上升力度有限；而 10 均线均线则是多方的重要支撑线，一旦 10 日均线被有效击穿，市场就可能转弱。在空头市场，10 日均线将成为反弹重要阻力线，而 20 日(30 日)均线则是衡量市场中短期强弱的重要标志，20 日(30 日)均线向上倾斜时，短期可做多；向下倾斜时短期宜离场。

中期均线组合：最常用的是 10 日、30 日、60 日和 20 日、40 日、60 日两种。主要用于判断股价(指数)的中期运行趋势，若中期均线组合呈多头排列时，表示大盘或个股中期趋势向好，投资者可以做多；反之，若中期均线呈空头排列时，表示大盘或个股中期趋势向淡，投资者应看空离场。

长期均线组合：最常用的是 30 日、60 日、120 日和 60 日、120 日、250 日两种。主要用于观察大盘或个股长期运行趋势。比如，当长期均线组合中的均线出现黄金交叉，呈现多头排列时，表示大盘或个股中长期趋势向好，但不排除短期有洗盘震仓的可能，此时，投资者可利用主力洗盘之机逢低吸纳；反之，当长期均线组合中有均线死亡交叉，呈线空头排列时，表示大盘或个股长期看淡，但也不排除短期有反弹的可能，投资者可趁反弹时离场。

(2)特殊组合移动平均线。

特殊组合移动平均线指的是周均线、月均线、45 日均线、季线和年线。这种特殊组合移动平均线是与周 K 线、月 K 线、45 日 K 线、季 K 线以及年 K 线相匹配的移动平均线，主要用于弥补普通组合移动平均线分析功能的不足，和研判大盘或个股长期运行趋势。虽然很少用，但不可或缺，因为有时日均线不能解决的问题，用特殊均线组合就能很好解决。

三、移动平均线的作用

1. 揭示当前市场的平均成本

移动平均线的最基本作用之一就是反映市场的平均成本。比如某支股票某月某日，5 日均线的位置在 29.6 元，10 日均线是 26 元，60 日均线是 19.3 元，而 250 日均线在 11.7 元，这 4 组数字就分别代表了 5 日、10 日、60 日、与 250 日买进者的平均成本，如果股价跌破 11.7 元，表明这一年买进该股票的投资者悉数被套，如果股价始终在 11.7 元上方，说明这一年买进该股票的投资者皆有获利。无论主力机构还是散户，通过对平均成本的比较，再结合其他方面的分析，就可以了解目前市场的大概状况，而制定相应适合自己的投资策略。

2. 揭示股价的运行方向

移动平均线主要作用就是反映股价变动的方向，即人们通常说的上升趋势和下降趋势。通过移动平均线的方向变化来揭示股价的走向。比如移动平均线向上，表明趋势看涨；移动平均线向下，表明趋势看跌。趋势线走向好坏的识别方法有两种：一种是均线交叉，另一种是均线排列。

(1)均线交叉。

均线交叉可分为黄金交叉和死亡交叉。所谓黄金交叉，就是短期移动平均线上穿长期移动平均线，并且长期移动平均线向上移动。黄金交叉表明趋势向好，为买进信号。而死亡交叉，就是短期移动平均线下穿长期移动平均线，并且长期移动平均线向下移动。死亡交叉表明趋势向坏，为卖出信号。

(2)均线排列。

均线排列可分为多头排列和空头排列。所谓多头排列，是指短期均线在上，长期均线在下，中期均线居中，几根均线同时向上移动的排列方式。多头排列出现在升势初期和中期，表明趋势看涨，而后期表明趋势滞涨。而空头排列，是指短期均线在下，长期均线在上，中期均线居中，几根均线同时向下移动的排列方式。空头排列出现跌势初期和中期，表明趋势看跌，而后期表明可能趋势止跌。

3. 助涨助跌作用

无论是在涨势中还是在跌势中，移动平均线往一个方向移动，通常会持续一段时间后才会发生反转，改向相反方向移动。所以，移动平均线常常成为多空双方的防线。

在上升行情中，股价位于移动平均线之上，呈现多头排列的均线可视为多方的防线。当股价回落至移动平均线附近时，各条移动平均线依次产生支撑力量，买盘入场，推动股价再度上升，这就是移动平均线的助涨作用。

在下跌行情中，股价在移动平均线的下方，呈现空头排列的移动平均线可以视为空方的防线。当股价反弹到移动平均线附近时，便会遇到阻力，卖盘涌出，促使股价进一步下跌，这就是移动平均线的助跌作用。

移动平均线的助涨与助跌作用，在股价结束盘整区域时更为显著。当股价脱离盘整上升时，即便股价短暂出现回落，也会受到移动平均线的支撑而止跌，再次向上。反之，当股价脱离盘整趋于下跌时，即便股价出现反弹，也会受到移动平均线的压制而再次下跌。

四、移动平均线的特性

在使用移动平均线时，我们会发现平均股价与实际股价在时间上有所超前或滞后，很难利用移动平均线把握股价的高点或低点。另外，行情在盘整时，移动平均线发出的买卖信号过于频繁，这时的买卖信号是无效的。所以，这些现象都是由移动平均线的主要特性所决定的，其主要特性是：

1. 追踪趋势

发现股价(指数)的运行趋势，并追随这个趋势，不轻易改变。如果从股价的走势图中能够画出上升或下降趋势线，那么，移动平均线将保持与趋势线方向一致，能消除中间股价在这个过程中出现的起伏。而单一的 K 线走势图不具备这种保持追踪趋势的特性。

2. 稳定性

移动平均线不轻易改变走向，只有股价走势真正明朗了，移动平均线才会向上或向下延伸。比如股价开始回落之初，移动平均线却是向上的，等到股价下滑显著时，才见移动平均线向下。同样，股价涨势初期，移动平均线却是向下的，等到股价上升显著时，才见移动平均线向上，这种稳定性是移动平均线最大的特色。周期愈短的移动平均线，稳定性愈差，而周期愈长期移动平均线，稳定性愈强，比如 3 日、5 日、10 日等短期均线，由于时间短，对市场敏感度高，但稳定性差；而 20 日、30 日、60 日、120 日、250 日等中长期均线，由于时间长，对市场敏感度低，但更具稳定性。所以，移动平均线也具有延迟反应的特性。

3. 助涨助跌性

当股价突破了移动平均线时，无论是向上突破还是向下突破后，股价都有往突破方向保持一定的惯性，这就是移动平均线的助涨助跌性。

4. 滞后性

在股价原有趋势发生反转时，由于移动平均线的追踪趋势的特性，其行动往往显得过于迟缓，调头速度落后于市场，这就是移动平均线的滞后性。滞后性是移动平均线的一个极大的弱点。等它发出反转信号时，股价都有一定的涨幅或跌幅了。

5. 支撑线和压力线的特性：

由于移动平均线的上述四个特性，使得它在股价（指数）走势中起支撑线和压力线的作用。

第二节　移动平均线图形的常见形态和运用

一、黄金交叉的识别与运用

所谓黄金交叉，指的是股价（指数）在涨势初期，一根时间短的均线由下向上穿越一根时间长的均线，并且时间长的均线正在向上移动，这样两根均线形成的交叉，称之为移动平均线黄金交叉，简称“均线金叉”。比如：5日均线上穿10日均线形成的交叉，5日均线上穿30日均线形成的交叉，10日均线上穿的30日均线形成的交叉，均称为黄金交叉。其特征是：

（1）出现在上升行情初期；

（2）由2根移动平均线组成，一根时间短的均线由下向上穿越一根时间长的均线，并且时间长的均线正在向上移动。

黄金交叉的出现，其技术含义通常表示股价将上涨，为买进信号。但是，需要明确的是，并非所有的黄金交叉出现都是买入信号，因为金叉的信号有强弱之分，也有有效与无效之别，尤其在盘整行情时，均线发出的买进信号过于频繁，这时的信号是无效的（图2－1），如果就此买进，风险很大。

二、死亡交叉的识别与运用

死亡交叉指的是在跌势初期，一根时间短的均线由上向下穿越一根时间长的均线，并且时间长的均线正在向下移动，这样两根均线形成的交叉，称

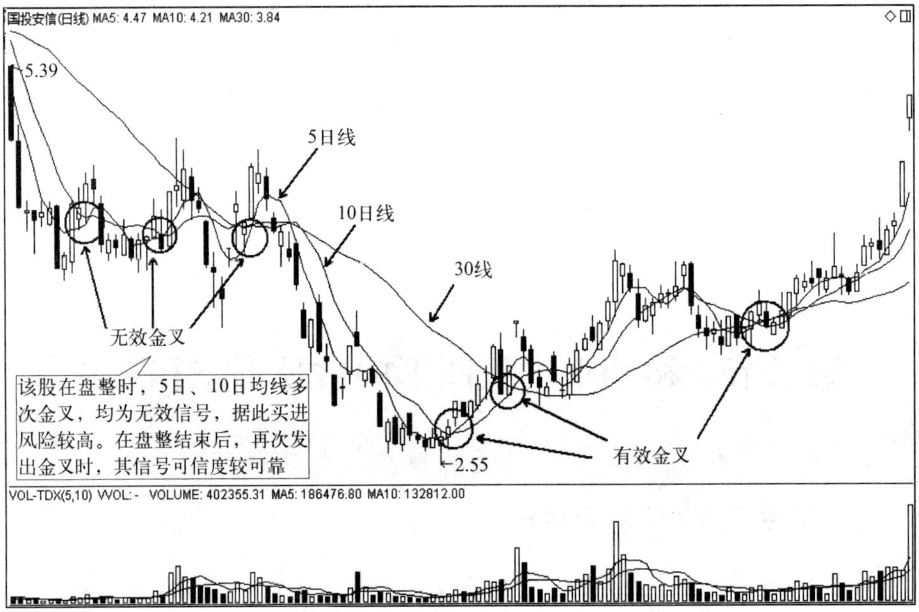

图 2－1

之为移动平均线死亡交叉，简称“均线死叉”。比如：5 日均线下穿 10 日均线形成的交叉，5 日均线下穿 30 日均线形成的交叉，10 日均线下穿的 30 日均线形成的交叉，均称为死亡交叉。其特征是：

(1)出现在下跌行情初期；

(2)由 2 根移动平均线组成，一根时间短的均线由下向下穿越一根时间长的均线，并且时间长的均线正在向下移动。

死亡交叉的出现，其技术含义通常表示股价将下跌，为买出信号。不过，投资者需要注意的是，并非所有的死亡交叉出现都是卖出信号，因为死叉的信号也有强弱之分，有效与无效之别，尤其在盘整行情时，均线发出的卖出信号过于频繁，这时的信号是无效的(图 2－2)。

三、多头排列的识别与运用

多头排列，指的是短期移动平均线在上，中期移动平均线居中，而长期移动平均线在下，几根均线同时保持向上移动的排列方式。

多头排列的出现，其技术含义表明多方力量较强，局势由多头主力所控

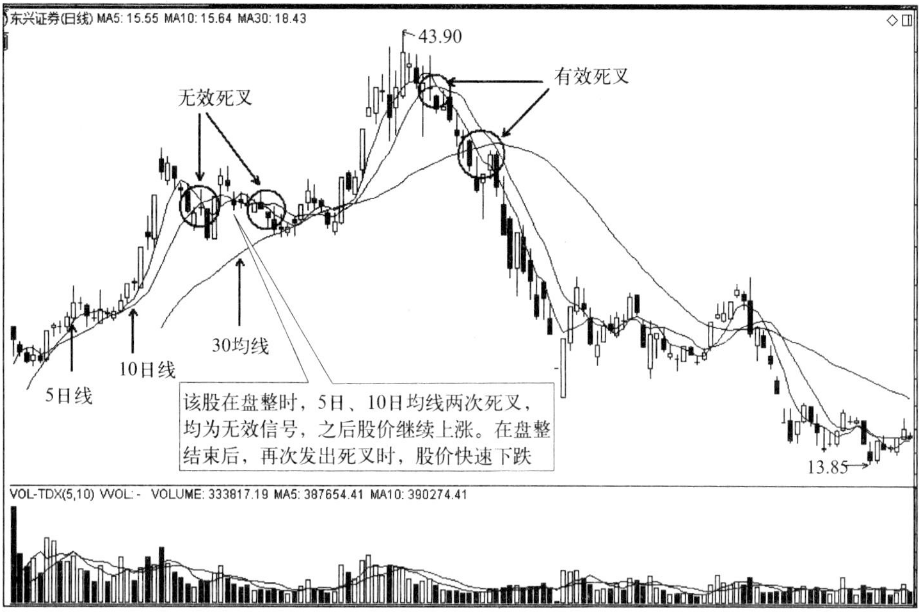

图 2－2

制，无论大盘还是个股，这是一种典型的做多信号。投资者遇此形态时，应持股待涨，尤其在涨势初期和中期。当然，如果多头排列出现在股价大幅上涨之后，则不宜继续看多，此时应逐步逢高减磅。

依据移动平均线的多头排列，我们可以识破股价在上涨过程中，主力利用 K 线图形进行洗盘或骗线的“阴谋”，不为主力的震仓而交出筹码，错失股价再次上升的获利良机。如图 2－3 所示，该股在上升途中收出一组穿头破脚的 K 线组合。如果仅分析 K 线，而不关注均线，很多人会被主力的操作手法所欺骗，拱手把筹码交出。再回头分析，这组穿头破脚是不是见顶信号呢？穿头破脚 K 线组合成为见顶信号的前提条件是：一是出现在股价大幅上涨后；二是穿头破脚出现后，股价重心逐渐下沉。可图中的穿头破脚 K 线组合，这两个条件均不满足，这就基本可以确定这个穿头破脚组合可信度不高。再看均线图形，均线呈现多头排列，上升形态依然完好。如此看来，穿头破脚组合只是主力洗盘实施的障眼法，投资者仍然可以继续坚持看多，持股待涨。

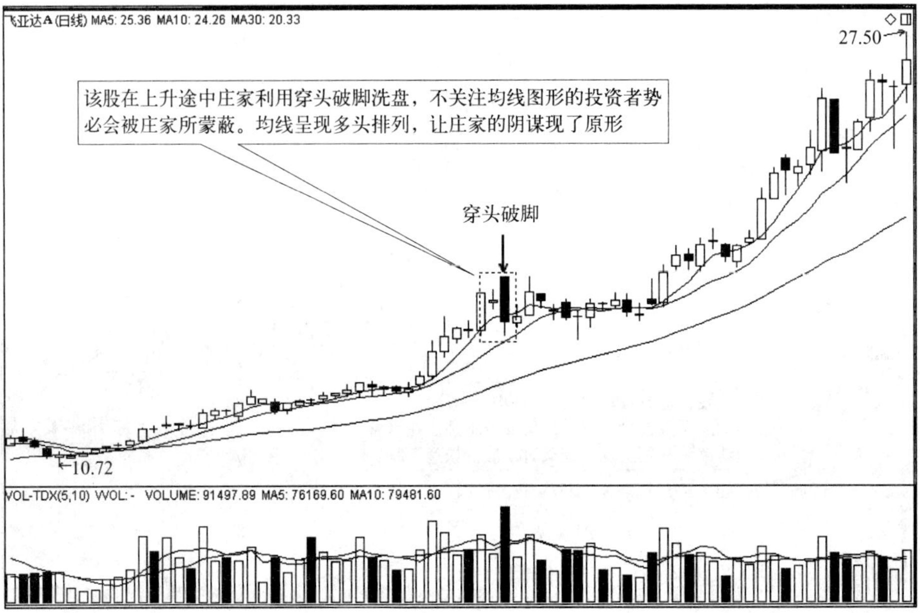

图 2－3

四、空头排列的识别与运用

空头排列，指的是短期移动平均线在下，中期移动平均线居中，而长期移动平均线在上，几根均线同时保持向下移动的排列方式。

空头排列的出现，其技术含义表明空方力量较强，局势由空头主力所控制，步入空头市场，无论大盘或个股，这都是一种做空信号。投资者遇此形态时，应以看空做空为主，果断退出市场，持币观望，尤其在跌势初期和中期(图 2－4)。不过，如果空头排列出现在股价长期大幅下跌之后，则不宜继续做空。此时，持股的投资者不宜随意割肉，应密切留意股价走势，做好入场准备。

移动平均线的常见形态除了上面介绍的 4 种形态外，还有以下形态：

(1)均线银山谷和金山谷；

(2)均线死亡谷；

(3)均线蛟龙出海和断头铡刀；

(4)首次交叉向上发散形和首次交叉向下发散形；

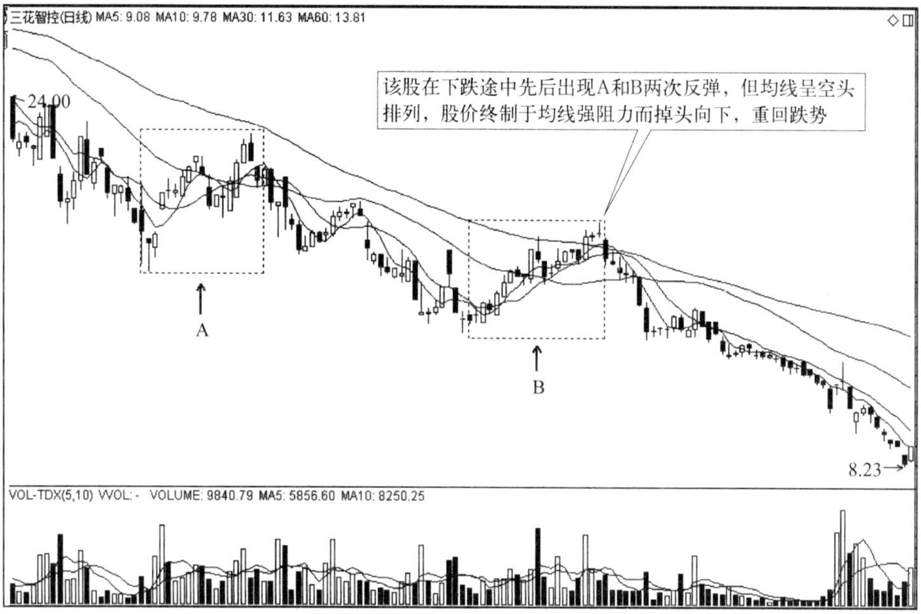

图 2－4

……

投资者在运用移动平均线时，更多的是关注均线的助长与助跌作用，和均线的支撑与压力这两种作用。在实际操作中，由于 K 线组合与技术图形更直观和可预测性，而移动平均线的图形相对更为抽象和滞后的缺陷，故此，绝大多数投资者更多倾向于使用 K 线技术图形，而放弃移动平均线图形。再说，学习技术分析的方法不在于多，而在于精，因为运用的技术分析方法和指标太多，买卖信号往往会产生相互矛盾的现象，反而影响投资者对市场的判断。所以，在此就不对每一种均线图形做逐一分析介绍，只是对几种最基本的均线形态略作简要介绍。

第三节　移动平均线的使用要领

移动平均线作为一种重要的技术分析指标，深受广大投资者青睐。在实战操作中运用移动平均线时，需要理解并掌握以下操作要领：

（1）均线系统出现多头排列时，表明市场由多方控制，这时投资者应以看多做多为主。但需要注意的是，当股价上涨时与均线过分偏离，股价会出现短期回落，此时投资者可适度高抛低吸，既可回避短期风险，又能增加盈利机会。反之，均线系统出现空头排列时，表明市场由空方控制，市道趋淡，这时投资者应以看空做空为主。同样，当股价下跌时与均线过分偏离时，股价会出现短期反弹，投资者可适度轻仓趁势低吸，抢一波反弹。但切记宜快进快出，因为大势转弱，久战极易被套。

（2）辨别黄金交叉和死亡交叉的有效性。黄金交叉和死亡交叉常常作为一种转势信号出现，但并不是所有的黄金交叉和死亡交叉都是买卖信号，这些值得投资者留意。庄家有时利用均线进行骗线，在单边上涨或下跌的市场中，骗线情形较少，而在在盘整行情中，庄家可能反复会进行震荡洗盘或出货，出现骗线的概率大大增加。另外，由于移动平均线的特性，周期越长的均线，越稳定，而周期越短的均线，其稳定性越差，所以，周期越短的两条均线出现黄金交叉或死亡交叉时，其骗线的概率越高。而周期越长的两条均线出现黄金交叉或死亡交叉时，其骗线的概率越小。为了减少无效黄金交叉和死亡交叉所导致的误判，投资者应结合 K 线形态、成交量、技术图形和趋势线等技术分析方法，进行全面分析后再行操作。

（3）把握短期走势，应重点关注 5 日、10 日均线为主。在强势行情或强势个股中，股价（指数）下跌一般不会跌破 5 日均线，更不会跌破 10 日均线，若跌破 5 日均线，尤其是跌破 10 日均线，市场可能转弱。在弱势行情或弱势个股中，股价（指数）反弹一般不会冲破 5 日均线，更不会冲破 10 日均线，若冲破 5 日均线，尤其是 10 日均线，有可能转强。（注：有效突破是以三三原则为准，即涨跌幅超过 3%，且连续 3 天以上）。所以，短线操作的原则是：股价向上突破 5 日均线，尤其是 10 日均线时，可跟进做多；股价向下跌破 5 日均线，尤其是 10 日均线时，应及时退场。

（4）把握中期走势，应重点关注 30 日、60 日移动平均线为主。30 日均线常常作为衡量市场中期强弱的重要标志。在股价（指数）下跌时，30 日均线被有效跌穿，中期趋势看淡；在股价上升时，30 日均线被有效突破，中期趋势看好。由于 60 日均线比 30 日均线更具稳定性，骗线更少，所以买卖可靠性更高，对中短期股价走势助涨及助跌作用更明显。当 60 日均线向上或股价（指数）站在 60 日均线之上，则预示一轮中期的上升行情已经启动；反之，当 60

日均线向下或股价(指数)跌破60日均线，则预示一轮中期的下跌行情已经确立。因此，中线投资者操作过程中应重点关注30日均线、60日均线的指导作用。

(5) 把握中长期走势，应重点关注120日均线为主。120日均线作为中长期移动平均线，也是沪深股市的半年线，在研究沪深股市中长期走势方面有着相当重要的意义，其准确性很高，其对股指的支撑或阻力作用尤为明显，更值得投资者关注！图2-5为上证指数1992年7月22至1994年8月1日的日线走势图。从图清晰显示，当股指向上突破120日均线，就开启一轮中期上涨行情，而跌破120日线，市场中长期进入弱势。同时，向上突破120日均线后，股指首次回落到该线时都具有强烈的支撑作用，大盘在止跌回升。同样，向下跌破120日均线后，股指每次反弹至该线时都对股指有强劲的压制作用，迫使大盘掉头向下，重归跌势。所以，投资者在运用移动平均线时，应密切关注120日均线。当120日均线被有效跌穿，表明中长期趋势走坏，中长线投资者应该清仓离场，可避免被深度套牢。

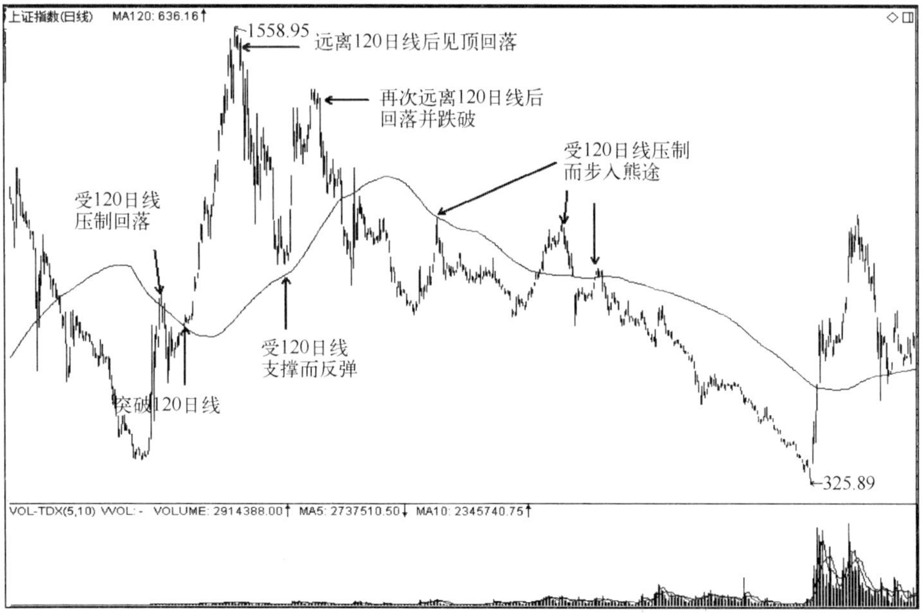

图2-5

当120日均线被有效向上冲破，中长期趋势看好，中长线投资者应该加码跟进(图2-6)，由此可从之后中期上升行情中获取可观收益。

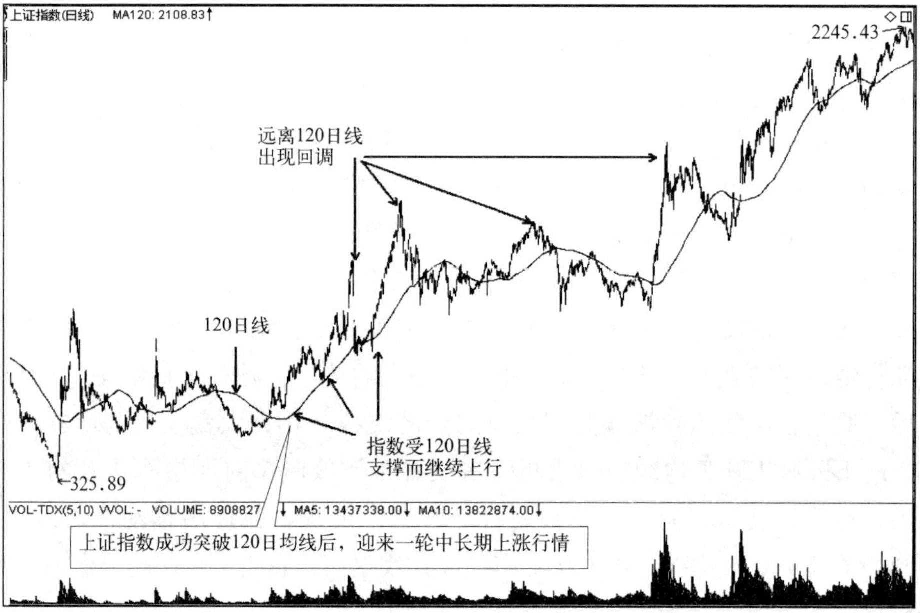

图 2－6

另外，值得投资者注意的是：当趋势逆转时，无论大盘或个股的涨跌，首次逼近120日均线时，都会受到强烈的支撑或阻力，从而出现反弹或回调，直至真正有效突破。

(6)把握长期走势，250日移动平均线是一个重要的参考指标。250日均线是一年的移动平均线，也被人们视作牛熊分界线。因为250日均线失守，意味着这一年参与股市的投资者绝大多数被套，而向上突破250日线，意味着多头在年均线上占据上风，这一年参与股市的投资者多数盈利。不过，无论大盘还是个股，最终决定其长期走势的始终是基本面而非技术面。如果上市公司缺乏良好的业绩支撑、赢利能力不强、发展前景暗淡，股价上涨也只是空中楼阁，也不可能支撑股价持续走强，即便是股价向上突破250日均线，也很可能是主力为拉高出货而营造的一个多头陷阱。反之，如果上市公司业绩连年持续增长、赢利能力突出、属于新兴产业和行业龙头，发展前景一片光明，良好的基本面必将成为股价长期走强的基石，即便是250日均线失守，也很可能是主力刻意打压股价，震仓吸筹的一个空头陷阱。所以，投资者在分析大盘或个股的长期趋势时，必须立足于对基本面而进行系统、综合分析后才能作出正确判断，而250日均线只能作为一个参考指标。另外，250日均线作为长期移动平均线，相对应其他中短期移动平均线而言，更具稳定性，出现骗线的概率更低，其对股价(指数)的支撑或阻力作用往往强于60日、120日均线。

(7)要根据行情需要和个股特性，适时调整均线时间参数。10日均线，30日均线分别作为短期走势和中期走势的强弱的分界线，市场主力通常不会轻易将之击破。但是，很多时候主力为了获取筹码常常反其道而行之，刻意击穿10日或30日均线以迷惑众多散户。为了避免落入主力圈套，投资者在依据均线操作时，则可将10日均线改成12日或15日均线，30日均线改成40日、45日、50日均线等。还有，对一些股性特别活跃的个股，觉得以5日、10日、20日，或5日、10日、30日这两种常用的短期均线组合仍较难把握其走势时，投资者可以自行设计一种短期均线组合。比如将原来的三根均线分别调整为3日、5日、15日或者3日、8日、21日等等。究竟用几根均线，选定哪些均线，投资者可根据自己的操作风格和观察对象而设置不同的均线组合，然后选择出一组最能准确反映股价走势的一组均线。

(8)移动平均线简单实用、易于掌握，可以让投资者做到顺势而为：在单边上涨行情中可很好地把握市场机会，在单边的下跌行情中可很好地规避市场风险。因此很受投资者青睐。但同时，它也有以下缺陷：

①在市场窄幅整理或庄家进行震荡洗盘时，短期移动平均线会过多的出现买卖信号，这类信号不易辨别，容易造成误导；

②对突发性行情不能够即时反应，有滞后的缺点；

③均线中常常会出现一些骗线，干扰对行情的准确研判。

所以，投资者在运用移动平均线分析市场行情时，就需要把移动平均线与K线、技术图形、MACD指标、成交量、趋势线等技术分析法有效结合起来，排除移动平均线发出的无效信号，才能弥补移动平均线这些缺陷。

第三章　KDJ 和 MACD 指标运用

当我们打开股票行情软件时，除了显示股价（指数）行情波动的主图指标界面之外，在主图界面的下方，还有辅助投资者研判股价（指数）走势的副图指标界面。在指标栏中，有众多技术指标供投资者选择使用，比如 KDJ、VOL—TDX、RSI、BOLL、MACD、CR、WR 等，而其中作为短期指标的 KDJ 和中长期指标的 MACD 是投资者使用频率最高的指标之一。KDJ 对市场短期的急速波动极为灵敏，能够帮助投资者捕捉突然出现机会，也能帮助投资者规避突然降临风险，但对趋势性的行情却屡屡钝化。而 MACD 作为中长期指标，能够把握中长期趋势，但又对短期内的市场剧烈波动反应迟缓。因此，二者常常结合使用，以弥补彼此的缺陷，有助于投资者减少对市场的误判。更为关键是，KDJ 和 MACD，在每一次股价（指数）见顶的时候，均会与出现顶背离现象。同样，在每一次股价（指数）见底的时候，均会与出现底背离现象。二者与股价（指数）的背离现象，提前向市场发出预警信号，是投资者实现逃顶和抄底过程中重要的参考指标。

第一节　KDJ 的运用

一、KDJ 概述

KDJ 指标又叫随机指标，是一种相当新颖、实用的技术分析指标，能够比较迅速、快捷、直观地研判行情，被广泛用于期货、股市的短期趋势分析，是期货和股票市场上最常用的技术分析工具之一。在电脑屏幕上，KDJ 的图是由曲线和运行区域两部分(图 3 - 1)构成。

(1)曲线，KDJ 指标由 K 线、D 线、J 线共 3 根曲线组成，移动速度最快的是 J 线，其次是 K 线，最慢的是 D 线。

(2)运行区域，KDJ 指标的运行区域主要分为 3 个小部分：0 以下、0 ~ 100 之间和 100 以上。其中 0 以下的区间为严重超卖区，表示行情处于空方市场，超卖过度，市场随时有见底反转的可能。0 ~ 100 区域中的 20 ~ 80 为买卖平衡区，20 以下为超卖区域，80 以上为超买区域。100 以上的区域为严重超买区域，表示处于多方市场，市场超买过度，行情随时有见顶反转的可能。

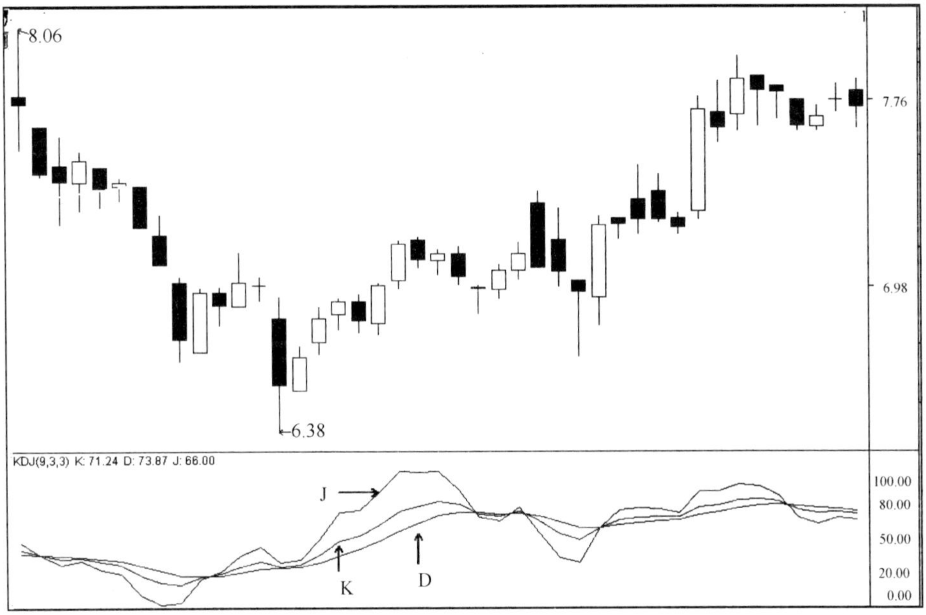

图 3 - 1

二、KDJ 的运用

(1)如果 K、D、J 值都大于 50 时，为多头市场，后市看涨；如果 K、D、J 值都小于 50 时，为空头市场，后市看跌。

(2)当 J 值大于 K 值、K 值大于 D 值时，即 3 条曲线呈多头排列，表明短期趋势向上，3 条曲线出现黄金交叉时为买入信号(图 3 - 2)。而在盘整行情中，3 条曲线出现黄金交叉常为无效信号，不具参考意义。

(3)当D值大于K值、K值大于J值时，即3条指标曲线呈空头排列，表示短期趋势向下，3条曲线出现死亡交叉时为卖出信号(图3-2)。而在盘整行情中，3条曲线出现死亡交叉常为无效信号，也不具参考意义。

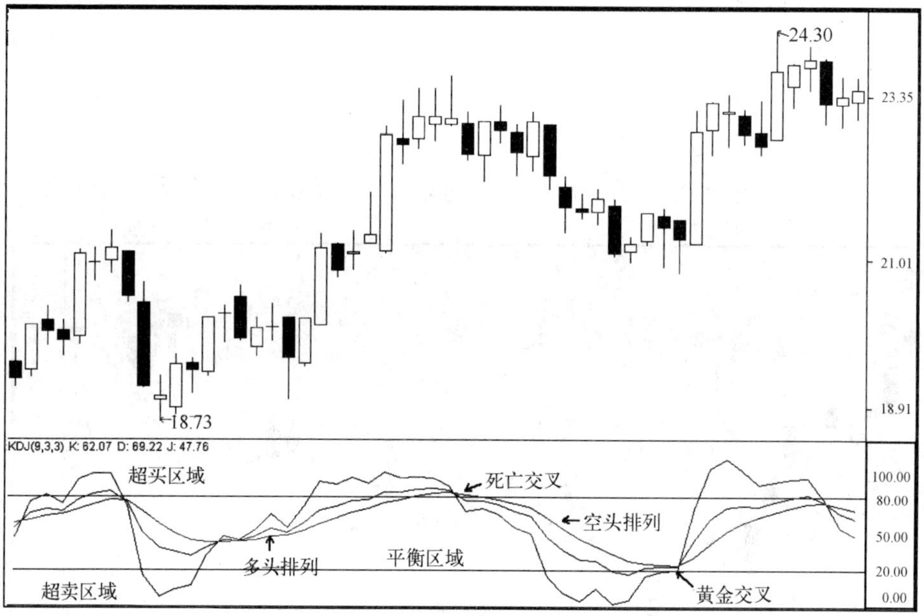

图3-2

三、KDJ指标的背离

KDJ指标的背离指的是KDJ走向与股价(指数)走向呈现相反的走势。当KDJ与股价发生背离时，表明行情可能即将出现反转，是一种转势信号。依据KDJ与股价的背离走势，常常成为识别股价(指数)顶部或底部的有效方法之一。KDJ指标与股价(指数)的背离有两种：一种是KDJ指标的顶背离，另一种是KDJ指标的底背离。

1. KDJ指标的顶背离

KDJ指标与股价(指数)的顶背离的特征是：股价(指数)逐波走高，而KDJ值却不是同步上升而是逐步下降(图3-3)。其技术含义是：预示股价(指数)这一轮升势可能接近尾声，短期内可能见顶回落，为卖出信号。尤其在股价(指数)出现大幅上涨后，且同时出现KDJ两次死亡交叉，其下跌的概率就更大。因此，投资者遇此图形时应做好随时离场准备。重仓的投资者应逐步减磅，一旦发现股价趋势向下，就以即刻清仓离场；而轻仓的投资者不可追高，可持币观望或平仓离场。

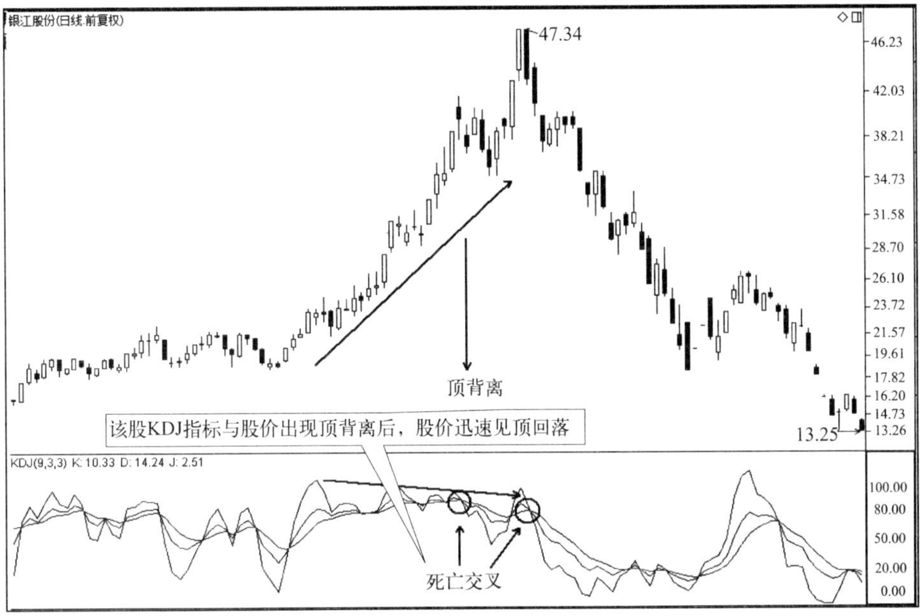

图 3-3

不过，投资者需要注意的是：KDJ 作为随即指标，对市场的波动反应快速而极为敏感，在行情进入尾声时，其具有极高的参照价值。但是，在强势市场或强势股中，KDJ 与股价(指数)出现顶背离后，股价(指数)会继续走高，此时的 KDJ 已不能准确反应行情走势，这就是人们所说的 KDJ 的高位钝化现象。如果投资者据此信号就看空离场，就会陷入筹码抛出后股价(指数)继续大幅上涨的窘境(图 3-4)。此时，投资者应借助中长期指标 MACD 或其他技术分析方法，排除 KDJ 钝化所带来的干扰。

2. KDJ 指标的底背离

KDJ 指标与股价(指数)的底背离的特征是：股价(指数)逐波走低，而 KDJ 值却不是同步下降而是逐步上升(图 3-5)。其技术含义是：预示股价(指数)这一轮跌势将尽，短期内可能止跌回升，为买进信号。尤其在股价(指数)。

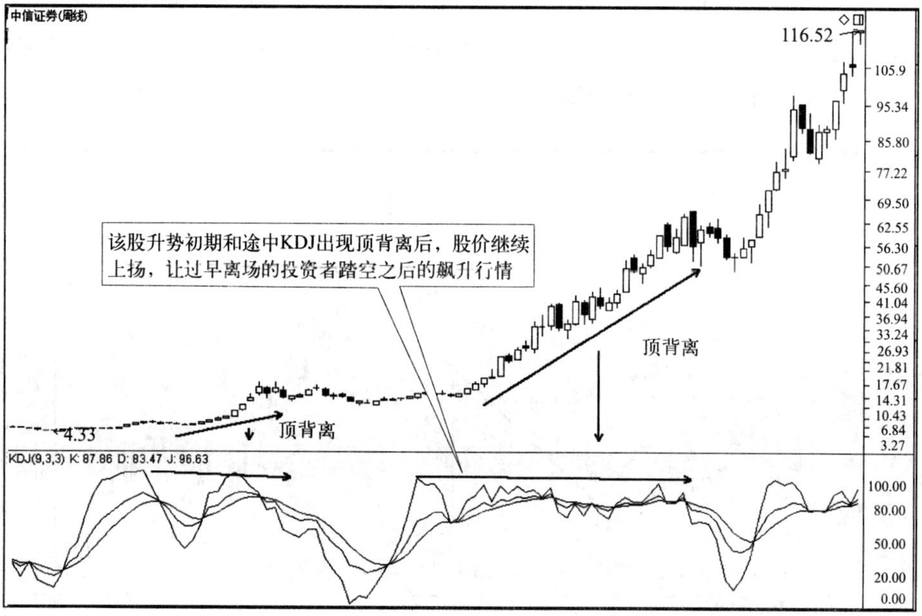
中信证券(周线)
116.52
4.33
该股升势初期和途中KDJ出现顶背离后，股价继续上扬，让过早离场的投资者踏空之后的飙升行情
顶背离
顶背离
KDJ(9,3,3) K: 87.86 D: 83.47 J: 96.63
105.9
95.34
85.80
77.22
69.50
62.55
56.30
50.67
45.60
41.04
36.94
33.24
26.93
21.81
17.67
14.31
10.43
6.84
3.27
100.00
80.00
50.00
20.00
0.00

图 3－4

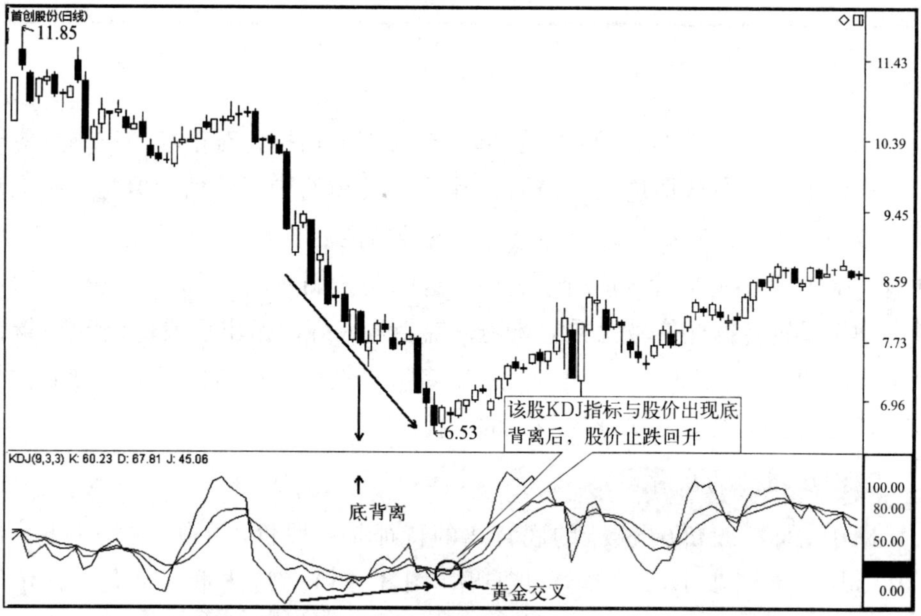
首创股份(日线)
11.85
6.53
该股KDJ指标与股价出现底背离后，股价止跌回升
底背离
黄金交叉
KDJ(9,3,3) K: 60.23 D: 67.81 J: 45.06
11.43
10.39
9.45
8.59
7.73
6.96
100.00
80.00
50.00
0.00

图 3－5

出现大幅下跌后，且同时出现 KDJ 黄金交叉，其上涨的概率就更高。因此，投资者遇此图形时不宜继续看空，应由空翻多，并做好入场准备。持股的投资者不宜继续杀跌，而持币的投资者一旦发现股价趋势向上，重心上移，可以适量买些筹码。

同样值得投资者注意的是：在弱势市场或弱势股中，KDJ 与股价（指数）出现底背离后，股价（指数）会继续走低，此时的 KDJ 也不能准确反应行情走势，这就是人们所说的 KDJ 的低位钝化现象。如果投资者据此信号就进场做多，就会陷入建仓后股价（指数）继续滑落而被套的尴尬境地（图 3－6）。此时，投资者应借助中长期指标 MACD 或其他技术分析方法，减少 KDJ 钝化导致的误判。

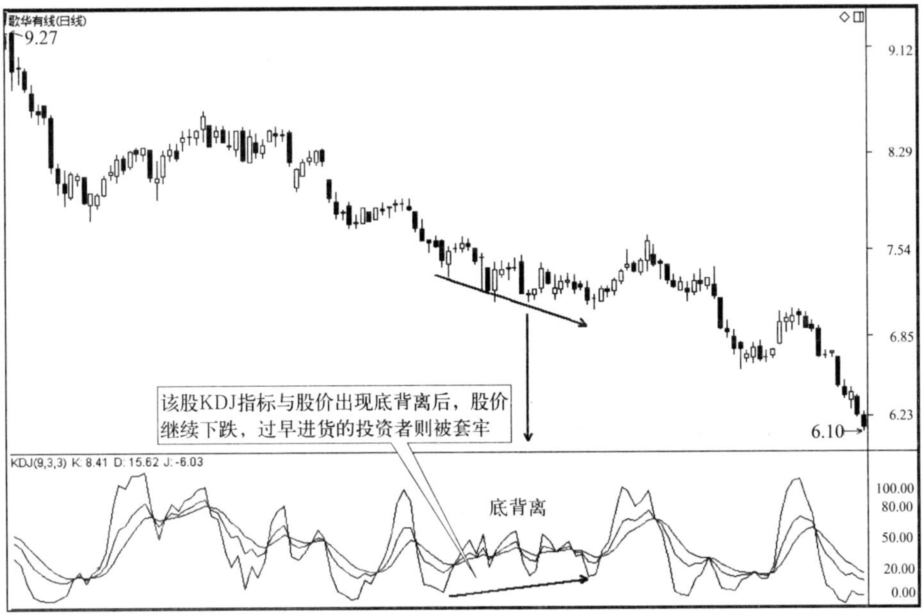

图 3－6

四、均线先行原则

在空头市场，在跌势初期或中期，均线呈现空头排列时，KDJ 再怎么样金叉也只能做短线操作，切莫长期持股，这是 KDJ 使用的前提。比如股价在均线下方且远离均线，KDJ 出现金叉时，股价有超跌反弹的可能，投资者可以轻仓做一波反弹，宜快进快出或者继续持币观望（图 3－7）。而在多头市场，在升势初期或中期，均线呈现多头排列时，KDJ 再怎么样死叉，也只能视作短线回档，不宜长期看空做空。比如股价在均线上方且远离均线，KDJ 出现死叉时，意味着股价有回撤的可能，投资者可以暂时退出或者继续持股待涨。

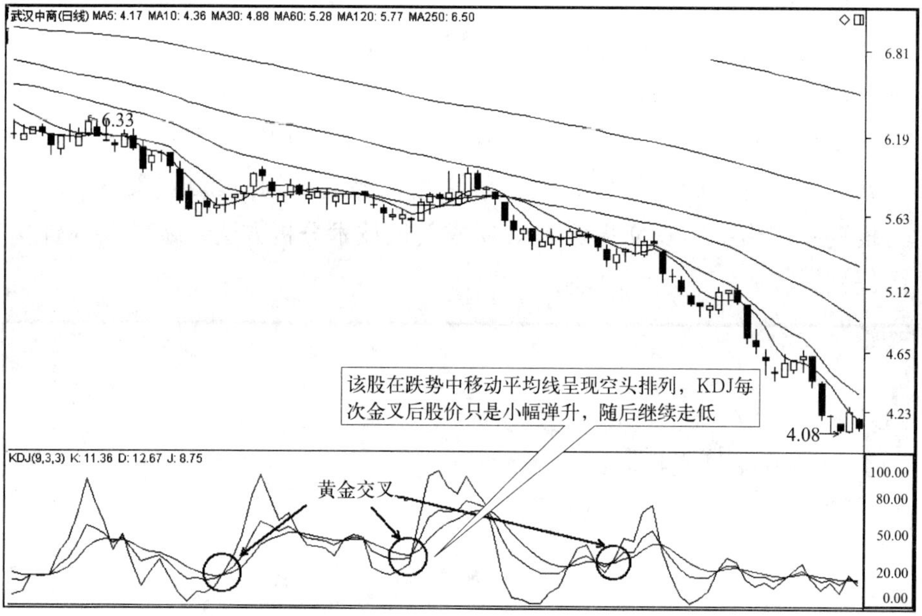

图 3－7

五、KDJ 指标的钝化现象

KDJ 指标作为技术分析常用的一种指标，其优点在于反应敏感，能给出非常明显的买卖号，如黄金交叉买入，死亡交叉卖出，使用者易于掌握，只要看信号进行买卖就可以了。但 KDJ 指标又有非常明显的不足之处，由于它的反应过于敏感，让使用者不是买入太早被套，就是卖出太早而踏空，这就是 KDJ 指标的钝化现象。尤其在极强或者极弱的市场行情中，这种钝化现象屡屡出现。通过 KDJ 指标的钝化现象，投资者需要辨清指标与股价的关系：股价的涨跌，从基本面分析，是由上市公司业绩和发展潜力决定的；从技术面分析，是由股价面临的支撑位和阻力位决定的，而不是由 KDJ 指标决定的，指标不能决定市场的走向，股价本身才决定指标的运行状况。所以，在股价涨跌趋势未改变之前，不要试图运用 KDJ 指标的超买、超卖或钝化现象来主观的推定市场该反弹了，还是该回调了，将在后面讲述的 MACD、BIAS 与股价的背离或钝化现象也是同样的道理。故此，我们在灵活地运用充分发挥 KDJ 指标优点的同时，应与中长期指标 MACD 和其他技术分析相结合使用，克服 KDJ 指标的这些缺陷。

第二节 MACD 的运用

一、MACD 指标的概述

MACD 技术指标即指数平滑异同移动平均线，是从快速移动平均线和慢速移动平均线发展而来的。根据移动平均线原理所发展出来的 MACD，一来克服了移动平均线频繁出现假信号的缺陷，二来最大限度的反应了移动平均线的准确走向，是一个广泛流行，使用频率最高的趋向类指标，也是被投资者广泛应用的有效技术分析方法之一。在电脑屏幕上，MACD 指标图像由 0 柱、曲线和柱状线三部分(图 3－8)组成。

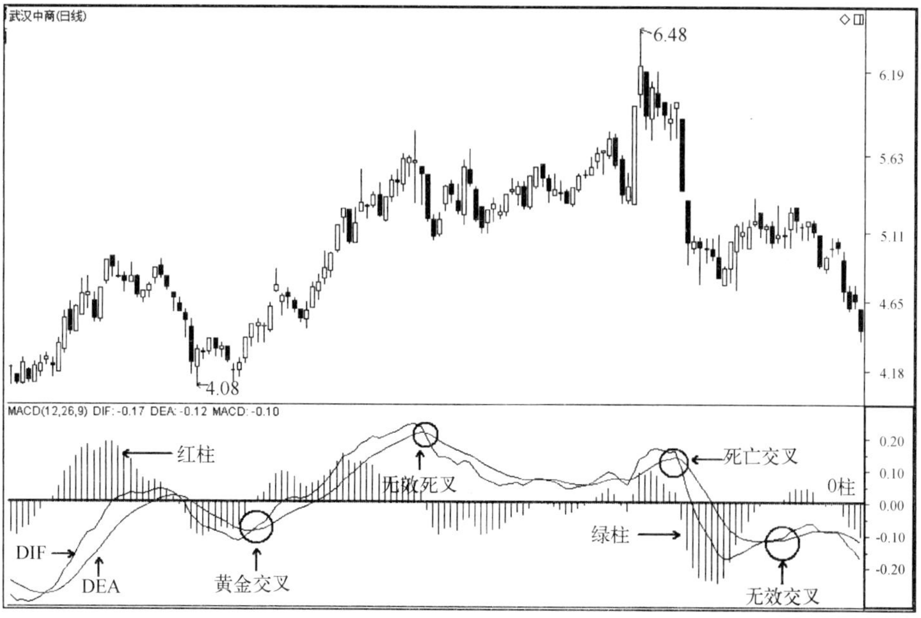

图 3－8

(1)0 柱分界线。0 柱上方称之为正值区域，代表多方领地；0 柱下方称之为负值区域，代表空方领地。

(2)曲线。DIF 和 DEA 两条曲线随行情起伏围绕 0 柱作上下运动。其中快 DIF 为快速线，是核心；DEA 为慢速线，是辅助。在 0 柱上方的正值区域运行时，代表市场处于多头市场；在 0 柱下方的负值区域运行时，代表市场处于空头市场。当 DIF 由下往上穿越 DEA 时，称之为 MACD 黄金交叉，为买进信号；当 DIF 由上往下穿越 DEA 时，称之为 MACD 死亡交叉，是卖出信号。

(3) 柱状线。柱状线有红色柱状线和绿色柱状线两种。MACD 在正值区域出现时是红色柱状线，是做多信号。当红色柱状线增多拉长时，表示多方气势旺盛，上涨行情将继续。反之，当红色柱状线减少缩短时，预示多方气势在衰减，股价(指数)随时有下跌可能。MACD 在负值区域出现时是绿色柱状线，是做空信号，当绿色柱状线增多拉长时，表示空头气势旺盛，下跌行情将继续；当绿色柱状线减少缩短时，股价(指数)随时会止跌或见底回升。

二、MACD 指标的运用

(1) MACD 上穿 0 柱由负值变为正值，并向上移动时，表示为市场处于多头行情中，股价(指数)开始进入强势，为买进信号。投资者遇此情形时，持筹的投资者可以继续持有，而持币的投资者应积极跟进做多。

(2)当 MACD 下穿 0 柱由正值变为负值，并向下移动时，表示为市场处于空头行情中，股价(指数)开始进入弱势，为卖出信号。此时持股的投资者应及时退出，而持币的投资者应继续观望。

(3) MACD 出现黄金交叉时，后市走势常常出现以下四种情形：

①在涨势中，当 MACD 黄金交叉出现在 0 柱上方时，表明盘整结束，股价新一轮上升行情已经开始。遇此图形时，投资者应积极做多，加码跟进。

②在跌势中，当黄金交叉出现在 0 柱下方时，为无效交叉，不具参照意义，股价将继续下行，投资者应继续空仓观望。

③在跌势中，当黄金交叉出现在 0 柱下方时，通常表示股价可能出现暂时的反弹，但跌势并未改变。短线投资者可以轻仓做一下反弹，中长线投资者宜多看少动，继续持币观望。

④在股价大幅下跌且 MACD 与股价底背离后出现黄金交叉时，则见底回升的可能较高。见此图形时，投资者可以适量建仓。

（4）当MACD出现死叉时，后市走势常常出现以下四种情形：

①跌势中，当MACD调头向下在0柱附近或下方出现死亡交叉时，预示反弹或盘整结束，股价将重返跌势。遇此图形时，持股的投资者应果断止损离场，而持币的投资者继续空仓观望为宜。

②在涨势中，MACD在0柱上方出现死亡交叉时，可能为无效死叉，不具参照意义，股价仍将继续走高，投资者可继续持股待涨。

③在涨势中，在0柱上方MACD出现死亡交叉后，预示有调整出现，但上升趋势并未改变。遇此图形时，投资者可暂时退出，择机低吸。

④在股价大幅上涨后，MACD在0柱上方与股价顶背离后出现死亡交叉时，见顶的可能性极大。

三、MACD指标的背离

MACD指标的背离指的是MACD走向和股价(指数)的走势方向正好相反。MACD指标背离的出现，预示着行情可能即将出现反转，是一种典型的转势信号。MACD指标的背离有顶背离和底背离两种表现形式。

1. MACD指标的顶背离

在上升趋势中，股价(指数)逐波走高，而MACD不是与其同步上升，却是逐步下降，红色柱状线也呈现出减少缩短甚至消失(图3－9)，这就是MACD顶背离现象。顶背离的出现，表明多方力量正在衰减，短期内股价(指数)随时可能下跌，是股价见顶或回调的前兆。尤其在股价(指数)出现大幅上涨后，且同时出现MACD两次死亡交叉，其下跌的概率就更大，此时为卖出信号。因此，投资者遇此图形时应做好随时离场准备。重仓的投资者应逐步减磅，一旦发现股价趋势向下，就应即刻平仓出局；而持币的投资者不可追高，应继续持币观望。

不过，值得投资者注意的是：在强势市场或强势个股中，MACD与股价(指数)出现顶背离后，股价(指数)并不一定会立即见顶下跌，股价(指数)的逐步上行与MACD的逐步走低的背离状态还将持续一段时间，甚至出现顶背离后再次出现顶背离，股价继续大幅上涨的现象(图3－10)。如果投资者一见到顶背离状态出现就匆匆离场，常常会陷入卖出股股票后股价继续大幅上涨的尴尬处境。

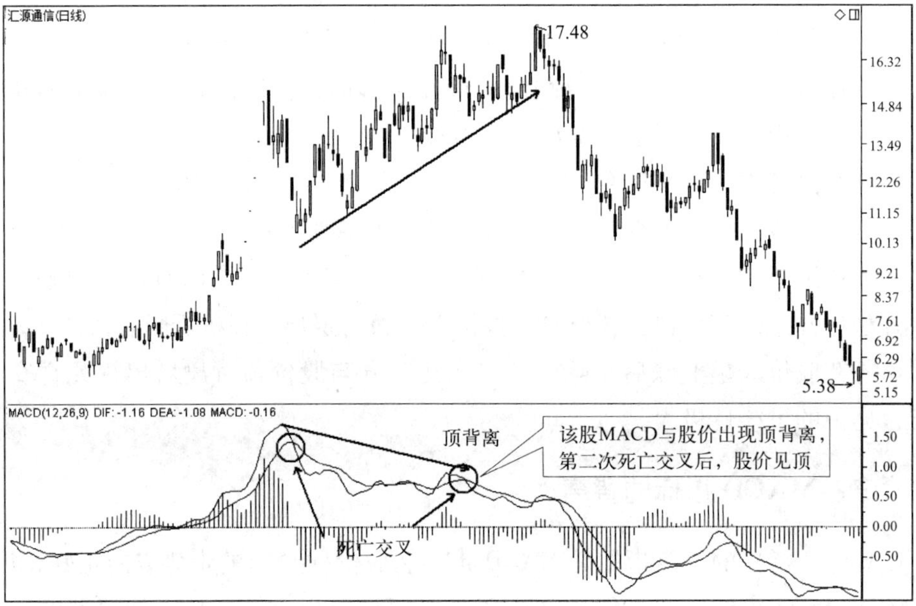
汇源通信(日线)
17.48
16.32
14.84
13.49
12.26
11.15
10.13
9.21
8.37
7.61
6.92
6.29
5.72
5.38
5.15
MACD(12,26,9) DIF: -1.16 DEA: -1.08 MACD: -0.16
顶背离
该股MACD与股价出现顶背离，第二次死亡交叉后，股价见顶
死亡交叉
1.50
1.00
0.50
0.00
-0.50

图 3－9

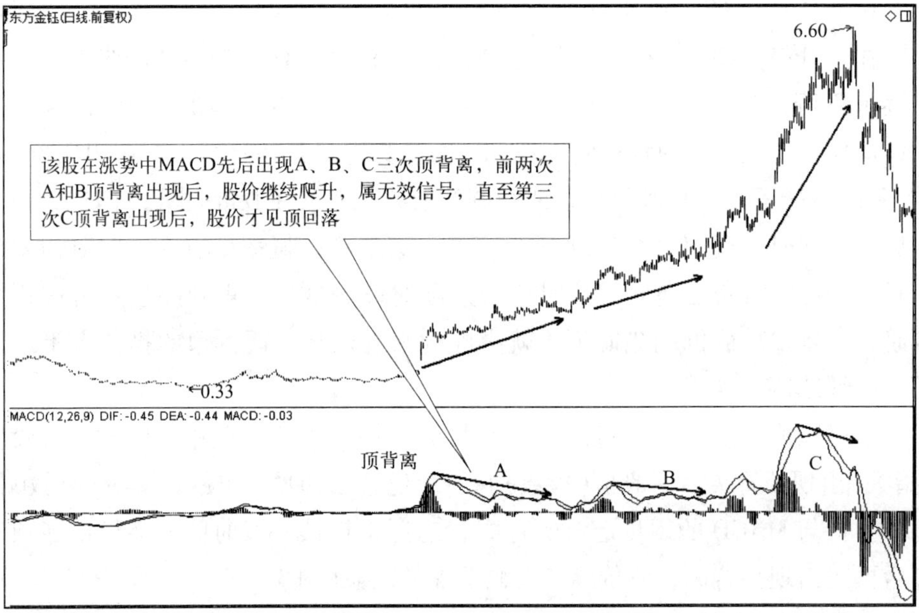
东方金钰(日线,前复权)
6.60
该股在涨势中MACD先后出现A、B、C三次顶背离，前两次A和B顶背离出现后，股价继续爬升，属无效信号，直至第三次C顶背离出现后，股价才见顶回落
0.33
MACD(12,26,9) DIF: -0.45 DEA: -0.44 MACD: -0.03
顶背离
A
B
C

图 3－10

因此，当 MACD 与股价(指数)出现顶背离形态时，投资者应谨慎辨别其真伪，不宜盲目操作。如果投资者一见到顶背离就草率做空，可能错失主升浪的上升行情。投资者在面对 MACD 与股价(指数)出现顶背离时，应从以下三方面着手分析：

(1)MACD 与股价出现顶背离时，根据股价涨幅度的大小来辨别背离的真伪。比如顶背离出现，股价涨幅不大，甚至涨幅不 100%，这样的顶背离可信度不高，此时切勿轻易将筹码抛售；

(2)MACD 与股价出现顶背离时，观察成交量的变化状况。因为成交量是股价变化的先行指标，几乎总是提前于股价发生转变。当顶背离出现时，股价的成交量持续增加，此时的顶背离为假信号，可以忽略，投资者可以继续持股待涨；当顶背离出现时，股价的成交量未见持续增加，相反出现减少甚至萎缩，股价与成交量也出现顶背离状态时，此时，MACD 与股价出现顶背离可信度极高，投资者应做好随时离场准备，一旦发现股价趋势向下，应即刻平仓出局。

(3)MACD 与股价出现顶背离时，观察股价是否面临重要的阻力位。当 MACD 与股价出现顶背离时，如果股价远离阻力位，此时的顶背离可信度不高，投资者依然可以继续持股。倘若当 MACD 与股价出现顶背离时，股价面临重要的阻力位，其可信度较高，投资者应逢高减磅。

2. MACD 指标的底背离

在下跌趋势中，股价(指数)逐波走低，而 MACD 不是与其同步下降，却是逐波上升，绿色柱状线也减少缩短甚至消失(图 3-11)，这就是 MACD 底背离现象。底背离的出现，表明空方力量正在衰减，意味着股价(指数)一轮跌势将尽，短期内随时可能止跌回升，是见底或反弹的前兆。尤其在股价(指数)出现大幅下跌后，且同时出现 MACD 两次黄金交叉，其上升的概率就更高。因此，投资者遇此图形时不宜继续看空，应由空翻多，并做好入场准备。持股的投资者不宜随意割肉，而持币的投资者一旦发现股价重心上移，趋势向上可以买些筹码。待 MACD 穿越 0 柱上方后可加码跟进。

同样，值得投资者注意的是：在下跌趋势中，大盘或个股处于极度弱势的状态下时，股价(指数)与 MACD 的底背离出现后，股价(指数)并不会立即止跌，也将持续一段时间，甚至会出现底背离后再次出现底背离的现象。

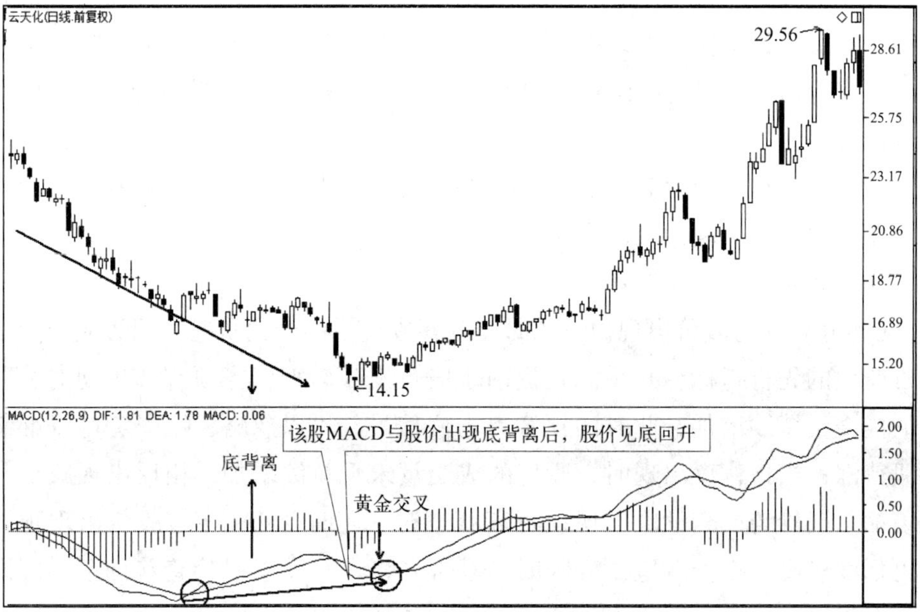

图 3 - 11

从图 3 - 12 和 3 - 13 中该股 MACD 底背离后股价的走势可以看出，如果投资者一见到 MACD 出现底背离就急于“抄底”，常常会出现“抄底就被套”的被动局面。因此，在极度弱势行情或弱势股中，投资者运用 MACD 的底背离进行操作时，应遵守一个原则：在 MACD 与股价(指数)出现底背离时，先不忙做多，更不要贸然抄底。如果投资者一见到 MACD 的底背离就草率做多，将可能面临较高的风险，并为此付出惨痛代价。而应该进行慎重分析，可以从以下三点着手：

(1)MACD 与股价出现底背离时，根据股价跌幅大小来辨别背离的真伪。如果底背离出现时，股价跌幅不足 50%，这样的底背离值得怀疑，此时也切勿贸然抄底。

(2)MACD 与股价出现底背离时，观察成交量的变化状况。当底背离出现时，如果成交量未出现明显萎缩，此时的底背离可信度不高，投资者切勿急于抄底，否则极易出现抄底抄在“半山腰”的窘境。如果成交量出现极度萎缩，此时的底背离信号可信度极高，因为成交量的低点往往伴随行情的转折点，投资者应大胆建仓。

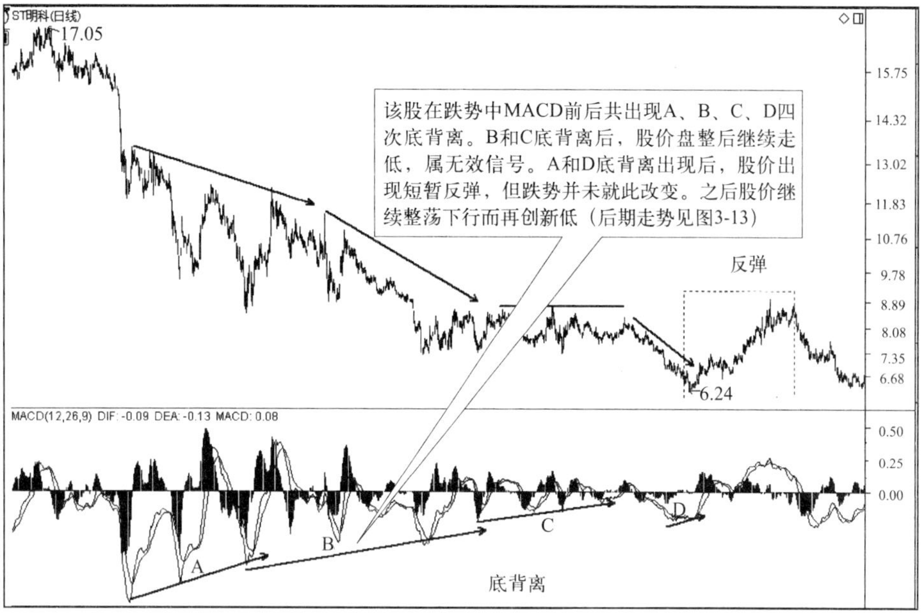
ST明科(日线)
17.05
该股在跌势中MACD前后共出现A、B、C、D四次底背离。B和C底背离后，股价盘整后继续走低，属无效信号。A和D底背离出现后，股价出现短暂反弹，但跌势并未就此改变。之后股价继续整荡下行而再创新低（后期走势见图3-13）
反弹
6.24
15.75
14.32
13.02
11.83
10.76
9.78
8.89
8.08
7.35
6.68
MACD(12,26,9) DIF: -0.09 DEA: -0.13 MACD: 0.08
0.50
0.25
0.00
A
B
C
D
底背离

图 3－12

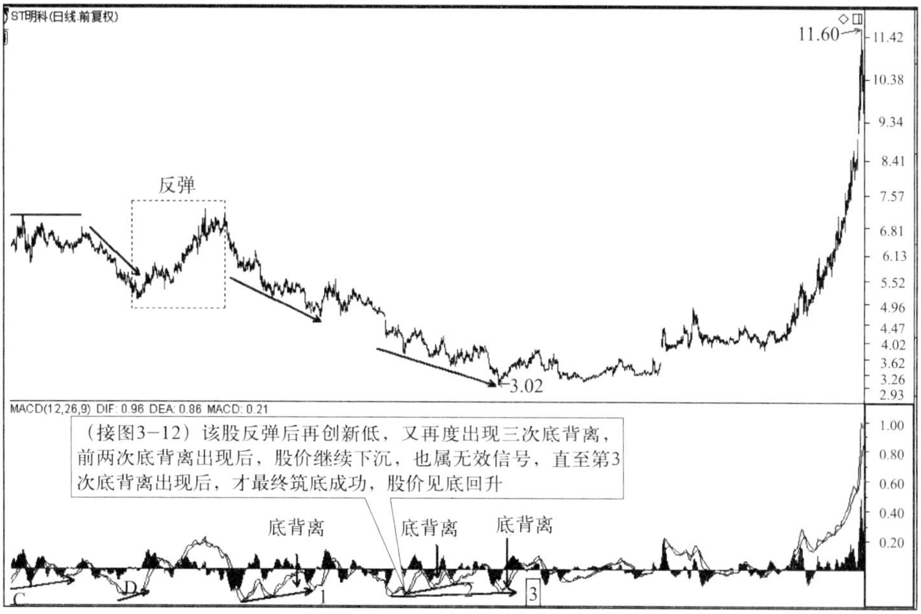
ST明科(日线,前复权)
11.60
反弹
3.02
11.42
10.38
9.34
8.41
7.57
6.81
6.13
5.52
4.96
4.47
4.02
3.62
3.26
2.93
MACD(12,26,9) DIF: 0.96 DEA: 0.86 MACD: 0.21
（接图3-12）该股反弹后再创新低，又再度出现三次底背离，前两次底背离出现后，股价继续下沉，也属无效信号，直至第3次底背离出现后，才最终筑底成功，股价见底回升
底背离
底背离
底背离
1.00
0.80
0.60
0.40
0.20
C
D
1
2
3

图 3－13

(3)MACD与股价出现底背离时，观察股价是否位于支撑位附近。如果MACD与股价出现底背离时，股价远离支撑位，此时的背离信号底可信度较低，投资者也不应匆匆抄底。相反，如果股价受到支撑位的强力支撑，此时的底背离信号可信度较高，投资者可以尝试性买些筹码。

所以，投资者在运用MACD指标的同时，还应结合成交量、支撑位与阻力位等指标和技术图形进行综合分析，才能做出准确的判断。

另外，在实际行情走势中，MACD指标的背离现象，顶背离信号较底背离信号可靠性更高，也就是说股价在高价位时，通常只要出现一次或者两次顶背离的形态，即可确认股价即将出现见顶或回调。而股价在低位时，一般要反复出现几次底背离后才能确认股价止跌回升。因此，MACD指标的顶背离的准确性要高于底背离。

四、MACD指标的缺陷

(1) MACD作为一个中长期指标，在盘整行情中或者行情波动幅度太小时，指标将失真，此时所发出的信号是无效的，不具参照意义。假若投资者以此信号操作，不但无法盈利，还得倒贴手续费或甚至亏损。

(2) 股价(指数)在短期内出现急速大涨或大跌时，MACD反应又显迟钝，因为MACD的移动相当缓慢，与行情的波动有一定的时间差。所以，一旦行情迅速大幅涨跌，MACD不会立即产生买卖信号，此时，MACD无法发生作用。应考虑参照KDJ指标。因为KDJ指标作为短线指标，对短时剧烈波动相当敏感，一定程度上可以弥补MACD的迟钝缺陷。

正是由于MACD作为中长期指标的上述缺点，所以与随即指标KDJ常常配合使用。在下一节中，我们将具体介绍MACD和KDJ相结合的使用方法。

第三节　KDJ与MACD指标的综合运用

在众多技术分析指标中，KDJ和MACD为投资者所广泛运用。KDJ指标作为短期指标，对短期内大幅波动反应敏感，在绝大数跟随趋势的系统指标都无法真实反映市场变化时，唯有作为随即指标的KDJ却能独树一帜，能及时反应市场波动。但是，由于其发出的买卖信号太过频繁，出错几率也较高，同时在极强或极弱的单边市场中屡屡出现钝化现象，让热衷于使用KDJ指标的投资者倍感苦恼。而相对于KDJ而言，MACD指标作为中长期指标对行情变化反应缓慢，使用起来相对要简单，且出错几率较小，特别是在判断中长期趋势中，中长周期MACD指标准确率更高，也颇受趋势投资者的青睐。这样，二者的搭配使用一定程度上弥补了彼此的缺陷。下面就分别以在空头市场和多头市场情况下，介绍KDJ与MACD相结合使用的方法。

一、在空头市场常常出现的几种情形

(1)MACD进入0柱下方，股价经过短暂反弹而回到0柱上方或附近。当KDJ死叉或者KDJ与MACD共振死叉时，预示股价反弹结束，将重回跌势，为卖出信号。遇此图形时，持股的投资者应及时离场，而持币的投资者继续保持观望。

(2)MACD位于0柱下方，DEA与DIF呈现空头排列时，KDJ金叉多为无效信号，观望为宜。若KDJ再次出现死叉，预示股价将继续走弱，为卖出信号。

(3)MACD位于0柱下方，MACD与KDJ二者同时或者其一出现底背离时，KDJ在20－50区域出现金叉，或者MACD与KDJ出现共振金叉时，表示股价将出现反弹或见底回升。

(4)MACD在0柱下方空头排列，股价在单边急速下跌后KDJ低位金叉，极易出现V形反转，此时KDJ金叉可信度极高，为买进信号。遇此情形时投资者可忽略MACD指标，由于其作为中长期指标，无法对急速变化行情及时发出买进信号。

二、在多头市场时常出现的几种情形

(1)MACD进入0柱上方后，MACD因股价回调而短时回到0柱下方或附近，当KDJ低位金叉或者KDJ呈现底背离后与MACD共振金叉时，预示调整结束，股价将重拾升势，为买进信号。遇此图形时，投资者可加码跟进。

(2)MACD位于0柱上方，DEA与DIF呈多头排列时，KDJ死叉多为无效信号，不具参照意义，投资者可以继续持股。当KDJ再次金叉或者二者共振金叉时，为买进信号，预示多头将发动新一轮进攻，投资者可以顺势加码。

(3)ACD在0柱上方，MACD与KDJ二者同时或者其一出现顶背离时，

KDJ 在超买区域出现死叉，或者 MACD 与 KDJ 出现共振死叉时，会有两种情形出现：①在股价(指数)涨幅不大时，预示股价将出现回落，但升势未变，投资者可以伺机低吸。②在股价(指数)经过一波大涨之后，股价(指数)见顶的概率极高。此时投资者应逐步减磅或平仓离场。如图 3－14 所示，该股在近两年的时间里，股价从最低时 1.80 元，狂升至最高时的 67.98 元，涨幅达 37 倍。该股 KDJ 与 MACD 同时出现顶背离，共振死叉后，股价步入熊途。

(4)MACD 在 0 柱上方呈现多头排列，股价急速上涨后，KDJ 与股价出现顶背离并突现高位死叉，极易出现倒置 V 形顶，而 MACD 无法及时发出卖出信号，此时 KDJ 死叉是为数不多的可信赖信号。投资者遇此情形，应即刻离场，避免股价后市急挫带来的风险。

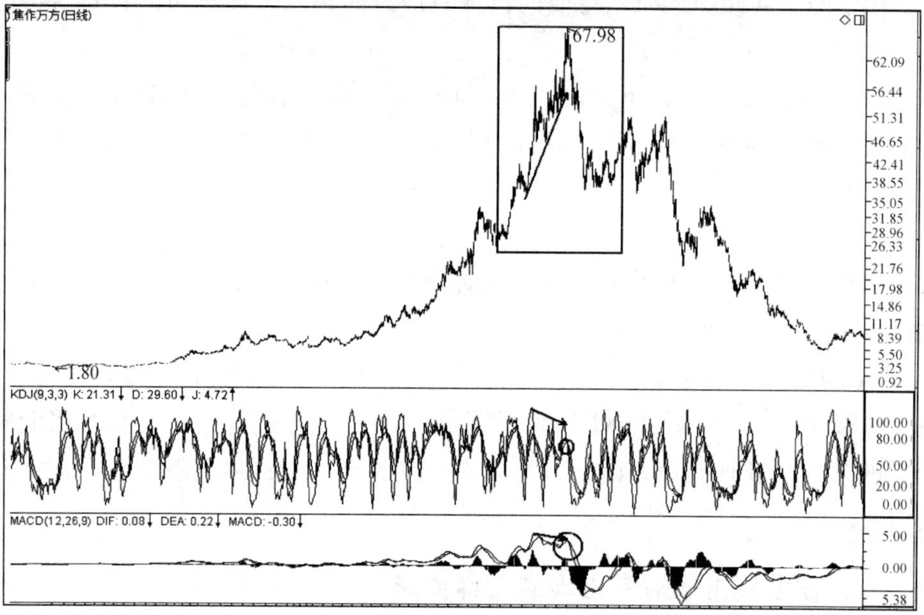

图 3－14

第四节　KDJ 和 MACD 指标识别与运用小结

KDJ 和 MACD 分别作为短期指标和中长期指标，因其各自的指标特性受到不同风格投资者的青睐，为他们分析市场，准确研判市场走势起着至关重要的作用。投资者在运用这两个指标时，还需注意以下几点：

(1)要全面、准确地认识 KDJ 与 MACD 发出的买进和卖出信号。KDJ 发出的买卖信号过于频繁，经常发出无效信号。也就是说当 KDJ 发出买卖信号时，而 MACD 并没有与之发出共振信号时，其准确性较低，投资者不宜贸然操作，而二者一旦发出共振信号时，则买卖准确率将较高。

MACD 发出买入信号时，投资者需要辨清做多信号的性质。在主要趋势为跌势时，MACD 的红色柱状线逐渐增长、出现黄金交叉等买进信号发出时，多为短线反弹，因为此时黄金交叉、红色柱状线增加通常发生在 0 柱下方，此时买入风险较高，稍有不慎就会被套。激进型投资者可快进快出，而稳健型投资者还是持币观望为宜。而在主要趋势为升势时，MACD 的红色柱状线逐渐增长、出现黄金交叉等买进信号时，表示经过调整后一轮新的上升行情将再次出现，因为此时黄金交叉、红色柱状线增加，通常发生在 0 柱之上，此时买入风险较低，稳健型投资者可以积极做多。

同样，MACD 发出卖出信号时，投资者需要辨清做空信号的性质。在主要趋势为跌势时，MACD 的绿色柱状线逐渐增长、出现死亡交叉等卖出信号发出时，表示新的一轮跌势的开始。因为此时死亡交叉、绿色柱状线增加，通常发生在 0 柱下方。遇此情形，无论是激进型投资者还是稳健型投资者，都应该及时平仓出局，规避后市下跌带来的风险。而主要趋势为升势时，MACD 的绿色柱状线逐渐增长、出现死亡交叉等卖出信号时，表示股价将出现调整，因为此时死亡交叉、绿色柱状线增加，通常发生在 0 柱上方，此时轻易卖出，往往陷入踏空行情的尴尬境地。稳健型投资者可以继续持股或逢低吸纳，而激进型投资者可以适度高抛低吸。

(2)谨慎分析 KDJ、MACD 指标与股价(指数)顶背离发出的卖出信号和底背离发出的买进信号。对于如何有效辨别 KDJ、MACD 指标与股价(指数)顶背离或底背离的有效方法，在本章第二节中已有详细介绍，这里就不再赘述了。

(3)要善于使用不同时间周期的 KDJ、MACD 指标，相互验证，提高对市场研判的准确率。

KDJ 作为随即指标，对股价的短期波动极为敏感，能及时发出买卖信号，除了观察日线中 KDJ 以外，还应关注周线，甚至月线图上 KDJ 的变化和所发出的买卖信号，以便及时发现更长周期的风险和机遇。同样，MACD 指标作为趋势性指标，能够把握市场的中长期走势，除了分析日线中 MACD 以外，也应关注周线，甚至月线图上 MACD 的变化和所发出的买卖信号，以便把握市场更长趋势的价格变化。

(4)切勿孤立的使用 KDJ、MACD 指标。

KDJ、MACD 指标只是一种研判市场走势的辅助工具，在运用两项指标的同时，还应该结合 K 线、技术图形、成交量、趋势线、支撑位与阻力位等技术分析法，进行综合分析，以提高市场研判的准确率。

第四章　乖离率的运用

在股票市场，常常会遇到某一股票在上涨时攻势凌厉，在半个月，甚至一个星期时间里，股价涨幅就达到百分之五六十。但在转瞬间下跌时，又跌去百分之三四十，甚至跌回原点。比如在1992年3月23日到5月6日，平安银行(原名：深发展)在30个交易日里，股价由21元急速拉升至48.5元，飙升一倍。不过，随后也在30个交易日里，股价又48.5元跌至33元，跌幅达50%。同样，1992年4月18日到5月26日，上海股市从381点开始，开启一轮凌厉上涨行情，在短短不足两个月的时间里暴涨至1429点，股指涨幅就达到375%，短期涨幅之大无不让人瞋目结舌。但在之后不足半年的时间里，股指又从1429点跌至386点，基本跌回原点。这体现了市场自身的纠错功能，与“矫枉过正”的古语道理相同。这种现象在股市中称之为乖离现象，而我们这一章所要介绍乖离率(BIAS)，就是人们在长期经验总结中，在移动平均线原理基础之上衍生而来的，反映这类现象的一项量化技术指标。投资者依据这一指标，就可能预先知道股票在什么时候涨过了头或跌过了头，需要矫正；什么时候没有涨过头或跌过头，无需矫正。这样，乖离率(BIAS)对行情是否会发生逆转有着预警的作用，尤其是在乖离率的绝对值接近或超越历史最大值和最小值时，对股价(指数)的暴涨和暴跌会引发行情逆转。同时，乖离率与股价(指数)的顶底背离现象，都是投资者成功实现逃顶和抄底的可信赖信号！

第一节　乖离率的概述

一、什么是乖离率

乖离率(英文简称“BIAS”)也叫偏离度，由移动平均线原理衍生而来，是测量股价偏离均线大小程度的一项技术指标。它反映股价(指数)的收盘与某一时期的移动平均线之间出现偏离的程度，从而得出股价在剧烈波动时，因偏离移动平均线而可能造成的回档或反弹，以及股价在正常波动范围内移动而形成继续原有趋势的可信度。乖离率指标目前已广泛的运用于股票、期货市场，无论是国内还是海外，均得到投资者的认同，并成为使用频率最高的技术指标之一。

二、乖离率的设计原理

移动平均线是反映一段时期内投资者的平均持股成本，当股价(指数)大涨之后，就会出现股价(指数)在上方远离移动平均线的现象，这就表明经过一段时间的暴涨，投资者获利颇丰，股价随时面临持股者获利回吐，大量套现的压力，从而迫使股价(指数)掉头向下，向均线靠拢。反之，当股价(指数)在暴跌时，就会出现股价(指数)在下方远离移动平均线的现象，这也就表明经过一段时间的暴跌，投资者损失惨重，就会出现被套的投资者惜售，场外空仓的投资者逢低抢筹涌现，从而让股价(指数)触底回升，也向均线靠拢。这种股价偏离移动平均线太远后，再向平均线靠拢的现象，最早为美国著名投资者大师格兰维尔所发现，在其著名的格兰威尔移动平均线买卖法则中的“卖4”和“买4”(图4-3)就是对这种现象的描述。卖4：即股价(指数)在上方远离移动平均线时，属超买，为卖出时机；买4：即股价(指数)在下方远离移动平均线时，属超卖，为买进时机。基于上述原理，后来的人们予以定性量化分析而产生了乖离率指标。

现在，股票行情软件的副图指标中均有乖离率(BIAS)这一指标。投资者想要获得某一均线的乖离率，只需点击行情软件副图指标界面：

单击右键→副图指标→选择副图指标→超买超买型→选择“乖离率”

单击鼠标，即可设置乖离率指标。投资者可以根据自己的需要来选择某一均线而获得该线的乖离率。比如你选用5日、10日、30日或72日均线，直接输入行情软件后，即可得到相应均线的乖离率。

三、乖离率分类

乖离率可分为：正乖离率、负乖离率和乖离率为0(图4-1)。

(1)当股价(指数)在移动平均线上方收盘，得出的乖离率为正值，称之为正乖离率。

(2)当股价(指数)在移动平均线下方收盘，得出的乖离率为负值，称之为负乖离率。

(3)当股价(指数)与移动平均线重合时，这时的乖离率为0，不过出现这种情形概率很少。

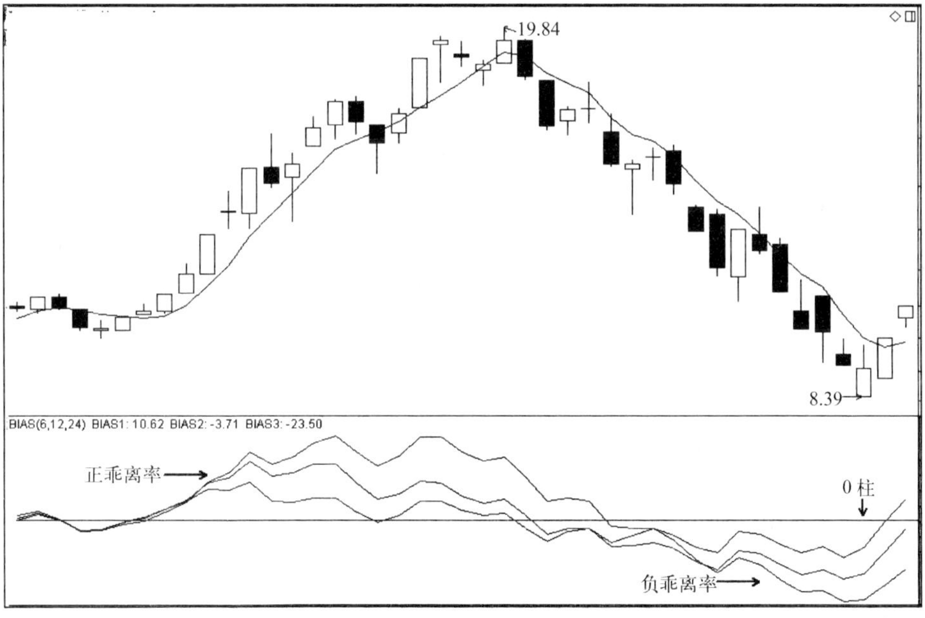

图4-1

乖离率表示的是股价(指数)偏离移动平均线所占到的百分比值。通常情况下，无论上涨或下跌，只要趋势稳定，乖离率都会在一个常态范围内波动。但是，在大涨行情中会出现涨幅越大，正乖离率越大，股价在均线上方离均线越远，这时股价面临的获利回吐的压力越大，预示股价将向均线靠拢，越有可能见顶，是一种卖出信号。反之，在大跌行情中跌幅越深，负乖离率越大，股价在均线下方离均线越远，投资者低吸抢筹的可能性越高，预示股价也将向均线靠拢，越有可能见底，是一种买入信号。在这里需要说明的是：如何界定乖离率什么百分比值属于常态范围和非常态范围，没有统一的界定，需要投资者在实际操作中不断的总结，无论大盘或个股，对象不同，股性也不同，而乖离率的标准比值也会有所不同。

四、乖离率的特性

乖离率的特性主要体现在可预测性、领先性两个方面：

1. 预测性

预测性体现在一定程度能够预测股价阶段性的高点和低点。

(1)股价波动是人类行为的一种表现形式，即是人类行为，就会以一定的模式不断重复 。表现在股价上就是涨得越高，追高买盘越少，而持股者已有一定获利，会有套现行为。反之，跌得越深，被套牢的投资者抛盘意愿越低，卖盘压力减弱，而场外逢低买盘增加 。而乖离率即在测此临界点，往往会成为股价的转折点(图4－2)。

(2) 乖离率由移动平均线衍生而来，而在格兰维尔移动平均线八大买卖法则中(图4－3)，有四个法则与乖离率相关联。

①股价上涨远离移动平均线时，会回撤至移动平均线，并与之靠拢如(卖4)，此时乖离率为正值，超出了乖离率的波动常态范围。

②股价下跌远离移动平均线时，会反弹至移动平均线，并与之靠拢如(买4)，此时乖离率为负值，超出了乖离率的波动常态范围。

③在涨势中，回撤至上移的移动平均线时，即为买进信号，比如(买2)，此时乖离率值为0。

④在跌势中，反弹至下移的移动平均线时，即为卖出信号，比如(卖2)，此时乖离率值为0。

(3)依据乖离率历史最大值和历史最小值，可以作为预判未来股价的高点或低点的技术指标之一。

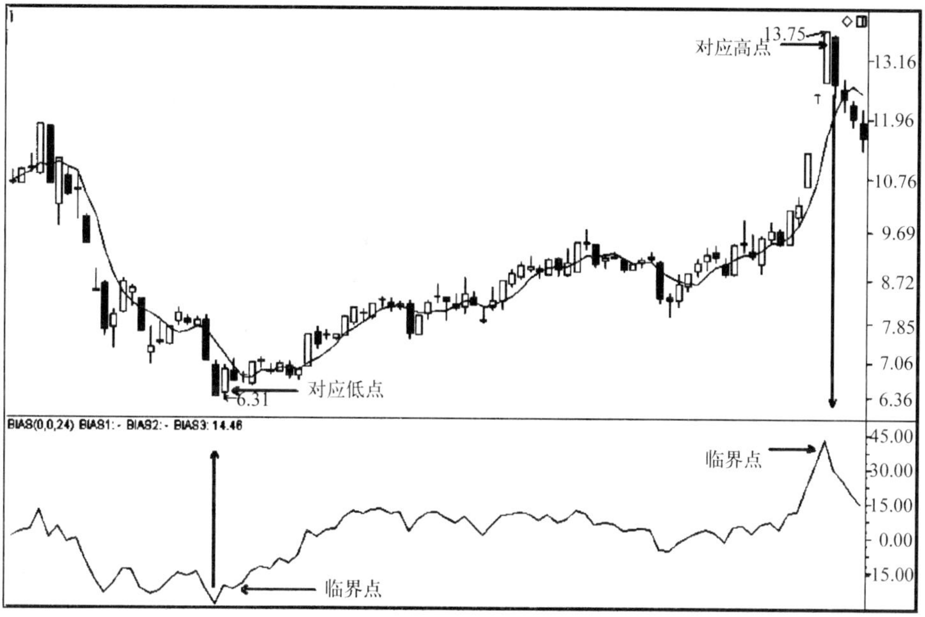
13.75
对应高点
13.16
11.96
10.76
9.69
8.72
7.85
7.06
6.36
对应低点
6.31
BIAS(0,0,24) BIAS1: - BIAS2: - BIAS3: 14.46
45.00
30.00
15.00
0.00
-15.00
临界点
临界点

图4－2

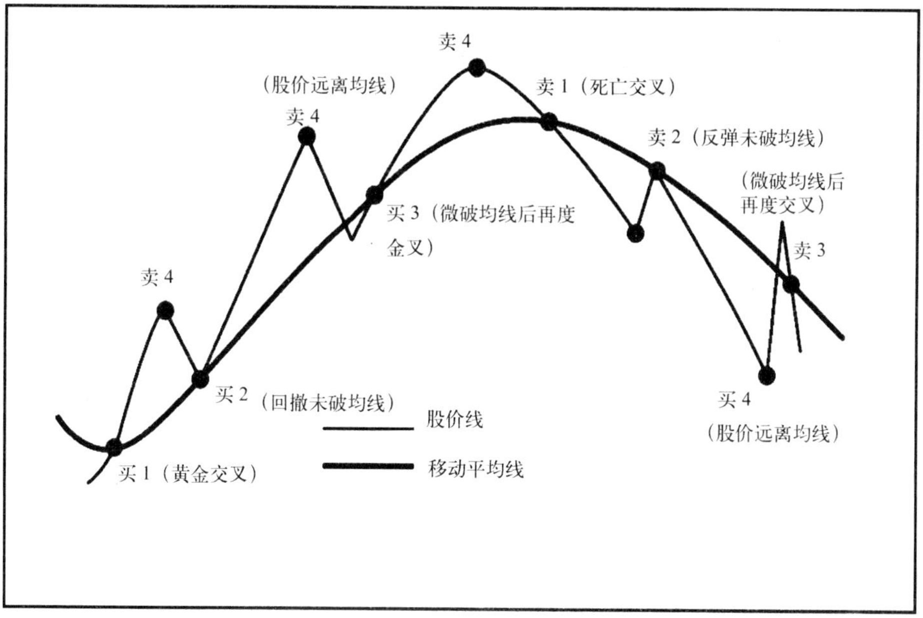
卖4
（股价远离均线）
卖4
卖1（死亡交叉）
卖2（反弹未破均线）
（微破均线后
再度交叉）
卖3
买3（微破均线后再度
金叉）
卖4
买2 （回撤未破均线）
股价线
移动平均线
买4
（股价远离均线）
买1（黄金交叉）

图4－3

图4－4为中国宝安某一时期的日线图。如把均线设为24日，则行情软件自动生成24日均线的乖离率。从图中显示，该均线乖离率历史最大值为40左右，到2011年2月21日，股价上涨至25.45元，当日乖离率约为38左右，与历史最大值40相接近时，股价见顶。

图4－4

把均线也设为24日，乖离率为24日的华孚色纺为例。其24日历史最小值为－26左右，在2008年10月16日乖离率达到－34，已经超过历史最小值，两周后股价见底回升，如图4－5所示。

2. 领先性

乖离率的领先性主要体现在以下四个方面：

(1)在上涨行情中，当乖离率的高点逐渐走低，预示多头追高的意愿也在递减，而卖盘却在逐渐增强，预示股价可能见顶而反转向下。

(2)在下跌行情中，当乖离率的低点逐渐走高，预示空头杀跌的意愿也在递减，而买盘却在逐渐增强，预示股价可能见底而反转向上。

(3)当股价创新高，而乖离率曲线未同步创新高，却是逐波下移，称之为顶背离，预示一轮上涨行情接近尾声，股价见顶或回调在即。

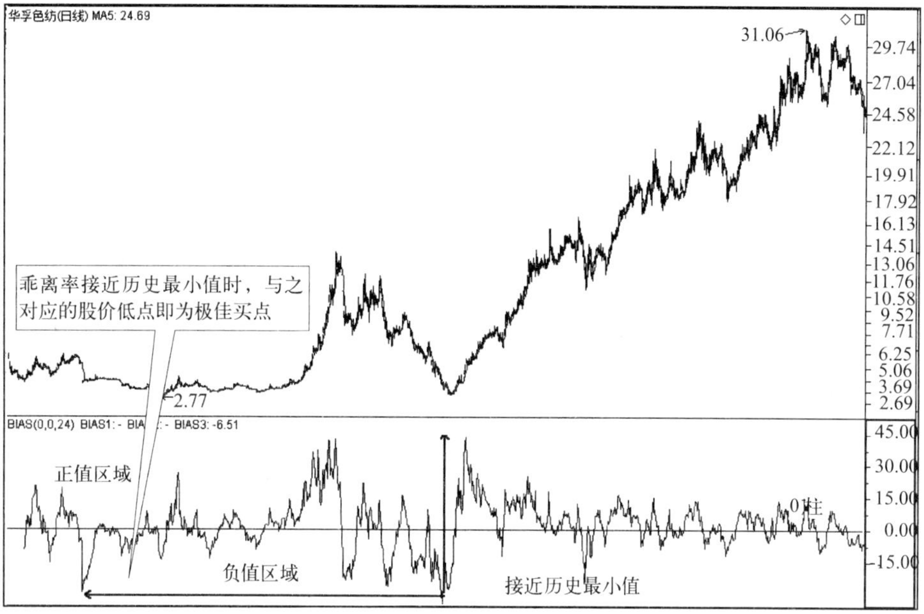

图 4－5

(4) 当股价创新低，而乖离率曲线未同步未创新低，却是逐波上升，称之为底背离，预示一轮跌势将尽，股价见底或反弹在即。

五、乖离率的图像构成

在常用的行情软件中，乖离率的图像由运行区域和曲线两部分组成（图 4－6）。

1. 运行区域

位于股价（指数）走势图的最下方，呈矩形，并被一条横线分割成上下两个区域，以横线为 0 柱，其上方为正值区域，是多方领地；其下方为负值区域，为空方领地。

2. 曲线

在常用行情软件中常常有三条曲线，具体用 1 条，2 条还是 3 条曲线，投资者可根据个人需求任意设置，为了图像简洁明了，建议设置 1 条为宜。随着行情的涨跌，乖离率曲线也随之在运行区域内上下窜动。曲线运行于 0 柱上方时，通常表示行情处在多方市场，其数值接近或高于历史最大值时，

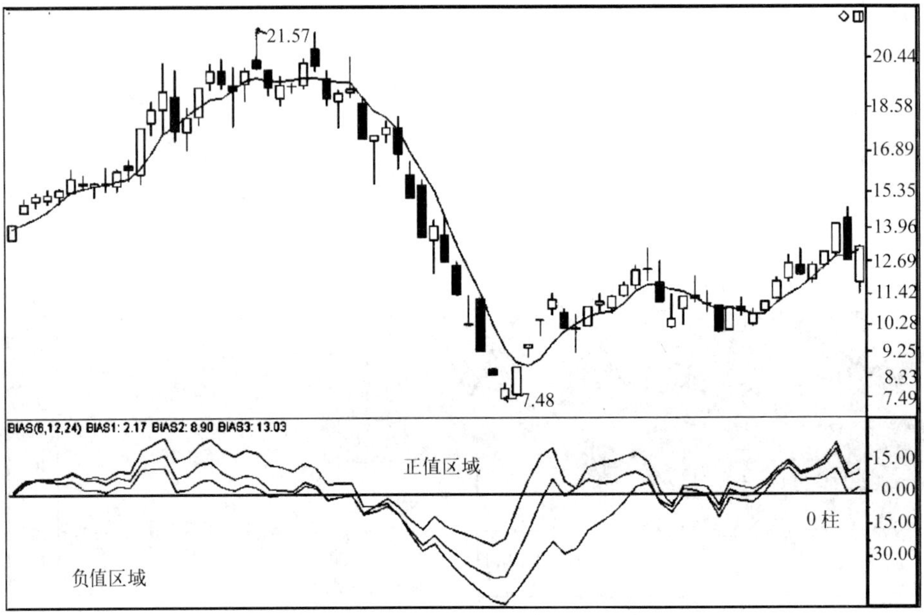

图 4－6

表明股价与均线距离过远，预示股价见顶或回调在即，为卖出信号；曲线运行于 0 柱下方时，通常表示行情处在空方市场，其数值接近或低于历史最小值时，表明股价与均线距离过远，预示股价即将见底或反弹，为买进信号。比如设置短、中和长不同时间周期均线，就提供与之相对应买进或卖出信号。

第二节　乖离率负值转为正值和正值转为负值的运用

一、乖离率由负值转为正值

乖离率由负值转为正值时，其表现特征是：乖离率曲线上穿 0 柱。乖离率由负值转为正值预示着多方攻破了空方用移动平均线构筑的一道防线，多方掌控着局面，通常是市场转强的信号。但是，由于移动平均线所处的状态不同，乖离率的转强信号可信度也就不同。当乖离率由负值转为正值时，后市走势常常会出现以下四种情形：

(1)在上升行情中移动平均线向上移动，乖离率由负值转为正值时，表示回调结束，股价(指数)将重拾升势(图4－7)。投资者遇此情形时应加码跟进，积极做多为主。

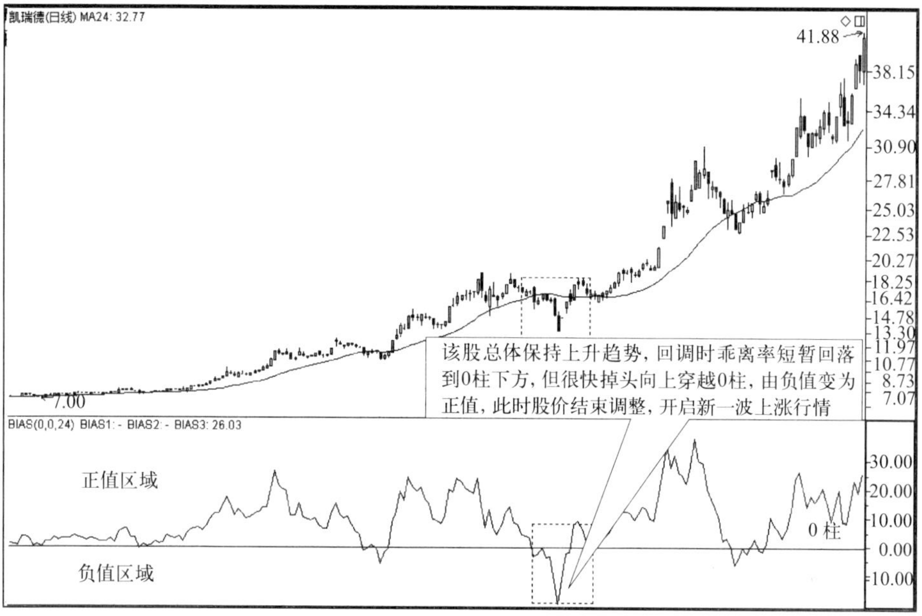

图4－7

(2)在下跌途中出现反弹，移动平均线向下移动或短时上移，乖离率由负值转为正值时，表示经过多头努力，暂时将股价拉到均线上方，但并不代表多方把跌势扭转，反弹结束后仍将延续下行趋势(图4－8)。此时投资者切不可盲目看多，做多，持股的投资者应趁机离场，而持币的投资者应继续观望。

(3)在大幅下跌后移动平均线走平或趋于向上，乖离率由负值变为正值时，表示空方趋于衰竭，为见底信号(图4－9)。此时投资者应以看多做多为主。

(4) 当行情处在横盘整理时，移动平均线也会处于横向波动状态，乖离率也随即进入盲区，即使乖离率由负值变为正值，也不具参考价值。此时，投资者是做多、做空，还是持币观望，就需要结合 KDJ、MACD、K 线形态、技术图形等其他技术分析方法研判后再做决定。

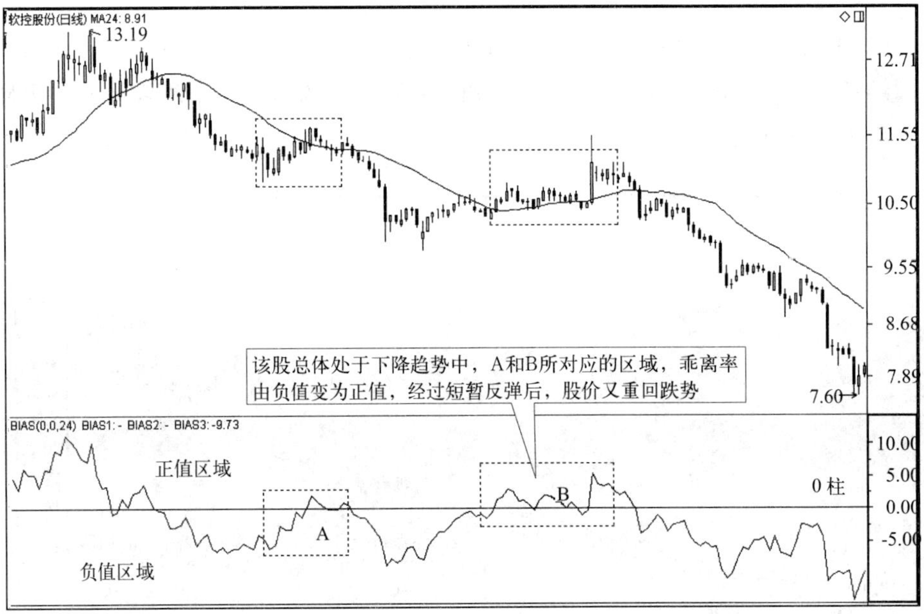

软控股份(日线) MA24: 8.91
13.19
12.71
11.55
10.50
9.55
8.68
7.89
7.60
该股总体处于下降趋势中，A和B所对应的区域，乖离率由负值变为正值，经过短暂反弹后，股价又重回跌势
BIAS(0,0,24) BIAS1: - BIAS2: - BIAS3: -9.73
正值区域
负值区域
A
B
0柱
10.00
5.00
0.00
-5.00

图 4－8

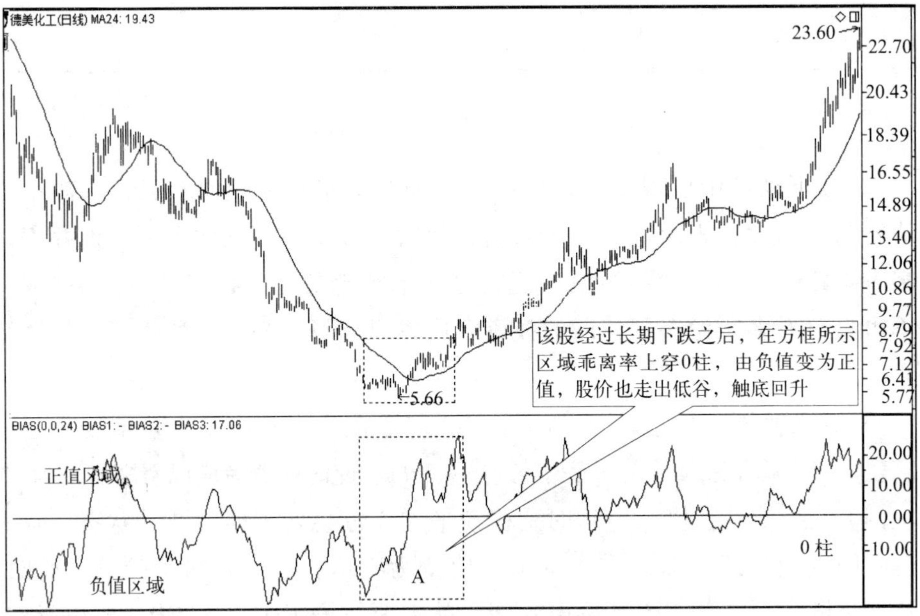

德美化工(日线) MA24: 19.43
23.60
22.70
20.43
18.39
16.55
14.89
13.40
12.06
10.86
9.77
8.79
7.92
7.12
6.41
5.77
5.66
该股经过长期下跌之后，在方框所示区域乖离率上穿0柱，由负值变为正值，股价也走出低谷，触底回升
BIAS(0,0,24) BIAS1: - BIAS2: - BIAS3: 17.06
正值区域
负值区域
A
0柱
20.00
10.00
0.00
-10.00

图 4－9

二、乖离率由正值转为负值

乖离率由正值转为负值时，其主要特征就是乖离率曲线下穿0柱。乖离率由正值转为负值预示着空方攻破了多方用移动平均线构筑的一道防线，空方掌控着局势，通常是市场转弱的信号。但是，由于移动平均线所处的状态不同，乖离率的转弱信号也就不同。当乖离率由正值转为负值时，后市走势常常会出现以下四种情形：

(1)在大幅上升后移动平均线走平或趋于向下，乖离率由正值变为负值时，表示多方趋于衰竭，空方攻破了多方用移动平均线构筑的一道防线，为见顶信号(图4－10)。此时投资者应及时平仓出局。

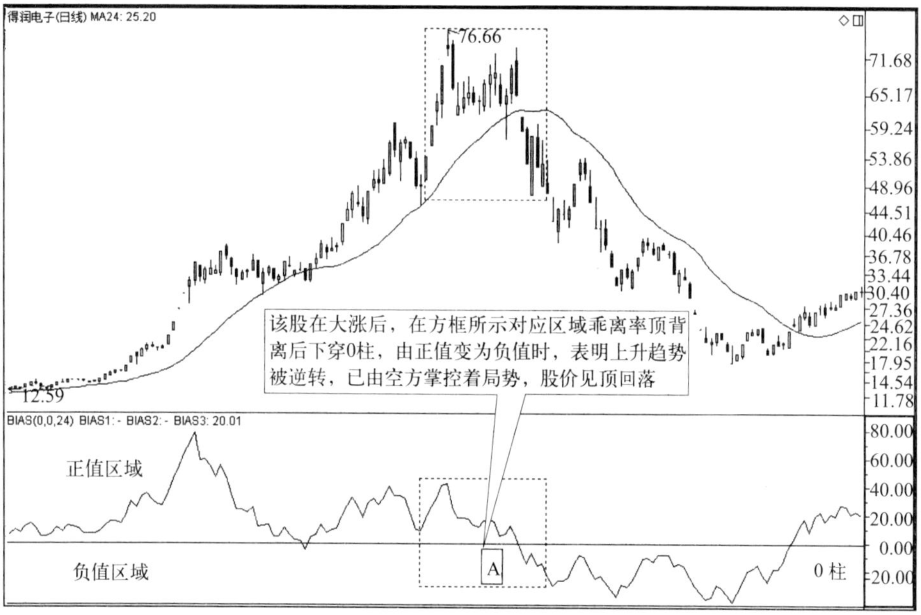

图4－10

(2)当移动平均线走向上移动时，出现乖离率由正值变为负值，意味着股价走势暂时由强转弱。但由于移动平均线依然向上移动，表明上升趋势并没有发生根本性改转，经过回档整理后股价仍将重回升势(图4－11)。此时投资者可暂时退出，但不宜盲目看空做空，应伺机逢低吸纳。

(3) 在下跌趋势中移动平均线向下移动，出现乖离率由正值变为负值时，预示反弹或盘整已经结束，股价将延续下行走势(图4－12)。遇此情形，投资

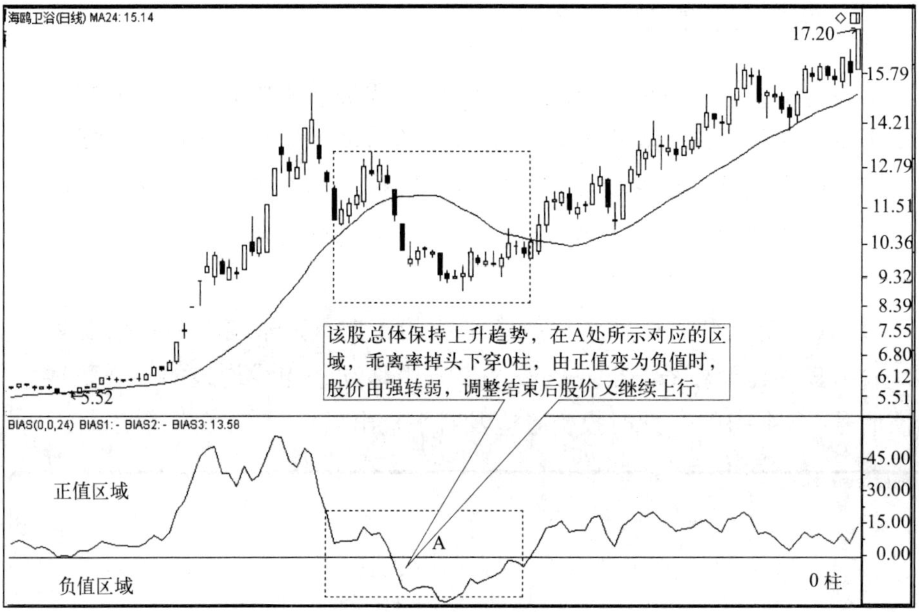
海鸥卫浴(日线) MA24: 15.14
17.20
15.79
14.21
12.79
11.51
10.36
9.32
8.39
7.55
6.80
6.12
5.51
5.52
该股总体保持上升趋势，在A处所示对应的区域，乖离率掉头下穿0柱，由正值变为负值时，股价由强转弱，调整结束后股价又继续上行
BIAS(0,0,24) BIAS1: - BIAS2: - BIAS3: 13.58
45.00
30.00
15.00
0.00
正值区域
A
负值区域
0柱

图 4－11

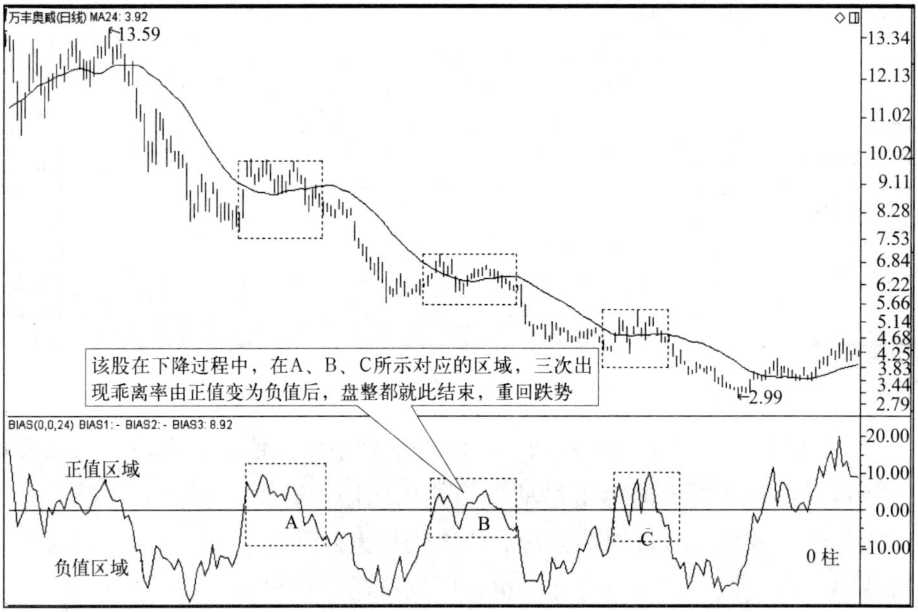
万丰奥威(日线) MA24: 3.92
13.59
13.34
12.13
11.02
10.02
9.11
8.28
7.53
6.84
6.22
5.66
5.14
4.68
4.25
3.83
3.44
2.79
2.99
该股在下降过程中，在A、B、C所示对应的区域，三次出现乖离率由正值变为负值后，盘整都就此结束，重回跌势
BIAS(0,0,24) BIAS1: - BIAS2: - BIAS3: 8.92
20.00
10.00
0.00
-10.00
正值区域
A
B
C
负值区域
0柱

图 4－12

者应及时退出观望。

(4)当行情处在横盘整理时，移动平均线也会处于横向波动状态，乖离率也随即进入盲区，即使乖离率由正值变为负值，也不具参考价值。此时，投资者是做多、做空，还是持币观望，就需要结合 KDJ、MACD、K 线形态、技术图形等其他技术分析方法研判而再做定夺。

第三节　乖离率接近历史最大值和最小值的应用

一、乖离率接近历史最大值的识别与应用

乖离率接近历史最大值时，其主要特征是：乖离率曲线接近或高于历史最高点(图 4－13)。一般而言，其技术含义是：乖离率接近历史最大值，表示多方做多能量可能已经到了极限，攻势极有可能由盛转衰，行情随时可能见顶回落。尤其在股价(指数)出现大幅上涨后，见顶的概率就更高。此时的操作策略是：持筹者应逐步减磅或清仓退出，持币者切勿盲目追高，看多做多。

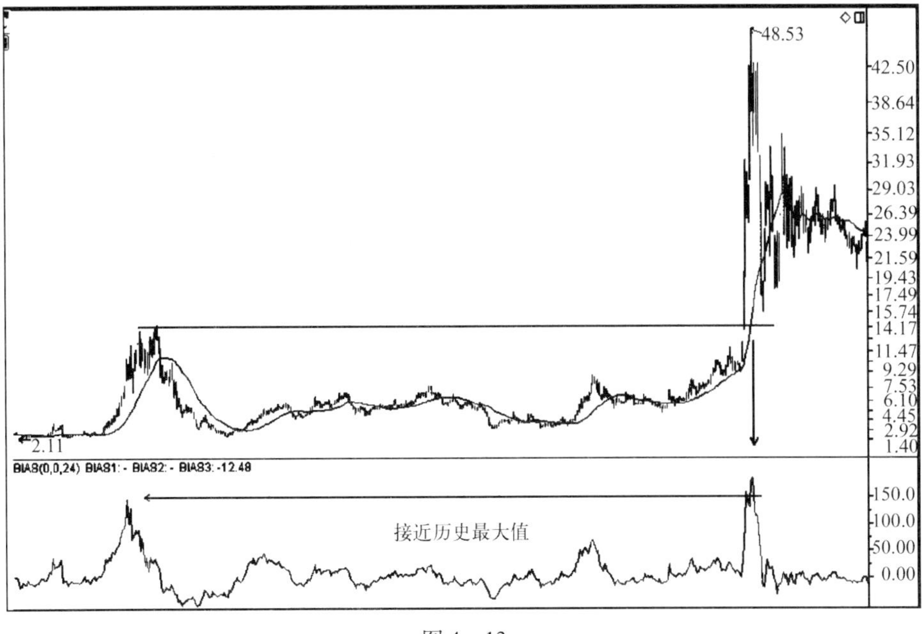

图 4－13

而在市场实际走势中，在不同位置或不同趋势中乖离率接近历史最大值时，其技术含义又有所不同。

（1）在升势中乖离率接近历史最大值后，意味股价将出现调整（图4－14），调整结束后，股价将重拾升势。投资者见到这种图形时，持股的投资者可暂且离场，待回撤结束后再把筹码接回来。

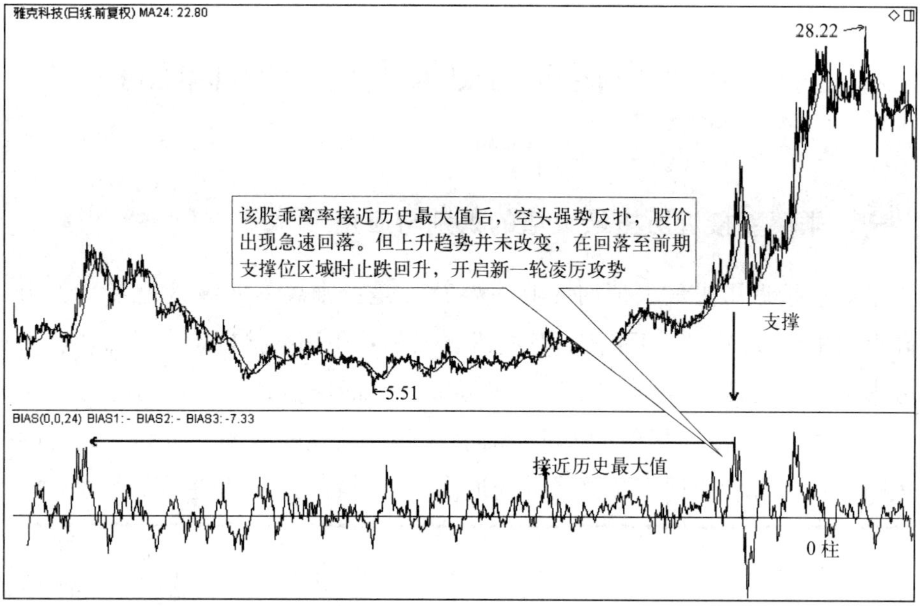

图4－14

（2）在涨势中股价经过大幅上涨后，乖离率接近了历史最大值后为见顶信号（图4－15），投资者见此形态时应及时清仓离场。

（3）在升势中乖离率接近历史最大值时，股价在短时盘整或回调后继续上涨而创出新高，但乖离率曲线高点却在逐波下降，股价与乖离率呈现顶背离状态，预示多方能量趋于衰竭，升势被彻底逆转，为典型的见顶信号（图4－16）。投资者遇此形态应及时平仓离场，避免股价后市下跌带来的风险。

前面三种情形都是出现在上升趋势中，乖离率接近历史最大值后股价的不同走势。在下跌势中乖离率会不会出现接近历史最大值的这种现象呢？当然也会。

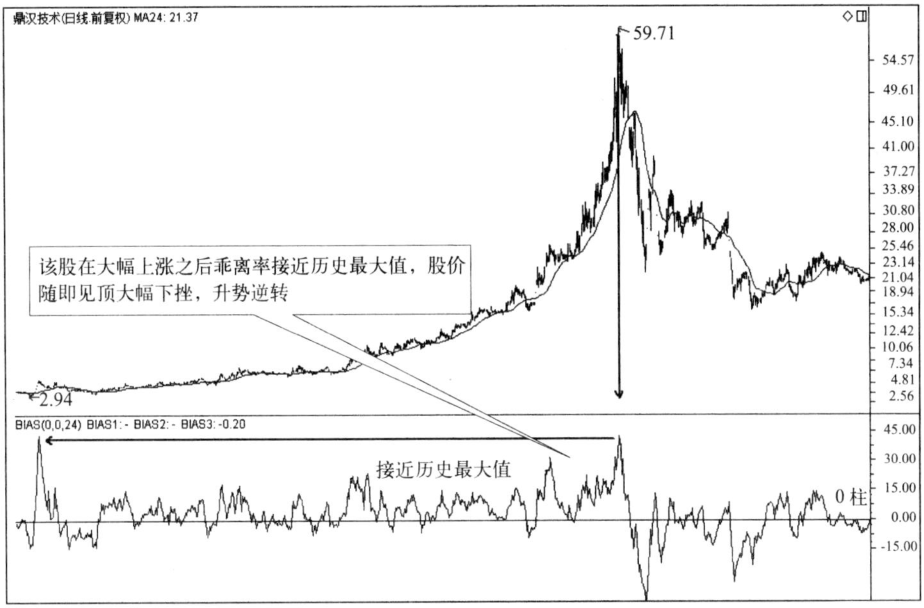
鼎汉技术(日线,前复权) MA24: 21.37
59.71
2.94
该股在大幅上涨之后乖离率接近历史最大值，股价随即见顶大幅下挫，升势逆转
BIAS(0,0,24) BIAS1: - BIAS2: - BIAS3: -0.20
接近历史最大值
0 柱
54.57
49.61
45.10
41.00
37.27
33.89
30.80
28.00
25.46
23.14
21.04
18.94
15.34
12.42
10.06
7.34
4.81
2.56
45.00
30.00
15.00
0.00
-15.00

图 4 – 15

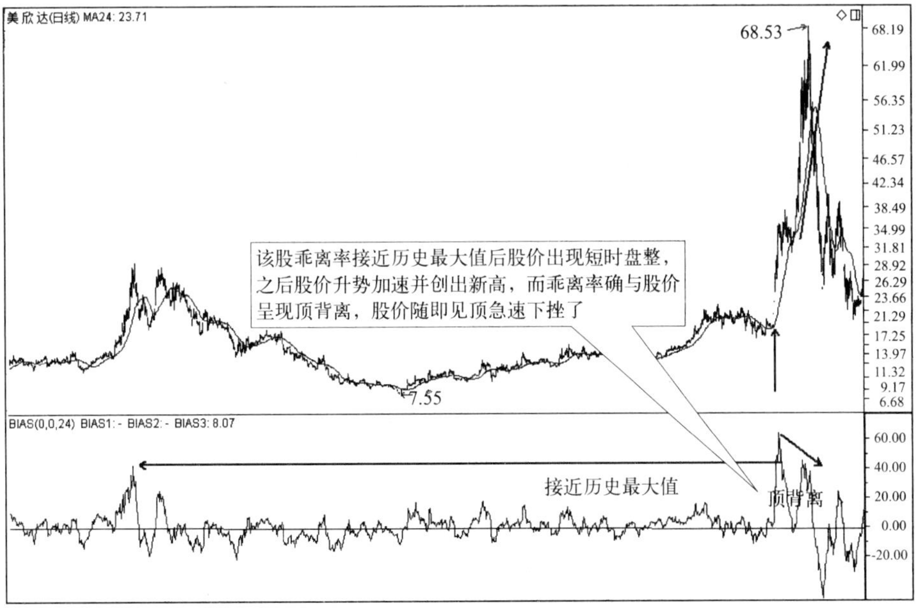
美欣达(日线) MA24: 23.71
68.53
7.55
该股乖离率接近历史最大值后股价出现短时盘整，之后股价升势加速并创出新高，而乖离率确与股价呈现顶背离，股价随即见顶急速下挫了
BIAS(0,0,24) BIAS1: - BIAS2: - BIAS3: 8.07
接近历史最大值
顶背离
68.19
61.99
56.35
51.23
46.57
42.34
38.49
34.99
31.81
28.92
26.29
23.66
21.29
17.25
13.97
11.32
9.17
6.68
60.00
40.00
20.00
0.00
-20.00

图 4 – 16

（4）在跌势中反弹时出现乖离率接近历史最大值时，预示反弹将结束，股价将重返跌势（图4－17）。遇此情形时持股的投资者应及时趁反弹离场，以减少损失，持币投资者应继续观望为宜。

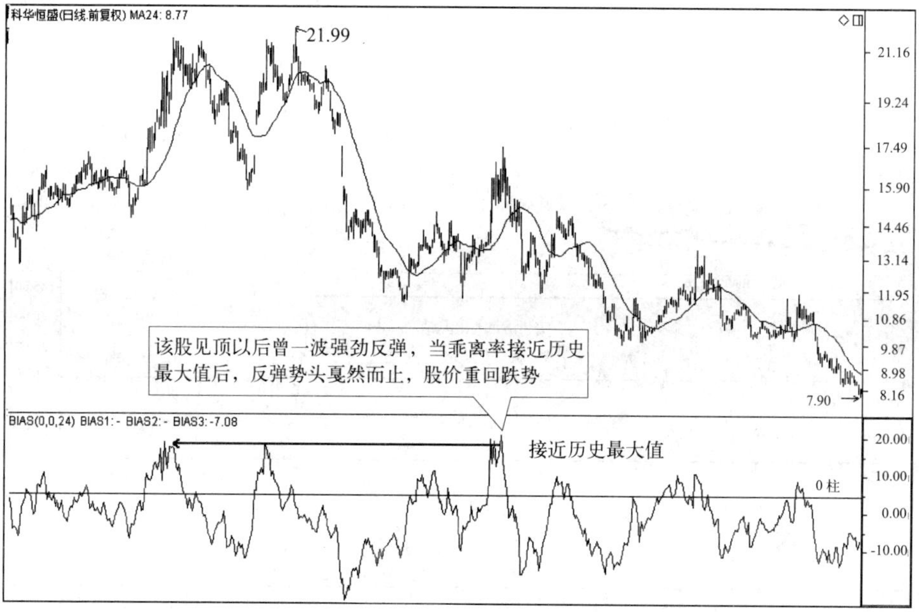

图4－17

二、乖离率接近历史最小值的识别和应用

乖离率接近历史最小值时，其特征是：乖离率曲线接近或低于历史低点（图4－18）。一般而言，其技术含义是：乖离率接近历史最小值，通常表示空方做空能量可能已经到了极限，行情随时可能触底回升。尤其是在股价（指数）出现大幅下跌后，上涨的概率更大。所以，投资者见此图形时不宜再继续看空做空，而应改变空头思维，由空翻多并做好入场准备。此时，被套的投资者也不宜盲目割肉，持币的投资者可以适量逢低逐步吸筹。

而在市场实际走势中，在不同位置或不同趋势中乖离率接近历史最小值时，其技术含义又有所不同，而后市走势可能出现以下四种情形：

（1）在跌势初期或途中，当乖离率接近历史最小值，预示可能有反弹出现（图4－19）。在下行趋势未确定彻底逆转之前，投资者不宜过分乐观，激进型

16.80
15.78
14.35
13.04
11.86
10.78
9.70
8.73
7.86
7.07
7.15
BIAS(0,0,24) BIAS1: - BIAS2: - BIAS3: 8.46
10.00
0.00
接近历史最小值

图 4－18

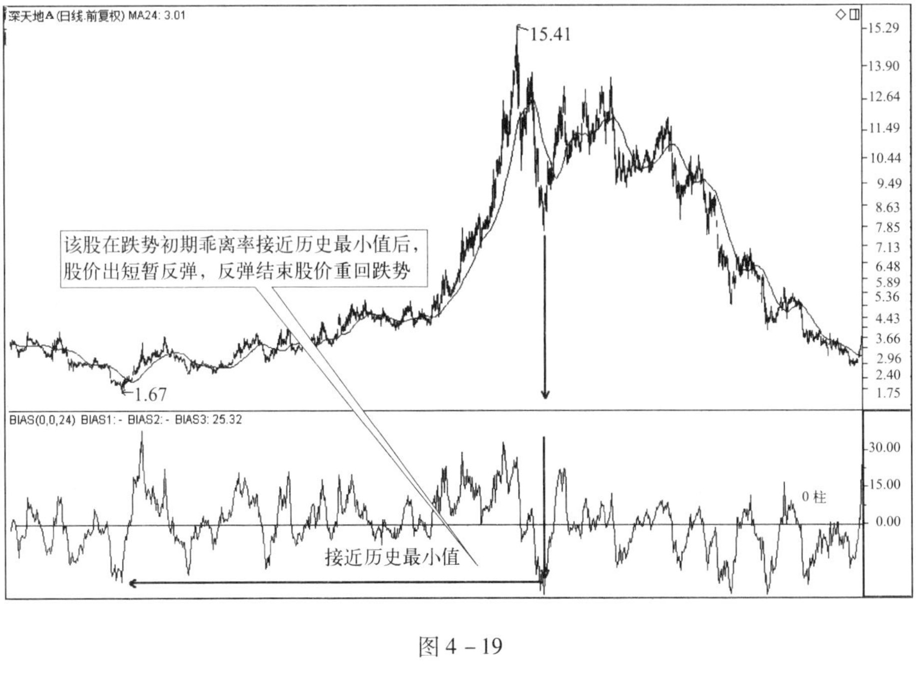
深天地A (日线,前复权) MA24: 3.01
15.41
15.29
13.90
12.64
11.49
10.44
9.49
8.63
7.85
7.13
6.48
5.89
5.36
4.43
3.66
2.96
2.40
1.75
1.67
该股在跌势初期乖离率接近历史最小值后，
股价出短暂反弹，反弹结束股价重回跌势
BIAS(0,0,24) BIAS1: - BIAS2: - BIAS3: 25.32
30.00
15.00
0.00
0柱
接近历史最小值

图 4－19

的投资者可以轻仓做一下反弹，宜快进快出。而稳健型投资者可继续持币观望。

(2)在下降趋势中，股价经过大幅下跌之后，乖离率接近历史最小值时，表示空方做空能量已到极限，股价随时掉头向上(图4－20)。投资者见此形态应积极做好入市准备。

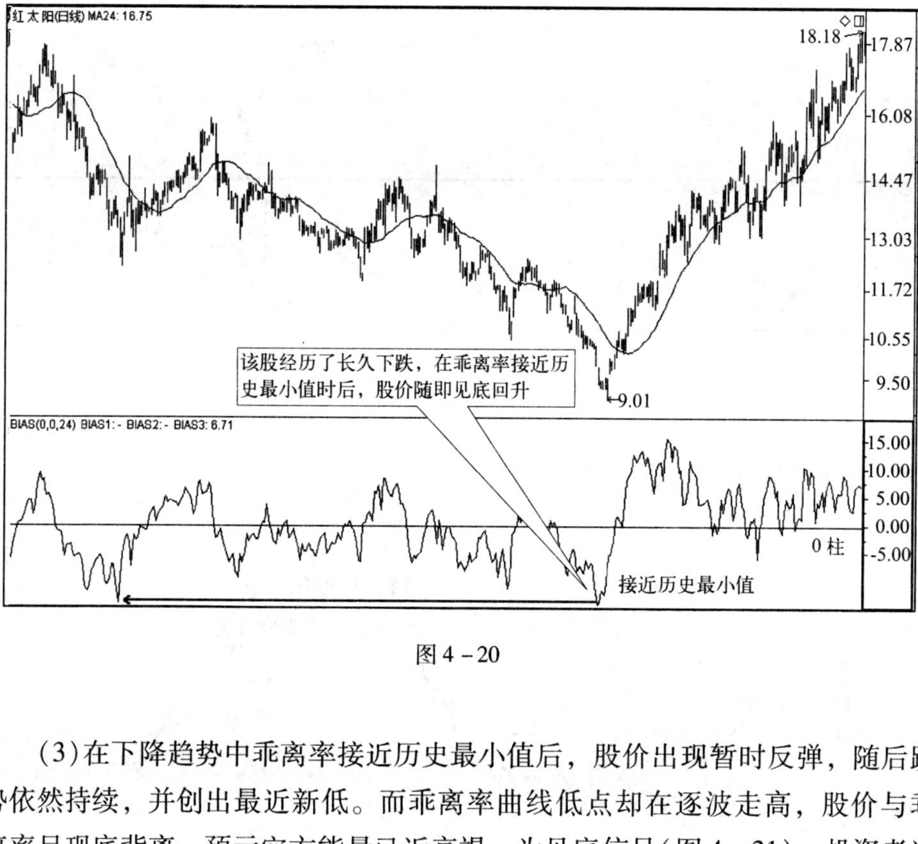

图4－20

(3)在下降趋势中乖离率接近历史最小值后，股价出现暂时反弹，随后跌势依然持续，并创出最近新低。而乖离率曲线低点却在逐波走高，股价与乖离率呈现底背离，预示空方能量已近衰竭，为见底信号(图4－21)。投资者遇此形态时可逐步分批建仓，待上升趋势形成可加码跟进。

(4)在上升趋势中，当乖离率接近历史最小值时，预示回调结束，股价将重拾升势(图4－22)。见此形态时，投资者应及时加码跟进。

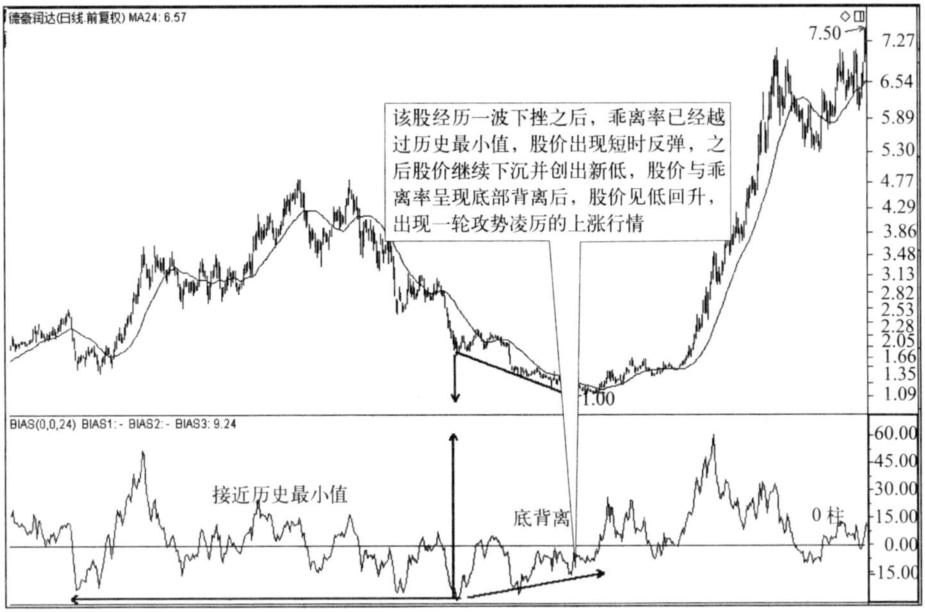
德豪润达(日线,前复权) MA24: 6.57
7.50
7.27
6.54
5.89
5.30
4.77
4.29
3.86
3.48
3.13
2.82
2.53
2.28
2.05
1.66
1.35
1.09
1.00
该股经历一波下挫之后，乖离率已经越过历史最小值，股价出现短时反弹，之后股价继续下沉并创出新低，股价与乖离率呈现底部背离后，股价见低回升，出现一轮攻势凌厉的上涨行情
BIAS(0,0,24) BIAS1: - BIAS2: - BIAS3: 9.24
接近历史最小值
底背离
0 柱
60.00
45.00
30.00
15.00
0.00
-15.00

图 4－21

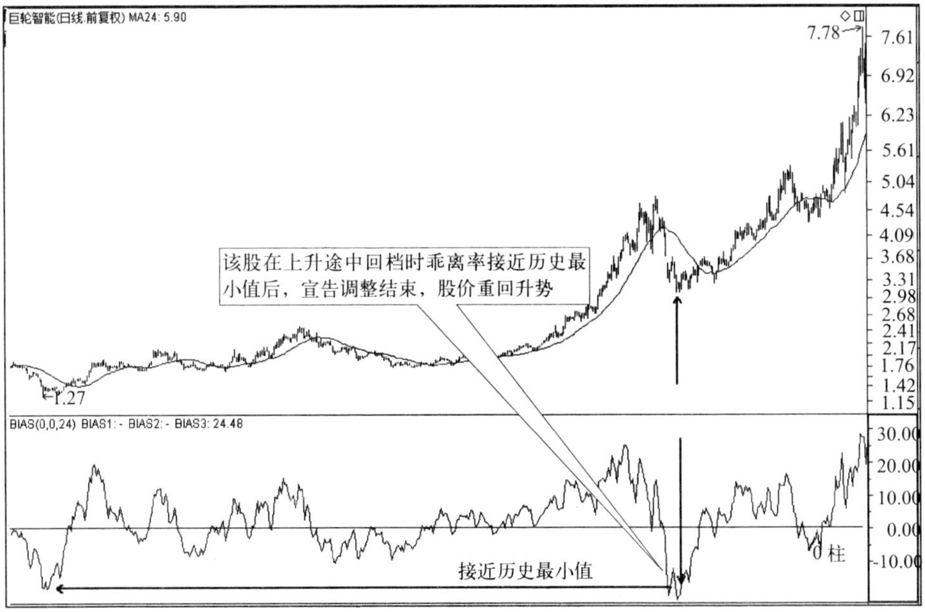
巨轮智能(日线,前复权) MA24: 5.90
7.78
7.61
6.92
6.23
5.61
5.04
4.54
4.09
3.68
3.31
2.98
2.68
2.41
2.17
1.76
1.42
1.15
1.27
该股在上升途中回档时乖离率接近历史最小值后，宣告调整结束，股价重回升势
BIAS(0,0,24) BIAS1: - BIAS2: - BIAS3: 24.48
接近历史最小值
0 柱
30.00
20.00
10.00
0.00
-10.00

图 4－22

第四节 乖离率背离的运用

BIAS(乖离率)作为一种辅助性功能指标，与KDJ、MACD指标一样，常常会与股价(指数)出现背离现象。背离现象也是乖离率指标的重要测市功能之一，其表现形式有顶背离和底背离两种。

一、乖离率的顶背离

乖离率的顶背离，指的是股价(指数)不断创出新高，而乖离率曲线的高点反而一波比一波低的现象。一般情况下，乖离率与股价(指数)出现顶背离后，为典型的卖出信号。不过，乖离率与股价(指数)的顶背离出现在不同位置或不同趋势中，其后市走势也会出现不同情形。常有以下四种情形出现：

(1)在股价(指数)经过长时间、大幅上涨之后，若乖离率与股价(指数)呈现顶背离，表示多方上攻动能趋于衰竭，为典型的见顶信号(图4-23)。投资者遇此情形时，一旦发现乖离率由正值转为负值，应及时平仓出局。

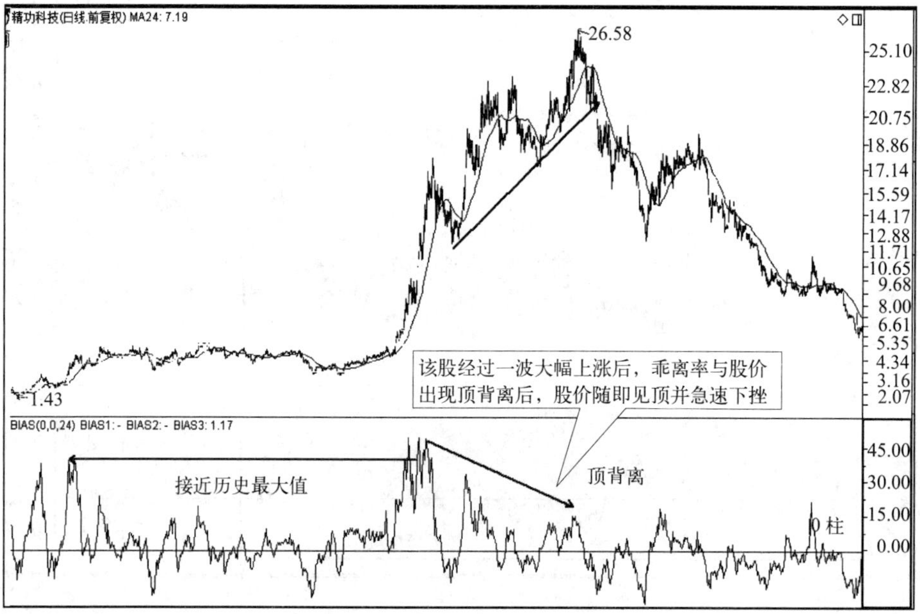

图4-23

(2)在上升趋势中股价经历一波强劲上攻后，股价在上方远离移动平均线，表明前期持股者获利颇丰，乖离率与股价呈现顶背离状态，预示股价随时因为投资者的获利回吐而出现回调(图4－24)，但并不代表上升趋势发生根本性改变，市场局势依然在多头控制之下，投资者遇此情形可以暂时先平仓出局，在伺机低吸。

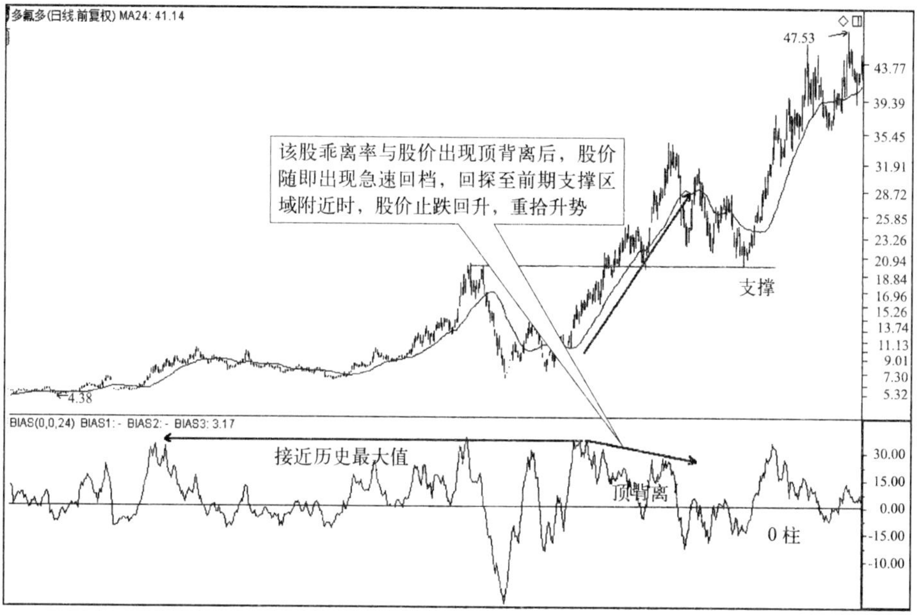

图4－24

(3)在下降趋势中反弹时，若出现乖离率与股价呈现顶背离状态，预示反弹行情即将结束，股价将重回跌势(图4－25)。遇此形态时，持有筹码的投资者宜趁反弹出局，一旦发现乖离率由正值转为负值，应果断平仓离场。而空仓的投资者应继续持币观望。

(4)有时在极强市场或极强个股中，常常出现乖离率与股价出现顶背离状态后，股价并未出现见顶或回档，而是继续向上扬升(图4－26)。此时投资者如果一见到乖离率与股价出现顶背离后，就轻易将筹码交出，往往出现踏空行情的尴尬境地。这个时候投资者应结合技术图形、成交量、趋势线等技术分析方法，进行综合分析后再做定夺。

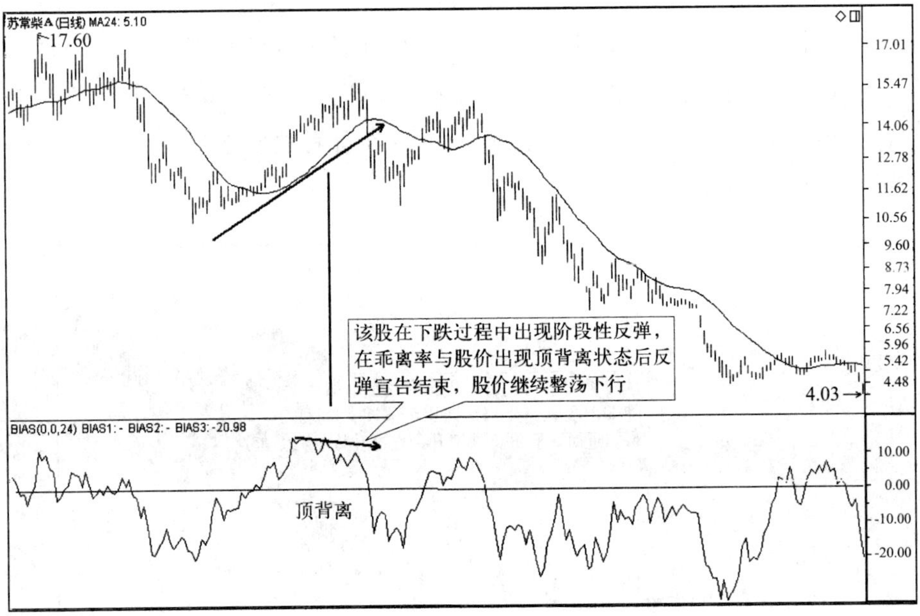
苏常柴A(日线) MA24: 5.10
17.60
17.01
15.47
14.06
12.78
11.62
10.56
9.60
8.73
7.94
7.22
6.56
5.96
5.42
4.48
4.03
该股在下跌过程中出现阶段性反弹，在乖离率与股价出现顶背离状态后反弹宣告结束，股价继续整荡下行
BIAS(0,0,24) BIAS1:- BIAS2:- BIAS3:-20.98
10.00
0.00
-10.00
-20.00
顶背离

图 4 – 25

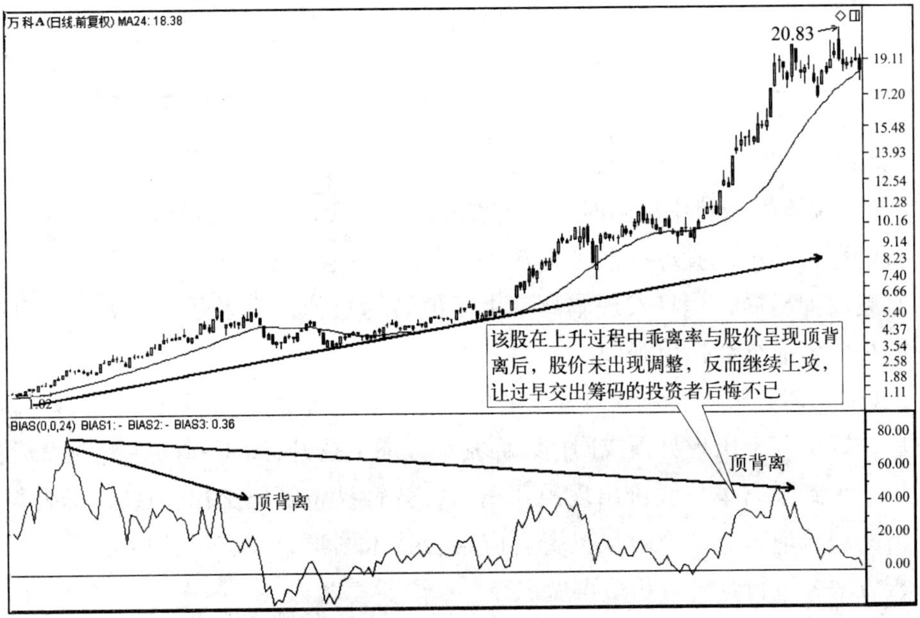
万科A(日线,前复权) MA24: 18.38
20.83
19.11
17.20
15.48
13.93
12.54
11.28
10.16
9.14
8.23
7.40
6.66
5.40
4.37
3.54
2.58
1.88
1.11
该股在上升过程中乖离率与股价呈现顶背离后，股价未出现调整，反而继续上攻，让过早交出筹码的投资者后悔不已
BIAS(0,0,24) BIAS1:- BIAS2:- BIAS3: 0.36
80.00
60.00
40.00
20.00
0.00
顶背离
顶背离

图 4 – 26

二、乖离率的底背离

乖离率的底背离，指的是股价(指数)不断创出新低，而乖离率曲线的低点反而一波比一波走高的现象。通常情况下，乖离率与股价出现底背离后，为买进信号。理论上说，股价与乖离率的底背离的状态是不可能持久的，行情迟早会发生逆转。不过，乖离率与股价的底背离出现的不同位置或不同趋势中，其后期走势也常有以下四种情形出现：

(1)在股价(指数)经过长时间大幅下跌之后，若乖离率与股价(指数)呈现底背离，表示空方做空能量趋于衰竭，股价随时可能见底回升(图4－27)。投资者遇此情形时，应密切留意股价走势，一旦发现乖离率由负值转为正值，可积极做多。

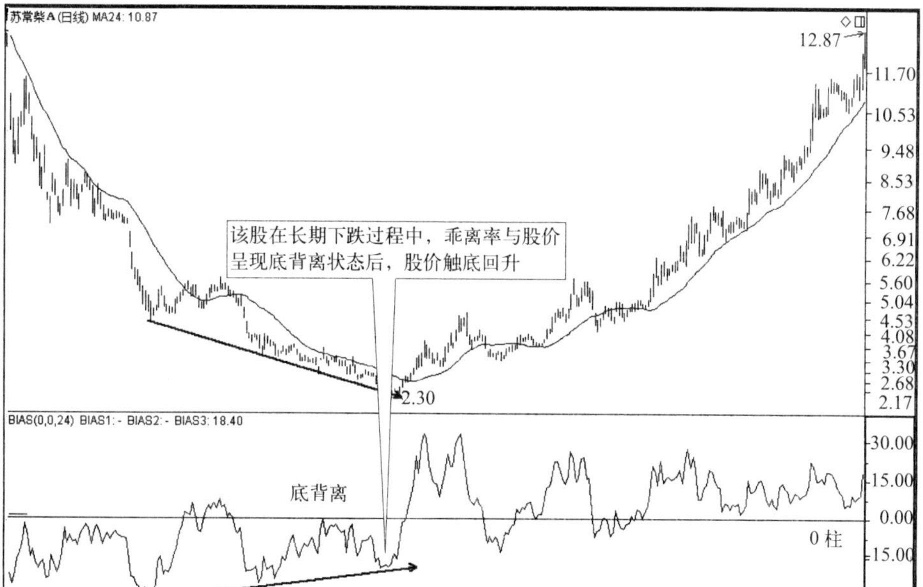

图4－27

(2)在跌势初期或途中，若乖离率与股价呈现底背离时，预示股价可能出现短暂反弹(图4－28)，虽然经多方努力，但并未从根本上扭转局势，市场仍为空方控制。遇此形态时，激进型的投资者可以轻仓做反弹，一旦发现乖离率由正值转为负值应即刻退出，不可久战。而稳健型投资者依然以持币观望为主。

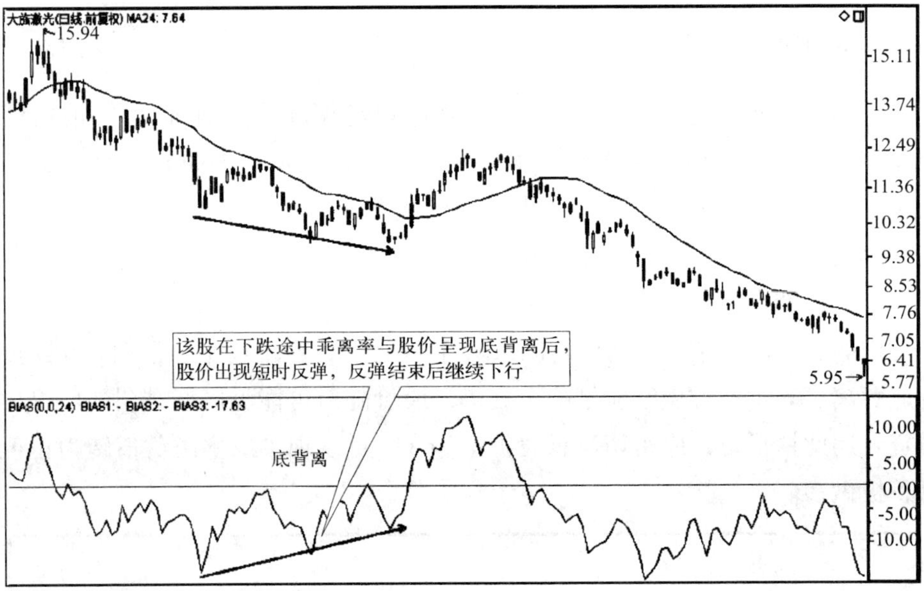

图 4－28

(3)在上涨过程中若调整时出现乖离率与股价底背离状态，预示调整即将结束(图 4－29)。遇此情形时，投资者应逢低吸纳，一旦发现乖离率由负值转为正值及可加码跟进。

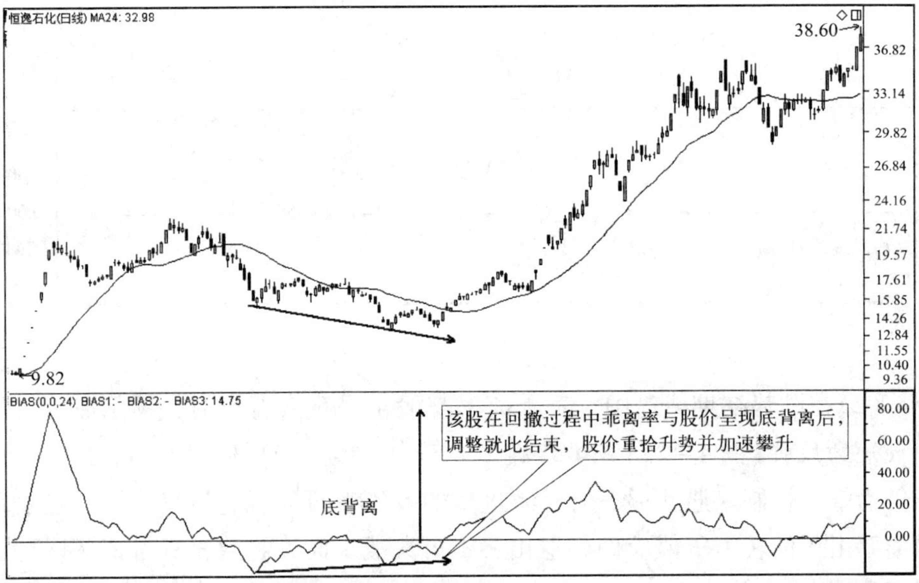

图 4－29

(4)在极度弱势行情或弱势个股中，常常出现乖离率与股价出现底背离状态后，股价并未出现止跌，反而继续下行(图4－30)。此时，投资者如果一见到乖离率与股价出现底背离后，就贸然进场，往往陷入越买套得越深的被动局面。因此，对于处于极度弱势市场或弱势股，操作时应遵循这样一个原则：在乖离率与股价(指数)呈现底背离时，如果乖离率没有由负值转为正值，则先不忙做多，也不急于抄底。或者，投资者可以结合技术图形、成交量、趋势线等技术分析方法，进行综合分析后再做决策。

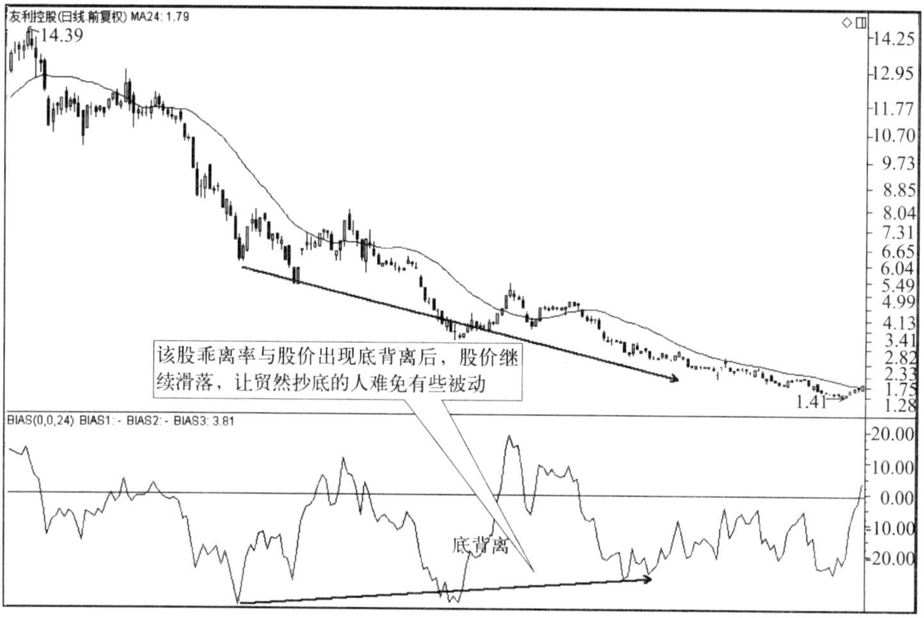

图4－30

第五节　乖离率的运用小结

因为有了乖离率，人们就能预先知道什么时候股价涨过了头或跌过了头，需要进行矫正了，什么时候股价没有涨过头或跌过头，而无需进行矫正。正是由于乖离率的可预测性和领先性，使得乖离率指标受到众多投资者的钟爱，成为使用频率最高的技术指标之一。不过，投资者要真正有效运用乖离率，还需要注意以下几点。

一、首先理解并认识其应用法则

(1)乖离率可分为正乖离率与负乖离率。若股价收于移动平均线之上，则为正乖离；股价收于移动平均线下方，则为负乖离。当股价与平均线重合时，则乖离率为零。正乖离率越大，表示短期超买越大，则越有可能见顶；负乖离率越大，表示短期超卖越大，则越有可能见底。

(2)乖离率指标表示收盘价与移动平均线之间的差距。当股价的正乖离扩大到一定极限时，表示短期获利越大，则能获利回吐的可能性越高；当股价的负乖离扩大到一定极限时，则空头回补的可能性越高。

(3)股价与乖离率指标究竟达到何种程度的百分比才算是买进或卖出时机，没有统一标准。在不同市场、不同时期、不同周期的移动平均线算法所得出的 BIAS 值是不同的。在多头市场中，会出现许多高价，太早卖出会错失一段行情，可在先前高价的正乖离率点卖出；在空头市场时，亦会使负乖离率加大，可在先前低价的负乖离点买进。

二、抓住乖离率的核心功能

乖离率指标的测市功能有多方面，比如乖离率在 0 柱上方或 0 柱下方运行，可以表示股价(指数)的强势或弱势，乖离率与股价(指数)的顶背离或底背离可以预示行情可能逆转在即，等等。但这些都是乖离率的次要测市功能，其核心功能是乖离率的绝对值接近或超越其历史最大值和历史最小值时，对股价(指数)暴涨或暴跌向投资者发出强烈的预警信号：行情反转在即。这时其他任何技术指标所不具备的！灵活运用，充分发挥这一核心功能，在实际操作中才能获得事半功倍的功效。

三、根据自己的操作风格，选定适合均线。

乖离率是一种简单而又有效的分析工具，但在使用过程中基线的选择十分重要。如果基期太短，反应过于敏感，如果基期太长，反应过于迟钝。这就需要投资者明确自己的操作风格，激进型投资者或短线客进行短线操作，捕捉短期顶底，则用短期均线；稳健型投资者或中长线投资者，捕捉中长期顶底，则选用中长期均线。从市场经验总结来看，10 日平均移动线作为基线效果较好。以下跌为例，10 日乖离率通常在 －7% ～ －15% 时开始反弹。考虑到这个数值的安全系数不高，一般情况下，更为安全的进场时机应选择在 －15% ～ －20% 之间。

四、与其他指标和技术分析方法结合使用

任何技术指标都有其不足之处，乖离率也不例外。其主要缺陷是：

（1）在盘整行情中，乖离率进入盲区时不具参考意义，此时应放弃使用。

（2）在极度强势或弱势市场中，乖离率常常出现钝化现象。比如在极强的多头市场，乖离率接近历史最大值或顶背离状态时，股价（指数）不见反转，反而继续上扬；在极弱的空头市场，乖离率接近历史最小值或底背离状态时，股价（指数）不见反转，反而继续下挫。

（3）在多头市场，仅能指出正乖离率接近或高于一定百分比值时，为卖出信号，却未能明确指出回调何处为买进时机。同样，在空头市场也仅仅指出负乖离率接近或低于一定百分比值时，为买进信号，却未能明确指出反弹至什么位置为卖出信号。

由于乖离率的以上缺陷，投资者在实际操作中仅仅参照乖离率是不够的，需与 K 线、KDJ、MACD、移动平均线和趋势线等指标和技术分析方法结合使用，来研判行情的具体买卖时机。

第五章　成交量的识别与运用

在第三和第四章中分别介绍了随机指标(KDJ)、指数平滑异同移动平均线(MACD)、乖离率(BIAS)等辅助功能性指标，而成交量(VOL－TDX)作为股价(指数)变化的领先指标，是分析市场走向时使用频率最高的技术工具之一，其在技术分析中的重要性不言而喻。股市中有一句经典格言“什么都可以骗人，就是成交量不会骗人”。放在沪深股市不断扩容的今天，虽然不一定完全准确，但足以说明人们对成交量的足够重视和信赖程度。量能是价格上涨源泉，量增价升，表示投资者积极看多，参与意愿强烈，股价上涨有扎实的基础；量减价升，通常表示投资者后市看淡，参与者寥寥，无意追高，股价上涨犹如空中楼阁。一般情况下，投资者可以通过成交量的变化来判断股价(指数)的未来走势，从而识别即将出现的顶部和底部，实现成功逃顶与抄底。基于成交量在股市趋势研判中的重要性，本章将从量价形态、量价关系等方面对成交量进行详细分析。

第一节　成交量概述

一、什么是成交量

成交量是指一个时间单位内股票买卖双方成交的数量，其英文简称“VOL－TDX”，一般可用成交股数和成交金额两项指标来衡量。比如：某日某股成交的股票总手数10万手(1手=100股)，即表示当日成交量为1000万股。

二、成交量的分类

成交量按时间可分为：分时成交量、日成交量、周成交量、月成交量、和年成交量。其中分时成交量又可细分为1分钟成交量、5分钟成交量、10分钟成交量、15分钟成交量、30分钟成交量、60分钟成交量。顾名思义：30分钟成交量就是指在30分钟内买卖双方所成交的股票数量，日成交量就是指在一天内买卖双方所成交的股票数量。

成交量按形态可分为：放量、缩量、平量，天量和地量五种类型。其中放量又可细分为逐步放量、快速放大量两种；缩量可细分为逐步缩量、快速放小量两种；平量可细分为量大平、量中平、量小平三种形态。

(1)放量、缩量、平量。

放量、缩量、平量三种量形均可以出现在涨势或跌势中的初期、中期和末期中的任何阶段，在不同的阶段出现其所预示的含义也就不同，需要投资者以具体的时间、位置而进行辩证分析。

(2)天量。

天量指的是股价(指数)历史以来或某段时期出现最大成交量。在涨势中放量本来事件好事，但成交量必须是温和放大，如果量能突然急速放大，那么无论行情处于哪个阶段，投资者必须引起足够重视，做好离场准备。尤其在连续上涨行情中出现时，往往是市场即将见顶的前兆。

(3)地量。

地量指的是股价(指数)历史以来或某段时期出现最小成交量。地量一般是在牛市行情的启动初期出现，意味着市场即将结束调整行情，转入升市。

三、成交量的功能

成交量的功能之一：是真实反映市场的供求关系。股市的涨跌归根到底是由股市的供求关系变化所造成的。当市场筹码供大于求时，股价(指数)就会以下跌的形式来寻得多空双方趋于平衡；相反，当市场筹码供小于求时，股价(指数)就会以上涨的形式使得多空双方趋于平衡。通常情况下，当股价(指数)大跌后处于低位时，由于人们的惜售心理，市场筹码会减少，同时又有大量持币的投资者希望在低位获取筹码，出现供小于求，此时成交量的增加使得股价(指数)的上涨；而当股价(指数)大涨之后处于高位时，由于大部分持股的投资者希望将利润兑现，市场筹码就会增加，同时市场追高意愿的减弱或者愿意在高位接盘的投资者寥寥，出现供过于求，此时成交量的减少就会引发股价(指数)的下跌。所以，成交量的最基本的功能就是客观、真实地反映市场供求关系的变化，印证市场走势，成为股价(指数)变化的风向标，从而为投资者操作提供真实可信的参考依据。

成交量的功能之二：就是通过成交量可以观察市场多空双方换手积极与否，由此研判市场走向。成交量放大，表明多空双方换手的量在增加，换手积极，引起股价(指数)大幅波动，出现大涨或大跌。比如在股价(指数)大幅上涨后，出现成交量放大，说明市场多空双方分歧加剧，多头看好后市而吃进筹码，空头看淡后市而顺势派发，此时无论是呈现价涨量增还是价平量增，后市下跌的概率都很大，尤其是出现价平量增的情形时，市场转跌的可信度较高。而在股价(指数)大跌后出现成交量放大，更多的表明多头气势强盛，未来的上涨的概率较大。成交量减小或持平，说明市场交易清淡，换手疲弱，行情波动趋缓，甚至处于横盘整理状态。

第二节　量价关系形态的识别和运用

成交量的变化反映了资金进出市场的情况，是判断市场走向的重要指标和依据。一般情况下，成交量大且价格上涨的股票，趋势向好，而成交量持续低迷、市场交易不活跃时，趋势向淡，股价将出现下跌或整理，这是量价关系理论的基本表现形式。其表现形态可分常见形态和特殊形态两种。

一、常见形态

量价关系的常见形态有量增价涨、量增价平、量增价跌、量缩价涨、量缩价平、量缩价跌，量平价涨、量平价平和量平价跌等九种。每一种形态均可出现在不同趋势和不同位置，出现的位置不同，其具体含义也就不同。比如量增价涨，如果在股价(指数)经过长期一轮下跌后企稳时出现，此时的量增价涨，意味着行情可能由空头市场转为多头市场，投资者此时应该以看多做多为主。如果在股价(指数)经过长期一轮上升后出现，此时的量增价涨则需要警惕，市场可能由多头市场转为空头市场，投资者此时应逐步减磅，随时做好离场准备。

二、特殊形态

量价关系的特殊形态有无量空涨、无量空跌、底部放量、顶部对倒、地量地价和天量天价等六种。

1. 无量空涨型

无量空涨体现了在沪深股市涨停板制度下，由于该股出现重大利好，股价以“一”字涨停，在涨停时由于持股者惜售，希望以更高的价位卖出，因而不愿意以此价出售，使得买方无法获得筹码，于是出现无量或者极少成交量的空涨态势。第二天，买方又继续以涨停板追买，因而出现持续无量上涨现象……，如果当某一日出现涨停后中途打开，而成交量放大，说明主动性卖盘开始出现，多方做多意愿在减弱，意味股价可能出现回落。遇此形态，持股的投资者可继续持股，而持币的投资者不宜再盲目追高，而应谨慎分析后再做定夺。

2. 无量空跌型

无量空跌也体现了在沪深股市涨停板制度下，由于该股出现重大利空，股价以“一”字跌停，持股者急于出货，以跌停价抛售，但由于买家观望，没有人愿意接盘，结果全是抛盘，于是出现无量或者极少成交量的空跌态势。第二天，买方寄希望于明天以更低价买入，因而继续观望，这样在缺少买盘的情况下成交量极小，跌势反而不止……。如果某一日跌停板在中途被打开，成交量放大，说明有主动性买盘开始出现，多方力量有所增强，意味着跌势有所减缓或可能出现止跌。面对这种形态时，投资者应距而远之，在跌势未止之前切不可轻易介入，即便是放大量打开跌停板，也应多看少动。

3. 顶部对倒型

顶部对倒是量增价平的一种特殊表现形式。指的是庄家手中握有巨量筹码，如果直接出货，容易导致股价大幅下跌，影响庄家获利。这时庄家就利用大众跟风心理，在拉高过程中自己买自己卖，制造成交量放大的假象，让不明真相的投资者误认为此股票即将放量上涨，致使众人跟风买入，庄家得以获利退出。其明显特征是：成交量放大，但股价却出现滞涨状态，庄家出逃后，随之而来的将是股价的急速下挫(图5－1)。投资者遇此形态时应及时抛空离场。

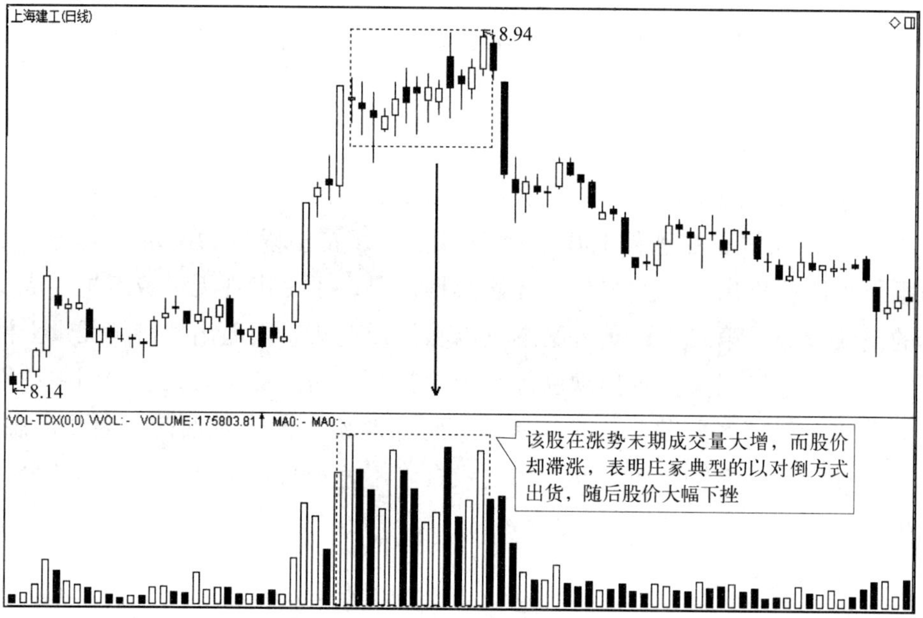

图5－1

4. 底部放量型

底部放量后通常有放量上涨、放量下跌、放量滞涨等三种形态。

(1)放量上涨型。

底部放量上涨表明市场做多信心开始恢复，有主力资金强势介入，多方主力在大量建仓，是典型的见底或强劲反弹信号(图5－2)。遇此情形时，投资者应逢低吸筹，及时跟进做多。

(2)放量下跌型。

底部放量下跌是由于一些被深套的投资者不堪长期被套的煎熬，开始割肉离场。与此同时，主力为了获取廉价筹码，一边利用利空消息疯狂砸盘，引发恐慌性杀跌，一边又在低位吃进大量抛盘，从而出现底部放量下跌的现象。底部放量下跌是一种典型的量价背离的现象，这种背离态势一般情况下不会持续，预示市场已接近见底(图5－3)。遇此形态时，投资者应由看空转为看多，逐步进场。

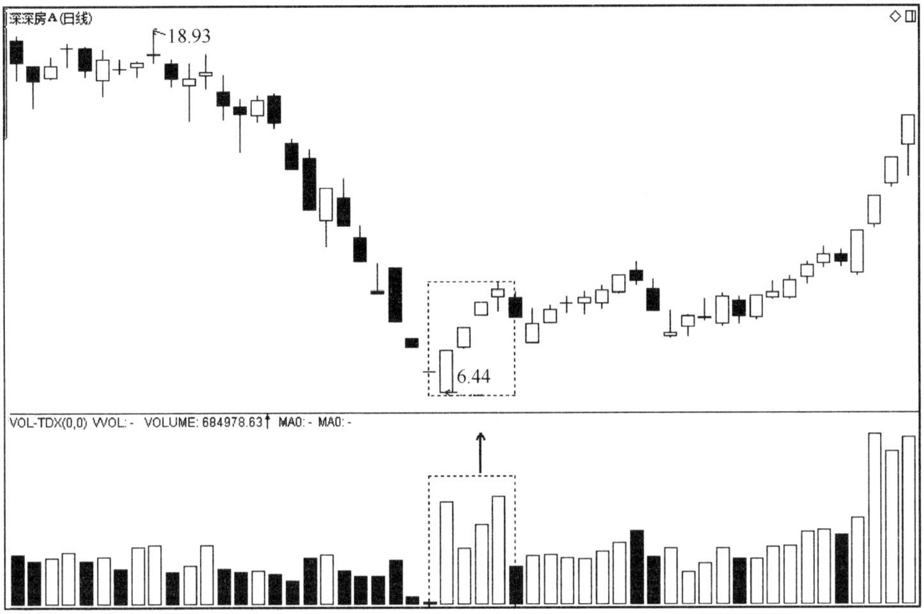
深深房A(日线)
18.93
6.44
VOL-TDX(0,0) VVOL: - VOLUME: 684978.63 MA0: - MA0: -

图5－2

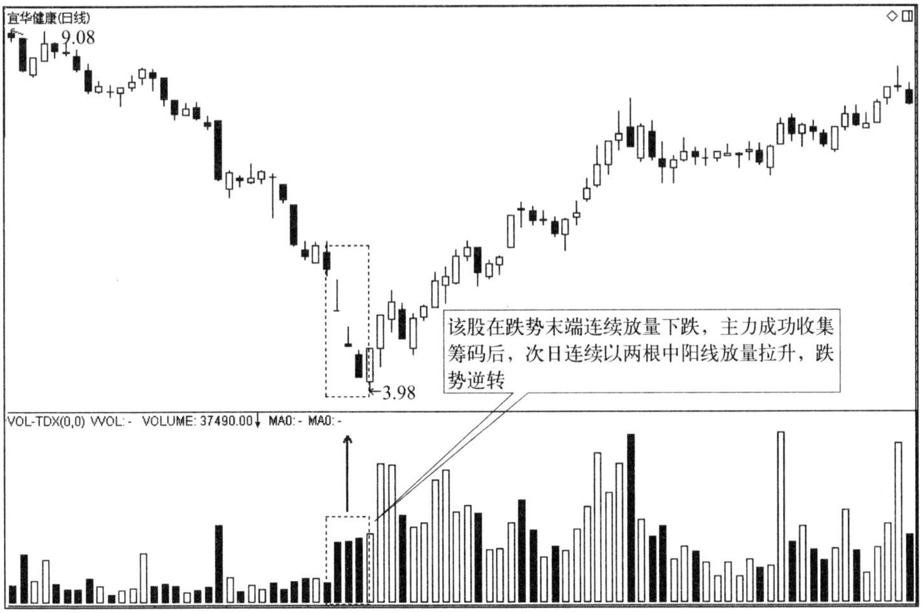
宜华健康(日线)
9.08
3.98
该股在跌势末端连续放量下跌，主力成功收集筹码后，次日连续以两根中阳线放量拉升，跌势逆转
VOL-TDX(0,0) VVOL: - VOLUME: 37490.00 MA0: - MA0: -

图5－3

(3)放量滞涨型。

底部放量滞涨，指的是股价在底部放量后出现横盘，没有明显回升，上涨幅度和成交量的放大幅度不相匹配。底部放量滞涨原因通常有两种：一种是主力试盘所致，另一种是股价超跌后的技术性反弹。

①主力试盘。在股价下跌过程中多方主力不断的收集筹码，随着收集筹码的结束，股价也会慢慢筑底回升。这时，多头主力常常采用对倒的手法测试上方抛压大小，即主力先将股价拉高，然后再用同样手法打压股价，这就形成了底部放量滞涨走势。一般来说，底部放量滞涨在庄家试盘之后会有一个回落或盘整过程(图5－4)。

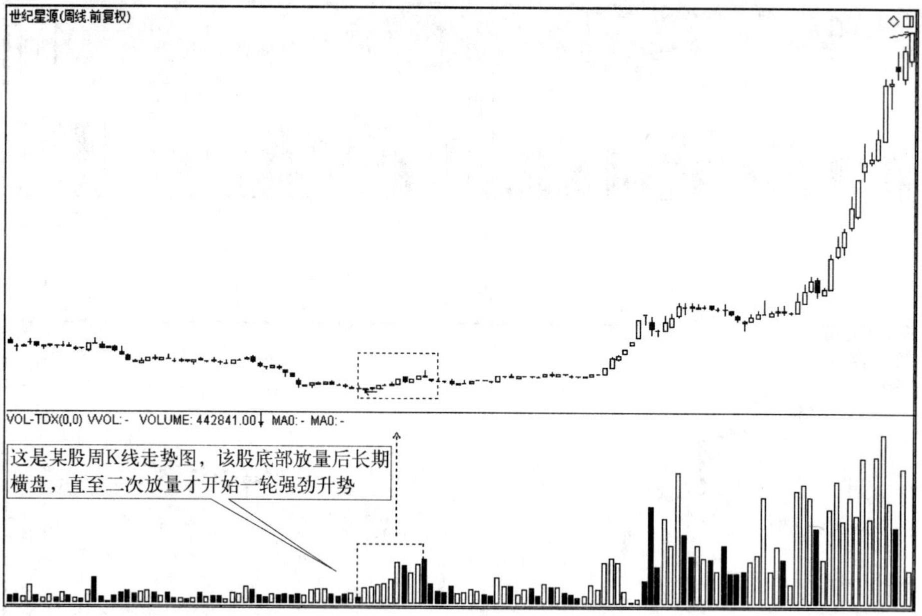

图5－4

②超跌后的技术反弹。当股价经过长时间下跌之后，会出现技术性的反弹。反弹到一定高度，短线获利筹码和原来套牢筹码便趁机出局，导致出现放量滞涨的现象，通常以对倒手法进行。这种原因形成的放量滞涨，预示着后市将会继续下跌(图5－5)。

在实际市场走势中，底部放量滞涨绝大多数是由于主力试盘所致，超跌后的技术性反弹极少。当然对于个股解禁出现放量滞涨不属上述两种情形。

底部放量滞涨的操作策略：①在遇到底部放量滞涨时，投资者不要轻易

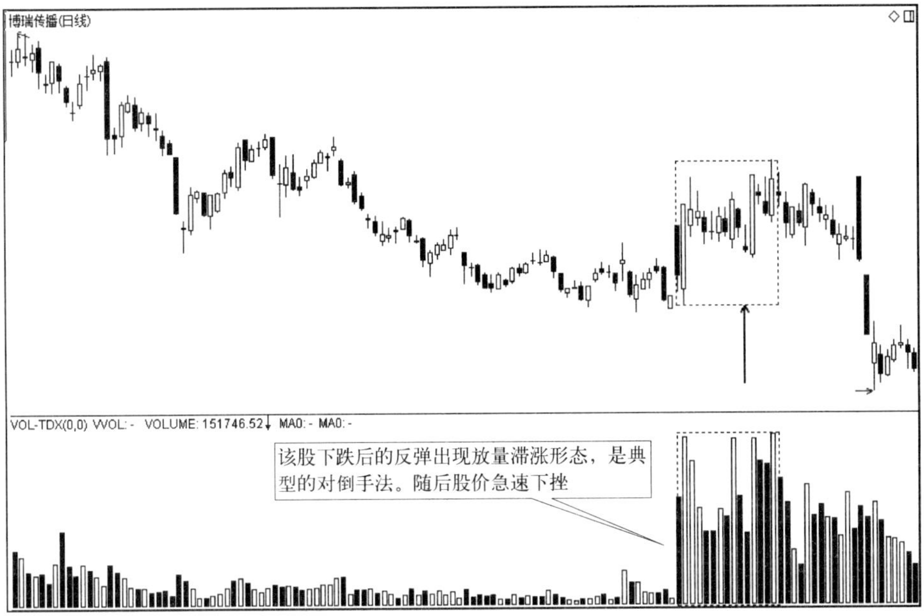

图 5－5

入场，如果是属于超跌反弹，后市将继续走低；如果是庄家试盘，后期股价还会有一个回落的过程；②如果是由于庄家试盘导致底部放量滞涨，激进型投资者可以在股价回落时逢低吸纳，放量突破前高点时再加码跟进；稳健性投资者可以在股价回撤结束后，再次发力放量突破滞涨高点时买进。

(5)天量天价型。

天量天价，指的是相对一定周期而言出现最大成交量和最高价格。这只是一个相对概念，而非绝对概念。随着市场的发展，任何所谓的天量、天价都会被刷新，所以，本文所指天量天价和相关示例都是在某一周期内出现的最大成交量和最高价。

另外，投资者需要明确以下两点：①天量和天价可能在同一天出现，也可能在天量出现后的几个交易日内就出现天价或更长时间。所以，股价(指数)一旦出现天量，预示着行情已经见顶或已接近顶部，股价随时可能出现下跌。遇此情形时，投资者应及时离场；②对于个股，不能拿除权或配送股前后的成交量做对比。

(6)地量地价。

地量地价，同样也只是个相对概念，指的是相对一定周期而言出现的最小成交量和最低价格。地量和地价极少在在同一天出现，地量出现的当日的最低价通常不是底部。一般来说，底部出现在地量之前，也就是说地量通常出现在股价(指数)见底以后(图5-6)，尤其表现在指数上更为明显。

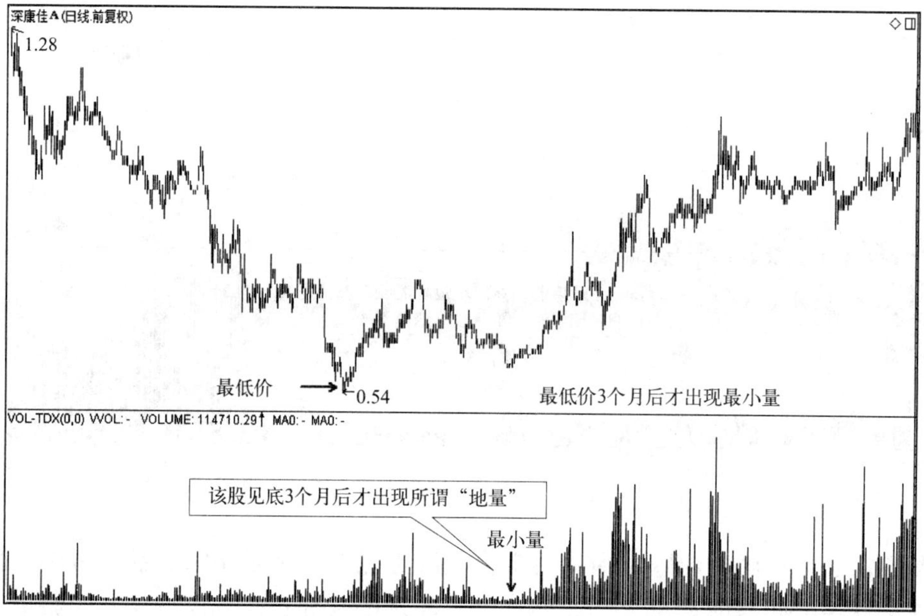

图5-6

第三节　量价关系性质的识别和运用

股市中任何一支股票价格的涨跌与其成交量大小之间均存在一定的内在关系。比如，正常情况下，股价的变化与成交量的变化成正比，也就是说股价上涨，成交量会相应增加；股价下跌，成交量也会相应减少，这就是人们常说的量价配合。但很多时候，股价的变化与成交量的变化却不是成正比，而是成反比，即股价逐步走高，成交量没有同步增加，相反却在逐步减少；股价逐步走低，成交量没有相应减少，反而出现逐步增加现象，这就是人们常说的量价背离。所以，量价关系从性质上可分为量价配合和量价背离两种基本形态，下面将就这两种形态作简要介绍。

一、量价配合

量价配合，指的是股价(指数)上涨时，成交量也随之增加；股价下跌时，成交量也随之减少的现象。量价配合的出现表示多方控制着市场，后市看好。此时价跌量缩是对前期上升行情的一个主动调整过程，“价跌”是股价主动整理的需求，是为了修正技术指标或市场主力清洗市场浮筹的需要，而“量缩”则表明投资者有很强的持筹和惜售心理。当股价(指数)整理完成后，又会重新上升。所以，遇此形态时，投资者可以持股待涨或逢低吸纳。

值得投资者留意是：当股价开始从高位下跌后，在下跌势中出现的价跌量缩，反弹时出现的价涨量增，不能视作量价配合。由于下降趋势中，市场完全被空头所掌控，后市向淡，此时的价涨量增只是短线资金所为，或者是主力借反弹之机将之前未曾派发的筹码，再次抛售而制造的多头陷阱；而下降趋势中的价跌量缩，是由于大多数投资者选择持币观望，市场承接乏力，因而造成股价下跌、成交萎缩的量减价跌现象。这种价跌量缩，价涨量增现象的出现，预示着股价仍将继续下跌，不能与上升趋势中出现价涨量增，价跌量缩混为一谈。所以，投资者见此情形时，应继续看空做空，持币观望。

二、量价背离

量价背离指的是股价(指数)上涨时，成交量没有随股价的上涨同步增加，相反却在逐步减小；股价(指数)下跌时，成交量也没有随股价的下跌同步减少，反而出现增加的现象。量价背离表明当前的量价关系与之前的量价关系发生了改变，预示市场趋势将可能发生反转。

量价背离按顶底形态可分为顶部背离和底部背离两种。价升量减，称之为量价顶背离，表明市场走势逐渐在向有利于空头方向发展，后市向淡，多为下跌前兆。价跌量升，称之为量价底背离，意味着市场走势逐渐在向有利于多头方向发展，后市向好，多为上涨信号。

1. 顶部背离

成交量顶背离比较常见的形态有：量缩价涨和量增价平两种类型。

(1)价涨量缩型。

价涨量缩，是指股价(指数)逐步走高，成交量非但未能配合增加，反而逐步减少。如果这种背离状态出现在大涨后，表示市场看空气氛渐浓，因价高而呈现出无人跟进的状态，为整理或见顶的信号。尤其在股价大幅上涨后，见顶概率极高。天量后现天价就是价涨量缩形态最为的典型表现形式。

(2)量增价平型。

量增价平，指的是在成交量放大的情况下，股价(指数)维持在一定的价位水平上下波动而呈现滞涨状态。如果这种背离状态出现在大涨后，表示市场多空双方出现严重分歧，换手率极高、成交量增加，是主力在维持股价波动不大的情况下出货所致，为明显的见顶信号(图5-7)。遇此形态时，投资者应清仓离场。

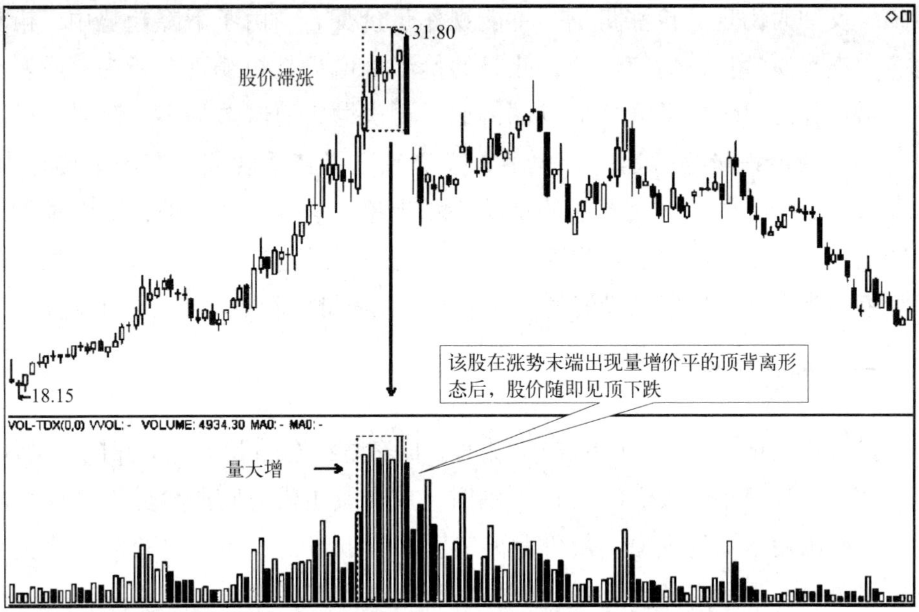

图5-7

2. 底部背离

成交量底背离的常见的形态有量增价跌和价涨量缩两种形态。

(1)量增价跌型。

价跌量增，指的是在股价(指数)逐步走低下跌的情况下，成交量未现同步减少反而增加。价跌量增是一种典型的底背离的现象。如果这种形态出现在长期下跌之后，可视为底部反转信号(图5-8)。遇此形态时，投资者应做好随时入场准备。

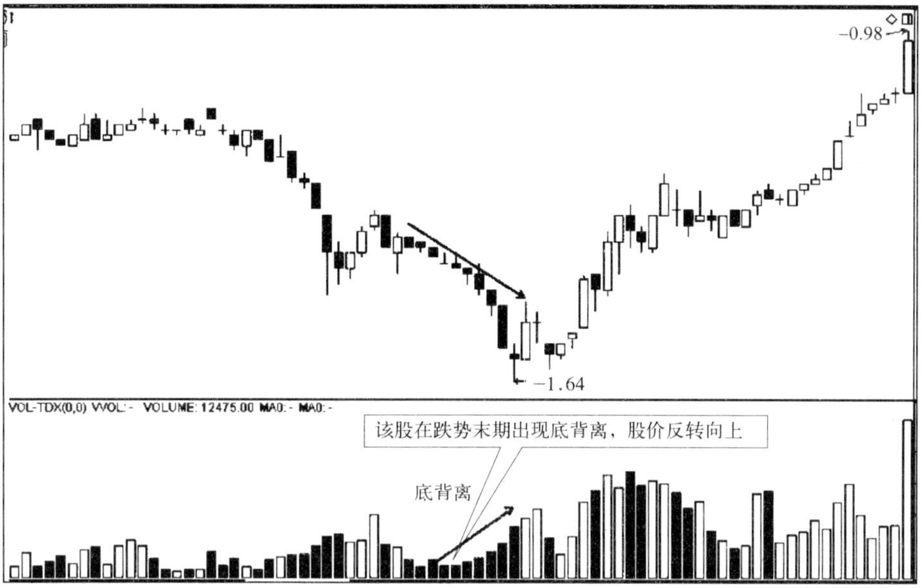

图 5－8

(2)价涨量缩型。

价涨量缩在长期大幅下跌后出现，为底部反转信号，地价后现地量就是价涨量缩的最常见的表现形式(图 5－9)。遇此形态时，投资者应重仓出击。

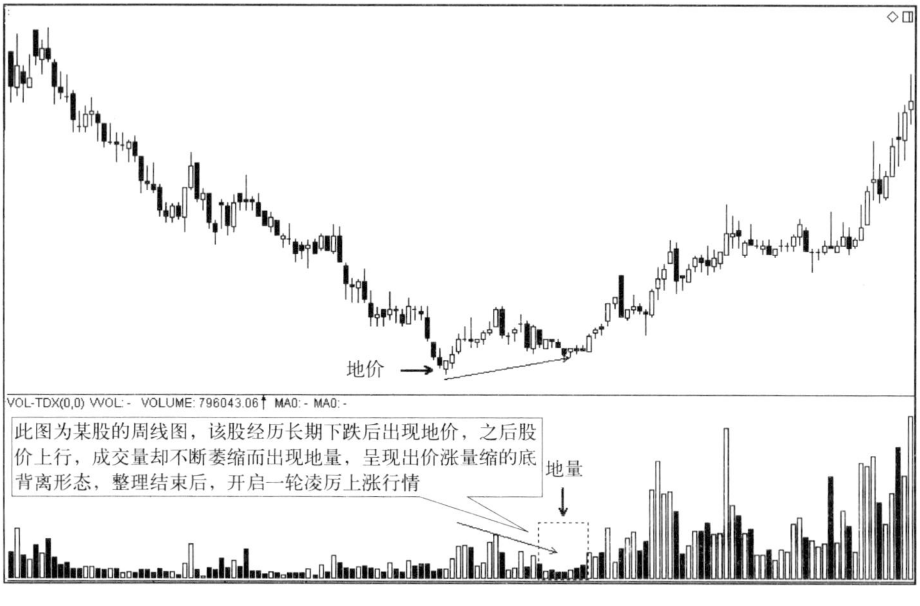

图 5－9

第四节　量价关系的辩证分析

在股市里有句格言“股市里什么都可以骗人，就是成交量不会骗人”，因为依据传统量价关系理论，成交量是推动股价上涨的原动力，市场价格的有效变动必须有成交量的有效配合，量是价的先行指标，从而量价关系呈现出量价配合(价涨量增，价跌量缩)和量价背离(价涨量缩，价跌量增)两种关系。在多头市场，量价配合说明市场局势由多方主力所控制，后市可继续看好；而量价背离意味着市场局势在向有利于空头的方向发展，后市看淡。这两种传统的量价关系被相当一部分投资者，甚至咨询机构视作分析大盘或个股运行趋势的“真理”。年轻的沪深股市和成熟的国外资本市场似乎也一直在验证这条真理。但是，按照辩证法的规律，大千世界，万事万物都是随时间、地点、环境的变化而变化，变与不变是辩证统一的。而股市作为大自然的一部分，万物之一，是否也会遵循辩证法这一规律呢?

依据传统量价关系：股价上涨应该有成交量推动，下跌成交量应该减少才合乎正常的量价关系。而图 5－10 中股价却完全违背这种关系，股价在上升过程中成交量反而不断萎缩，量价呈现背离状态。这可能让很多投资者迷惑，尤其是短线投资者，往往会因为看见成交量的萎缩而不敢坚持做多，过早的抛出手中筹码，从而错失后面大涨行情(图 5－11)。

为什么会出现“成交量减少，股价却继续大幅上涨”的现象?首先，我们需明白：成交量只是交易过程中买卖双方所成交的量，买进的量与卖出的量本身是相同的，而股票总量并没有因为交易而增加或减少，它只是在投资者之间一个转移的过程。这种转移的过程无非有两种：一种是主力出逃，散户接盘，股价后市向淡；另一种是散户交出筹码，主力接盘，主力锁定筹码后，只需要少量资金就可以轻松拉抬股价，股价的上涨已经不需要太大的成交量来推动，于是就出现了成交量逐步减少而股价继续攀升的走势。

针对这一类走势的股票，股价上涨时成交量越小，说明主力控盘力度越高，后市越被看好，与无量空涨型是一样的原理。只要投资者发现涨势中成交量越小，越要坚定持股信心，只要不放出巨量就可继续持有。

现在再看看(图 5－12)中的量价关系，该股在下跌时成交量却在逐渐放

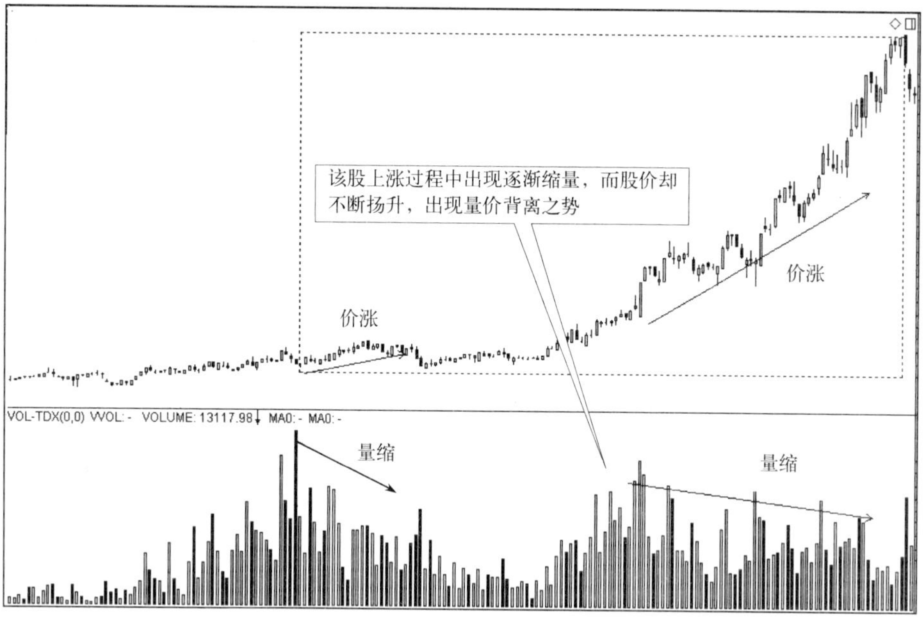
该股上涨过程中出现逐渐缩量，而股价却不断扬升，出现量价背离之势
价涨
价涨
VOL-TDX(0,0) VVOL: - VOLUME: 13117.98 MA0: - MA0: -
量缩
量缩

图 5－10

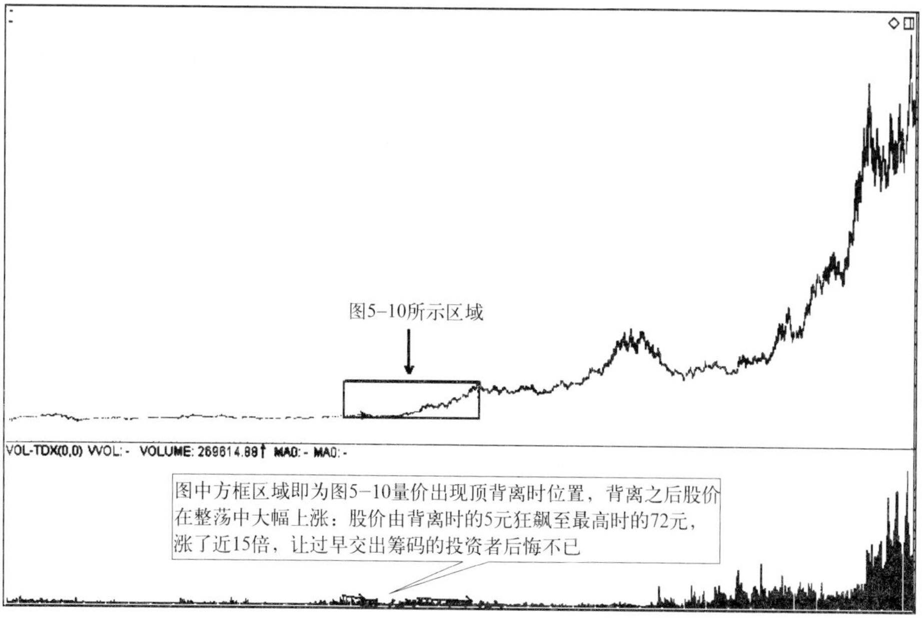
图5-10所示区域
VOL-TDX(0,0) VVOL: - VOLUME: 269614.88 MA0: - MA0: -
图中方框区域即为图5-10量价出现顶背离时位置，背离之后股价在整荡中大幅上涨：股价由背离时的5元狂飙至最高时的72元，涨了近15倍，让过早交出筹码的投资者后悔不已

图 5－11

大，呈现“底背离”，预示有资金进场，如果仅仅因此而买入，不免有些草率。该股见顶以后，下跌的时间不长，下跌幅度也不深，即便有资金进场，也是一些博取短线反弹的资金而已，至少大量的多头主力并未进场，最终该股短暂反弹后重回跌势。

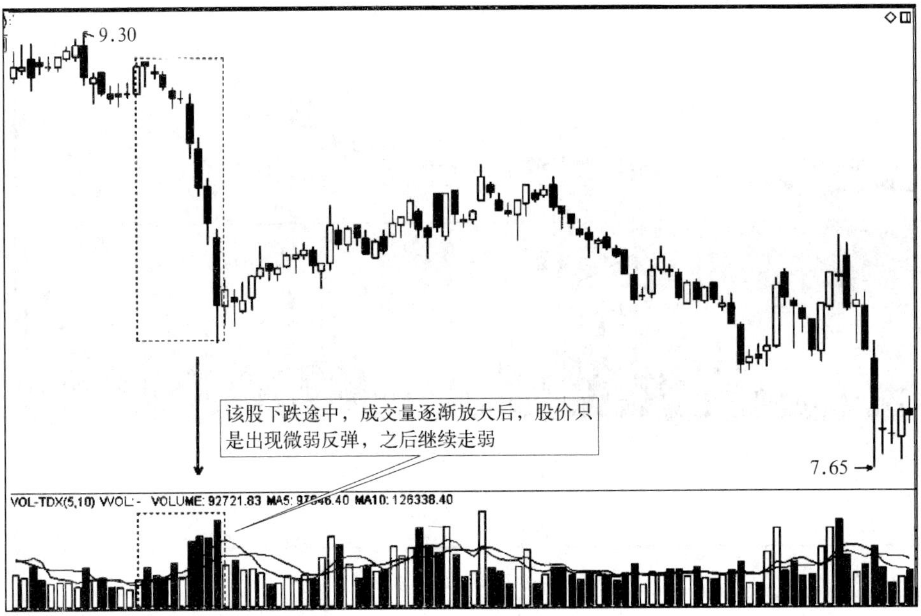

图 5－12

从上述两个案例证明了股市的量价关系也会遵循辩证规律。所以，投资者在分析量价关系时，离不开股价（指数）所在的具体时间、位置、条件的变化而辩证地分析，只有看清成交量变化的原因，才能对市场走势做出准确地判断。

第五节　均量线的识别和运用

一、什么是均量线

将一定时期内的成交量相加后的平均值，在成交量的柱状图中形成较为平滑的曲线，即均量线(图5-13)。它是参照移动平均线的原理来研判行情趋势的一种技术指标，以成交量的平均值来反映一定时期内市场平均成交的情况

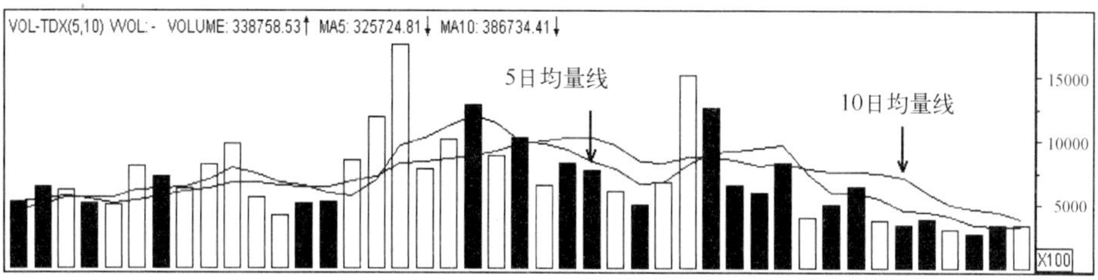

图5-13

二、均量线的分类

均量线按时间周期可分为分时均量线(5分钟、15分钟、30分钟、60分钟)、日均量线，周均量线、月均量线、季均量线和年均量线。均量线在成交量的柱状线之间穿梭波动，短期均量线与长期均量线常常出现交叉，类似于移动平均线的黄金交叉或死亡交叉，这时可以参照移动平均线的黄金交叉、死亡交叉的原理，来分析研判行情的走势。均量线与移动平均线相似之处就是：周期越短，交叉的频率越频繁，稳定性越差，周期越长，交叉的频率越少，稳定性越可靠，也更具参照意义。不过，它不具备移动平均线那种对股价(指数)助涨或助跌的功能。

三、均量线的运用

1. 均量线的金叉与死叉

均量线通常是一条短期均量线(如5日均量线)与一条长期均量线(如10日均量线)互相配合使用。一般情况下，当短期均量线上穿长期均线(即黄金交叉)或当短期均量线处于长期均量线上方并继续上升时，行情将保持上升走势。不过，上述形态出现在不同趋势或不同位置时，其后市走势也将不同，通常有以下四种情形：

(1)在大幅下跌后均量线出现黄金交叉时，预示行情可能即将见底或已经见底(图5-14)，为买进信号。投资者遇此情形时，可适量建仓。

(2)在上升途中出现均量线金叉时，预示一轮新的上升行情已经启动(图5－15)，遇此形态时，投资者应加码追进。

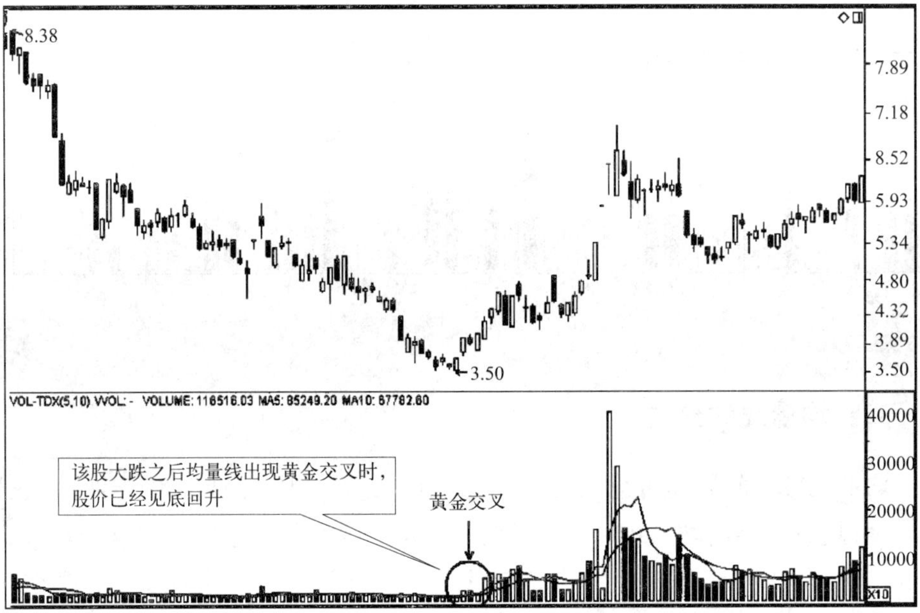

图5－14

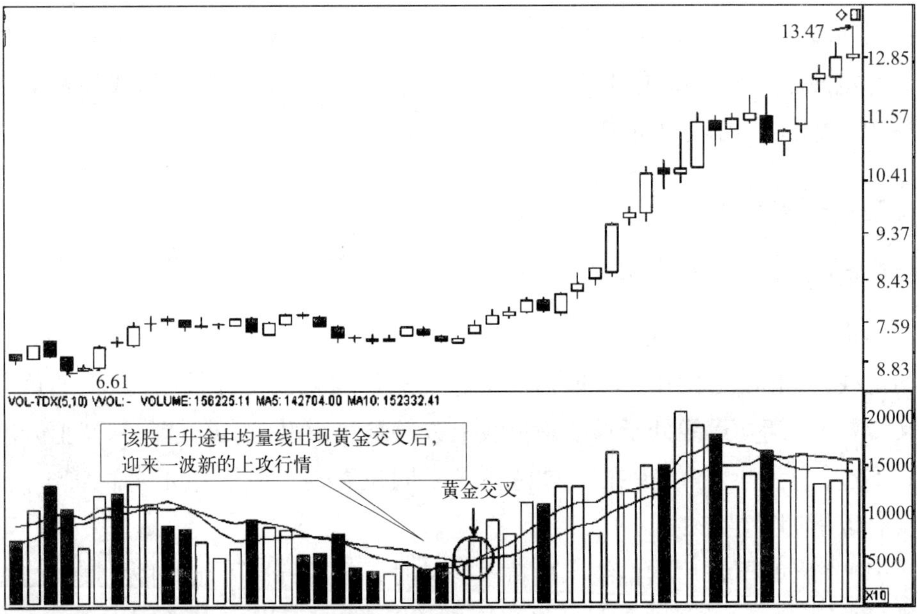

图5－15

(3)在跌势初期，由于量增价跌出现均量线金叉，主力高位胜利出逃后，股价走弱，空方做空意渐渐加强，此时股价将继续下跌(图5　16)。遇此形态时，投资者应及早抛空离场。

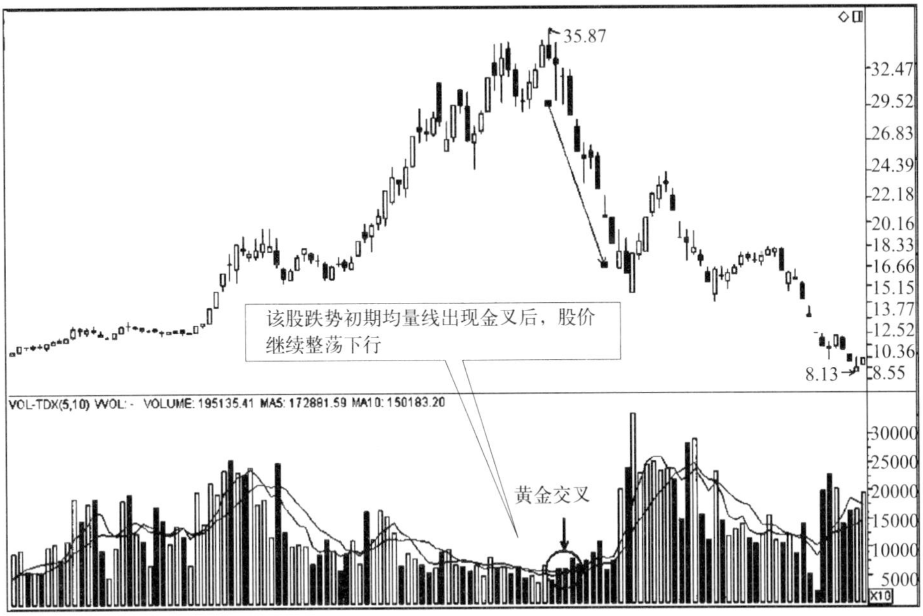

图5－16

(4)在下跌途中均量线出现黄金交叉时，预示可能有暂时反弹出现，但下行趋势并未改变(图5－17)。成交量的增加多为前期尚未出完货的庄家借反弹出货所致。所以，投资者应继续持币观望，不宜贸然进场。

同样，当短期均量线下穿长期均量线(即死亡交叉)或处于长期均量线下方继续下移时，由于出现在趋势或位置不同，其后市走势也将不同，也常常会有出现以下四种情形：

(1)大幅上涨后，在高位出现均量线死叉时，表示行情可能即将见顶或已经见顶(图5－18)，此时为卖出信号。遇此情形时，投资者应逐步减磅或将筹码全线抛空离场。

(2)在上升途中均量线出现死叉时，表明经过一波上涨之后，主力有意为蓄势上攻而清洗盘面浮筹，意味着股价将出现盘整或回挡(图5－19)，整理后将重续升势。遇此情形时，投资者可以继续持股或逢低吸纳。

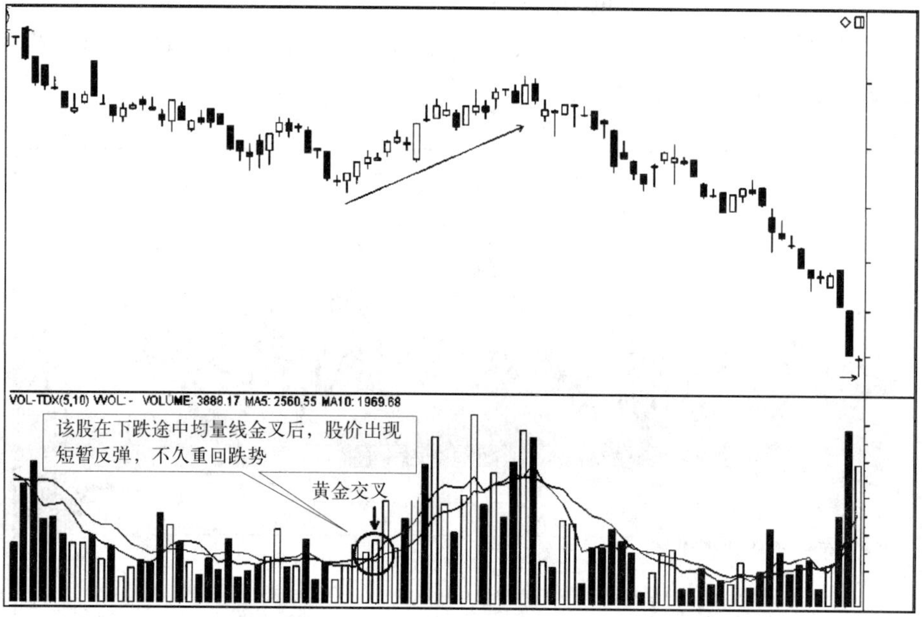
VOL-TDX(5,10) VVOL: - VOLUME: 3888.17 MA5: 2560.55 MA10: 1969.68
该股在下跌途中均量线金叉后，股价出现短暂反弹，不久重回跌势
黄金交叉

图 5－17

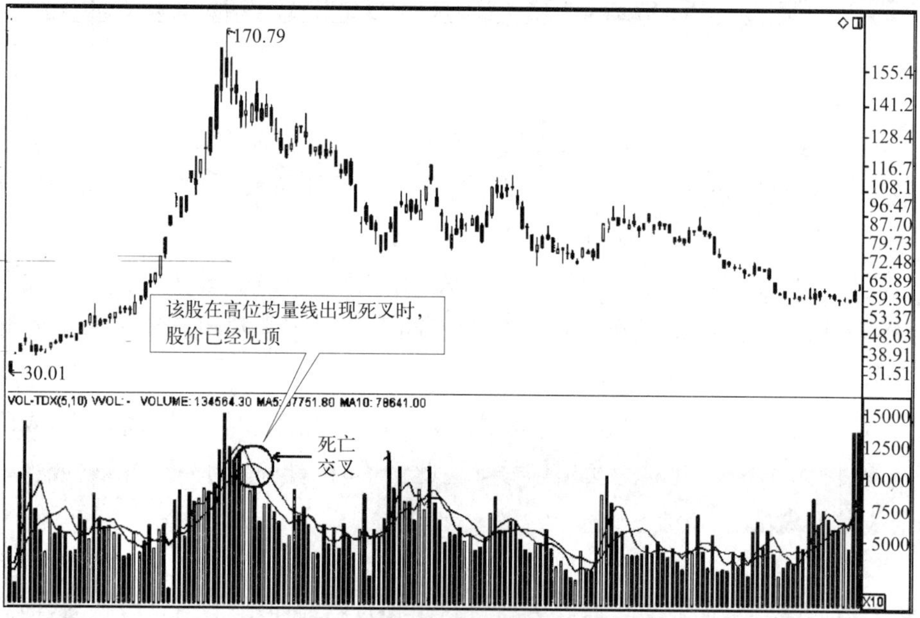
170.79
155.4
141.2
128.4
116.7
108.1
96.47
87.70
79.73
72.48
65.89
59.30
53.37
48.03
38.91
31.51
30.01
该股在高位均量线出现死叉时，股价已经见顶
VOL-TDX(5,10) VVOL: - VOLUME: 134564.30 MA5: 77751.80 MA10: 78641.00
死亡交叉
15000
12500
10000
7500
5000
X10

图 5－18

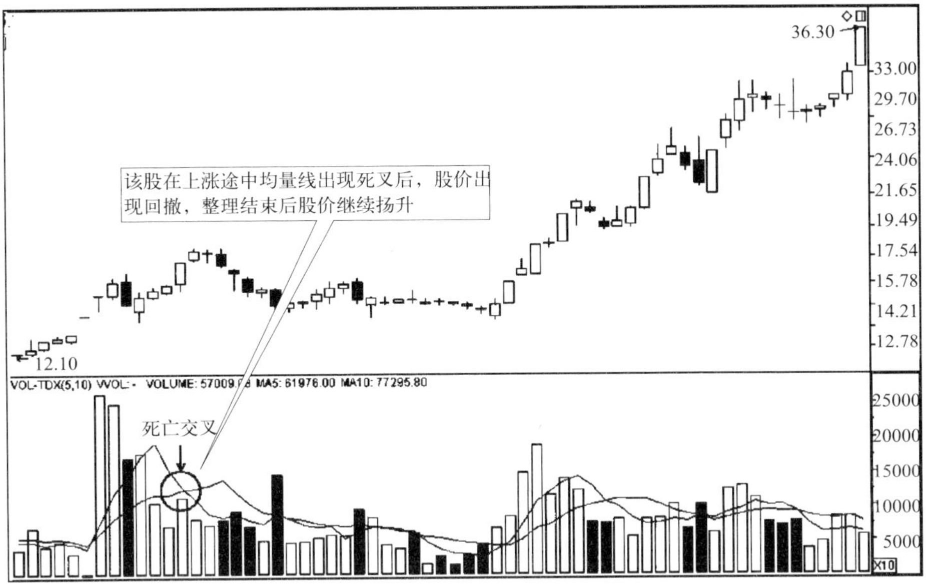

图 5－19

(3)在跌势初期均量线死叉时，表明市场信心转弱，虽然抛盘不大，但主动性买盘也在减少，预示后市将持续下跌(图 5－20)。遇此情形时，投资者应果断平仓出局。

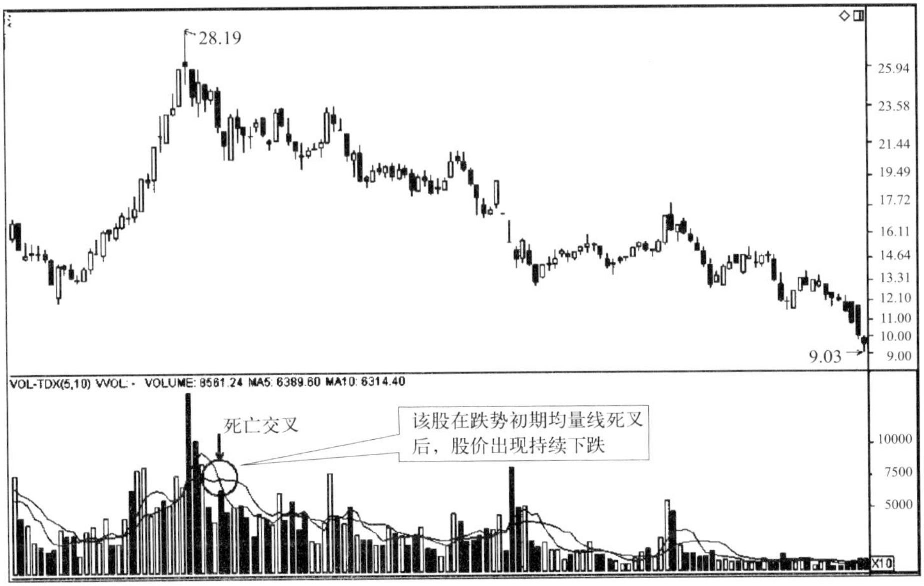

图 5－20

(4)下跌途中均量线出现死叉时，意味着一轮新的下跌行情的开始，为卖出信号(图5－21)。遇此图形时，持股的投资者应果断出局，而持币的投资者应继续持币观望。

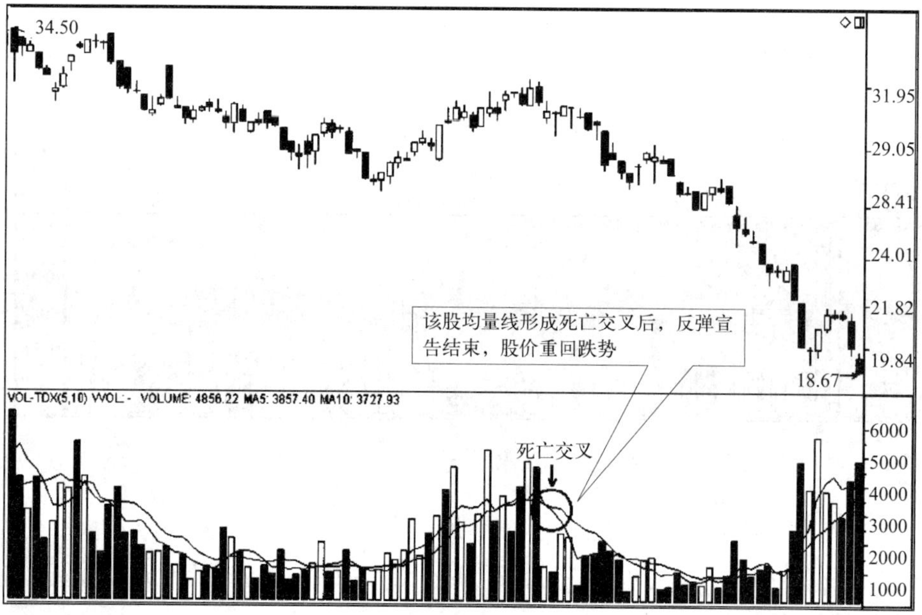

图5－21

2. 均量线的波动趋势

在有均量线的成交量图中，均量线在成交量的柱状线之间穿梭波动，投资者可以以此来研判股价(指数)的趋势走向。

(1)在上涨行情初期，均量线随股价(指数)上涨而不断创出新高，显示市场人气旺盛。行情进入尾声时，尽管股价再创新高，均量线多已提前于股价(指数)走弱，形成价量背离，预示股价已经接近顶部区域。此时，投资者应逐步分批减磅。

(2)在下跌行情初期。均量线一般随股价(指数)持续下跌而出现下移或死亡交叉，显示市场人气涣散。行情接近尾声时，股价不断跌出新低，而均量线多已走平或向上拐头出现金叉，表示多方能量正在加强，这是股价(指数)可能即将见底信号。所以，投资者遇此情形时可以伺机逐步建仓。

3. 短期与长期均量线的缠绕

在盘整行情中，短期均量线和长期均量线相互缠绕，均量线频繁出现的交叉信号不具参照意义。当长短期均量线出现多头排列或空头排列时，表明盘整局面已被打破。

4. 均量线的拐头

均量线不论是向上或向下拐头，都预示着行情可能出现反转转势或调整，都是一种预警信号。

四、均量线的应用要领

（1）当均量线出现移动平均线理论中的黄金叉或死亡叉时，对行情转势信号的确认，应结合 KDJ、MACD、K 线形态、趋势线等指标和技术分析法一并研判，以便作出更为准确的操作策略。

（2）由于短期均量线频繁缠绕稳，定性差，敏感度强，而中长期均量线稳定性强，敏感度弱的特点，投资者应将二者结合起来使用，以减少误判。图 5－22 和图 5－23 分别显示的是 2015 年 6 月 15 日上证指数在 5178 点见顶

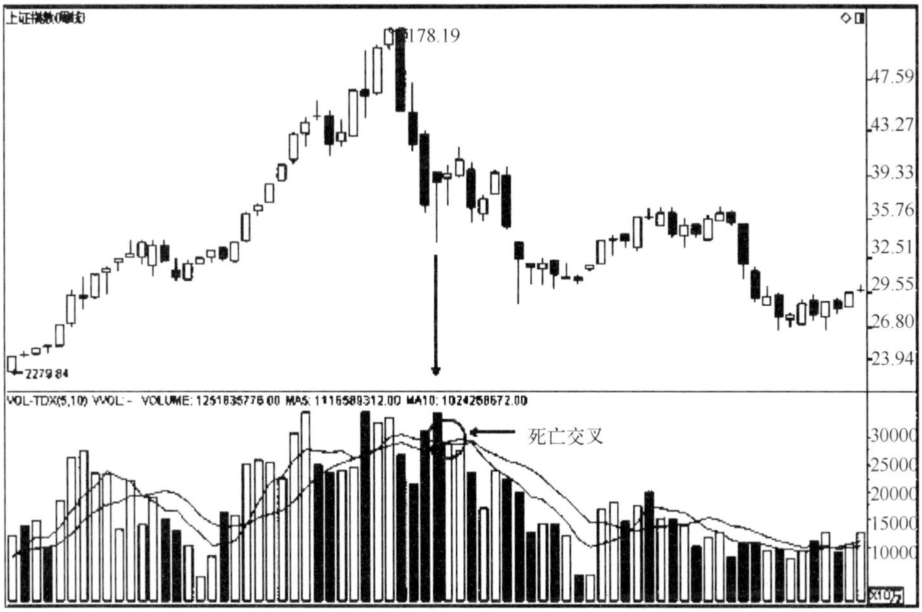

图 5－22

时的周均量线图和日均量线图。周均量线在 7 月 17 日发出死亡交叉时，上证指数已经从 5178 点狂跌至 3373 点，已狂跌近 2000 点，这时周均量线发出的信号严重滞后，如果投资者仅仅依据周均量线操作，将会损失惨重。当我们回过头来再看图 5－23 的日均量线时，在 2015 年 6 月 15 日上证指数见顶当日，日均量线及时发出死亡交叉信号。投资者如果借助日均量线可以准确视别顶部，精准逃顶，从有效避免了周均量线的滞后缺陷所导致的误判。

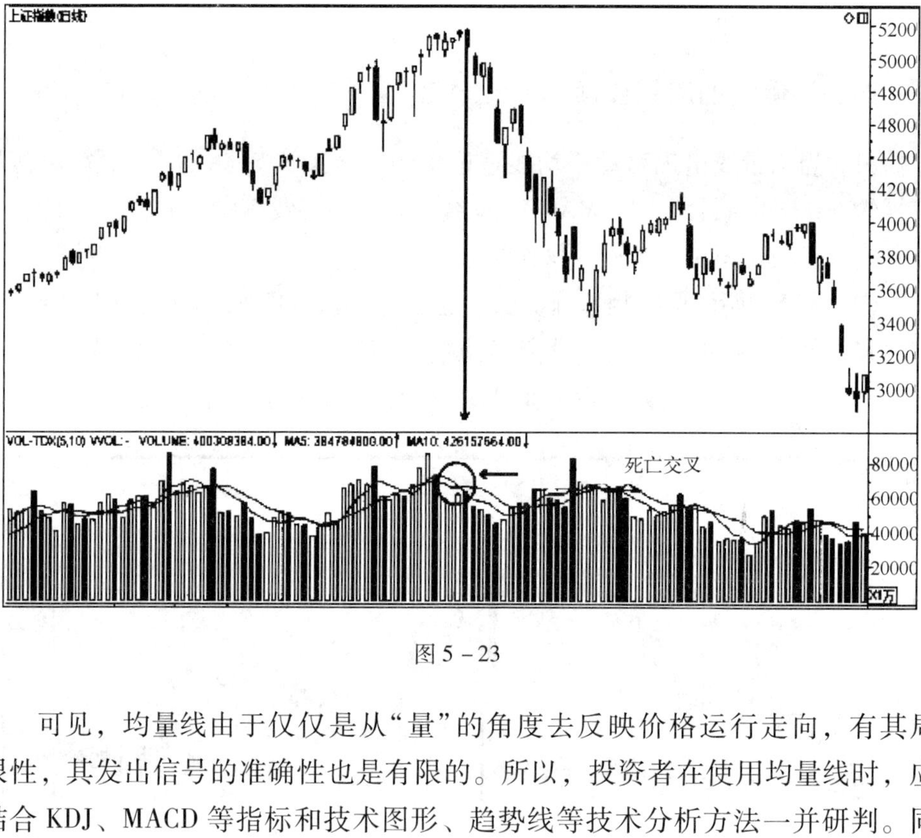

图 5－23

可见，均量线由于仅仅是从“量”的角度去反映价格运行走向，有其局限性，其发出信号的准确性也是有限的。所以，投资者在使用均量线时，应结合 KDJ、MACD 等指标和技术图形、趋势线等技术分析方法一并研判。同时，由于不同周期的均量线对市场的敏感度不一，仅参照某一单一周期均量线，难免不会有失误，若结合不同周期的均量线，则可以有效避免或减少单一均量线的局限性所致的失误，从而有助于提高投资者对行情判断的准确性。

第六节　成交量的识别和运用小结

成交量的变化反映了资金进出市场的情况，是股价（指数）变化的先行指标。于是，成交量成为大部分投资者最关注的辅助性指标，为其准确判断市场走势提供重要的参考依据。投资者在学习和运用成交量的时候，还需要注意以下几点：

1. 分析成交量形态时，要具体条件进行具体分析

无论是逐步放量、逐步缩量、快速放大量、快速出小量、量平均可以出现在涨势或跌势中，并且可以出现在其初期、途中和末期。因其出现的时间、位置不同，其技术含义也不同，当然，最后的操作策略也就不同。所以，投资者在分析成交量图形时，不能笼统的一概而论。

2. 对量价关系中的特殊形态要有足够的重视

在量价关系的特殊形态中的天量天价、地量地价，反映了量价关系的基本规律。即成交量达到极值时，预示着价格也到达极值，市场的转折点将随时可能出现，也就是人们常说的“天量伴随天价，地量伴随地价”。如当股价（指数）经过连续大幅上涨之后，成交量急剧放大，特别是当某日成交量出现暴增，也就是人们所说的天量时，天价也将随即出现，意味着上涨行情也走到尽头。此时，无论当天是收大阳线还是大阴线，或者随后几日出现碎步小阳线，都是危险信号，明确的提示投资者应该做好离场准备了。同样，股价（指数）经过长期大幅下跌后，成交量逐步萎缩，乃至于出现极度萎缩，也就是人们说的地量时，意味市场的转折点已经出现，此时往往是投资者建仓的最佳时机 。

3. 要辩证的认识量价关系

在传统量价关系理论中，价涨量增、价跌量缩为量价配合，表明市场完全在多方的控制之下，后市继续看多；价升量减、价跌量增为量价背离，表示市场局面由空方控制，后市看空。这种传统的量价关系，在绝大多数情况下准确的反映了市场趋势的变化方向，为投资者预判趋势发展发挥着至关重要的指导作用。不过，随着沪深股市的发展，市场规模扩大的同时，主力的

操盘手法，操作技巧也不断变化。股价缩量上涨，在绝大数个股而言意味着股价将见顶或回落，而在主力控盘的个股上，控盘主力常常利用投资者的这种惯式思维，反其道而行之，使股价呈现出在成交量逐步减少的情况下不跌反涨，甚至越涨越厉害的现象。那么，当投资者如果遇到这种缩量上涨的股票时应该怎么操作呢？投资者不妨做好两手准备：首先把缩量上涨视作传统量价关系的常规走势，那么意味着价格将出现回撤，投资者此时做好离场思想准备，时刻提示自己。其次把缩量上涨看成可能是主力控盘的结果，那么股价将继续缩量扬升，此时，投资者应继续持股待涨，不轻易交出筹码。如何识别是否属于主力控盘，可从以下两点着手：

(1)与分析大盘走势相结合。如果大盘正运行在主升浪中，那么个股价缩量上涨属主力控盘的概率极高；如果大盘涨势接近尾声，那么缩量上涨应看作传统的量价关系。

(2)与均线、趋势线相结合。主力控盘的个股一定会有其赖以支撑股价缩量上升的均线或趋势线，只要股价沿着某一均线或趋势线继续盘升，那么表明主力依然掌控着盘面。

把成交量与KDJ、MACD、乖离率等指标以及K线、均线、技术图形和趋势线等技术分析方法进行有效结合使用，以提高对市场判断的准确性。

总之，在学习和运用量价关系时，投资者既要重视传统的量价关系理论，也要有辩证分析的思维，客观、全面、多角度的看待量价关系在不同条件下发生的变化，才能有效识别主力的操盘手法，为自己制定相应的操作策略。

第六章　趋势线的运用

在股市实际操作中，顺势而为，追随市场大势，是每一位投资者在这一市场赖以存活的基础和灵魂。只有看清市场运行趋势，并顺应趋势节奏操作，方能在这瞬息万变的股市中得心应手，成为股市的赢家。反之，逆势操作被市场所淘汰也就成为必然。趋势是自然界万事万物发展方向的内在运行规律，不会因人们的意志而转移，遵循和服从这一规律，是人类适应自然的必然选择。股票市场作为自然界的万物之一，当然也就有其自身的运行规律：升势形成一旦形成，没有任何力量能够阻挡其上涨的势头，直至升势反转。同样，跌势一旦形成，也没有什么力量能够阻止其下行步伐，直至跌势结束，这也就是股市的运行规律。为了直观记录和表现趋势运行的方向，人们常用画直线的方法来记录股市运行的轨迹和规律，这便是这一章将要阐释的趋势线。股价(指数)跌破上升趋势线，意味顶部可能已经形成，提示投资者应该离场了；股价(指数)突破下降趋势线，意味底部可能已经出现，提示投资者应该进场了。所以，趋势线是投资者实现成功抄底和逃顶的风向标。

第一节　趋势线的概述

一、什么是趋势线

股市中，在逐浪上升行情中将两个或两个以上依次上移的低点的连线或者逐浪下跌行情中把两个或两个以上依次下移的高点的连线叫作趋势线，前者称为上升趋势线，后者称为下降趋势线。趋势线是技术分析中最简单、最直观、最有效的工具，也就成为投资者最常用的分析方法之一。

二、趋势线的分类

(1)从方向上，趋势线可分为上升趋势线、下降趋势线和水平趋势线。上升趋势线就是在逐浪上升行情中将两个或两个以上依次上移的，最先形成或最具代表性的两低点连接而成一条向上的斜线，以此展示股价(指数)运行的趋势是向上的；下降趋势线就是在逐浪下跌行情中将两个或两个以上依次下移的，最先形成或最具代表性的两高点连接而成一条向下的斜线，以此展示股价(指数)运行的趋势是向下的；水平趋势线是将两个或两个以上水平的，最先形成或最具代表性的低点或高点连接而成一条水平线，以此展示股价(指数)在进行箱体整理，运行方向是水平的，后市不明朗。

(2)从速度上，趋势线可分为快速趋势线和慢速趋势线。快速趋势线运行速度快于慢速趋势线，维持时间短于慢速趋势线。通常快速趋势线代表股价(指数)的短期趋势，是短线或激进型投资者研判趋势的重要依据，而慢速趋势线代表股价(指数)的中长期趋势，是中长线或稳健型研判趋势的重要依据。而在实际操作中常常根据二者的不同特点，结合起来对照分析，以提高对股价走势研判的准确性。

(3)从时间上可分为短期趋势线、中期趋势线和长期趋势线三种(图6-1中的L1、L2、L3)。

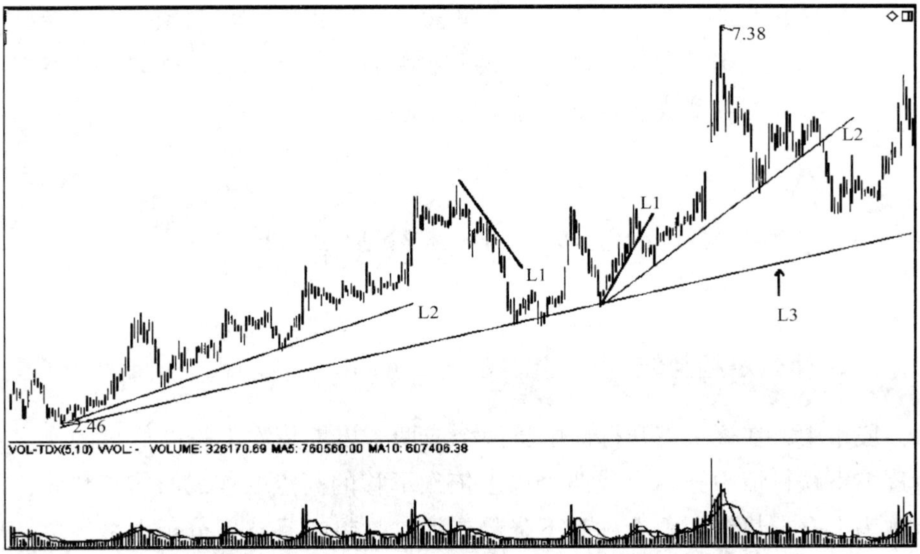

图6-1

短期趋势线是连接两个小浪的低点或高点的斜线，时间跨度一般只有几天或者几个星期，只能影响股价（指数）的短期走势；中期趋势线是连接两个中浪的低点或高点的斜线，时间跨度一般一般为几个月或一两年，将能影响股价（指数）的中期期走势；长期趋势线是连接两个大波浪的低点或高点的斜线，时间跨度可为几年甚至更长，将能影响股价（指数）的长期走势。

下面将分别以1992年11月至2001年6月上证指数周K线图（图6－2）和2009年8月至2014年7月上证指数周K线图（图6－3）为例，让大家对上升趋势线，下降趋势线、水平趋势线、短期趋势线、中期趋势线和长期趋势线更直观的认识和了解。

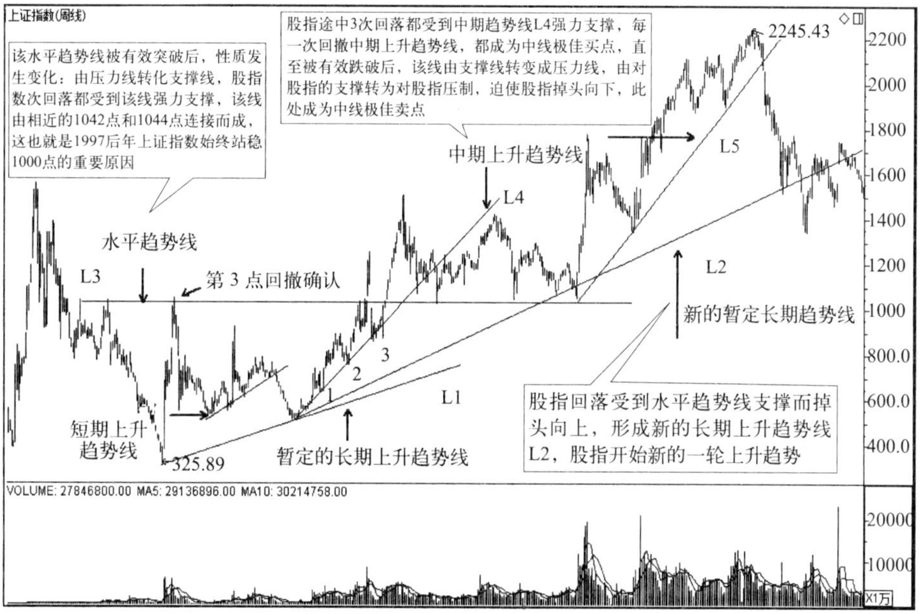

图6－2　上证指数1992年11月—2001年6月的周K线图

从图6－2中可以清楚地看出，以1993年8月的1042点与1993年12月的1044点为连线，画出一条暂定的长期水平趋势线L3，上证指数在1994年9月首次反弹到1052点时，受该线压制而掉头向下。此后，上证指数经历两年调整后，到1996年12月再次反弹1258点，始终受制该线压力，再次掉头向下，无功而返。直至1997年2月第三次向该线发动攻击，在成交

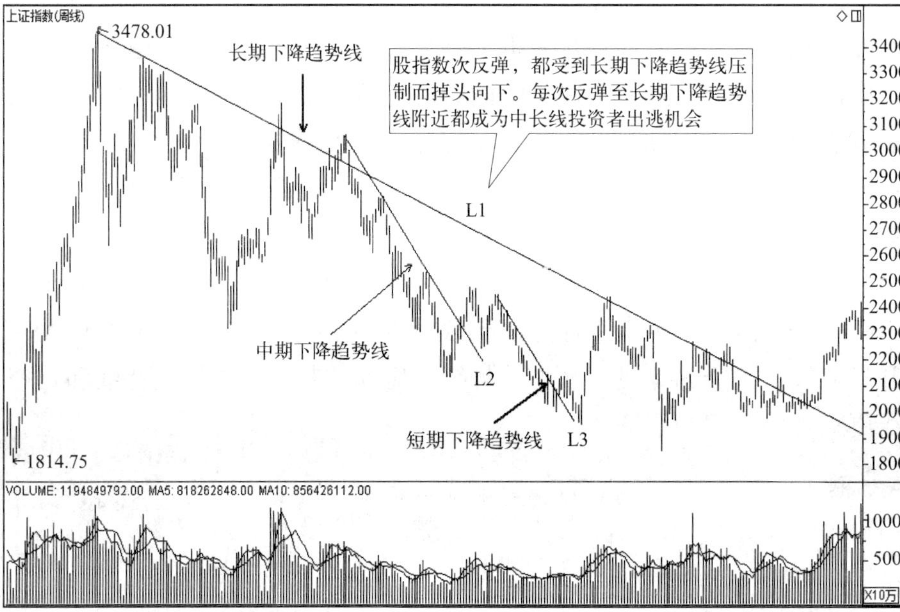

图 6－3　上证指数 2009 年 8 月—2014 年 7 月的周 K 线图

量的配合下，终于放量突破压制上证指数三年之久的水平趋势线。该线被有效突破后，性质发生根本性变化，由原来对股指上涨时的压制转变成对股指回落时的支撑，之后股指先后在 1997 年 7 月，9 月、1998 年 8 和 1999 年 5 月四次回调直逼 1000 点，都受到该线强力支撑，这也就是上证指数在 1997 年后始终站稳 1000 点最重要原因。虽然在图中，我们以 1994 年 7 月的 325 点与 1996 年 5 月的 512 点为连线画出一条暂定的长期上升趋势线 L1，但该线没有经过第三点的回撤确认，无法确定其是否有效，不过之后的走势证明，该条暂定的长期上升趋势线是无效的。后来，随上升趋势的延续，又以 1996 年 5 月的 512 点和 1999 年 1047 点为连线画出一条新的暂定长期趋势线 L2，对原有上升趋势线进行修正。同样，该线也没有经过第三点的回撤确认，最终走势证实，暂定长期趋势线 L2 也属无效。回头再看图中中期上升趋势线 L4 对中期走势的影响，该线是以 1996 年 5 月的和 1996 年 8 月相应低点为连线而成。该线经过第三点的回撤确认后属有效中期上升趋势线，中途股指三次回落，都受到该线的强力支撑而向上弹升，直至 1997 年 9 月，股指有效跌破中期上升趋势线后，趋势线性质发生变化，由对股指回落时的支撑转为对股指上涨时的压制。于是，后来股指反弹到这条中期上升趋势线附近，就掉头向下。由此可见，中期趋势线对股指中期走势的影响也是显而易见的，投资者应该引起足够重视。至于短期趋势线，在图中只是象征性画了一条，我们可以清晰的看出，它速度陡峭，维持时间短，对指数的涨跌影响相对有限，并且是短暂的，对中长线投资者而言可以不必过于关注。

从图 6－3 可以清楚看出，以上证指数 2009 年 8 月的 3478 点与 2009 年 11 月的 3361 点为连线画出暂定长期下降趋势线 L1，2010 年 1 月股指反弹至 3306 点时，受该线压制掉头向下，这样，得以确认该线为有效长期下降趋势线，这也是 2010 年 11 月后，上证指数始终在 3000 点下方长期运行的重要原因。之后，虽两度短时冲击这条长期下降趋势线，均以失败告终，正是这条长期下降趋势线对上海股市压制长达五年之久。另外，以 2011 年 4 月与 2011 年 7 月相应高点为连线的中期下降趋势线 L2，对上海股市压制也接近一年。最后再看短期趋势线，无论是上涨的，还是下跌的，都可以画出多条，在图中只画出其中一条 L3，可以看出，短期趋势线对股指的涨跌影响不会持久，作用相对有限。

三、趋势线的画法

第一步骤：先画出暂定趋势线，分为上升趋势线和下降趋势线。

（1）上升趋势线：在逐浪上升行情中将两个或两个以上依次上移的，最先形成或最具代表性的两低点连接而成一条向上的斜线。上升趋势线触及的次数越多，其可靠性越高，越具有参考价值；上升斜度越大或越陡峭，其支撑作用越弱，也越容易被跌破。

（2）下降趋势线：在逐浪下跌行情中将两个或两个以上依次下移的，最先形成或最具代表性的两高点连接而成一条向下的斜线。下降趋势线触及的次数越多，其可靠性越高，越具有参考价值；下降斜度越大或越陡峭，其压制作用越弱，也越容易被突破。

第二步骤：确认趋势线的有效性。

画出暂定的趋势线后，待股价（指数）在运行过程中是否会触及这条趋势线至关重要。只有在经过第三点的探试后的这条暂定的趋势线，才会成为有效的趋势线（图 6－4），触及的次数越多，其可靠性越高，越具有参考意义。

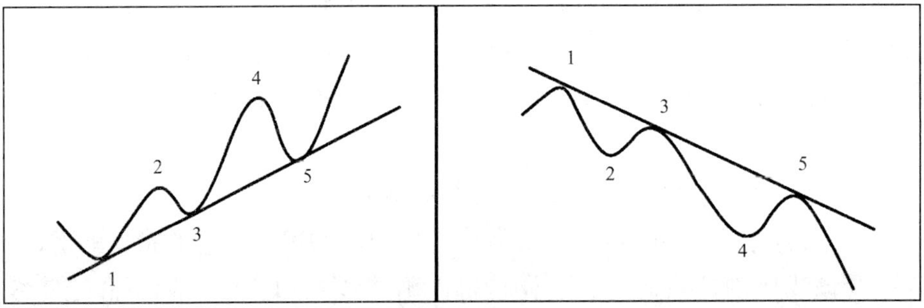

上升趋势线：连接 1、3 两个点画出暂定的趋势线，经 5 进行确认后形成有效的上升趋势线

下降趋势线：连接 1、3 两点画出暂定的趋势线，经 5 进行确认后形成有效的下降趋势线

图 6－4

不过，投资者在画线时需注意以下几点：

（1）在画上升趋势线时，把可以连接的低点，应使得大部分低点尽可能处于同一条直线上；同样，画下降趋势线时，把可以连接的高点，也应使得大部分高点尽可能处于同一条直线上。

（2）画出的趋势线不应过于陡峭，否则很容易被横向整理突破；画出的趋势线太平，股价突破后发出的买卖信号滞后，行情已经涨跌一大段了，这两种趋势线失去实质的技术分析意义。趋势线的斜度约在 45°左右为宜，更具有参照意义。

（3）需常对趋势线进行修正。以上升趋势线的修正为例，当股价跌破上升趋势线后又迅速回到该趋势线上方时，应将原使用的低点之一与新低点相连接，得到修正后的新上升趋势线，这样才能更准确地反映出股价（指数）的运行走势。

四、趋势线的操作方法

1. 上升趋势线

上升趋势线揭示股价（指数）的运行趋势是向上的，对股价（指数）的上涨具有支持作用，故也称作上升支撑线。通常上升趋势形成后，股价（指数）将会持续上行很长一段时间，操作方法如图 6 – 5 所示。

(1) 在没有被有效跌破之前，在趋势线之上方，投资者可放心看多做多。并且每一次回探趋势线都是买进信号。

(2) 上升趋势线被有效跌破后，为卖出信号。投资者应由多转空，减磅或清仓出局。

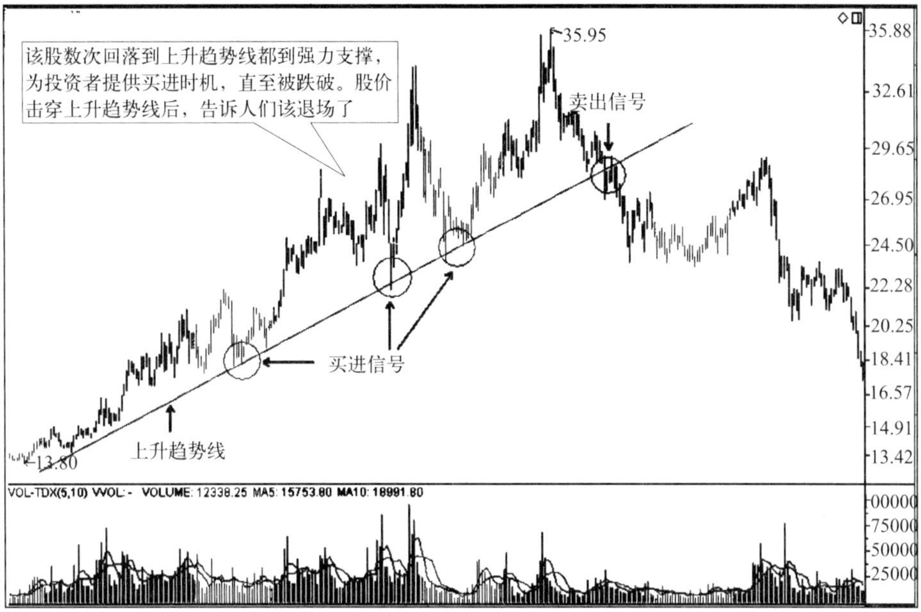

图 6 – 5

2. 下降趋势线

下降趋势线揭示股价(指数)的运行趋势是向下的，对股价(指数)的上涨具有压制作用，因此也称作下降压力线。通常下降趋势形成后，股价(指数)将会持续下跌很长一段时间。操作方法如下，如图 6 – 6 所示。

(1) 在没有被有效突破之前，在趋势线之下方，投资者应看空做空，并且每一次反抽趋势线都是卖出信号。

(2) 下降趋势线被有效突破后，为买进信号，投资者应由空翻多，随时准备建仓。

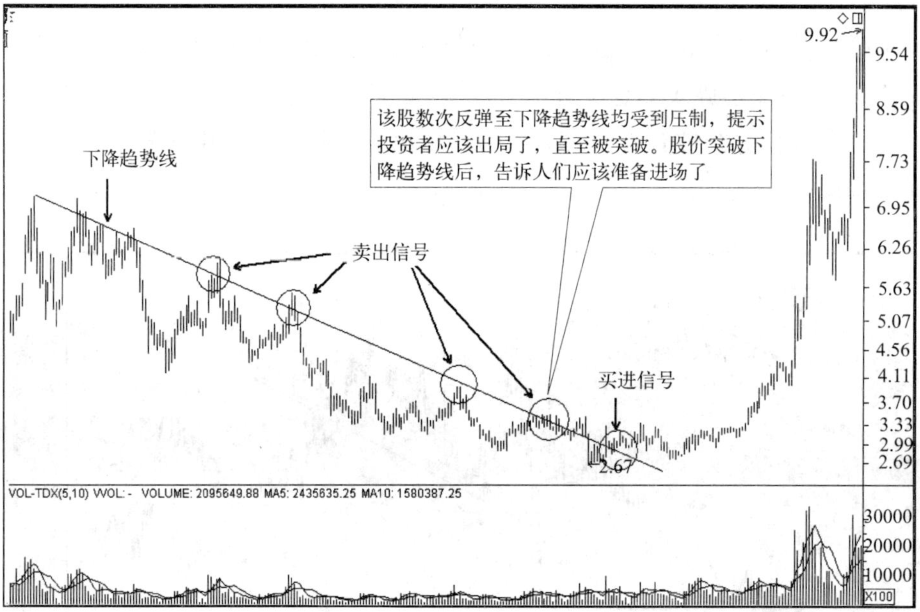

图 6－6

五、趋势线的操作原则

依据趋势线操作的核心思想是顺势而为。股市市场有一句名谚：不要与趋势抗衡。也就是说，顺应潮流，跟着趋势走。顺势而为，具体到操作上，就需要投资者掌握并坚持以下三个原则：

(1)一旦趋势线确认涨势后，任何回调都是买进良机，趁回挡加码；一旦趋势线确认跌势后，任何上涨都是出逃机会，趁反弹出货。

(2)一旦趋势线确认涨势后，不要轻易高抛低吸，减少操作频率；一旦趋势线确认跌势后，不可轻易买入，因为后市跌幅可能更深。

(3)一旦趋势线确认涨势后，要敢于追涨，尤其是长期下降趋势线被有效突破后，追涨成为投资者必然选择。一旦趋势线确认跌势后，应果断止损离场，同样，尤其是长期上升趋势线被有效突破后，斩仓出局是投资者避免被深套的最佳做法。

关于第三点，很多投资者可能会感到迷惑不解，因为市面上很多股市书籍中都告诫投资者：不在大涨之后买入股票，也不在大跌后卖出股票，也就是说“不要追涨杀跌”。一般情况下，这个“真理”是正确的。比如在股价连续拉出几根大阳线后追进去，很可能被套，在股价连续拉出几根大阴线后，再去杀跌，很可能就杀在底板价上。但是不要忘记：任何真理都是相对的，依据趋势线操作，这个股市操作原则就要另当别论了。下面我们以三个实际案列向大家说明依据趋势线操作时必须追涨杀跌的必要性(图 6 – 7 ~ 图 6 – 9)。

图 6 – 7 是泸州老窖 1999 年 5 月到 2007 年 11 月的周 K 线图。股价在 2006 年 4 月突破长期下降趋势线时为 7. 03 元，距离底部 3. 10 元涨幅已经超过一倍，很多投资者面对已经有着较大涨幅的泸州老窖，若是依然遵循“不在大涨之后买入股票”的传统定势思维，势必错失股价突破长期下降趋势线后出现巨大涨幅，到 2007 年 10 月时，泸州老窖已经涨至 76 元，距离突破长期下降趋势线时，股价翻了 10 倍。

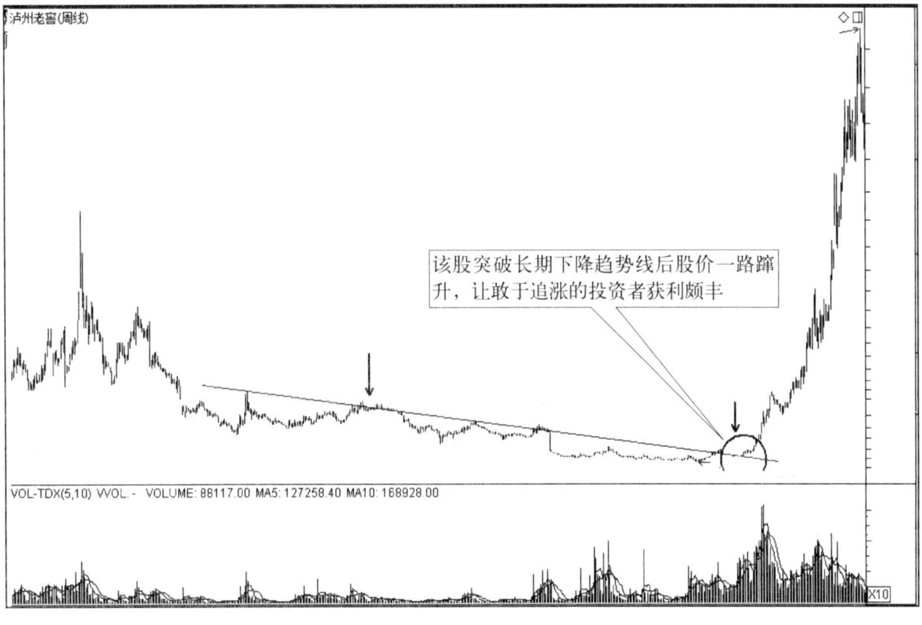

图 6 – 7 泸州老窖

图 6 – 8 为中成股份为 2011 年 3 月—2015 年 6 月的周 K 线图。从图中我们可以清楚的看到，在 2014 年 7 月，股价放量突破水平趋势线时，周线连拉三根大阳线，股价从突破前的 7 元涨到 14. 54 元涨幅已达 100%。若是投资者还是固执遵循“不在大涨之后买入股票”的定势思维，也就无缘抓住

2014 年 8 月之后股价从 14. 54 元涨到到 2015 年 6 月的 39. 34 这段时间的飙升行情。

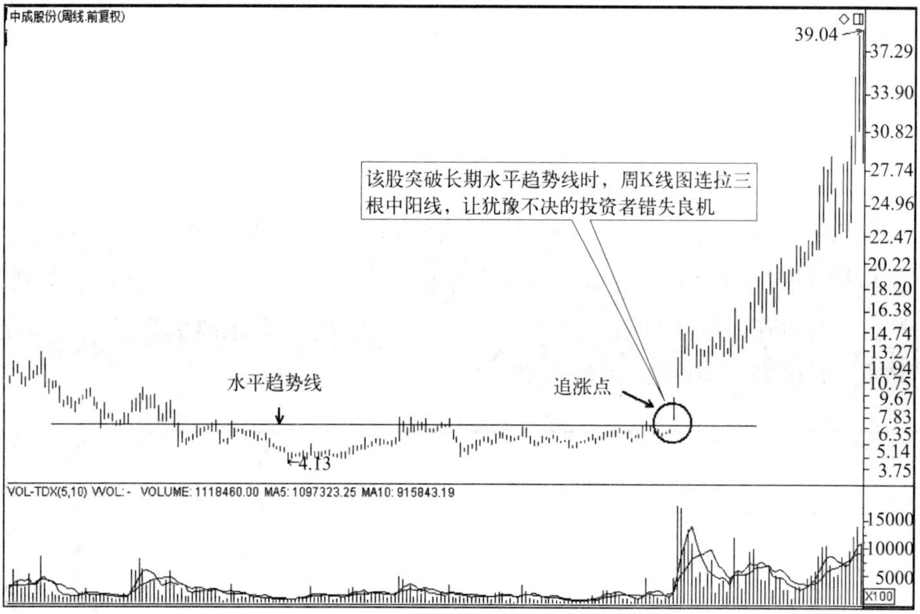

图 6－8

图 6－9 是福瑞股份 2013 年 6 月—2016 年 1 月的日 K 线图。该股股价从 2013 年 6 月开起，开始缓慢上涨，沿着趋势线 L1 整荡爬升。之后升势加速，股价急速飙升，分别形成新的、陡峭的上升趋势线 L2 和 L3。随着 2015 年 6 月 A 股又一轮股灾的来临，股价于 6 月 18 日和 26 日分别以大阴线和向下跳空的形式连续跌破新的上升趋势线 L3 和 L2 时，从最高点时 76. 64 元跌至 46. 95 元，跌幅已经超过 40%，如果投资者在股价跌破上升趋势线 L3 和 L2 时不果断平仓出局，结果将是残酷的。到 2016 年 1 月时，股价已跌至 17 元左右，再度深跌达 70%，此后股价陷入长期盘整。可见，投资者在股价跌破上升趋势线后，清仓离场无疑是明智的抉择。

从上述三个案例案列，说明依据趋势线操作追涨杀跌的必要性。因为趋势线理论告诉我们：无论是大盘还是个股，一旦长期趋势线被有效突破，趋势形成后它总会运行很长一段时间，直至这种趋势终止而发生逆转，这是由趋势线的性质决定的，任何客观规律都不会因人类的意志而改变。

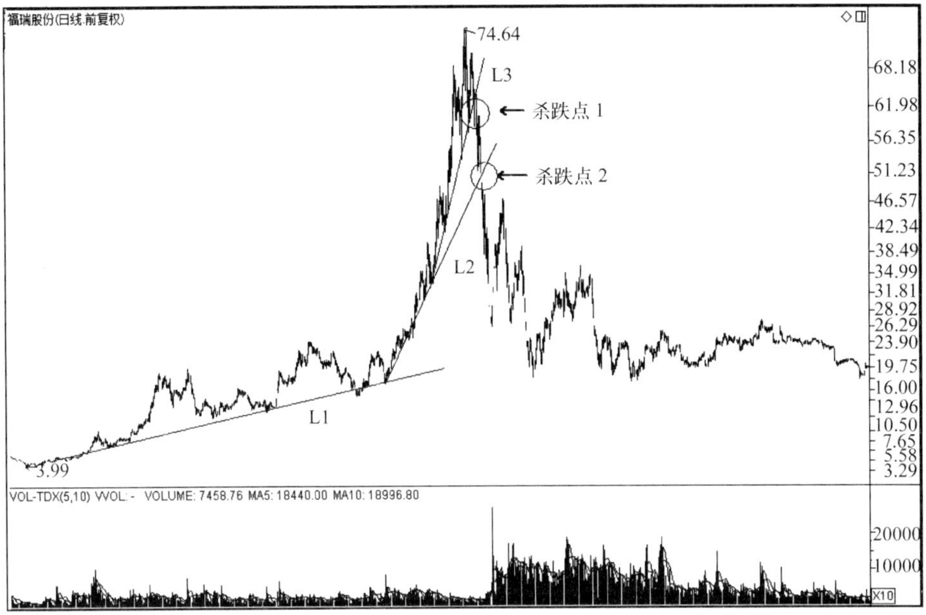

图 6－9

第二节 趋势线的突破与修正

趋势线是技术分析领域最有效、最简单的重要工具之一，在识别市场方向、判断趋势转折点方面有着非常重要的意义。趋势线看似简单，就是两点的连线，但投资者要真正完全搞懂弄通它，并掌握其使用技巧，也并非易事。这一节中，将就趋势线的突破、突破后的作用转变、突破后的趋势线修正等几方面对趋势线进行具体讲解和分析，以便于投资者更好地学习和掌握趋势线的功能和使用方法。

一、趋势线的突破

趋势线的突破可分为有效突破和无效突破两种，也就是真突破和假突破。衡量何为有效突破，何为无效突破呢？当股价(指数)突破趋势线时，突破的可信度可从下列三点来判断：

1. 有效突破必须满足两个条件

①穿破趋势线幅度超过3%；②股价在趋势线相反方向运行时间超过3天。这就是人们所说的三三原则(图6-10)，如果不符合这两个条件，则被视为无效突破或假突破。

突破趋势线后，常常有两种情形：一种是突破后直接向趋势线相反方向运行；另一种是经回抽趋势线后再往趋势线相反方向运行，从而确认突破趋势线有效。

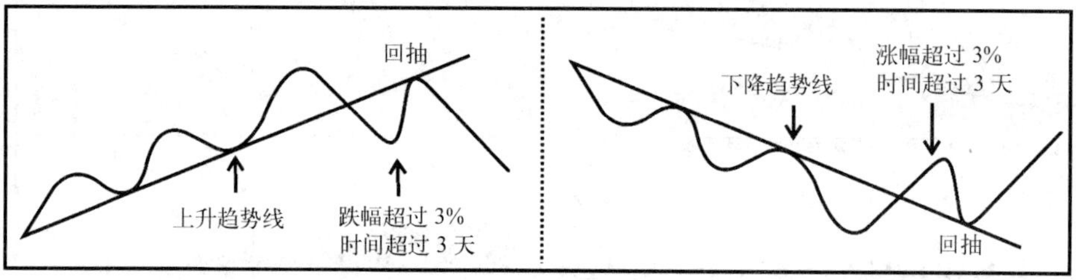

图6-10

2. 关注突破趋势线时的成交量大小

股价(指数)向上突破必须价有成交量配合，呈现价涨量增态势。一般情况下，如果上攻时成交量不大，预示多方上冲能量不足，做多意愿不强，即便暂时攻克空头阵地，也很难站稳脚跟，这样的向上突破是值得怀疑，所以，无量突破信号就不可靠。而向下突破通常无需成交量配合，有时较小的成交量也能击穿上升趋势线，反而在确认突破有效后，成交量会有所放大。

3. 关注突破趋势线时是否出现跳空缺口

缺口指的是股价(指数)在上涨或下跌过程中出现的没有任何交易的空白区域。向上跳空缺口的出现，表明多方力量占了绝对优势，向下跳空缺口的出现，则表明空方力量占了绝对优势。当股价(指数)以跳空缺口的方式突破趋势线时，这是强烈的有效突破信号。比如当股价(指数)以向上跳空缺口的形式突破下降趋势线时，表明多方力量强盛，占了绝对优势，该突破为有效突破的可信度极高。反之，当股价(指数)以向下跳空缺口的形式突破上升趋势线时，表明空头力量强盛，占了绝对优势，该突破为有效突破的可信度大大增强。

二、趋势线突破后的修正

趋势线被有效突破后，股价走势会有两种情形：一种是趋势线被突破后，原有运行趋势发生根本性改变，趋势出现反转；另一种是趋势线被突破后，行情没有发生反转，股价经过短暂回档或反弹后，再继续沿着原来趋势运行，并创出新高或新低，从而形成新的趋势。下面就分别以上升趋势线和下降趋势线突破后的两种情形进行阐释分析。

三、上升趋势线突破后的修正

1. 上升趋势线跌破后升势逆转

股价(指数)经过长期大幅上涨之后，回落时上升趋势线被有效击穿，虽经二次上攻，但无力越过前期高点，这时，连接顶点与反弹高点画出连线，就可以形成一条下降趋势线，这条趋势线表明，原来的上升趋势已经发生根本性改变，上升趋势已经被逆转。如果上升趋势线被有效突破，意味着一轮跌势的开始。投资者一旦发现上升趋势线被有效跌破，应果断离场，因为下降趋势线的确立，表明市场完全处于空头控制之下，跌势已定(图 6－11)。

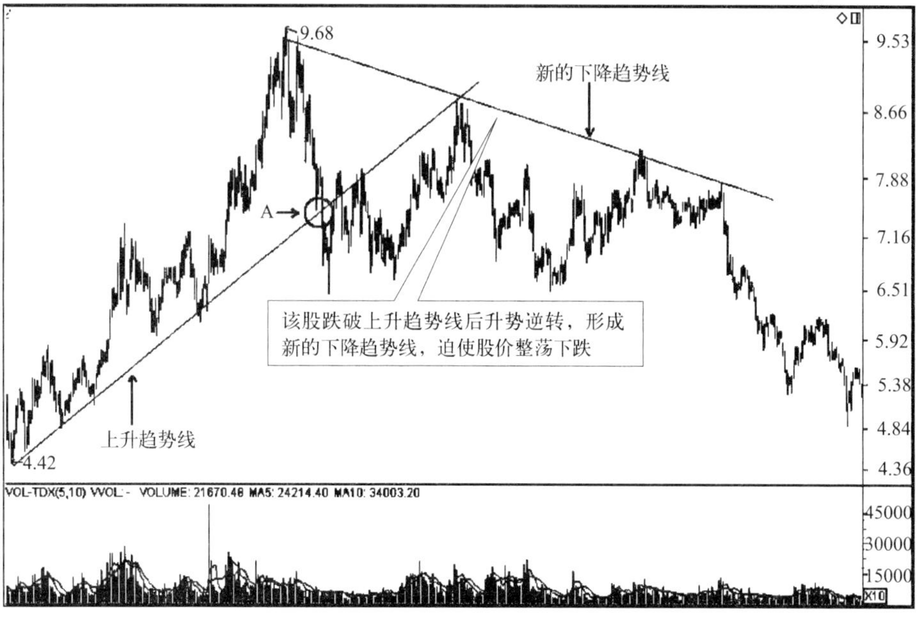

图 6－11

在图 6 – 11 中我们可以清楚看出，该股上升趋势线在箭头 A 处被击穿后，股价的运行性质已经发生改变，由原来对股价回落的支撑转为对股价反弹时的压制，迫使股价掉头向下，连接顶点与反弹高点的连线，就形成一条下降趋势线，股价在下降趋势线压制下一路下挫。

2. 回档蓄势

在升势中上升趋势线突破后股价出现回档，不是反转向下，而是经过回撤蓄势后继续上升，并创出新高连接原来趋势线起点与新低点或者重新选取两个最具代表意义的低点，就可以画出一条新的上升趋势线(图 6 – 12)。

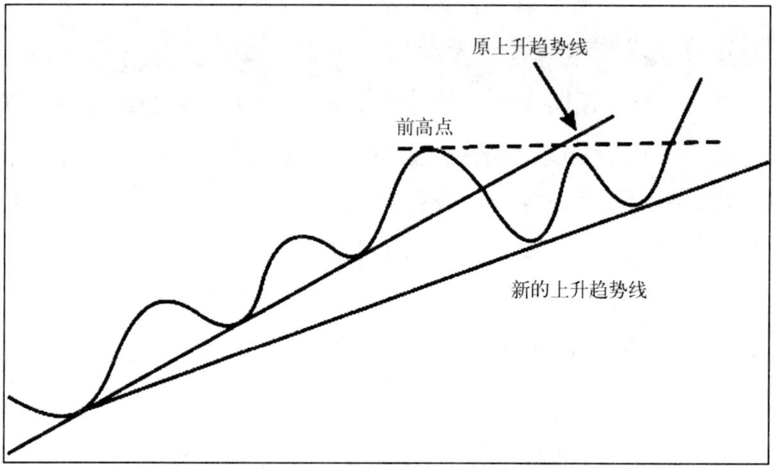

图 6 – 12　上升趋势线跌破后升势持续示意图

新的上升趋势线的确立，表明前期股价(指数)击破原来的上升趋势线，只是股价调整所致，调整蓄势是便于为再度发起一轮新的上攻行情做准备。故此，新的上升趋势线确立，是继续看多做多的重要信号。投资者需要注意的是，新的上升趋势线出现后，原来的上升趋势线就不具参照意义。在图 6 – 13 中，原有上升趋势线 L1 和新的中期上升趋势线 L3 被击穿后，股价经过短时调整继续上攻，先后出现一条新的上升趋势线 L2 和 L3，并在不同的时间周期里支撑着股价继续上行。

上升趋势线被有效跌破后出现的上述两种情形，无论属于哪一种情况，只要击破上升趋势线，投资者都应先暂时离场，然后再根据其涨幅大小进行鉴别，跌破上升趋势线是趋势的反转还是回档整理，经谨慎分析再制定相应的投资策略。

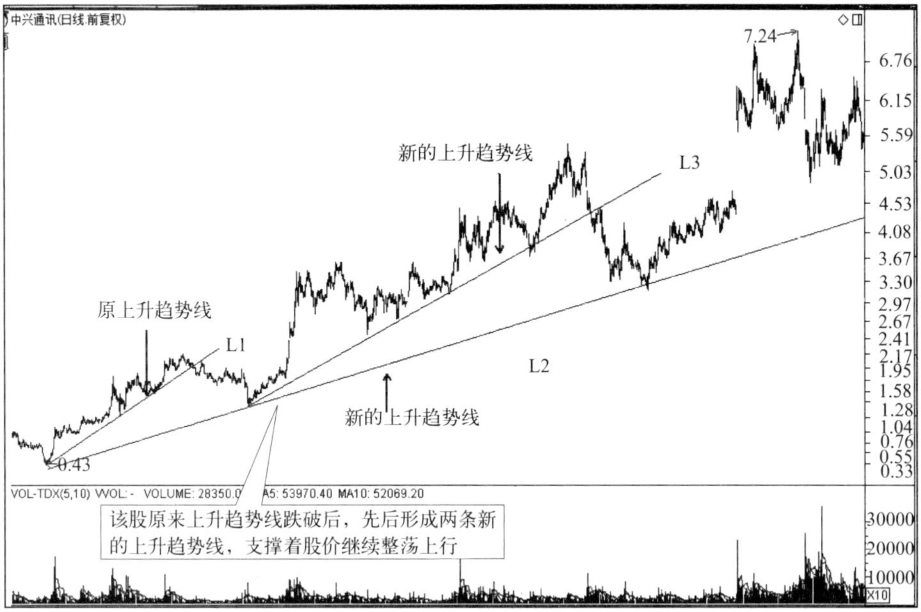

图 6-13

二、下降趋势线突破后的修正

1. 下降趋势线被突破后跌势逆转

股价(指数)经过长期大幅下跌之后，下降趋势线被有效突破后虽经二次回落，但没有创出新低，连接前期低点与回落低点可以形成一条新的趋势线，意味着原来下降趋势已经发生根本性地改变，下跌趋势被逆转。下降趋势线被有效突破，常常是一轮升势的开始。投资者一旦发现下降趋势线被有效突破，应由原来的看空转为看多，适时吸纳。而上升趋势线的确立，表明市场完全由多方掌控，上升趋势已经形成，投资者此时应重仓出击。

图 6-14 中清晰显示，该股的下降趋势线在 A 处被突破，此处意味着这条下降趋势线的性质可能改变，此后，原来对股价上涨的压制转为对股价回档时的支撑，股价止跌掉头向上，继而形成一条新的上升趋势线。股价在新的上升趋势线支持下，由开始的缓慢爬升转为加速上攻，走出一波凌厉上攻行情。

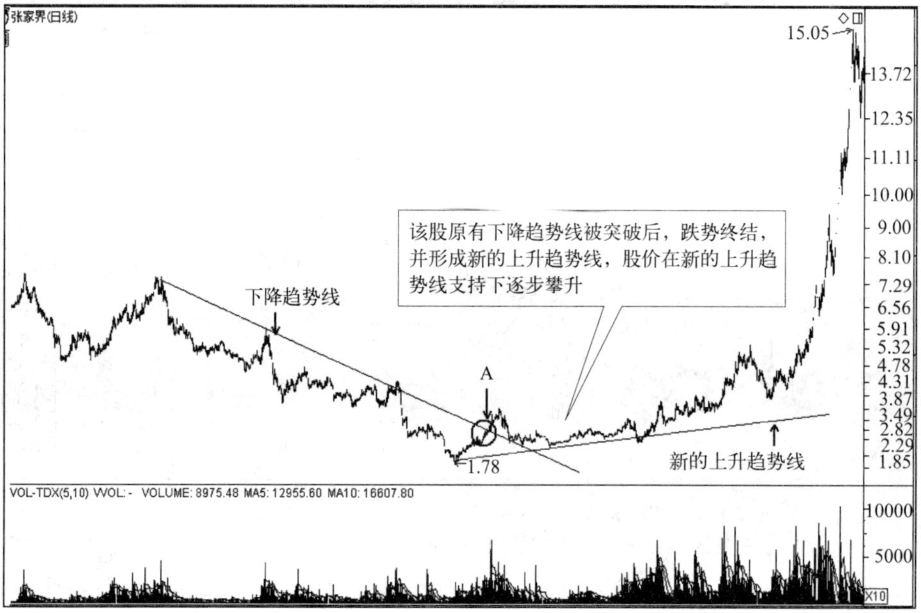

图 6－14

2. *反弹后续跌*

下降趋势线被突破后，没有反转向上，而仅仅是反弹。股价经短暂反弹后继续下跌，并创出新低。如果连接原趋势线的起点与反弹高点，就可以画出一条新的下降趋势线。

新的下降趋势线一旦确立，表明前期股价(指数)的突破无效，只是股价在下跌过程中的反弹，仅属于下跌修正性质。短暂反弹后，空方再次发起一轮新的攻势。因此，新的下降趋势线的确立，是投资者继续看空做空的重要信号(图 6－15)。图中显示，原有下降趋势线 L1 被突破后，股价仅经过短时反弹就继续下跌，并逐步形成新的下降趋势线 L2 和 L3，继续对股价反弹构成压制，迫使股价持续走低。新的下降趋势线形成后，投资者若能果断离场，可避免陷入越套越深的境地。

同样需要注意的是，新的下降趋势线出现后，原来的下降趋势线就不具参照意义。

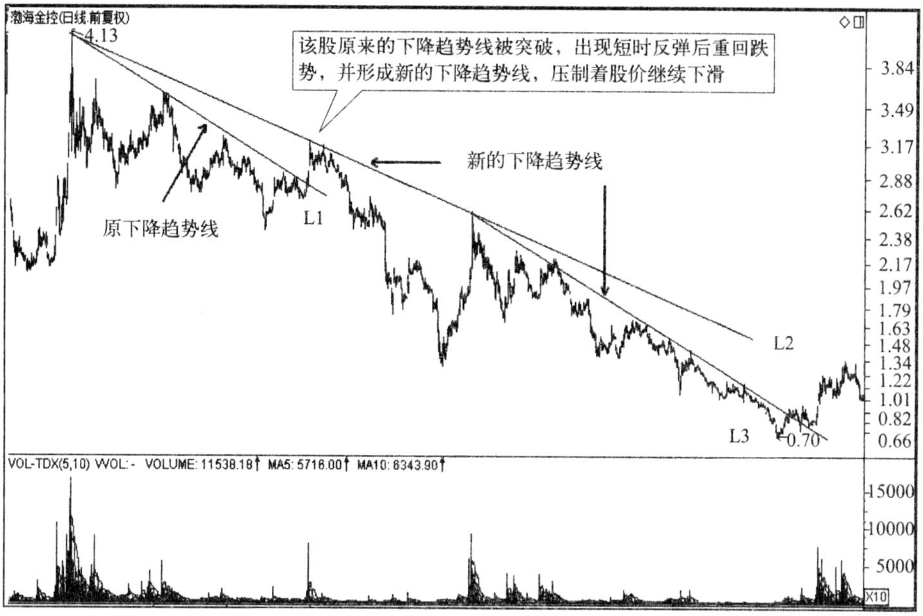

图 6－15

第三节　趋势线突破后的作用转换

从技术上来说，上升趋势线揭示股价（指数）运行的方向或趋势是向上的，它对股价（指数）的上涨具有支撑作用，即在升势中，当股价回落到上升趋势线附近时，会受到趋势线的支撑而继续上涨。下降趋势线揭示股价（指数）运行的方向或趋势是向下的，它对股价（指数）的上涨具有强烈的压制作用，即在跌势中，当股价反弹至下降趋势线附近时，会遭受趋势线的压制而继续下跌。不过，趋势线的支撑和压力作用不是一成不变的，趋势线被有效突破后，其性质将发生根本性变化。

譬如，上升趋势线被有效跌破后，由原来对股价（指数）运行的支撑作用将转化成对股价（指数）运行的压制作用；下降趋势线被有效突破后，由原来对股价（指数）运行的压制作用将转化成对股价（指数）运行的支撑作用。

图 6－16 是农产品某一时期的日 K 线图。在图中我们可以清楚看到，上升趋势线被有效突破后，上升趋势线性质发生了改变，由原来对对股价回落时的支撑作用转化为对股价反弹时的压制，在 A 处和 B 处，股价两度反弹，均受制于这条被突破后的上升趋势线，迫使股价掉头向下继续走低。上升趋势线被有效跌破后，股价一路下行。所以，投资者一旦上升趋势线被有效跌破后，任何上涨都是出逃机会，趁反弹出货，别无选择。

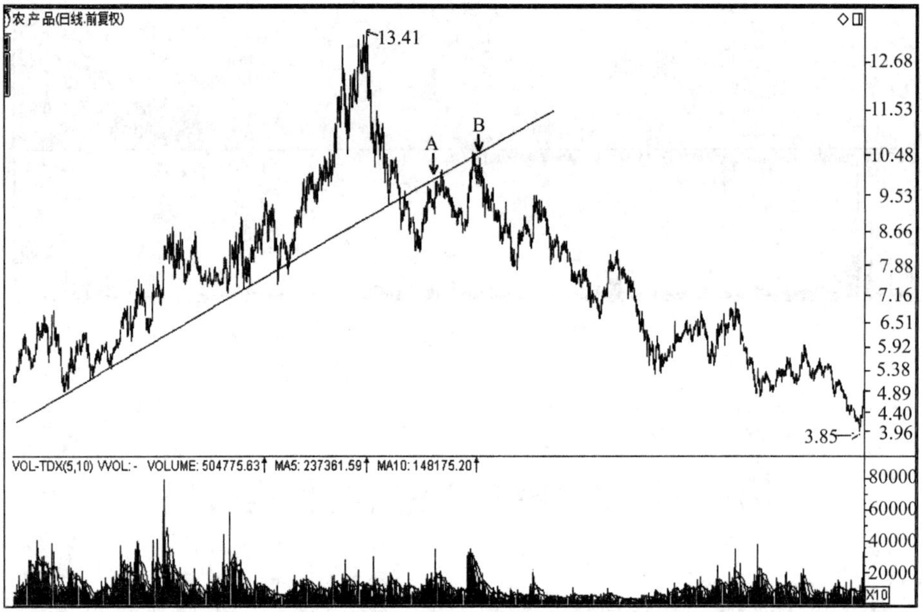

图 6－16

图 6－17 是东方市场某一时期的周 K 线图。在图中清晰显示，该股下降趋势线被有效突破后，下降趋势线性质也发生了改变，由原来对股价反弹时的压制作用变成对股价上升时回档的支撑，在 A 处和 B 处，股价两度回撤，均受到这条被突破后的下降趋势线的强力支撑，两次回撤都有惊无险，使股价掉头向上，继续上涨，下降趋势线被有效突破后，股价一路上行。所以，投资者一旦发现下降趋势线被有效突破后，每一次回档是买进机会，趁回撤低吸，加码跟进。

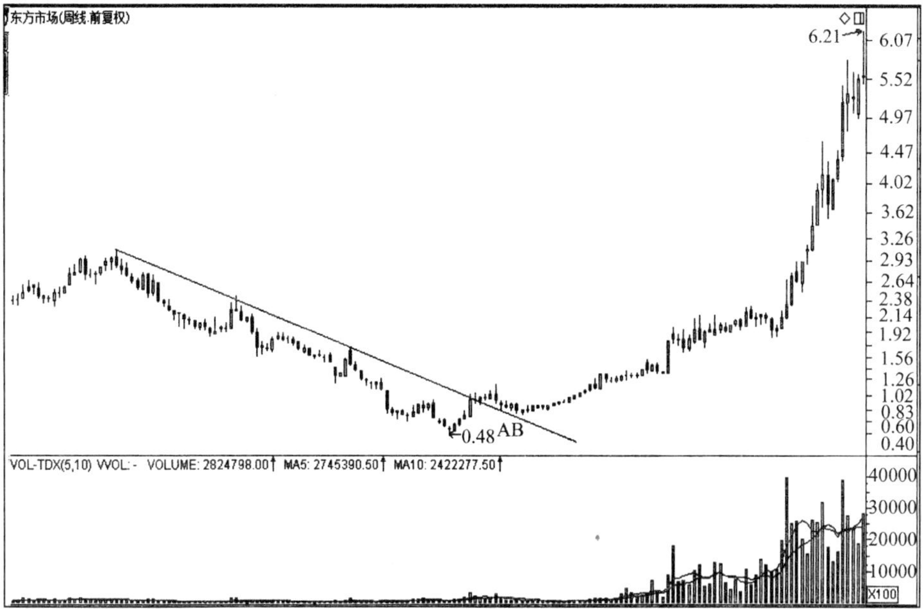

图 6－17

第四节　趋势线的 123 法则

当我们想在 K 线走势图上，利用一条画线来观察股价运行趋势时，很显然，这条线在行情刚刚反转的初期根本画不出来，必须等待行情走势稍微明朗后，才能依照其上升或下降的角度画出趋势线。这样，怎么判断市场行情已经明朗了？如何判断趋势改变呢？这是我们跟踪趋势发展，顺势而为的基础。趋势由多翻空或由空翻多，必然有一个可以确认的信号，而这个信号正是我们要发现趋势的转折点，趋势线的 123 法则(图 6－18)就是确认趋势转变的有效方法。下面就分别以上升趋势线和下降趋势线对 123 法则进行分别阐释。

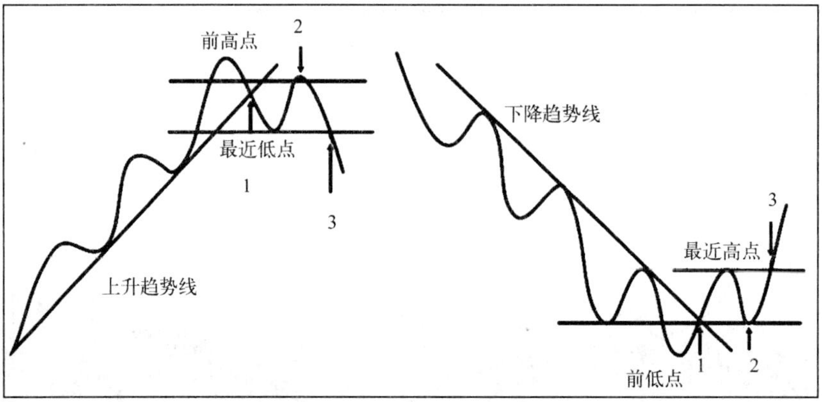

1. 趋势线被有效突破；

2. 上升趋势线跌破后再次上攻时不再创新高，下降趋势线突破后再次回落时不再创新低；

3. 跌破上升趋势线后二次回落时跌破最近回落低点，突破上升趋势线后二次上攻时突破最近反弹高点。

图 6－18

一、上升趋势线的 123 法则

法则 1：股价跌破上升趋势线，发出预警信号，预示上升趋势可能改变。

法则 2：股价回落后再次上攻时不能突破最近高点，预示上涨动能可能衰竭。

法则 3："不创新高必有新低"，当股价再次回落跌破最近低点时，标志着上升趋势已经发生逆转，是升势转变的确认信号。

其中两个条件成立，趋势可能改变，当三个条件全部成立时，表明上升趋势已经终结（图 6－19）。该股股价跌破上升趋势线后，虽然再次上冲，但上攻的高点已经无力越过前期高点，并且回落时又跌破前一次回落的低点，上升趋势改变的三个条件均已成立，预示股价的上升行情已结束，新的下跌趋势已经形成。面对这种情形时，投资者应看空做空为主，及时抛空离场。

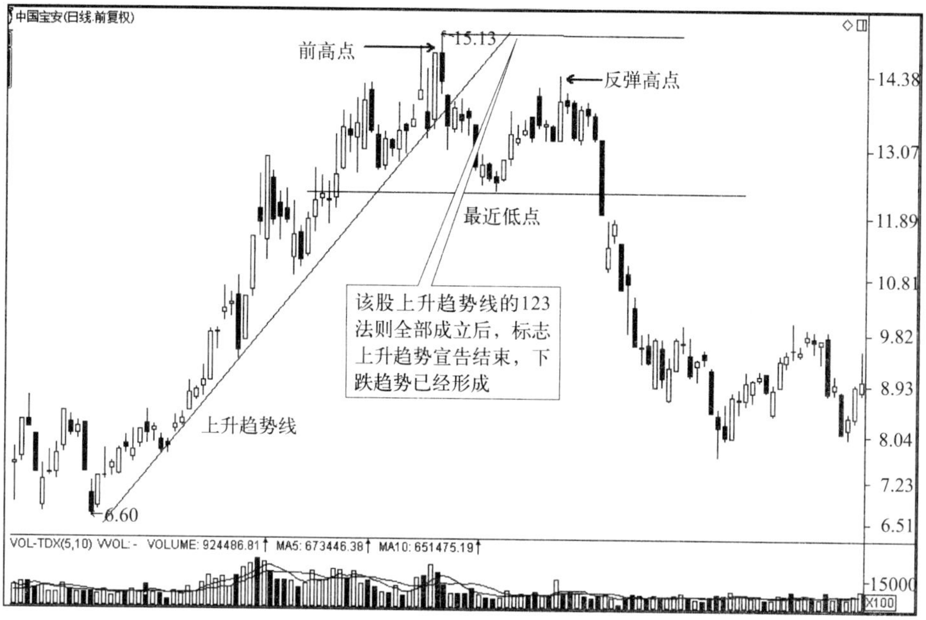

图 6－19

二、下降趋势线的 123 法则

法则 1：股价突破下降趋势线，是趋势可能转好的积极信号。

法则 2：股价再次回落时不再跌破前期低点，预示下跌动能可能衰竭。

法则 3："不创新低必有新高"，当股价再次上攻突破最近反弹高点时，则标志着下跌趋势已经终结。

其中两个条件成立趋势可能改变，当三个条件全部成立时，表明下跌趋势已经结束，而上升趋势已经确立(图 6－20)。在图中显示，该股股价突破下降趋势线后出现回落，但回落时已经无力击穿前期低点便止跌回升，再次上攻时又越过最近高点。至此，下降趋势改变的三个条件均已成立，新的上升趋势形成。

趋势线的 123 法则其实也就是道氏理论的核心内涵，也称为道氏 123 法则，在以后章节中将再次提及，这里就不再做过多讲解。

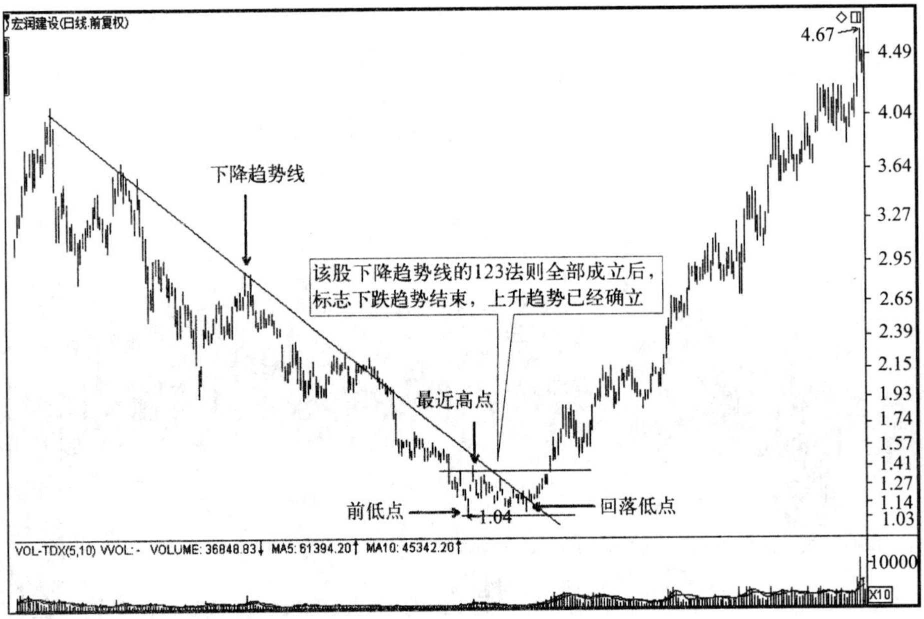

图 6－20

第五节　趋势线识别和运用小结

趋势线在所有技术分析方法中无疑是相对简单的一种，但在研判股价(指数)的运行趋势时，又有其他技术分析方法所不具备的独特作用。趋势线看似简单，就是两点的连线，但投资者要真正完全理解并掌握它的运用技巧，也非想象中的那么容易。初学的投资者在学习和运用趋势线时，需要注意以下几点：

一、画出真确的、适合的、具有参照意义的趋势线

画出真确的、适合的、具有参照意义的趋势线，是运用趋势线理论分析的前提，如果趋势线画错了，那操作时势必频频出错。对于画趋势线时需要注意的相关细节，在第一节中已有提示，这里就不再重复了。

二、识别趋势线的真假突破

如何识别趋势线的真假突破，投资者可以从下面两个角度分析：

(1)三三原则。所谓三三原则就是突破趋势线的时间必须在3天以上，幅度必须超过3%，才能视为有效突破，不符合者这一条件的应视为无效突破，即假突破。三三原则是识破庄家骗线行为，衡量趋势线真假突破的重要标准。主力如果制造骗线时，通常其突破趋势线后的幅度很难超过3%以上，时间上很少超过3天。

(2)突破时的成交量。趋势线作为重要的阻力位，向上突破趋势线时必须伴随成交量的放大，方能显示多头的做多意愿，如果上攻时量能不足，显示多头做多意愿较弱，即便冲破趋势线也难以持续，其向上突破的信号可信度也不高。至于向下突破，虽然较小的成交量也可以击破趋势线，但一旦突破得以确认，突破后成交量也会 涌出。

三、及时对突破后的趋势线进行修正

趋势线被有效突破后，运行趋势可能发生逆转，为了准确把握市场的未来发展方向，必须及时的对突破后的趋势线进行修正。譬如，当股价有效跌破上升趋势线后，不久又回到该趋势线上方，此时原来的上升趋势线已经失去参照意义，应将原使用的低点之一与新低点相连接，得到修正后的新的上升趋势线，这样才能更准确地反映出股价的走势。同样，当股价冲破下降趋势线后，之后又重返该趋势线下方，此时原来的下降趋势线已不再具有参考价值，应将原使用的高点之一与新高点相连接，得到修正后的新的下降趋势线，以便更准确地反映出股价的走势。

四、全面认识趋势线的作用

大家都知道，上升趋势线是股价(指数)回落时的支撑线，当股价(指数)回撤到上升趋势线时附近时就会止跌回升，此时即为买进信号。但是，上升趋势线一旦被有效击穿后，其性质就发生根本性改变，由原来股价回落时的支撑转换为股价上冲时的阻力，迫使股价掉头向下，此时为卖出信号。

下降趋势线是股价(指数)反弹时的阻力线，当股价(指数)上冲到下降趋势线时附近时就会受阻回落，此时即为卖出信号。但是，下降趋势线一旦被有效突破后，其性质也发生根本性改变，由原来股价反弹时的阻力转换为股价回落时的支撑线，阻止股价继续下滑，此时为买进信号。

另外，趋势线的作用除了相互转化之外，还有以下特点：

(1)趋势线的时间跨度越长，被触及的次数越多，其构成的支撑或阻力作用越有效。

(2)若某一点位同时被多条趋势线支撑或压制，其支撑或阻力的作用越大。

五、遵循顺势而为的原则

依据趋势线操作，其核心思想是：顺势而为。要做到顺势而为，需遵循下面两个原则：

(1)在趋势线确认上升趋势成立后，每次回落都是买进时机；在趋势线确认下降趋势成立后，每次反弹都是出逃良机。

(2)在趋势线确认上升趋势确立后，不可轻易交出筹码，也不随意高抛低吸，因为高抛低吸若掌控不好，往往会让自己踏空行情或者成本越做越高。在趋势线确认下降趋势确立后，不可轻易进场，因为后市可能跌得更深，把自己深度套牢。

六、牢记并掌握123法则

趋势线的123法则是跟踪趋势发展，判断一个趋势是否改变的重要依据。当其中两个条件成立时，预示趋势可能发生改变，若三个条件同时成立时，标志着趋势发展方向已被逆转，投资者此时应果断抉择进场或退出。譬如，上升趋势线的三个条件成立后，就确认上升行情已经结束，下降趋势已形成，投资者应毫不犹豫的抛空离场；相反，下降趋势线的三个条件成立后，就确认下跌行情已经结束，上升趋势已形成，投资者应果断建仓。

七、运用趋势线，要敢于追涨杀跌

趋势，就是一种规律，一种自然界所有事物发展变化的内在运行规律，不以人们的意在而改变。趋势一旦形成，总会持续相当长的时间，直到这种趋势结束，被另一种趋势所替代。所以，趋势线的性质就决定了投资者在依据趋势线操作时，一定要敢于追涨杀跌，否则，只能成为股市中的匆匆过客，淹没于茫茫股海之中。

追涨，就是股价向上有效突破长期下降趋势线后，投资者要敢于追高买进。因为突破长期下降趋势线，只是上升行情的开始，巨大的涨幅尚在后面，这是获取高收益的最安全，也是最佳时机。杀跌，就是股价击穿长期上升趋势线后，投资者要放弃一切幻想与留恋，悉数抛空离场，否则，更大的损失还在后面，因为这只是跌势的开始。

八、建立自己的投资策略

依据自己的投资风格，参照不同的趋势线，采取相应的投资者策略。趋势线从速度上有快速趋势线和慢速趋势线之分。快速趋势线代表股价（指数）的短期走势，适合于激进型的投资者，而慢速趋势线代表股价（指数）的中长期走势，适用于稳健型的投资者。如果你是一名激进型的投资者，在关注慢速趋势线的同时，可以利用快速趋势线来做短线交易，博取短期差价；如果你是一名稳健型的投资者，就只需关注慢速趋势线的走向，不必在意快速趋势线的变化。

趋势线从时间周期来划分，有短期趋势线、中期趋势线和长期趋势线。投资者只有根据自己的投资周期，风格理念，选择相应的趋势线作为参考依据，并制定相应的投资策略，才能做到有的放矢，而不迷失方向。

另外，参照趋势线时，也要遵循一个原则，那就是以短、中期趋势线为辅，长期趋势线为主，来制定相应的操盘策略。譬如，参照的长期趋势线向上，表明总体趋势向好，操作时可以仓位重一些，持股时间可以长一些，即便依据短期或中期趋势线操作出现失利，但终有解套机会，因为大势向上。假若参照的长期趋势线向下，表明总体趋势向淡，此时宜轻仓操作，快进快出，否则，可能越套越深，因为大势向下。

第七章 轨道线的运用

汽车行驶在公路上，公路是汽车行驶的轨道；列车疾驰在铁路上，铁轨是其行驶的轨道；众多行星运行于宇宙中，也都各自沿着自己的轨道运行……自然界一切事物的运行都遵循着其自身的规律，沿着自己的轨迹运行。股票市场反映的是人类的群体行为，作为自然界的一部分，也有其自身的运行规律和运行轨道。于是，人们在股价(指数)趋势线的基础上，衍生出轨道线，与趋势线犹如一对孪生姐妹一样，一起成为研判市场走势的重要的分析工具。轨道线的支撑或阻力作用，可能改变股价(指数)运行走向，所以，轨道线也是识别顶部和底部的重要技术分析法之一，是投资者成功实现抄底和逃顶的有效工具。在这一章中，将对轨道线进行简要介绍。

第一节 轨道线的概述

一、什么是轨道线

轨道线就是在已经得到了趋势线的基础之上，通过第一个高点或低点画一条趋势线的平行线，这条平行线就是轨道线，也称管道线或通道线。趋势线与轨道线这两条平行线就构成一个轨道。轨道按其运行方向，可分为上升轨道和下降轨道。

上升轨道就是在上升趋势中，在准确画出上升趋势线后，在股价第一次上涨的高点处作这条上升趋势线的平行线即轨道线，这两条平行线就形成一个上升通道，上升趋势线为下轨，轨道线为上轨。上轨对股价(指数)的上升构成压制作用。

同理，在下降趋势中，在准确画出下降趋势线后，在股价第一次下探的低点处作一条下降趋势线的平行线即轨道线，这两条平行线便构成一个下降通道，下降趋势线为上轨，轨道线为下轨。下轨对股价（指数）的回档具有支撑作用。

二、轨道线的分类

由于轨道线是在趋势线的基础上画出来的，与之平行的一条直线，所以其分类方式与趋势线相同。

（1）从方向上可分为上升轨道线和下降轨道线。上升轨道线揭示股价（指数）的运行趋势是向上的，但对股价（指数）的上升构成压制作用；下降轨道线揭示股价（指数）的运行趋势是向下的，但对股价（指数）的下跌具有支撑作用。

（2）从速度上可分为快速轨道线和慢速轨道线。快速轨道线运行速度快于慢速轨道线，维持时间短于慢速轨道线。通常快速轨道线代表股价（指数）的短期趋势，是短线或激进型投资者寻找支撑或阻力的重要依据，而慢速趋势线代表股价（指数）的中长期趋势，是中长线或稳健型寻找支撑或阻力的重要依据。而在实际操作中因为根据二者的不同特点，常常结合使用，以提高操作效率。

（3）从时间上可分为短期轨道线、中期轨道线和长期轨道线三种（图 7－1）。短期轨道线时间跨度一般只有几天或者几个星期，只能影响股价（指数）的短期走势（如图中的 L3）；中期轨道线时间跨度一般一般为几个月或一年以上，将能影响股价（指数）的中期期走势（如图中的 L2）；长期趋势线时间跨度可为几年甚至更长，将能影响股价（指数）的长期走势（如图中的 L1）。

三、轨道线的作用

（1）限制作用。两条平行线构成一个轨道，一旦一个轨道得以确认，股价（指数）的波动常常在这两条平行线之间运行，一定程度上限制价格的波动范围。如果轨道线被突破，表明原来的运行趋势出现加速。

（2）趋势转向的预警作用。如果股价（指数）在一次的波动中未触及到轨道线就开始掉头，预示维持原有上升或下降的动能在衰竭，趋势可能将发生转势。

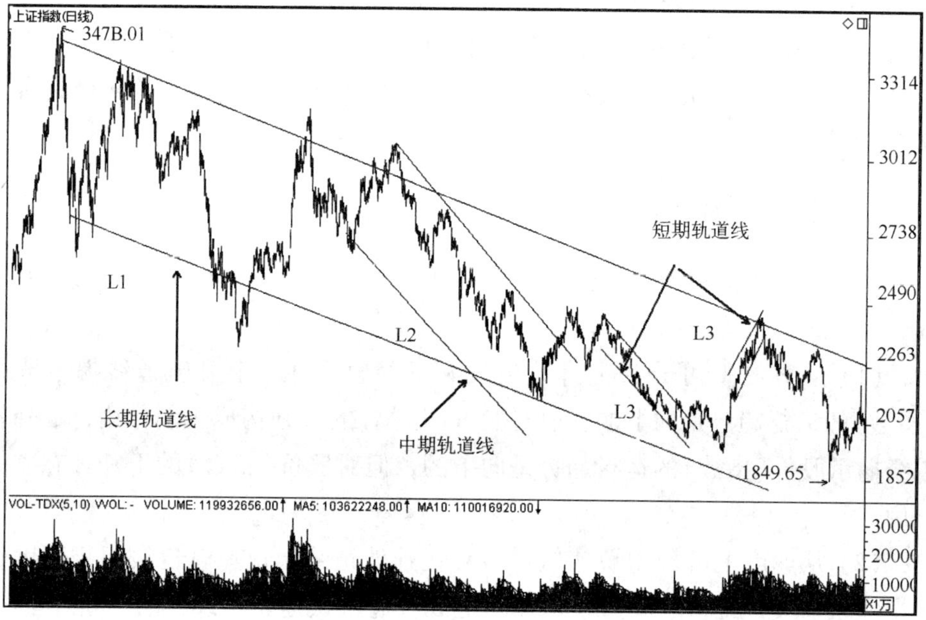

图 7－1

第二节　轨道线的买卖法则

轨道是由两条平行线组成，一条对股价(指数)的运行具有支撑作用，被视为支撑线；另一条对股价(指数)构成压制作用，被视作阻力线。这样其买卖点相比单根趋势线更为具体，一般而言，依据轨道操作的基本原则就是：股价(指数)的回撤到支撑线附近时，为买进信号，宜看多做多为主；股价(指数)上行到阻力线附近时，为卖出信号，应看空做空为主。如图 7－2 所示，可就轨道线的买卖法则总结为：上升轨道的“一买四卖法”和下降轨道的“一卖四买法”。

一、上升轨道的“一买四卖法”

一买：股价回撤下轨(上升趋势线)受下轨强力支撑，为买入时机。

四卖：①股价触及上轨(轨道线)受轨道线压制，为卖出信号；②股价突

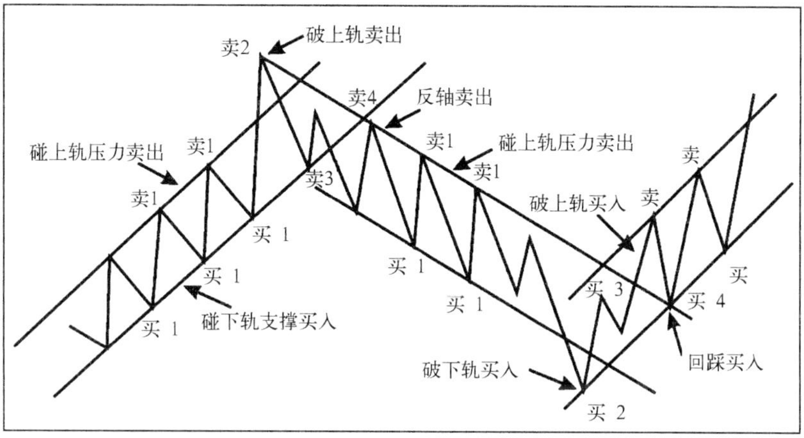

图7－2

破上轨(轨道线)受轨道线压制，为卖出信号；③股价跌破下轨(上升趋势线)预示上升趋势可能逆转，为卖出信号；④股价跌破下轨(上升趋势线)之后反抽下轨，下轨由对股价(指数)的支撑转换为对股价(指数)反弹时的压制，为卖出信号。

下面我们以上证指数1993年9月至2005年7月的月K线走势图为例。从图7－3中我们可以清楚看出，以1994年7月的325点和1996年1月的512点连线，形成上升趋势线，再以1994年9月的高点1052点为起点，画出一条与该上升趋势线平行的轨道线。从1993年9月至2002年8月，这长达10年的时间里，上证指数始终在这条上升轨道内运行，每次上涨触及上轨时(如卖1)，指数都受制于上轨的压力而掉头向下，回撤至下轨时，指数都受到下轨的强力支撑而止跌(买1)，延续上升势头，在2000年7月指数突破上轨后，上升势头逐渐减弱，指数受制于上轨的压力，于2001年6月上证指数在2245破上轨而见顶(如卖2)，随后急转直下，并跌破下轨(如卖3)。至此，下轨(上升趋势线)的性质已经发生转变，下轨由对指数的支撑转换为对指数反弹时的压制(如卖4)，指数先后两次反弹至下轨时，均无功而返，迫使指数掉头向下，继续下跌。从这一案例证实，依据上升轨道的"一买四卖"法则，操作策略简易，买卖信号明晰，在轨道中高抛低吸，对投资者来说不失为一种简单而实用操作方法。

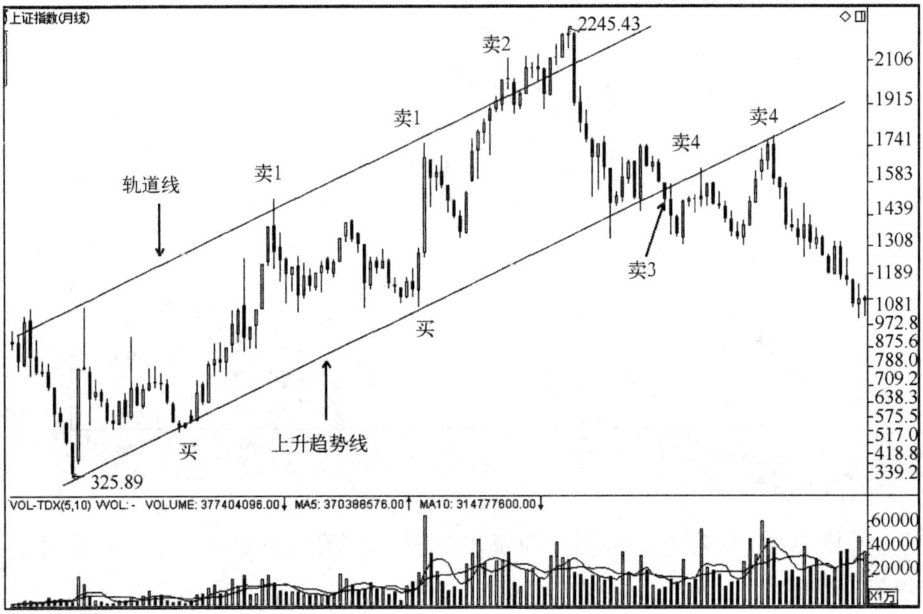

图 7－3

二、下降轨道的“一卖四买法”

一卖：股价反弹至上轨（下降趋势线）受上轨阻力，为卖出时机。四买：①股价触及下轨（轨道线）受轨道线支撑，为买入信号；②股价突破下轨（轨道线）受轨道线支撑，为买入信号；③股价突破上轨（下降趋势线），预示下跌趋势可能被逆转，为买入信号；④股价突破上轨（下降趋势线）之后回抽上轨，上轨由对股价（指数）的压制转换为对股价（指数）回档时的支撑，为买入信号。

图 7－4 为鄂武商 A 在 2010 年 7 月—2015 年 6 月的周 K 线图。从图中显示，从 2010 年 10 月到 2013 年 10 月，股价始终在该下降轨道内运行，每次触及上轨（下降趋势线）后，股价均受其压制而逐级走低，触及下轨（轨道线）后在其支撑下小幅反弹，但不改股价下行趋势，直至股价突破上轨后，股价下跌趋势才得以扭转。所以，面对这类处于下降通道中的股票，在下降趋势线未被有效突破前，投资者宜采取持币观望，多看少动，看空做空为主。虽然依据下降轨道的“一卖四买法”可以轻松扑捉买卖点，但在股价总体下行趋势

没有彻底扭转时，实在没有必要冒着被套的风险来博取微薄收益。

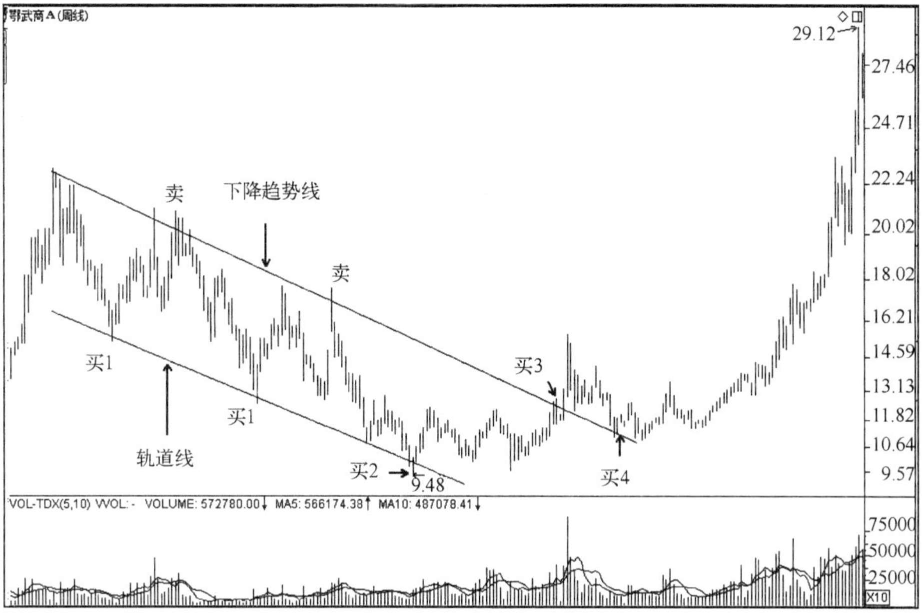

图 7－4

从上面两个案列可以看出，由单根趋势线演化而来的轨道交易方法，其优点是：一是简单实用、易于掌握；二是买卖点清晰、交易次数少、成功率高，在股市操作中不失为一种有效的交易策略。

不过，轨道交易法也有其不足之处，尤其在极度强势或弱势市场时，其缺陷也就暴露无疑。比如，在牛市主升浪里，由于市场出现连续加速上扬，向上很容易突破上升通道的上轨，按卖出原则操作就会出现大幅踏空的尴尬境地。同样，在熊市主跌浪中，股价呈现单边下跌、抵抗微弱、做空动能十分强劲的情况下，股价会在短期内刺破下降通道的下轨后加速下跌，若以买入原则操作，即便是买得位置相对较低，也难免陷入短期被套的窘境。显然，投资者如果仅仅依据轨道线来判断趋势发展走向，并据此进行操作会频频出错。此时，投资者需要结合移动平均线、成交量、波浪理论(将在第九章进行讲述，这里就不再展开)等技术分析方法，进行综合，全面的分析后，再做决策。

第三节 轨道线衰竭形态的识别与应用

轨道线衰竭形态，指的是股价(指数)在一次的波动中未触及到轨道线就开始掉头，其技术含义是预示维持原有上升或下降的动能在衰竭，趋势可能将发生转势。下面就分别以上升轨道和下降轨道的衰竭形态进行分析：

一、上升轨道的衰竭形态分析

在经过长期大幅上涨之后，在上升趋势中如果股价(指数)再次上涨的高点未触及通道上轨就调头向下，则表明多方能量有衰竭迹象，意味着上升趋势可能结束，是明显的做空信号。遇此形态时，投资者应随时做好离场准备。

图 7-5 为中兴通讯某一时期的日 K 线图。该股在上升通道运行，可在最后一次向上攻击时，股价在高点 A 处未创新高的情况下，并在远离通道上轨时便掉头向下，此时市场信号表明：多方做多动能趋于衰竭，已无力再次发动新一轮向上攻势，多头冲击前高点宣告失利，常言道"不创新高，必有新低"，依据趋势线的 123 法则，跌破通道下轨只是迟早的问题。

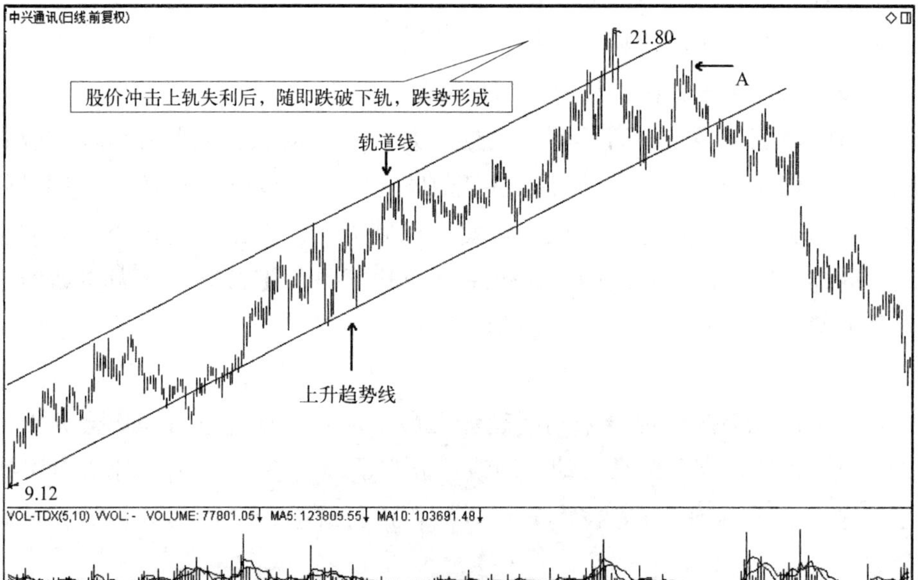

图 7-5

二、下降轨道的衰竭形态分析

经过长期大幅下跌后，在下降通道中如果股价(指数)再次下跌的低点没有触及通道下轨便出现止跌回升，表明空方的做空的动能趋于衰竭，下降趋势可能结束。遇此形态时，投资者应由看空转为看多，做好随时进场准备，而持筹的投资者也应继续坚守，不宜轻意交出筹码。

图 7-6 为深康佳 A 某一时期的周 K 线图。股价在下降通道运行时，最后一次触及下轨反弹，冲击上轨未果，再度回落的低点 A 并未在触及下轨，表明空方做空动能有衰减迹象，但此时并不能确认股价下跌趋势彻底改变。之后股价突破上轨再次回落，上轨由原来对股价的压制转为支撑，在随后的相当长时间里，多空双方处于胶着状态，最终构筑一个箱体的底部形态。在股价成功突破箱体上沿后，才最终确认股价下跌趋势的结束，上升趋势形成。

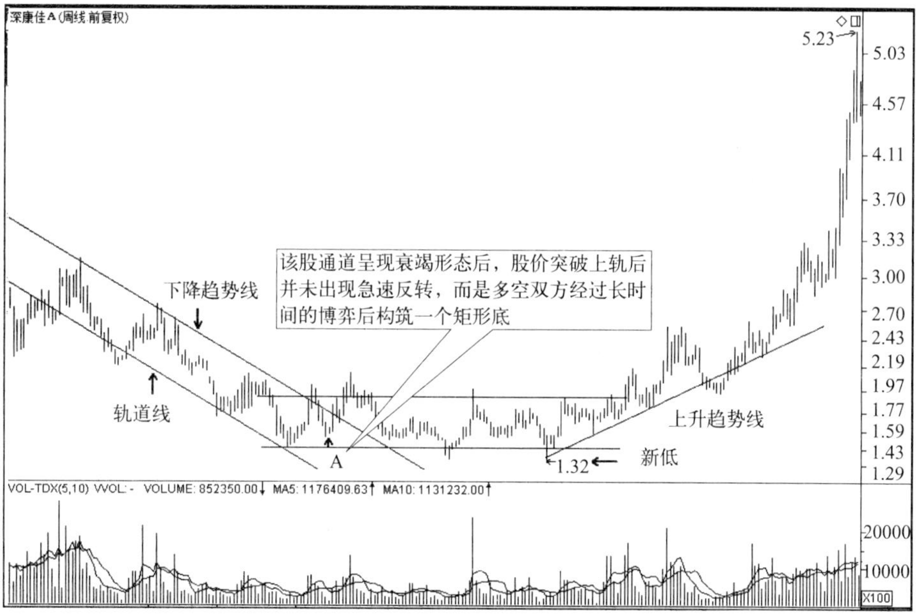

图 7-6

第四节 轨道线突破形态的识别与运用

轨道线的突破形态，指的是股价(指数)在波动中冲出了轨道线。这与趋势线的突破有所不同，趋势线突破是往往原来趋势逆转的开始，而轨道线的突破则是原来趋势的加速。

轨道线的突破也可分为有效突破和无效突破两种，也就是真突破和假突破。衡量真假突破的标准，可以参照衡量趋势线突破的条件加以判断。当股价(指数)突轨道线时，突破的可信度可从下列三点来判断：

(1)参照趋势线突破的三三原则。

穿破轨道线的幅度超过 3%，同时时间超过 3 天。如果不符合这两个条件，则被视为无效突破或假突破。

(2)关注突破时的成交量。

向上突破必须有成交量配合，价涨量增表明多方做多能量正在集聚，有强烈把股价继续推高的意愿，如果上攻时成交量不大，预示多方上冲能量不足，即便暂时突破轨道线，也很难持续，势必重新回到轨道内。向下突破轨道线通常无需成交量配合，有时较小的成交量也能击穿轨道线，反而在确认突破有效后，成交量会有所放大。

(3)当突破轨道线时是否出现跳空缺口，以跳空缺口的方式突破将会是强而有力的，是强烈的有效突破信号。

这里将主要分析股价(指数)有效突破轨道线后，可能出现的不同走势。下面就分别以上升轨道线和下降轨道线进行简要分析：

一、上升轨道线的突破

上升轨道线突破，其特征是：股价有效突破上升通道的上轨，同时回落的低点不断抬升，形成新的上升趋势线和轨道线。上升轨道线的有效突破预示原来上升趋势有所加强，市场完全由多方掌控局面。而上升轨道的“一买四卖法”中的“卖 2”法则，在这种突破轨道线时就不再合时宜了，此时不应视为卖出信号，相反，绝大数情况下却是买入良机。

这种突破轨道线的走势大多出现在上涨行情初期和上涨途中。突破后，后走势走向常常出现以下三种情形：

(1)股价突破上升轨道后，形成新的上升轨道，支撑着股价继续上行。遇此情形时，持股的投资者应继续持股待涨或顺势加仓，而持币的投资者可及时跟进。

如图 7－7 所示，该股在上涨初期原有上升轨道平缓，被突破后股价加速上扬，并形成新的上升轨道 1 和新的上升轨道 2，在新的上升轨道 2 在次被突破后，出现一波凌厉的逼空上涨行情。

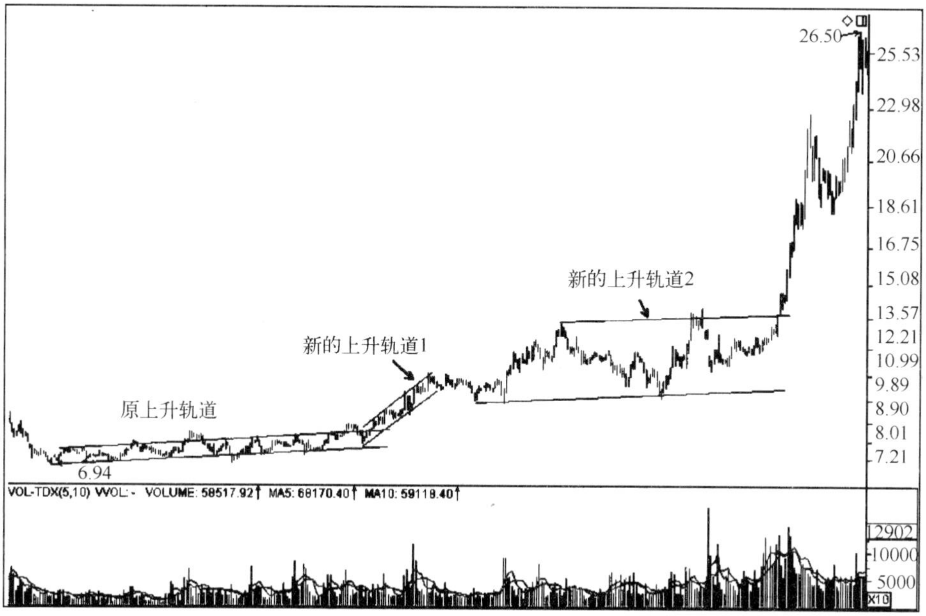

图 7－7

(2)股价突破上升轨道后，虽形成短时的上升轨道，但未能持续。不久后股价又跌破新轨道的下轨，重新回到原来轨道内运行。遇此情形时，投资者应采取的操作策略是：股价击穿新轨道的下轨时，适量减磅，只要不跌破原有通道下轨，持股者可继续持股。一旦发现股价跌破原来轨道下轨时，应及时平仓离场。

(3)股价突破上升通道后，急速拉升，形成新的陡峭的上升通道，此时极易出现主力高位派发的诱多行情，为典型的见顶信号，股价随时可能反转向下。投资者见此情形时，一旦发现股价跌破新的通道下轨，应抛空离场。

如图 7－8 所示，该股在上升途中轨道线被突破后，股价急速上升，形成的新的上升轨道，可是由于短时拉升过猛，新的上升轨道过于陡峭，涨势未能维持多久，股价快速跌破新通道的下轨，急转直下。

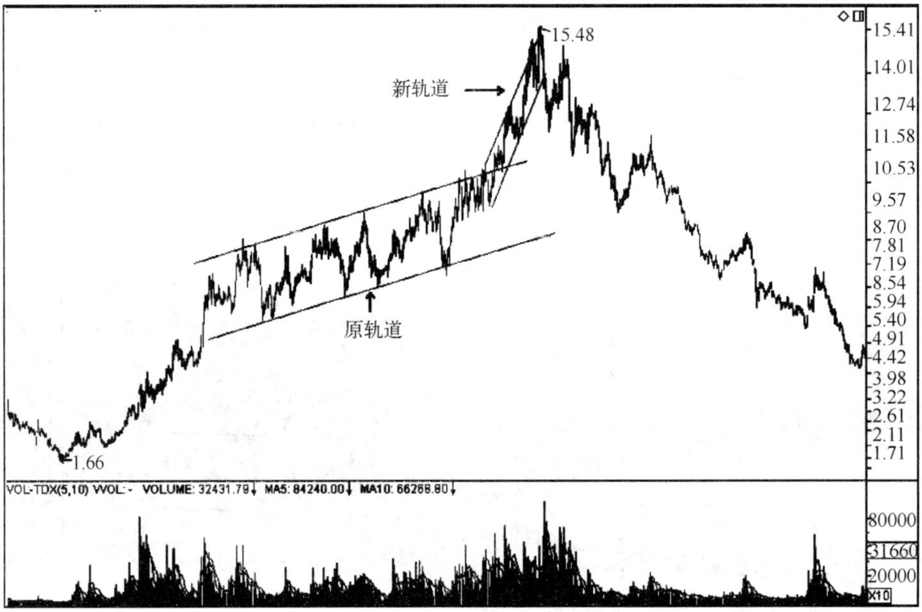

图 7－8

二、下降轨道线的突破

下降轨道线突破，其特征是：股价(指数)有效跌破下降通道的下轨，同时，反弹的高点不断下沉，形成新的下降趋势线和轨道线。

下降轨道线的突破表明空方做空动能聚集，原来下行趋势有所加强，股价短期内可能会出现加速下跌。而下降轨道的“一卖四买法”中的“买 2”法则在这种轨道线突破时，如果简单的套用，将是大错特错，这里非但不是买点，相反，绝大多数情况下是出逃的信号。投资者遇此形态时应以看空做空为主。这种形式多数出现在下跌行情初期和下跌途中，其后市走势常常出现以下三种情形：

(1)股价跌破下降轨道线后，形成新的下降轨道，压制着股价继续走低。遇此情况时，投资者应及时抛空离场，避免越陷越深的境地。

如图 7－9 所示，该股见顶后，形成一条短期的下降轨道，在 A 处跌破下轨后，股价加速下跌，不久又形成一条新的下降通道，股价在新的下降通道内逐级走低。

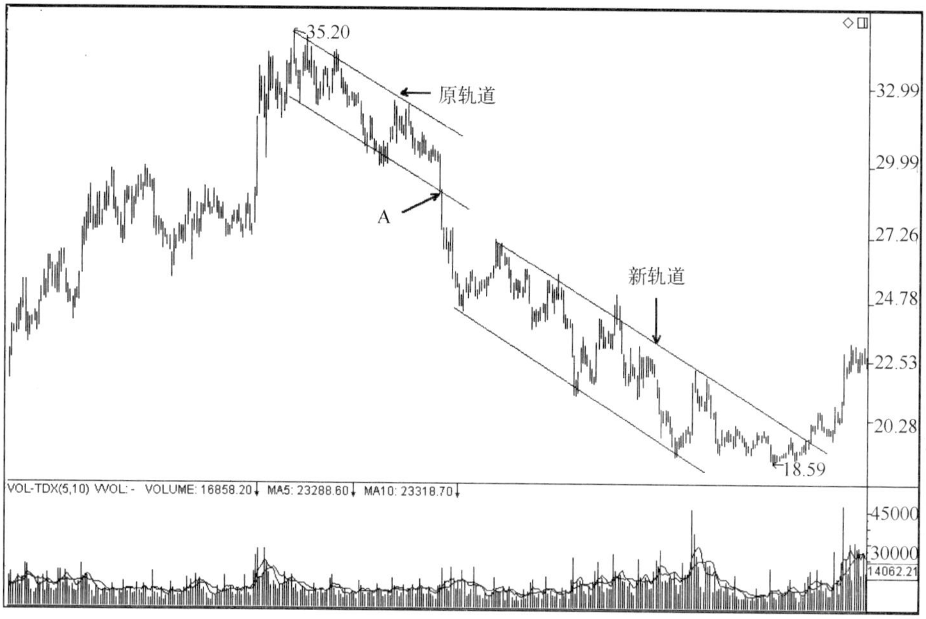

图 7－9

(2)股价突破下降轨道后未形成新的下降轨道，不久后又被重新拉回轨道内运行。遇此情形时，投资者应空仓为主，继续持币观望。

如图 7－10 所示，该股在方框 A 区域跌破通道下轨后，但没有形成新的下降通道，不久股价又重返原有下降通道中，在原有轨道内逐步下行。

(3)股价突破下降通道后，出现加速下跌之势，形成的新轨道极为陡峭，这往往是股价见底的积极信号，预示股价随时可能触底回升。投资者见此情形，一旦发现股价冲破新轨道的上轨阻力，应做好随时入场准备。

如图 7－11 所示，该股跌破通道下轨后，股价下跌加速，形成的新通道短而陡峭，可这样的走势未能持续，股价冲破新通道上轨的阻力后，经过短时盘整，股价见底回升。

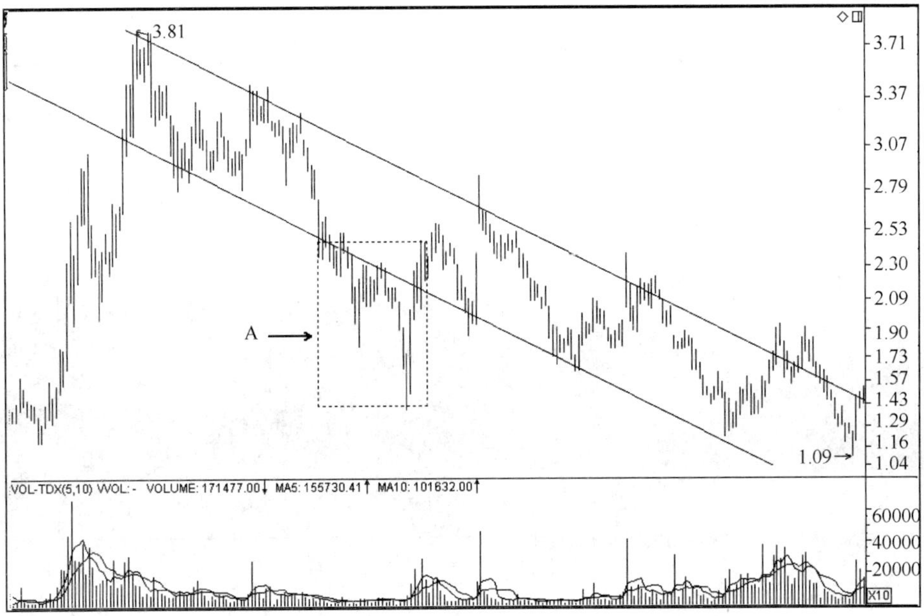
3.81
A
1.09
3.71
3.37
3.07
2.79
2.53
2.30
2.09
1.90
1.73
1.57
1.43
1.29
1.16
1.04
VOL-TDX(5,10) VVOL: - VOLUME: 171477.00 MA5: 155730.41 MA10: 101632.00
60000
40000
20000
X10

图 7 - 10

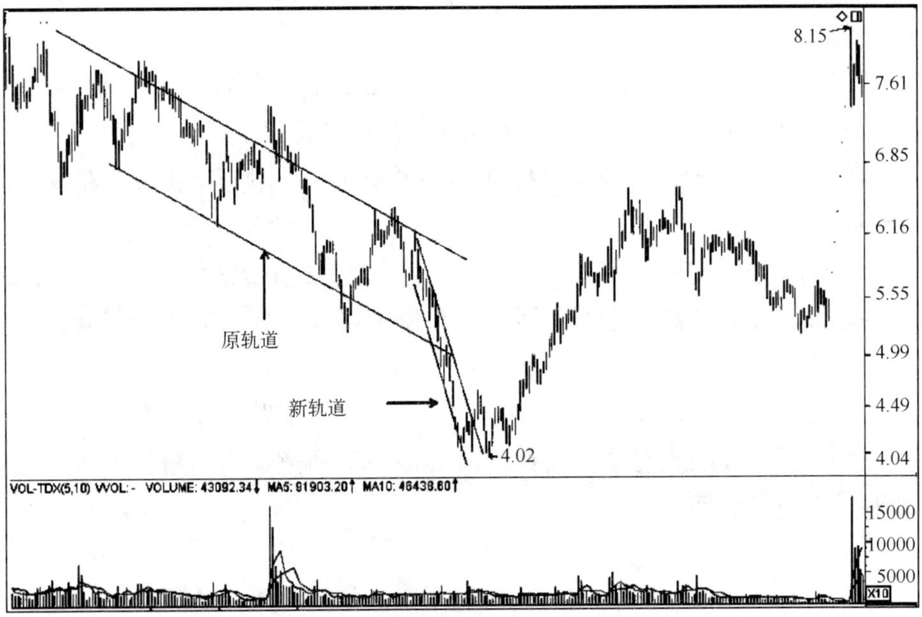
8.15
7.61
6.85
6.16
5.55
4.99
4.49
4.04
原轨道
新轨道
4.02
VOL-TDX(5,10) VVOL: - VOLUME: 43092.34 MA5: 91903.20 MA10: 46438.60
15000
10000
5000
X10

图 7 - 11

第五节　轨道线的运用小结

轨道线是建立在趋势线基础之上的一种分析方法，是趋势线概念的延伸。先有趋势线，后有轨道线，二者是相互合作的一双。当然，趋势线比轨道线重要得多，趋势线可以独立存在，而轨道线则不能。目前一些市面上的证券书籍对轨道线的介绍的并不多，使得投资者对它缺乏足够的认识，但这并不等于轨道线的作用可以忽视，它同样值得投资者引起足够的重视。初学的投资者在学习和运用轨道线时，需要注意以下几点：

（1）画出合适、具有参照意义的趋势线，是正确使用轨道线的前提。

轨道线是基于趋势线的平行线，只有画出正确的、适合的、具有参照意义的趋势线，才能得到正确是轨道线。如果趋势线画错了，那么依据在此基础的得到轨道线来操作，势必频频出错。所以，投资者只有在正确掌握趋势线的前提之下，才能有效学习和掌握轨道线。

（2）识别轨道线的真假突破。如何识别轨道线的真假突破，投资者也可以依据衡量趋势线突破的方法，用于识别轨道线突破，也就是三三原则。

（3）及时对突破后的轨道线进行修正。轨道线被有效突破后，表示原有趋势开始加速，为了提高操作的准确性，有必要对突破的轨道线进行修正。但这并不表示原来的轨道线不再具有参照价值，在相当多的情况下，股价突破轨道线后会被再次拉回原来轨道内，沿着原来轨道继续运行。

（4）全面认识轨道线的作用。轨道线的限制作用体现在：轨道线与趋势线构成一个轨道后，股价（指数）的波动常常在这两条平行线之间运行，一定程度上限制价格的变动范围。如果轨道的上轨或下轨被有效突破，表明原有趋势出现加速。其次是趋势转向的预警作用，如果股价在一次的波动中未触及到轨道线就开始掉头，预示维持原有的趋势可能发生转向，是市场向投资者发出的警示信号。

（5）辩证看待轨道交易法的买卖法则。轨道交易法作为一种简单实用、成功率高，极为有效的操作方法，为广大投资者所喜爱。但并不是适用于所有市场行情，尤其是在极强或极弱的市场会频频出错。比如，在牛市主升浪里，由于行情呈现连续的加速上攻态势，向上很轻易地就能突破上升通道的上轨，若按卖出原则操作，就会出现交出筹码后，股价大幅上扬的情况。同样，在熊市主跌浪中，空方完全掌控市场，空头势力强劲的情况下，股价呈现单边下跌、击穿下降通道的下轨后出现加速下挫，若以买入原则操作，不免陷入被套的尴尬窘境。不过，我们不能因为轨道交易法的这些不足，而否定其实用性。此时，投资者需要结合均线、成交量、波浪理论等技术分析方法，进行综合全面的分析以弥补其不足。

第八章　道氏理论核心法则的应用

在股市中，每天都发生诸多政经信息影响市场波动，哪些是利好？哪些是利空？哪条是真？哪条又是假？投资者如何辨别？今日股市大涨，明天股市又暴跌，投资者时儿喜又时儿忧，又如何将自己的心理因素反映到市场的决策中？对市场变化又会带来什么影响？看来，除了对股价基本面分析之外，还需要找到一种有效的方法来对市场走向进行分析。而道琼斯理论(简称“道氏理论”)无疑是研判、预测市场价格变化的有效分析方法。它从诞生之日起，经过一百多年的洗礼，其理论精髓延续至今，其有效性得到中外股市的成功验证，成为一切技术分析的基础。比如技术图形、趋势线、轨道线等技术分析方法，都是由道氏理论演化而来，成为道氏理论的重要组成部分。道氏理论的核心法则，即道氏123法则和二变法则(也称2B法则)，就是辨别趋势反转，识别顶部与底部，是投资者实现成功逃顶和抄底的理论依据。在这一章节中，将对道氏理论的思想精髓部分作简要介绍。

第一节　道氏理论的概述

一、道氏理论简介

道氏理论理论最初来源于华尔街日报的记者和道琼斯公司的共同创立者查尔斯·亨利·道(1851—1902年)的社论。其形成经历了几十年，1902年，在查尔斯. 亨利. 道去世以后，威廉姆·皮特·汉密尔顿和罗伯特. 雷亚继承了道氏理论，并加以组织与归纳著有《股市晴雨表》《道氏理论》。19世纪20

年代福布斯杂志的编辑理查德·夏巴克，继承和发展了道氏的观点，研究出了如何把“股价平均指数”中出现的重要技术信号应用于各单个股票。而在1948年出版的由约翰·迈吉·罗伯特·D·爱德华所著的《股市趋势技术分析》一书，其继承并发扬了查尔斯·亨利·道及理查德·夏巴克的思想。这三本书成为后人研究道氏理论和有关趋势、形态识别分析的经典著作，也就是今天我们所见到的道氏理论。它既是一种技术理论，也是一种根据价格模式来研究，推测未来价格行为的一种方法。

而非常遗憾的是，这一理论的创始者——查尔斯·亨利·道，声称其理论并不是用于预测股市，甚至不是用于指导投资者，而是一种反映市场总体趋势的晴雨表。

二、道氏理论的核心思想

道氏理论有三个核心思想，即三重运动原理、相互验证原则和投机原理。

1. *三重运动原理*

三重运动原理是道氏理论的首要核心。在三重运动原理中，道氏理论将市场的走势分为三种运动：基本运动、次级运动以及日常波动(图8-1)。如图中所示，股价第一级的波动，即基本运动，是最为重要的价格波动形式，是投资者获取利润的基础，这也正是人们通常所说的牛市。第二级波动，即次级逆向波动，是最具虚假性的欺骗性波动，是市场得以存在的基础，也是导致绝大部分投资者亏损失败的陷阱，也正是人们通常所说的调整。第三级波动，即日常波动，是最无意义的价格波动，是诱惑投资者不断参与的诱饵，也正是人们通常所说的盘中即时股价走势。这种日常波动的走势目前无法寻找到不变的规律，今后也永远无法寻找到，从本质上看，它具有最大的随意性、不确定性和可人为操纵性。

通过道氏理论的三重运动原理表明：市场的基本运动是可以被预测的，预测次级运动很容易被欺骗，而日常运动具有随意性的，是不可预测的。即市场的主体趋势是可以被预测的，而每一个价格的波动时间和位置又是测不准确的。必然当中有偶然，偶然中又有必然，这是一种辩证的思想。

道氏理论正确地指出，市场行为是一种发源于自然的人的心理行为，它是有规律的，但又无法用绝对的量和度来衡量，但在机率和层级上却有高度的可预测性。这种市场是可以被预测的，但又是测不准的辩证思想，这也正是道氏理论的灵魂。如果你了解什么是趋势，趋势何时变化，将可以避免打算精确预测价格的时间和位置这样无谓的探索。

在结构上，三重运动是指基本的上升或下降运动、次级下跌或反弹以及永不停歇的日常波动。在股票市场的发展过程中同时存在着这三种运动，彼此的方向可能相同也可能相反。在时间上，日常波动，持续数天至数个星期；次级运动，持续数个星期至数个月；基本运动，持续数个月至数年。任何市场中，这三种趋势必然同时存在。

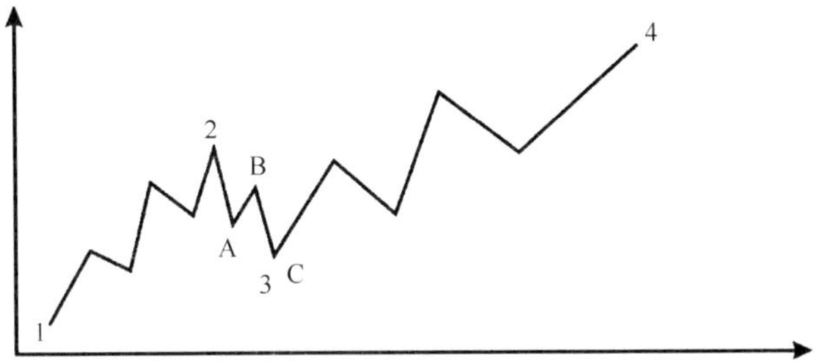

图 8－1

2. 相互验证原则

相互验证原则是道氏理论的第二个核心。相互验证原则，用验证来说明预测的正确性，并非仅仅依靠一个指标或一个工具将市场的预测绝对化，它贯穿于市场分析的始终，其重要性不言而喻。具体表现为：

(1)成交量必须验证趋势：上升趋势中，成交量伴随价格的上涨而增加，下跌而减少；下降趋势中成交量伴随价格的下跌而增加，上涨而减少。如果发现价格又创新高，成交量却并未增加反而减少的量价背离现象，是一种警示信号，预示着趋势可能发生反转。

(2)各种平均指数必须相互验证：也就是说某个趋势附和道氏理论，那么整个市场的平均指数都必须相互间印证、符合道氏理论的基本法则，只要其中一个指数的走势不能印证道氏理论的基本原则，那么主要趋势已经改变就不成立。比如沪深股市，如果主要趋势改变，那么上证指数、深证成指、沪深 300、中小板指数……都必须印证趋势改变。只有发生确凿无疑的反转信号后，我们才能判断原有趋势的终结。

3. 投机原理

投机原理是道氏理论的第三个核心。市场之所以可以被预测正是由于我们在预测市场，所以预测就是我们以个体行为来对群体行为的预测。因此，我们和我们所预侧的市场是一对对立的统一体。由于预测而引发投机行为，投机性是市场的成分和基本属性之一，如果没有投机性，市场也就不存在了。

技术分析派人士认为："市场行为包容并消化一切"，是技术分析的三大假设之一，这是进行一切技术分析的基础。其主要思想是认为影响价格的每一个因素都反映在市场行为中，它所遵循的道氏理论的一个基本原则是："任何人所了解、希望、相信和预期的任何事都可以在市场中得到体现。"因此，市场行为也必然包括投机行为，它是市场中最活跃的因素，也使市场具有可预测性。

三、道氏理论的三种趋势

道氏理论的三种趋势：短期、中期、长期趋势。

(1)短期趋势(短暂趋势)，持续数天至数个星期；短期趋势最难预测，是唯一可能被"操纵"的趋势，唯有短线交易者才会随时考虑它，而稳健型投资者仅有在少数情况下，才会关心短期趋势。

(2)中期趋势(次级折返趋势)，持续数个星期至数个月；次级折返趋势，是多头市场中的回调(下跌)走势，或空头市场中的反弹(上涨)走势，是一种重要的、与主要趋势相背离的中期趋势，是对主要趋势的修正。持续的时间通常在三个星期至数个月甚至更长，其上涨或下跌的幅度通常为主要趋势幅度的1/3至2/3。

(3)主要趋势(长期趋势)，持续数个月至数年。主要趋势，代表整体的基本走势，通常称为多头市场(牛市)或空头市场(熊市)，持续时间可能在一年以上，乃至于数年之久。正确判断主要走势的方向，是投机行为成功与否的最重要因素。

在任何市场中，这三种趋势必然同时存在，彼此的方向可能相反。

四、道氏理论的趋势演变

道氏理论指出趋势有三种方向，分别是上升趋势、下降趋势、横向整理趋势。

(1)上升趋势指的是由连续一系列的涨势构成，股价(指数)每一段涨势都持续向上穿越先前的高点，中间夹杂的回落都不会向下跌破前一波跌势的低点。总之，上升趋势呈现出高点与低点都不断抬高的态势，通常就是人们所说的牛市。

(2)下降趋势指的是由连续一系列的跌势构成，股价(指数)每一段跌势都持续向下穿越先前的低点，中间夹杂的上涨走势都不会向上涨突破前一波涨势的高点。总之，下跌趋势呈现出高点与低点都不断降低的态势。

(3)横向整理趋势是指股价(指数)在一段时间内波动幅度小，无明显的上涨或下降趋势，行情呈牛皮整理，小幅整荡的态势。

三种趋势中，上升趋势和下降趋势是市场运动的两种基本走势。上升趋势是主要趋势，下降趋势是次要走势，是对上升趋势的一个调整或修正的过程。同时，二者之间也是相互转化和演变的过程(图 8－2)。如图中所示，趋

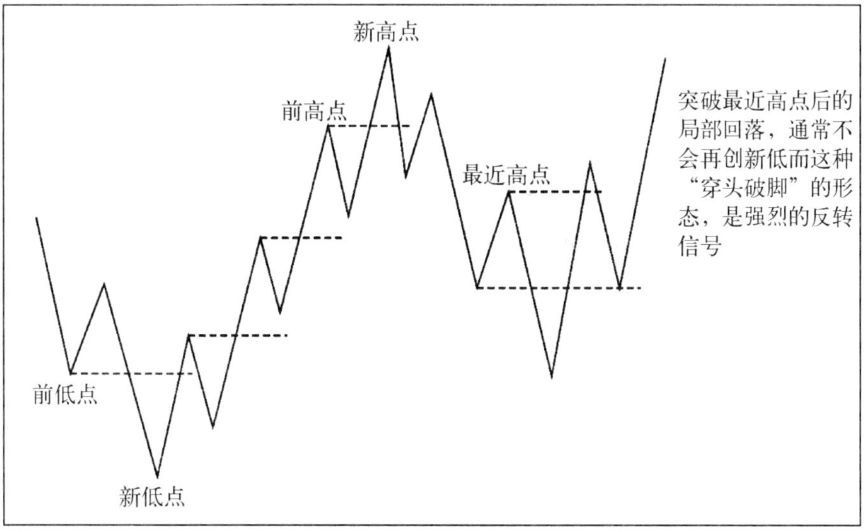

趋势运行的特点：

①上升趋势中每一个高点和低点都逐步走高；下降趋势中每一个高点和低点都逐步走低；

②上升趋势中回落的低点不会跌破最近低点而创新低，再次上升会突破前高点而创新高，直至突破最近低点而趋势逆转；下降趋势中反弹的高点不会突破最近高点而创新高，再次下跌会跌破前低点而创新低，直至突破最近高点而趋势逆转。

图 8－2

势在演变呈现以下 2 个特点：①上升趋势中每一个高点逐步走高，低点也逐步走高；下降趋势中每一个高点逐步降低，低点也逐步降低。②上升趋势中每一次回落都不会跌破最近低点而创出新低，再度上攻时常常会突破前高点而创出新高，直至上升趋势结束；下降趋势中每一次反弹的高点都不会突破最近高点而创出新高，再度下跌常常会跌破前低点而创出新低，直至下降趋势终结。

根据趋势运行的上面两个特点，为我们预测市场提供理论上的技术依据。

第二节　道氏理论 123 法则的识别与运用

在第六章中我们分析的趋势线的 123 法则，也就是我们这一节内容所说的道氏理论 123 法则。它是辨别市场趋势反转的理论依据。在行情反转初期，趋势不明朗，又无法画出趋势线时，道氏理论的 123 法则(图 8－3)就是洞察市场变化，辨别趋势是持续还是反转的核心依据。

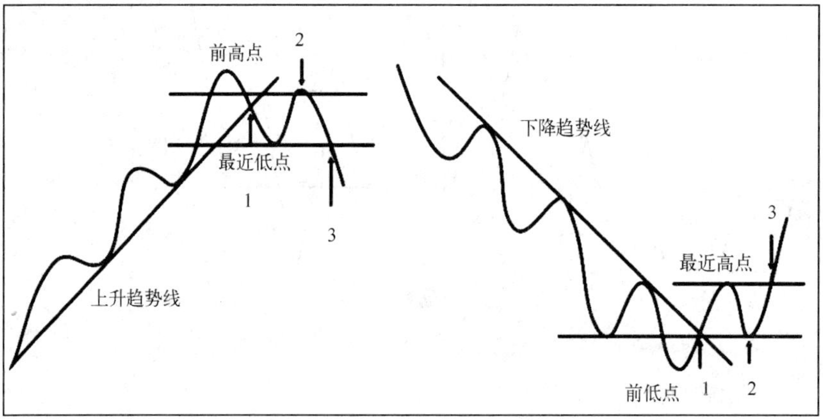

1. 趋势线被有效突破；

2. 上升趋势线跌破后再次上攻时不再创新高，下降趋势线突破后再次回落时不再创新低；

3. 跌破上升趋势线后二次回落时跌破最近回落低点，突破上升趋势线后二次上攻时突破最近反弹高点。

图 8－3

一、123 法则的定义

法则 1：首先趋势线被有效突破，发出预警的信号，预示趋势可能改变。

法则 2：上升趋势不再创新高，预示多方动能可能趋于衰竭；下降趋势不再创新低，预示空方动能可能趋于衰尽。

法则 3：上升趋势中股价（指数）向下跌破先前的短期回档低点；下降趋势中股价（指数）向上突破前期反弹高点。

如果出现前两种情形，则预示趋势可能改变。如果上述三种情形同时出现，则标志着趋势已经发生逆转。

二、123 法则的操作策略

1. 上升趋势中

（1）股价跌破上升趋势线，表明主力开始做空，常常是一轮跌势的开始，投资者应及时减磅。

（2）股价再次上攻时不能突破前期高点，表明多头已无力把股价进一步推高，是多方做多动能衰竭的信号，此时投资者应逢高把筹码抛出。

（3）三种情形同时出现时，标志着上升趋势已经结束，投资者应清仓离场。

如图 8－4 所示，该股上升趋势线被跌破后，市场已经向投资者发出预警信号，上升趋势可能改变，此时应视为第一个卖点，宜减磅或清仓操作。之后股价虽然再次上攻，可惜无力突破前期高点，预示多方动能开始衰竭，再一次向投资者发出预警信号，应看作第二个卖点，逢高派发，尽管此时尚无法确认该股上升趋势是否结束。随后股价掉头向下跌破最近低点，此时市场信号明确告诉投资者，该股上涨势头已经结束，是投资者出逃的最后机会，为了避免更多损失，平仓离场是必做的决定。

2. 下降趋势中

（1）股价突破下降趋势线，发出了趋势可能好转的积极信号。此时，投资者应随时做好入场的准备。

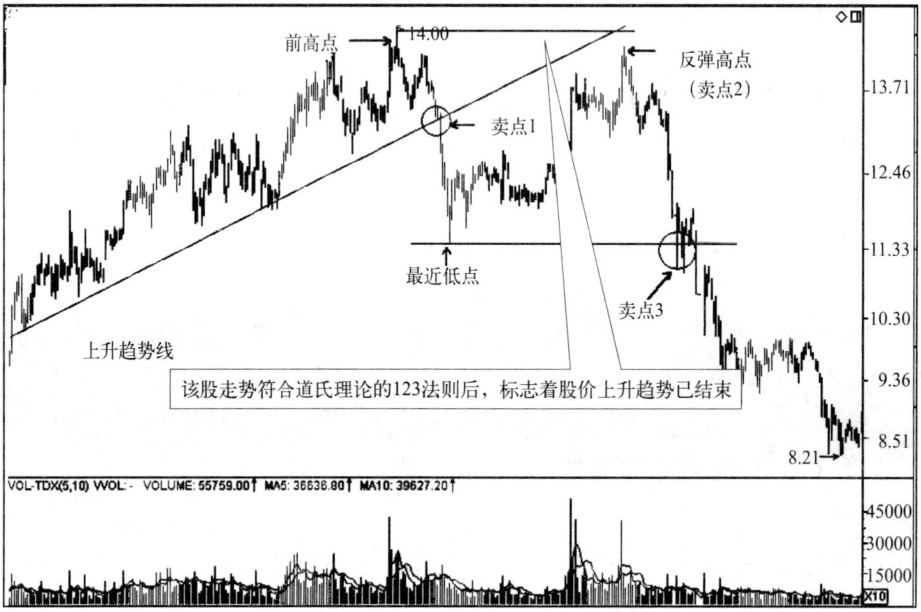

图 8－4

（2）股价回落时无力跌破前期低点，预示空头做空动能趋于衰竭。投资者可尝试性逐步建仓。

（3）当股价再次上攻突破前期高点时，标志着下跌趋势已经结束，一轮上升行情已开启。此时，激进的投资者可以及时跟进，稳健性投资者可待回撤颈线时逢低吸纳。

如图 8－5 所示，该股首先突破了压制股价上行的下降趋势线，是下跌趋势可能改变的好兆头。股价突破下降趋势线后，遭遇空头反扑，股价出现回落，下降趋势线被突破后由原来对股价反弹时的压制转化为对股价回落时的支撑，股价就此止跌。此后多空双方反复博弈，股价处于盘整状态，但始终不曾跌破前期低点，预示空头力量逐渐衰竭，意味着下跌趋势终结的概率大大增加，但依然不能确认。直至股价突破最近高点，表明市场已完全由多方控制，下跌势头彻底被扭转，此时是投资者建仓的有利时机。

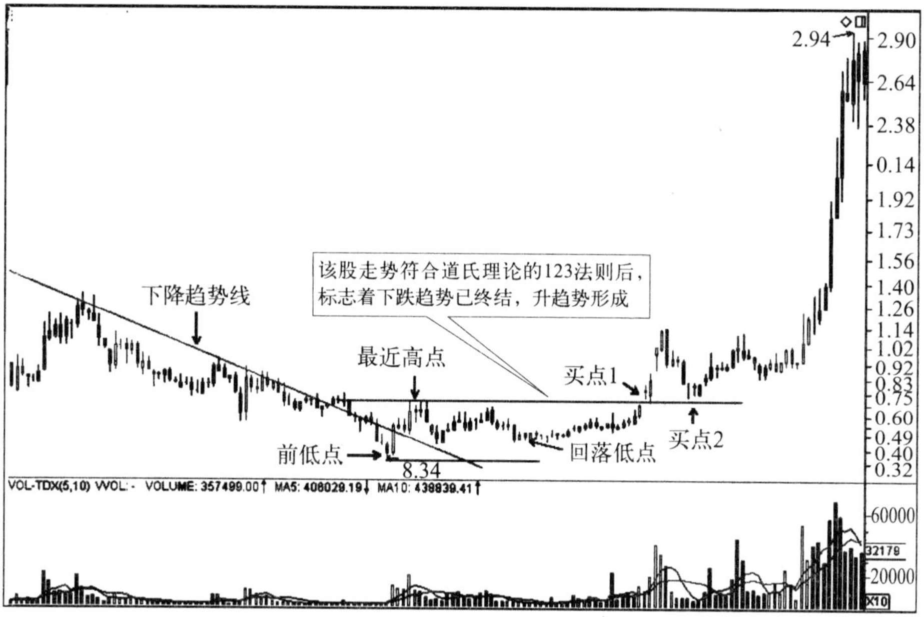

图 8－5

第三节　道氏理论 2B 法则的识别和运用

在上升趋势中，常常会出现股价（指数）跌破上升趋势线后，再度上攻时已经穿越或者非常接近先前的高点而未能持续挺升，稍后又反转向下的现象。同样，在下跌趋势中，也常常会出现股价（指数）突破下降趋势线后，再次下跌时已经穿越或者非常接近先前的低点而未能持续走低，不久股价（指数）又反转向上的现象。这两种情形，都意味着原来的趋势很可能已经发生变化。这种特殊的形态好像又不符合道氏理论 123 法则的判断方法，于是在道氏理论 123 法则的基础之上衍生出 2B 法则（图 8－6）。2B 法则本质是 123 法则的一种特殊形态，也是辨别市场趋势发生反转的重要理论依据。

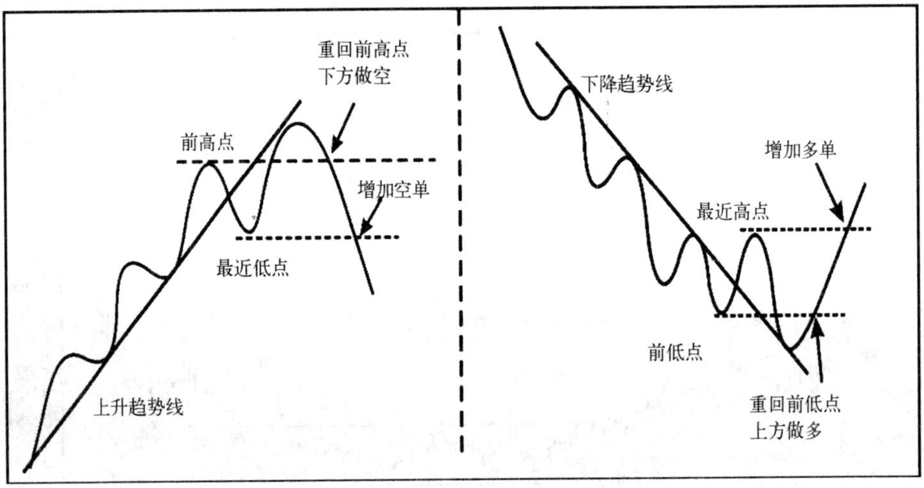

图 8－6　道氏理论 2B 法则示意图

一、2B 法则定义

1. 上升趋势中

(1)股价跌破上升趋势线，发出了预警的信号，预示上升趋势可能改变。

(2)股价再次上攻时，穿越前期高点后而未能继续挺升，稍后回落又跌破前高点，预示上涨动能可能衰竭。

(3)当股价回落跌破前期低点时，标志着上升趋势已经结束。

如果出现前两种情形，预示上升趋势可能改变，如果上述三种情形同时出现，则标志着上升趋势已经结束。

2. 下降趋势中

(1)股价突破下降趋势线，发出了行情可能转好的积极信号。

(2)股价再次回落时，穿越前期低点后而未能继续走低，稍后又重回前低点上方，预示下跌趋势可能结束。

(3)当股价上升时突破前期高点时，跌势宣告结束。

如果出现前两种情形，预示下跌趋势可能改变，如果上述三种情形同时出现，则标志着下跌趋势已经结束。

实际上，2B 法则也是一种处理新高新低的的方法。上升趋势中，新高突破了，但未能延续，那便可能出现2B法则的情形；新高未能突破，那自然符合道氏123法则；新高强势突破，那才是有效突破，则是上升趋势的延续。下跌趋势中出现新低也是同样的道理。另外，2B法则中的前期低点本质上就是支撑位，前高点本质上也是阻力位。这个支撑位、阻力位是一个区域，而非绝对的某个点。出现新高其本身是市场含义是为了攻击某个阻力区域，但由于该区域获利的投资者套现意愿强烈，未能有效突破该区域。同样，出现新低是为了攻击某个支撑区域，但由于该区域逢低吸筹旺盛，买方力量强大，未能有效突破该区域。因此，在K线图上表现为“潜在的双顶或双底”形态。

二、2B法则的操作策略

1. 上升趋势中

(1)股价重新返回前高点下方时，投资者应将利润兑现，落袋为安，逐步将

手中筹码抛售。

(2)股价跌破最近低点时，标志着下跌趋势已经形成，投资者应清仓离场。

图8-7为某股某一时期的周K线图。股价跌破上升趋势线后，多方未就此缴械，组织多次反扑，股价创出新高。但在这区域遭遇空方的强势阻击，上升势头未能延续，不久股价回落至前期高点和上升趋势线之下，此时市场显示对多头不利信号，持股的投资者应果断平仓出局。股价回到前高点下方之后急速下挫，并跌破最近低点(双顶的颈线位)，这时市场信号明确的告知投资者：该股的上升趋势已经结束，下跌趋势已形成。

2. 下降趋势中

(1)股价突破下降趋势线，发出趋势可能好转的积极信号。

(2)股价重返前低点上方时，投资者应随时做好入场准备。

(3)当股价上攻突破前期高点时，标志着下跌已经结束，激进的投资者可以及时跟进，或者待回撤颈线位时逢低吸纳；稳健型投资者可在股价放量创新高时买进。

如图8-8所示，该股创新低后，下跌走势并没有继续，很快回到前低点上方，此时市场信息告诉我们，在该区域受到强劲支撑，逢低吸筹意愿强烈，

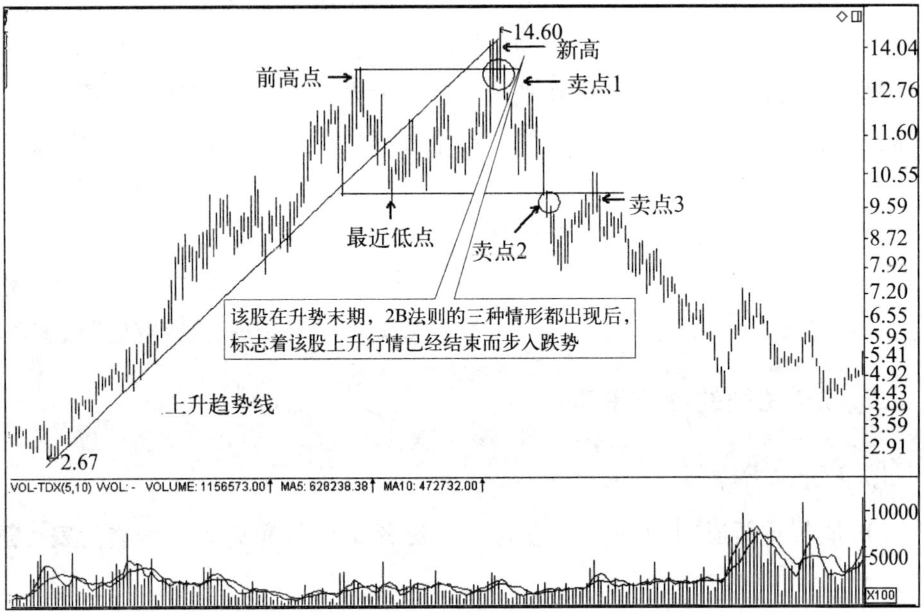
14.60
新高
前高点
卖点1
最近低点
卖点2
卖点3
该股在升势末期，2B法则的三种情形都出现后，标志着该股上升行情已经结束而步入跌势
上升趋势线
2.67
14.04
12.76
11.60
10.55
9.59
8.72
7.92
7.20
6.55
5.95
5.41
4.92
4.43
3.99
3.59
2.91
VOL-TDX(5,10) VVOL: - VOLUME: 1156573.00↑ MA5: 628238.38↑ MA10: 472732.00↑
10000
5000
X100

图 8－7

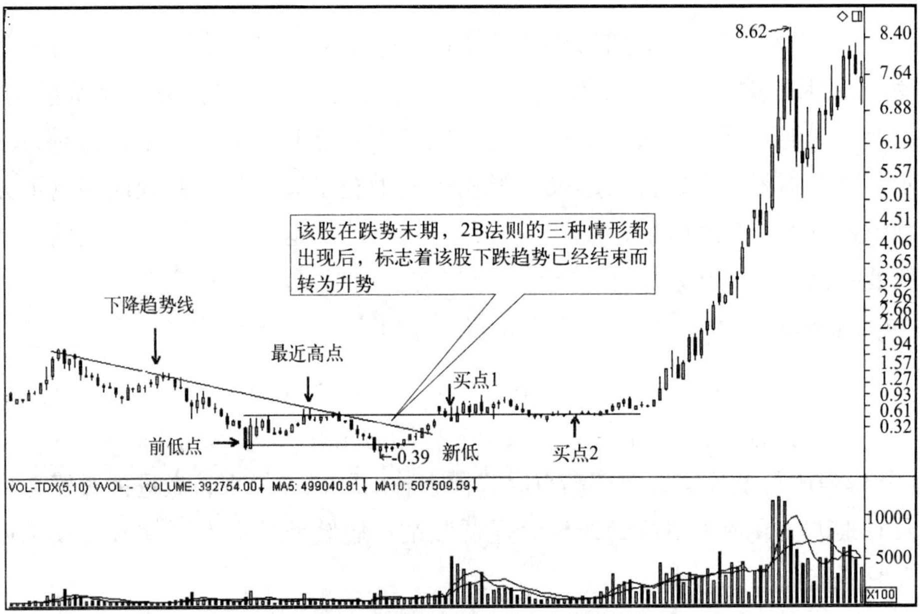
8.62
该股在跌势末期，2B法则的三种情形都出现后，标志着该股下跌趋势已经结束而转为升势
下降趋势线
最近高点
买点1
前低点
0.39
新低
买点2
8.40
7.64
6.88
6.19
5.57
5.01
4.51
4.06
3.65
3.29
2.96
2.66
2.40
1.94
1.57
1.27
0.93
0.61
0.32
VOL-TDX(5,10) VVOL: - VOLUME: 392754.00↓ MA5: 499040.81↓ MA10: 507509.59↓
10000
5000
X100

图 8－8

不久股价突破下降趋势线，这个时候市场已经向我们发出两个积极信号。之后股价上攻突破最近高点(双底颈线位)，标志着该股下跌趋势被彻底扭转，上升趋势已经确立。股价突破后回抽颈线，为空仓的投资者提供稳健的买入契机，随后该股迎来一轮凌厉上涨行情。

第九章　艾略特波浪理论

股海茫茫，哪里有暗礁？何处是险滩？牛市涨势波澜壮阔，何处是终点？熊市中熊途漫漫，哪里是尽头？这是每一位参与股市的投资者都关心的问题。股市自问世以来，人类不停的对股市波动的规律进行探索，试图破解这一公认的世界级难题。到目前为止，人类虽然尚无法准确预测未来几天或几周股市的走向，但却可以通过对股市历史走势的总结分析，对未来更长周期的走势进行预测。艾略特波浪理论，就是这种预测未来市场走势最重要、最常用的技术分析理论之一，是我们预测“市场顶部在哪里，底部又在哪里”的核心理论。有了它，一定程度上就可以帮助我们实现成功的逃顶和抄底，使得“逃顶与抄底”这门功课不再那么困难。这一章将就艾略特波浪理论进行简要介绍。

第一节　波浪理论的概述

一、波浪理论简介

波浪理论是美国证券分析家拉尔夫．纳尔逊．艾略特以道琼斯工业指数作为研究标的，发现不断变化的指数结构性形态反映了自然和谐之美，与大自然的潮汐，波浪一样，一浪跟着一浪，周而复始，具有相当程度的规律性，以一种“可识别的模式”前进和反转，这些模式在形态上不断重复，被称作“波浪”。根据这一发现，他提出了一套相关的市场分析理论，精炼出市场的 13 种形态或波浪，在市场上这些形态重复出现，但是出现的时间间隔及幅度大小并不一定具有再现性。而后，他又发现了这些呈结构性形态的图形可以连接起来，形成同样形态的更大图形。这样，他提出了一系列权威性的演绎法则用来解释市场的行为，并特别强调波动原理的预测价值，这就是久负盛名的艾略特波浪理论，简称波浪理论。

波浪理论由波浪形态、比率、时间三方面组成，三者的重要程度依次降低。它是目前股市和期货市场上运用最多，也是最难理解和精通的技术分析理论。而它与其他追随趋势的技术方法不同之处在于：它可以在趋势确立之时，预测趋势何时结束，是现存最好的一种预测工具。波浪理论是描述股市的一种语言，帮助无数投资者洞悉股市，最常用的趋势分析工具之一，被称为"市场行为的关键"。

波浪理论的两个出发点：

人类社会永远进步向前；

人类群体的行为是可以预测的；

股市反映的就是人类的群体行为。

曾给几位美国总统担任过顾问的巴鲁克说："实际在股票市场振荡中记录下来的不是各种事件本身，而是人类对这些事件的反应。简而言之，成百上千万的男男女女是如何感受这些事件，并如何判断这些事件对他们未来的影响。而且正是这种强烈的人性，使股票市场成了一个如此戏剧性的世界，在此男男女女投入了他们相互冲突的判断，他们的希望与恐惧，力量与软弱，贪婪与幻想"。

二、波浪的结构

波浪理论认为市场走势不断重复一种模式，每一周期都是由一个上升趋势的五浪(1、2、3、4、5)和一个下降趋势的三浪(A、B、C)组成，其中4个上升浪(1、3、5、B)，4个下跌浪(2、4、A、C)。股价(指数)随主要趋势运行时，以五浪结构的顺序波动，逆主趋势运行时，则以三浪结构的顺序波动(图9-1)。

长浪可以持续100年以上，次浪的时间相当短暂，大浪有中浪，中浪有小浪，小浪还有超小浪，如此周而复始。波浪理论将不同规模的趋势分成九大类，最长的超大循环浪 横跨了200年的超大型周期，而次微浪则只覆盖数小时之内的走势。但无论趋势的规模如何，每一周期由8个波浪构成这一点是不变的，也就是每个完整的循环浪由八浪组成，即八浪一循环(图9-2)。

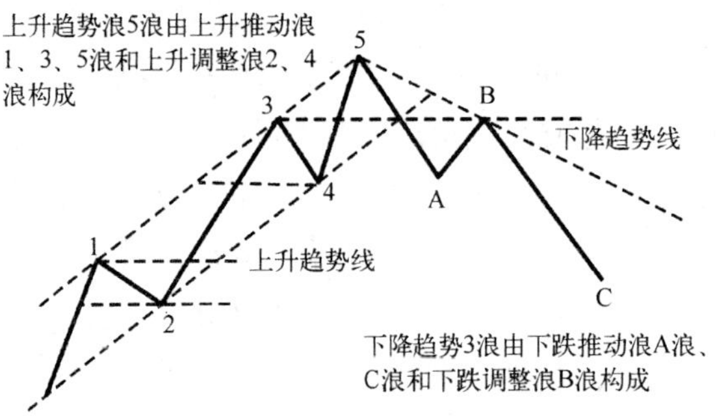

(1)上升浪4浪(1.3.5.B)+下跌浪4浪(2.4.A.C)，共8浪一循环； (2)推动浪为5浪+调整浪为3浪，共8浪一循环； (3)以浪2低点为起点作一条平行于(1-3)的上升趋势线，可以预测4浪的底部； (4)以浪3的高点为起点，作一条平行于(2-4)的趋势线，可以预测浪5的顶部	波浪理论三大铁律： 铁律一：浪2回撤必须小于浪1的100%； 铁律二：在1、3、5浪中，浪3绝不是最短的浪； 铁律三：浪4底不能与浪1顶重叠(倾斜三角形例外)

图9-1

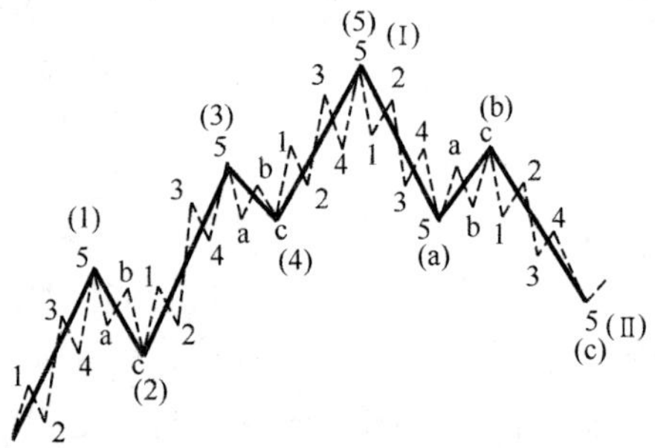

图9-2

三、波浪形态

波浪理论认为推动浪和调整浪是价格波动中两个最基本的形态。而推动浪指的是与市场主要走势走向一致的波浪，它可以分成五个小浪，一般用第1浪、第2浪、第3浪、第4浪、第5浪来表示。调整浪指的是与市场主要走势走向相反的波浪，是对主要走势的修正，它可以划分成三个小浪，通常用A

浪、B浪、C浪表示。在这八个波浪(五上三降)完毕之后，一个循环即告完成，走势将进入下一个八波浪循环。

四、波浪理论的数浪原则

形态是波浪理论的基础，正确的数浪方法是波浪理论的分析前提。最基本的数浪规则有以下几条：

(1)浪2的回撤必须小于浪1的100%，即浪2回撤不能低于浪1的起点。

(2)在1浪、3浪、5浪中，3浪永远不可能是最短的一浪，并且3浪一定会越过1浪的终点。

(3)第4浪的浪底不能低于第1浪的浪顶，即4浪底与1浪顶绝不能重叠(倾斜三角形例外，另外，期货市场可能存在)。

(4)交替原则：在几乎所有波浪的运行中，其波浪的形态以交替出现的形式维持着，市场不会以同样的方式演变。比如，后一次顶部，底部的形成方式决不会与上一次一样；如果第2浪以简单形态出现，那么第4浪倾向于以复杂形态出现；反之，如果第2浪以复杂形态出现，那么第2浪以简单形态出现的概率很高。

(5)调整浪的最大回撤幅度为前一浪的次级调整浪的位置。比如：第4浪最大回撤幅度是第3浪中的第4浪的低点，这就是第4浪的最大修正位置。

(6)延长规则：在1，3，5浪中，只会有一个浪出现延长，其他两浪长度和运行时间相似。

值得注意的是：前三条是数浪时必须遵循的原则，被视为波浪理论的三大铁律，适用于任何时间周期。波浪理论是建立在道氏理论和传统图表分析之上，广泛应用于期货市场和股市中的指数平均价，对于个股并不同样有效，也就是说波浪理论主要适用于指数而非个股。

第二节　波浪理论口诀和解析

波浪理论作为一种具有特殊价值的分析工具，具体表现在其普遍性及精确性。说它具普遍性，是指我们可在许多有关人类活动的领域中运用到它，并且很多时候有令人难以置信的效果，其以一种近似“数学表达模型”的形式揭示了自然界波动规律，被资本市场视为“20世纪最有价值的发现之一”；说它具有精确性，因为波浪理论作为描述股市的一种语言，它揭示了股市的波动规律，在确认以及预测走势的变化上，其准确性令人叹为观止。这是其他分析方法难望其项背的，是屹今为止唯一能够在趋势确立之时，就能预测趋势何时结束的、现存最好的一种预测工具。并且已经历经华尔街市场的无数验证，帮助无数投资者洞悉股市，成功地把握了众多即将出现的机遇，也规避可能降临的风险。长久以来，经过无数波浪理论研究者的分析总结，为了更为准确运用和掌握波浪理论，归纳总结出一套描述波浪形态的口诀，即波浪理论口诀。下面将对这套波浪理论口诀及其注解进行介绍，以便投资者对波浪理论有更为详尽的理解和认识。

一、波浪理论口诀

口诀一

一三五浪可加长，每段细分五小浪；
另有等长九段波，顶底不连通道长；
三三相隔十五段，五三交错亦寻常；
波起浪伏有形状，常见上斜与扩张；
喇叭斜三现一浪，二浪之后走势强；
五浪若是此模样，分批减磅远危墙；
A浪止住回头看，A3A5不一样；
三波之字双回撤，五波右肩做B浪；
回撤二次分三五，三波弱来五波强；
B浪右肩a-b-c，轻仓快手捕长阳；

口诀二

调整浪型有三种，之字平坦三角型；
之字三段a b c，5-3-5浪要记清；
特殊情况双之字，七波两个之字体；
平坦都是三三五，略与之字有不同；
九种变形不复杂，区别尽在BC中；

口诀三

无论直三与斜三，浪型间隔皆 3 – 3；
不管扩张与收缩，万变不离是五波；
三角整理四形态，怎么进去，怎么出来；

口诀四

双三特例七段波，两波调整来组合；
待到整固突破后，上下波澜皆壮阔；

二、波浪理论口诀解析

1. 口诀一解析

一三五浪可加长，每段细分五小浪。意思是：推动浪的第一子浪，第三子浪和第五子浪都可能出现延长浪，而延长浪也是个五浪结构（图 9 – 3）。不过，需要注意以下几点：

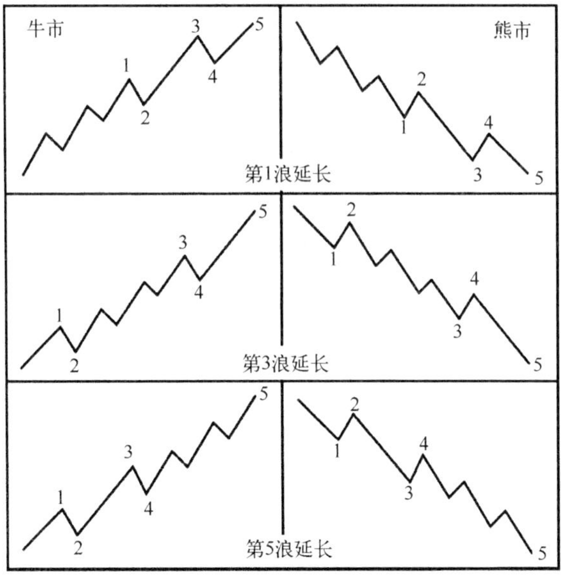

图 9 – 3

(1)若第一子浪延长，则第三子浪和第五子浪等长；

(2)若第三子浪延长，则第一子浪和第五子浪等长；

(3)若第五子浪延长，则第一子浪和第三子浪等长。

另有等长九段波，顶底不连通道长。意思是：推动浪除了上面讲到的三种形态以外，还有一种特殊形态：九浪延长(图9－4)。这种形态的特点是：

(1)该浪分为九个子浪；

(2)一子浪，三子浪，五子浪，七子浪，九子浪全部等长；

(3) 第四子浪底不破一子浪头，同样，六浪底不破三浪头，八底不破五浪头，也就是说“各子浪的顶底不连”。

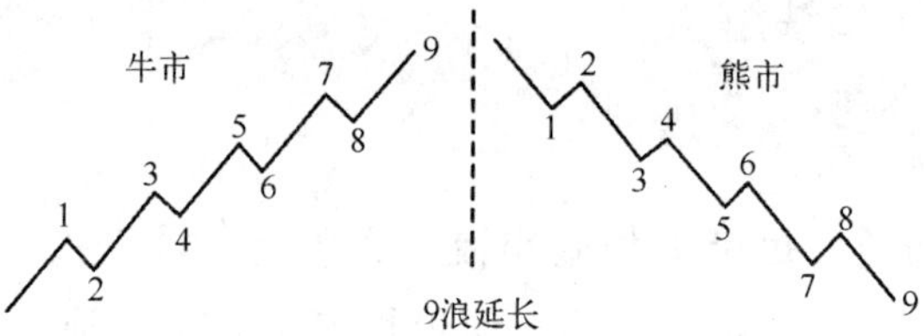

图9－4

值得投资者注意是：“九个子浪全部等长，顶底不相连”这种标准形态只是理论上概念，在实际走势中极少出现，，常常是九个子浪并不等长，也会有顶底相连的不规则形态出现，这种形态多出现在极强或极弱市场。

三三相隔十五段，五三交错亦寻常。意思是：五浪结构的推动浪，都有十五个子浪(图9－5)：5＋5＋5＝15，而九浪形式的推动浪，则是二十七个子浪(3×9＝27)；“三三相隔”和“五三交错”指的是推动浪并不只是前面4种形态，还有很多种，但浪型只有2种，即所有子浪都由3个细浪组成或者由3个细浪与5个细浪间隔组成。

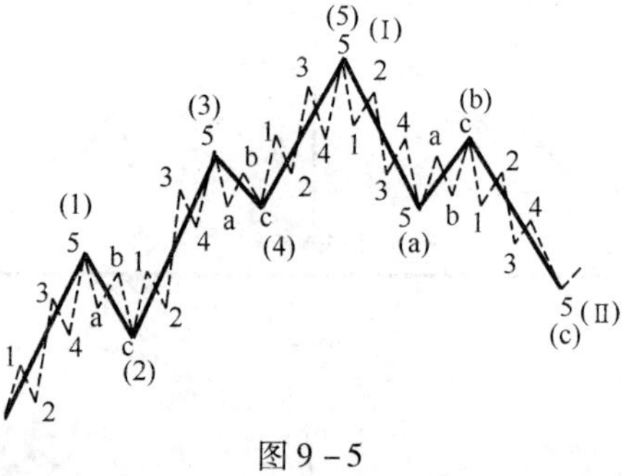

图9－5

波起浪伏有形状，常见上斜与扩张。意思是：上升楔形(即倾斜三角形)和扩张三角形(即喇叭形)是波浪形态中两种很常见的形态。

喇叭斜三现一浪，二浪之后走势强；五浪若是此模样，分批减磅远危墙。意思是：如果喇叭(扩张三角形)或者上升楔形(即倾斜三角形)出现在第一浪中，那么后面将面临一个很凶悍的二浪回调(图9-6)，但经过此波回调之后的三浪，走势将异常凌厉和凶猛！如果如果喇叭(扩张三角形)或者上升楔形出现在第五浪中，那么就要高度警惕了！因为后面紧跟着的将是直线下跌(图9-7)！

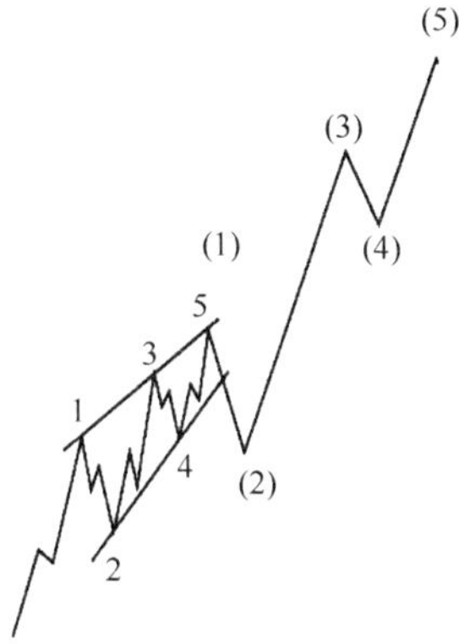

图9-6

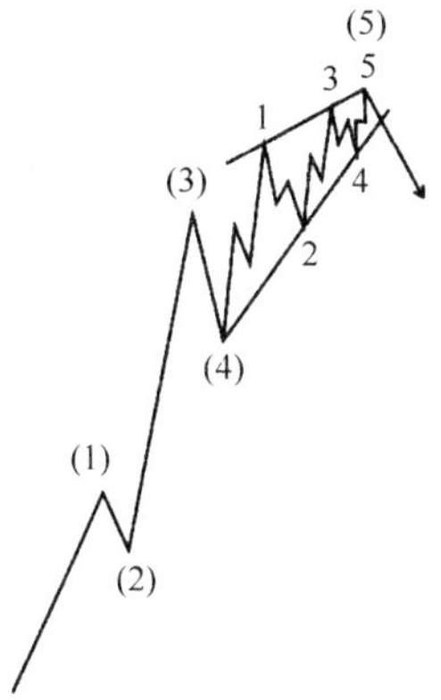

图9-7

这两口诀相当重要，投资者一定要仔细体会并牢记！相信投资者分析下面案例后，会加深这两句口诀的认识。

图9-8是2013年6月至2016年3月上证指数的日K线图。股指自1849点见底后，在之后的两年左右的时间里，沪深股市走出一轮井喷的牛市行情。这波主升浪以五浪结构呈现，在第5浪出现楔形后，上证指数于2015年6月15日的5178点见顶，随后股指一路狂泻，震动全球资本市场，成为沪深股市仅次于2008年金融危机爆发以来的又一轮股灾。

A浪止住回头看，A3A5不一样。意思是：上升趋势五浪结束之后，会有调整浪的A浪出现；这个调整浪A浪，要注意分清它到底是由5个子浪组成还是由3个子浪组成，这一点对后市走势分析十分重要！

三波之字双回撤，五波右肩做B浪。意思是：如果A浪以3个子浪形式出现，其后的走势将是“双回撤”；如果A浪以5个子浪形式出现，其后的走

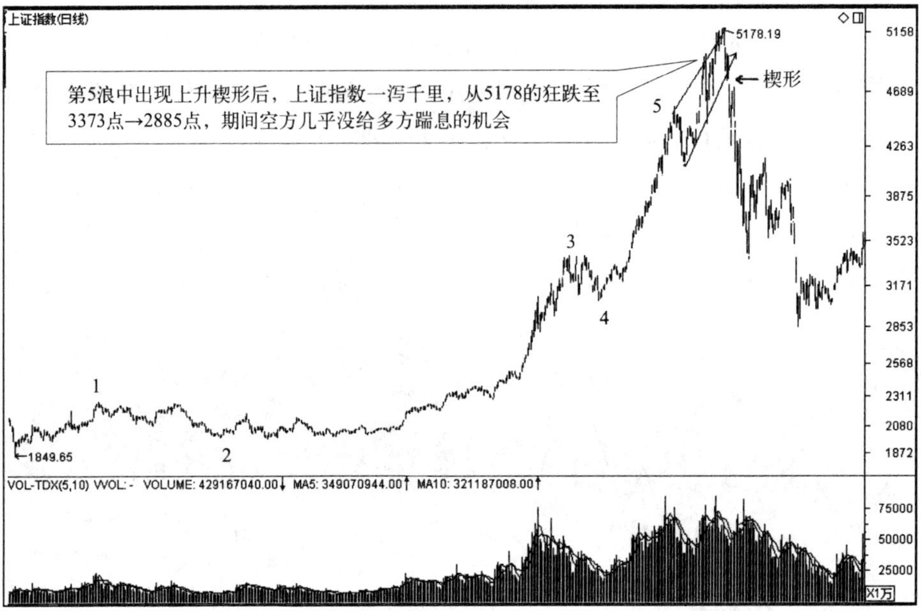

图 9－8

势将是“B 浪反弹”。投资者要正确理解这句口诀，需注意以下三点：

(1) 这句口诀有一个前提条件，就是前面上升浪中的第 5 浪必须是延长浪（即“第 5 浪延长”）。

(2)第 5 浪延长及之后的双回撤大多出现在有杠杆的期货市场，而股票市场出现第 5 浪延长的现象较为少见。

(3) 第 5 浪不是延长浪时，A 浪同样会有以 5 个子浪结构出现或以 3 个子浪结构出现，不过，其后的走势不能称之为“双回撤”。投资者千万别错误的理解为：第 5 浪不是延长浪时，A 浪也就不会以 5 浪结构或 3 浪结构出现。

回撤二次分三五，三波弱来五波强。意思是：所谓“双回撤”，指的是方向相反的两个过程，A 浪回落属于第一次回撤，其后的反弹则是第二次回撤，这两个过程合称“双回撤”。第 5 浪出现延长浪后，其后通常有两种不同的走势：①A 浪若由三个子浪构成，则 A 浪之后就会有“第二次回撤”出现，A 浪回落与之后的上涨就合称为“双回撤”。“双回撤”之后可能会创新高（注意“可能”二字），有展开新升浪的可能。另外，A 浪退出之后的第二次回撤（即向前回试延长浪的顶部）也有个强弱之分。一般来说，如果第二次回撤由三个子浪组成，那么它的走势就比较弱，过5浪顶的几率很小（注：不等于没有）；如果第二次回撤由五个子浪组成，那么破延长浪顶形成新升浪的可能性就非常高！②A浪若由五个子浪组成的，后面上涨一定是B浪反弹，而B浪反弹后面紧跟着的将是凶狠的C浪杀跌！

B**浪右肩**a-b-c，**轻仓快手捕长阳**。意思是：如果A浪由五子浪组成，无论第5浪是否是延长浪，基本已经确定后面只是B浪反弹，创出新高的概率极小（图9-9）。（注意"极小"二字，并非不存在），主升浪走完后，对于属于反弹性质的B浪，可以以较轻的仓位去抢一下反弹，但切记要快进快出！因为这个时候的阳线一般比较长，但持续时间短，属反弹阳线（其性质是主力为掩护出货的诱多阳线），只适合短线操作，快进快出为主！

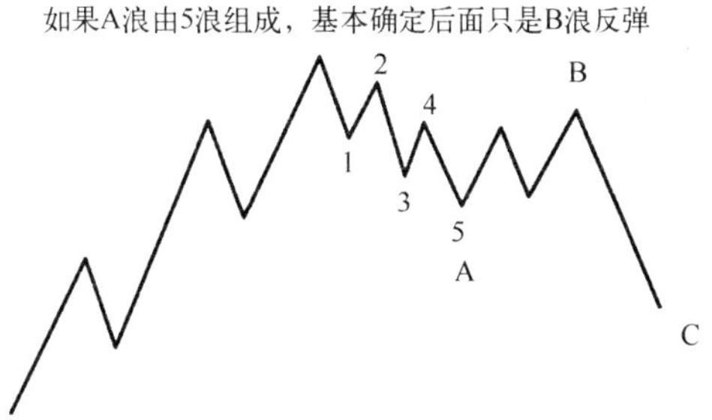

图9-9

图9-10显示的是上海股市历经两年波澜壮阔大牛市后，2007年10月16日上证指数飙升至6124点的历史峰值后出现回落。当时，众多投资者依然亢奋，沉侵于牛市的疯狂中，市场上某些机构，分析师高唱的"万点论"不绝于耳，殊不知，风险却在悄悄临近。大盘在6124点见顶后，出现调整的A浪，而A浪由（1）、（2）、（3）、（4）（5）等五个子浪构成，而非三个子浪，此时市场信号告诉我们：2005年998点后开启的这轮牛市已经结束了。依据波浪理论可以推断：A浪之后，从4778点开启的这一波上涨，只能视为B浪反弹，超越6124点这一峰值的概率极小，此时投资者应该边打边撤了，勿被市场上"万点论"所迷惑，逢反弹离场才是明智之举。而最终的市场走势也确实如此，股指反弹至5522点后戛然而止，随后降临的却是疯狂的C浪下跌，股指已从B浪的峰值5522点狂泻到2008年11月时的1664点，深度套牢众多在B浪未出逃的投资者。

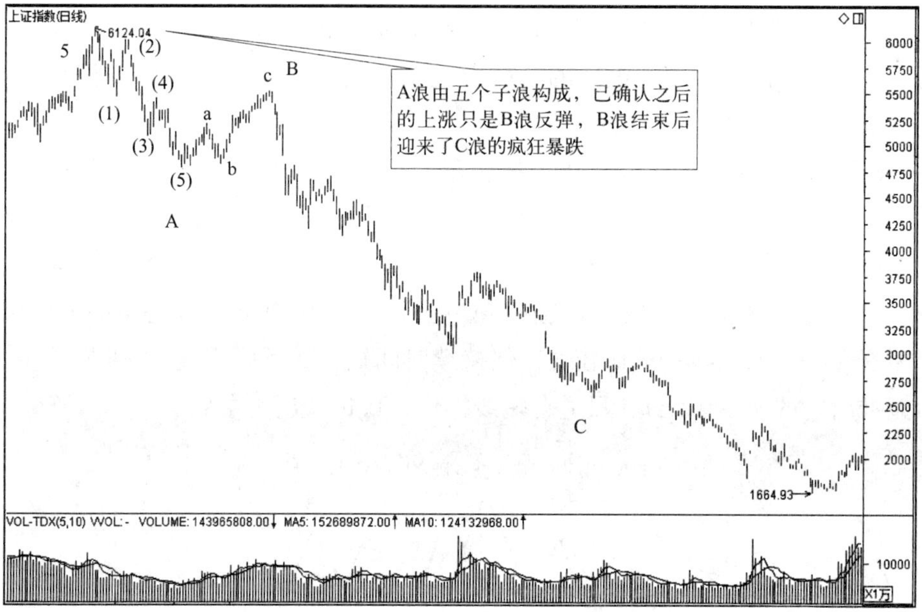

图 9－10

（2007 年 8 月—2008 年 11 月的日 K 线图）

2. 口诀二解析

调整浪型有三种，之字平坦三角形；之字三段 a b c，5－3－5 **浪要记清**。意思是：指调整浪的浪型分为三种：即平台形、之字体也称锯齿形、三角形整理；后面这一句最为重要，意思是说，调整浪是对主要趋势的反方向修正，在之字体整理中 a 浪和 c 浪与主趋势方向相反，b 浪和主趋势方向相同，a 浪和 c 浪都由五个小浪组成，b 浪由三个小浪组成。

特殊情况双之字，七波两个之字体。意思是：所谓“双之字”型，指的是一个“之字体”调整浪之后，有一个过度的“X”浪”，然后会再出现一个“之字体”调整浪，两个调整浪加在一起以一个七浪的复杂形式完成调整（这种浪型不是很常见，多见于大熊股中），这种浪型的结构是 a(5) + b(3) + c(5) + X + a(5) + b(3) + c (5)（图 9－11）。

图 9－12 为渤海金控 1999 年 12 至 2006 年 7 月的周 K 线波浪图，就是双重锯齿形态，从图中显示 C2 已经变形，看不出是五浪结构了。

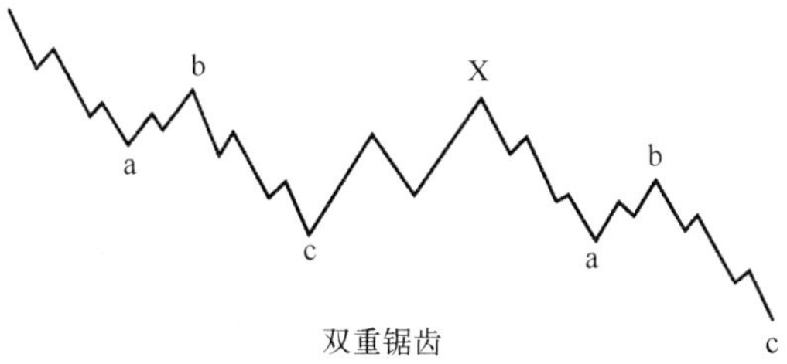

图 9－11

图 9－12

平坦都是三三五，略与之字有不同；九种变形不复杂，区别尽在 BC 中。意思是：平台型整理的浪型结构是 a(3)＋b(3)＋c(5)(图 9－13)，与之字形 a(5)＋b(3)＋c(5)略有所不同，平台形整理的 a 浪是三个子浪结构，而之字形整理的 a 浪是五个子浪结构；平坦型整理有九种形式，而每一种形态的区别在于 b 浪是三个子浪结构，而 c 浪是五个子浪结构。

3. 口诀三解析

无论直三与斜三，浪型间隔皆 3－3；不管扩张与收缩，万变不离是五波；

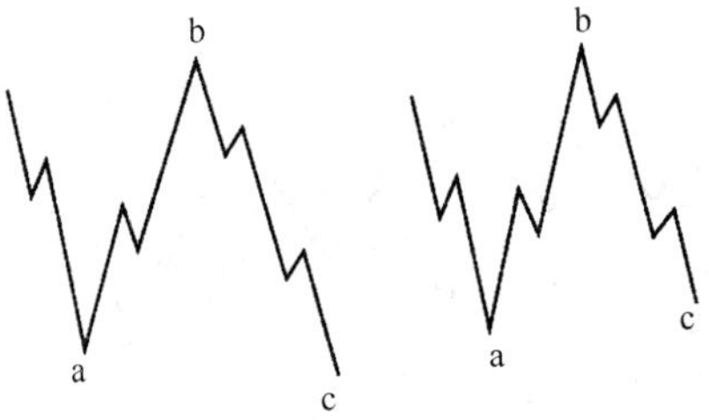

平台形3-3-5

图 9－13

三角整理四形态，怎么进去，怎么出来。意思是：三角形整理分为直角三角形、斜三角形、扩张三角形和收敛三角形四种整理方式，这四种方式有一个共性，即都由 a、b、c、d、e 五个子浪组成，每个子浪又都是由三个更低级别的小浪构成。口诀的重点在最后一句："怎么进去的怎么出来"，它告诉了我们怎样判断三角形整理后的突破方向。一般来说，三角形在整理完毕之后，突破方向都和整理前的大趋势相同，也就是说与五个子浪中的 a 子浪方向相反。

4. 口诀四解析

双三特例七段波，两波调整来组合；待到整固突破后，上下波澜皆壮阔。意思是：所谓"双三"整理，指的是两个三浪整理由一个过度的"X"浪相连接，共同构成一个七浪结构的调整浪，这两个三浪整理可以是之字体整理，也可以是平坦型整理或者三角形整理，可以任意组合(图 9－14)。不过需要注意的是，这个整理过程非常漫长，而一旦整理完毕，就会将整理之前的趋势进行放大。也就是说，整理之前是上升趋势，则整理后有暴涨；反之，整理之前是下降趋势，则整理之后将是暴跌！还有更特殊的"三三"整理(图 9－15)，整理后的趋势会更加地强烈，大牛股或大熊股往往从这样的形态里面出现。

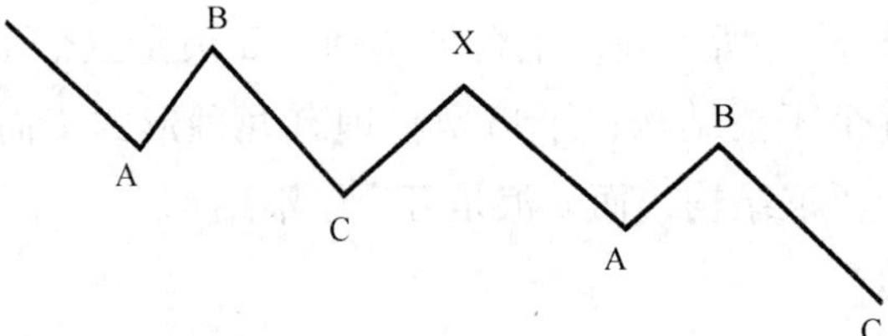

双 重 三

图 9－14

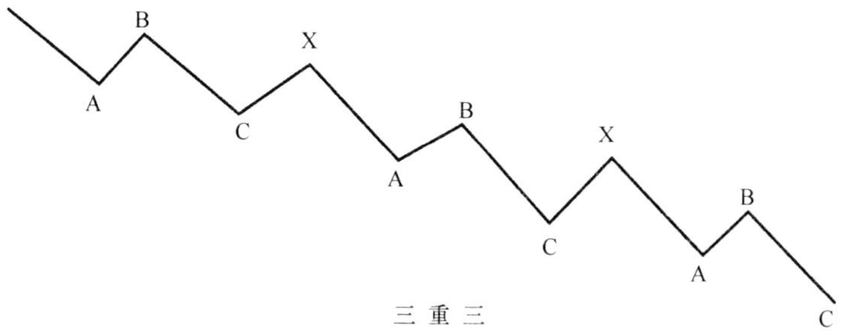

图 9－15

第三节　波浪的各浪特征及操作策略

根据波浪理论：每一个循环周期都是由一个上升趋势的五浪（1、2、3、4、5）和一个下降趋势的三浪（A、B、C）所组成。每一浪从价格、成交量（图 9－16）、基本面和反映投资者的心里因素变化都有各自不同的特征：

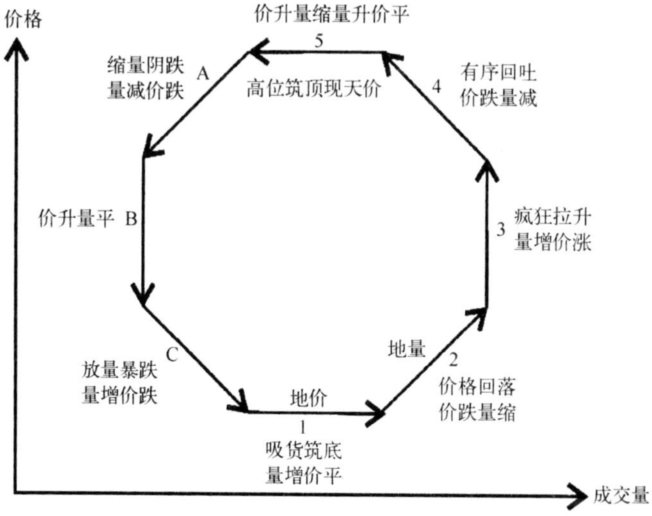

图 9－16

一、各浪的特征

1. 第1浪

(1)几乎半数以上的第1浪，是属于营造底部形态的一部分。第1浪是循环的开始，空头市场跌势未尽，先知先觉的机构或投资者开始在低位吸筹建仓，不过，这种多头方力量并不强大。另外，由于空头继续存在抛售，于是，在第1浪上升之后出现第2浪调整回落时，其回档的幅度往往很深，但不会越过第1浪的起点。

(2)半数的第1浪出现在长期盘整完成之后，在第1浪中，其行情上升幅度有限，其涨幅依然也是1浪、3浪、5浪中最短的一浪。

(3)形成过程中利空消息不断，市场绝望，投资者处于恐慌的氛围中；而形成过程中市场资金充裕，成交量出现明显的增加，但股价(指数)涨幅不明显，呈现出量增价平的态势。

2. 第2浪

(1) 第2浪是下跌浪，基本面比第1浪更糟糕。

(2) 由于大部分投资者误以为熊市尚未结束，其调整下跌的幅度相当大，几乎吃掉第1浪的升幅，当价格在这浪中跌至接近底部(第1浪起点)时，市场出现惜售心理，抛售压力逐渐衰竭，成交量也极度萎缩，常有“地量”现象出现。当“地量”出现时，意味着第2浪调整宣告结束。

(3) 在这浪中经常出现三重底、头肩底，双底等底部转势形态，呈现出价跌量缩的态势。

3. 第3浪

(1)第3浪往往是最大，最具爆发力(价格常常以跳空缺口的方式向上突破)的上升浪，持续的时间往往是最长的，涨幅也往往是最大的。

(2)投资者信心恢复，成交量增大(正常情况下，第3浪的量能是最大的，但如果第5浪出现延长的话，最大量能会出现在第5浪)，这段行情走势非常激烈，一些图形上的压力位关卡，非常轻易地被突破，尤其在突破第1浪的高点时，是最强烈的买入信号，出现价涨量增，疯狂拉升的局面。

(3)由于第3浪的涨势异常猛烈，经常出现“延长浪”的现象。

4. 第 4 浪

（1）第 4 浪是行情大幅上涨后的调整。在低位做多的投资者选择将利润兑现，表现出有序的获利回吐，技术图形上通常以较复杂的形态出现，经常出现“三角形”的走势。

（2）但第 4 浪的底部不会低于第 1 浪的顶点，形成过程呈现出价跌量减的态势。

（3）盘面特征表现为大盘股或中高价股往往小幅回落，而低价股或小盘股则出现大幅上窜的现象。

5. 第 5 浪

（1）第 5 浪时先知先觉的资金在悄然退出，而大部分投资者追高意愿减退，表现出一种衰竭性上升走势，技术图形经常以上升楔形出现；市场上原来的领涨板块或个股基本已提前见顶或出现滞涨，市场的“领头羊”开始退居二线；市场总体呈现价升量平或价涨量缩的背离走势，其中 KDJ、MACD 等技术性指标也出现背离现象。不过，市场情绪相当乐观，处于亢奋状态，常常可以听到某些分析师或机构继续唱多的“豪言壮语" 。

（2）在股市中第 5 浪的涨势通常小于第 3 浪，且经常出现失败的情况。如果第 5 浪的成交量大于第 3 浪，有可能出现第 5 浪延长，尤其在第 1 浪和第 3 浪涨幅接近的情况下。

（3）而在期货市场，第 5 浪往往是最长的，并有可能出现延长浪。

6. A 浪

（1）A 浪是下跌的开始，但多数投资者认为上升行情尚未逆转，仅为一个暂时的回档现象。实际上 A 浪的下跌，在第 5 浪中通常已有警示信号出现，比如成交量与价格走势背离或均量线死叉、KDJ、MACD 技术指标背离等等，呈现缩量阴跌，价跌量减的量价形态，但此时市场依然较为乐观。

（2）A 浪以锯齿形调整居多，有时也会出现平台形调整。

7. B 浪

（1） B 浪是对 A 浪的反弹，但是成交量不大，呈现出价升量平的量价形态。一般而言，B 浪是多头的最后出逃机会，也是空头再一次建立新的空单的机会。由于是一段上升行情，易使人误以为另一波涨势，成为多头陷阱，很多投资者因此而被套牢。

(2)此浪偶而有可能上试前高点构成双重顶，甚至先越过前高点后才掉头向下。而技术图形上B浪多数情形以三角形出现居多。

(3) B浪仅为一次反弹，走势相对较弱；在B浪中活跃的股票数量也有限，不过绩优股却表现得十分抗跌。

8. C浪

C浪是一段破坏力最强的下跌浪，跌势较为惨烈，跌幅大，持续的时间较长久，而且出现全面性下跌。下跌过程中成交量也在增加(注：但依然小于A浪、B浪的成交量)，呈现出放量暴跌，价跌量增的量价形态。C浪的出现，宣告上升趋势的真正结束。

上述的波浪特征，只是提供参考和建议性的，并不代表一定会有上述特征出现。波浪的特性有时会误导投资者，以至贻误时机。因此，在实际投资分析中一定要以浪形为准，同时结合成交量、技术图形、趋势线等其他技术方法加以综合研判。

二、操作策略

依据波浪的上述特征，投资者可以按以下策略操作。

第1浪：激进型投资者可以尝试性建立少量仓位；

第2浪：激进型投资者可暂时退出，在成交量极度萎缩时逢低吸筹；

第3浪：顺势而为，持股待涨，切勿频繁操作；突破1浪顶时应及时买入或加码跟进；

第4浪：在形态底部或靠近1浪顶部区域时轻仓买进；

第5浪：在指标背离时逐渐减磅，尤其时成交量出现暴增时，应将筹码全线抛出；

A浪：清仓离场；

B浪：未出逃的投资者趁反弹出局，最后的出逃机会；对于短线投资者，可以用较轻的仓位去抢一下反弹，但切记要快进快出，不可恋战，久战必被套；

C浪：若之前抱有侥幸心理尚未出逃的投资者，在跌破A浪底时，应抛弃所有幻想，果断清仓离场。

第四节　推动浪形态的识别和运用

推动浪，指的是与市场主要趋势走向一致的五浪结构的波浪形态，是最常见的波浪形态之一，其由五个小浪组成。但每一个浪的形态并不完全一样，除了标准形态之外，在现实情况中，推动浪会因基本面的不同而出现一些变异形态。变异形态主要有：浪的延伸、失败的第5浪，倾斜三角形等。下面分别就标准形态和变异形态进行简要介绍。

一、标准形态

为了让投资者较为形象、直观地理解和认识推动浪，特以图文的形式向大家展示推动浪的各浪特点及成因（图9－17），以避免单一的文字描述。

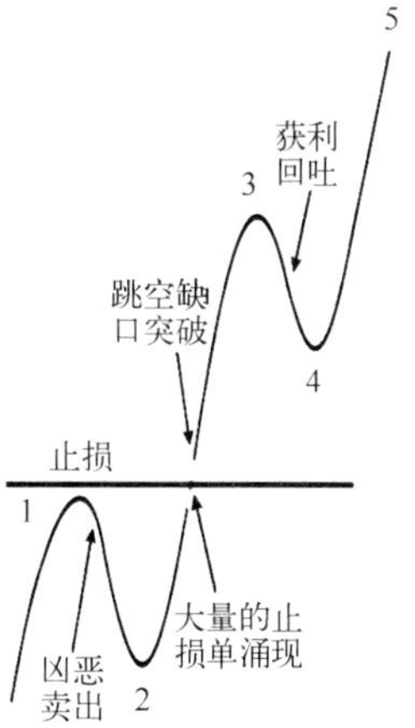

浪1：大部分投资者并不确信这是一次上升趋势的开始，并利用波动增加空单，如果他们分析正确的话，市场不能到达前一浪的顶部。于是，大量的止损单在浪1顶上方出现。

浪2：投资者误以为熊市未结束，大量止损单的出现致股价深幅回调，几乎吞掉浪1的涨幅，价格接近浪1起点上方，市场出现惜售心理，抛压减弱，成交量极度萎缩。

浪3：投资者信息恢复，市场参与者逐步增加，交易量大幅上升，突破浪1顶部时期的止损单被触及，常常在此区域出现跳空缺口，引起投资者的注意。止损出局的投资者经过一段时间的徘徊后确认趋势是向上的而重新回到市场，进而为浪3的上行再添动力，进一把价格推高。

浪4：疯狂的抢筹变弱时，浪3进入滞涨状态，低位做多的投资者获利颇丰，决定将利润兑现，随之出现有序的获利回吐，引发股价回落形成浪4。

浪5：在浪4获利回吐的过程中，多数投资者依然确信市场升势未变，回档成为前期踏空或获利出局的投资者二次买进的机会，大量的买单开始涌入，将价格继续推高而形成浪5。但大多数浪5不再像浪3那样拥有强大的动能，当价格在浪3上方创出新高后，买盘逐步减弱，升势进入尾声

图9－17

二、变异形态

推动浪的变异形态通常有倾斜三角形、失败的第 5 浪、浪的延伸等三种表现形式。下面就分别对这三种形式进行简要的介绍。

1. 倾斜三角形

倾斜三角形是相对水平三角形而言，水平三角形是从技术图形的角度来认识的，我们都知道水平三角形包含上升三角形、下降三角形、收敛三角形和扩张三角形等四种形态。而倾斜三角形是从波浪理论技术分析的角度来认识的，有两种形态，一种是终结倾斜三角形即终结楔形，常出现在趋势末期，如第 5 浪或 C 浪；另一种是引导倾斜三角形即引导楔形，常出现在趋势初期如第 1 浪或 A 浪。这两种形态都是波浪理论中非常重要的形态，也是五浪结构中的特殊形态，和推动浪又有所不同，其区别在于：

第一，推动浪的子浪都以 5－3－5－3－5 的五浪结构出现，而楔形的子浪有时以 5－3－5－3－5 的五浪结构出现，有时也会以 3－3－3－3－3 的三浪结构出现(图 9－18)。

第二，在推动浪中的浪 4 绝不会和浪 1 重叠，而在楔形中 1、3、5 子浪为锯齿形态，浪 4 允许与浪 1 重 叠 。

第三，推动浪的子浪可以出现在 1、3、5 的任何一浪中，而楔形只能出现在特定的位置。比如，终结楔形出现在趋势末期如第 5 浪或 C 浪，而引导楔形则出现在趋势初期如第 1 浪或 A 浪。

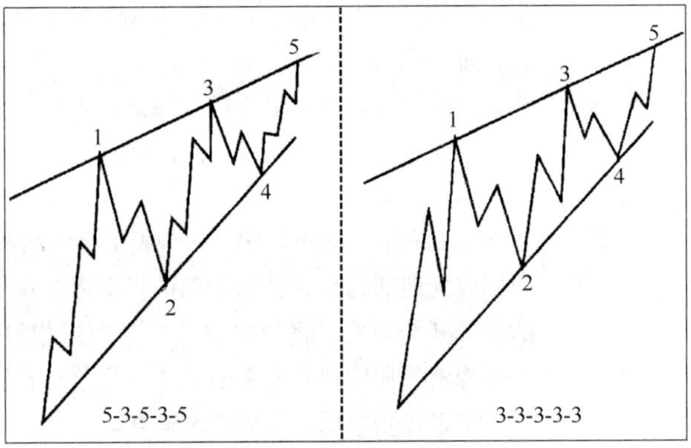

图 9－18

另外，投资者在运用倾斜三角形时，无论是引导楔形还是终结楔形，数浪要求都不高，无需严格的数出内部结构是5波还是3波来，内部只需要是一个3波结构的锯齿型就可以了。对推动浪与楔形的内部结构的区别有初步了解之后，下面分别就终结楔形和引导楔形的运用作以介绍。

2. 终结楔形

艾略特指出：终结楔形出现之前，市场运行往往非常迅猛。终结楔形之所以有“终结”二字，是因为其所有子浪都是三浪，即3－3－3－3－3(不同于推动浪的5－3－5－3－5)，只能出现在大一级波浪运动的终点(图9－19)。也就是下面三个特定的位置：

①推动浪的第五浪，极少数情况下，终结楔形会出现在失败的第5浪；

②A—B—C结构的调整浪中的C浪；

③在双重三浪和多重三浪中的C浪。

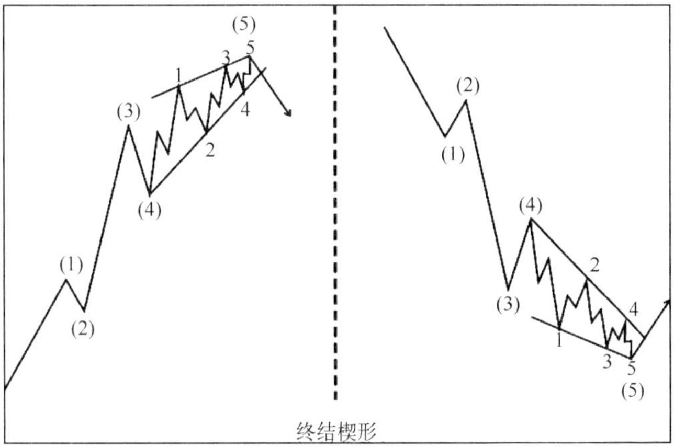

图9－19

终结楔形的技术含义是，代表市场主要趋势的力量，在推动市场价格进行了大幅度的运动后，已经趋于衰竭，在最后一浪的运动中无法以推动浪的形式展开，只能代之以楔形的方式振荡上行或下行，并伴随着成交量的萎缩，最后在投资者的一片看空或看多声中，不知不觉的耗尽剩余的力量。总之，终结楔形的出现，代表一波强势运动的结束，转势近在眼前。

终结楔形出现后，市场将急速反转。上升行情中，尤其是在大幅上涨之后出现终结楔形，常常会伴随崩盘式暴跌，下跌的最小目标至少是楔形的起点。遇此图形时，投资者应及时清仓离场是避免遭受重大损失的唯一选择。同样，在下降趋势中，在大幅下跌之后出现终结楔形，预示将会出现一轮暴涨行情，投资者见此形态，应果断重仓进场，以获丰厚回报，切勿错失战机！

图 9－20 是上证指数 2013 年 5 月至 2016 年 6 月的日 K 线图。自 2013 年 6 月上证指数自 1849 点见底后，经过近一年的第 2 浪整理，从 2014 年 7 月开启了一轮疯狂的牛市，经过第 3 浪的狂飙，第 5 浪加速上涨，于 2015 年 4 月至 6 月以楔形的形态震荡上行，这就是典型的终结楔形。终结楔形出现后，上海股市于 6 月 15 日的 5178 点见顶，随后出现崩盘式暴跌，出现 2008 年全球金融危机以后中国股市又一次“股灾”。在这次“股灾”中，很多投资者由于对终结楔形缺乏足够的认识和理解，未能准确及时发现市场发出的预警信号，以致于误判行情，错过出逃时机，令不少投资者将这轮牛市的获利，又在暴跌中拱手奉出，尤其令一些通过民间配资和证券公司融资等加杠杆的投资者，损失惨重！

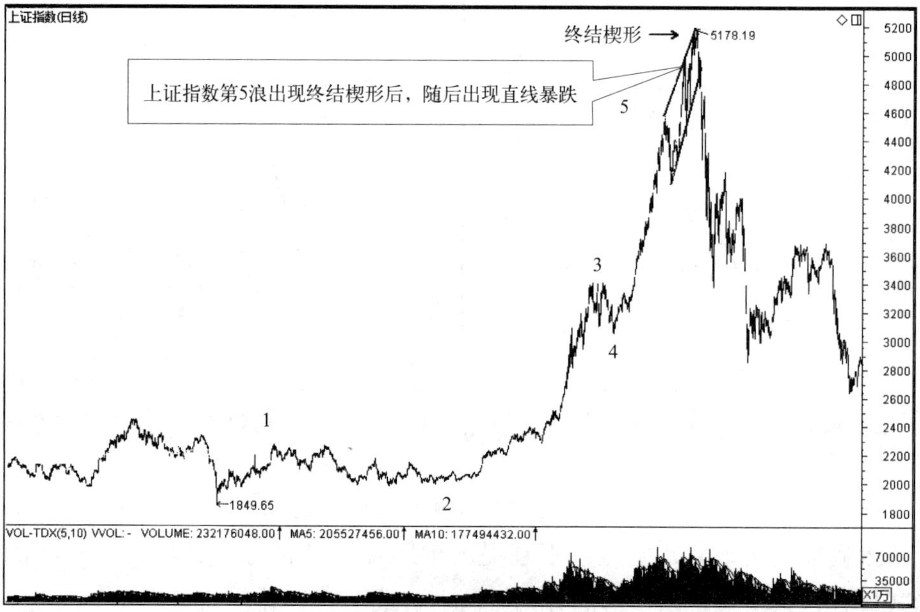

图 9－20

凯恩股份 2008 年 3 月至 2009 年 12 月的日 K 线图，股价在 C 浪末期以楔形形态逐步下沉，股价见底后呈现急速扬升的态势。

3. 引导楔形

引导楔形，顾名思义就是对趋势走向起到指引作用，是一种极少出现的波浪形态。通常出现在趋势初期，如出现在第 1 浪或 A 浪或双重三浪和多重三浪的 A 浪（图 9－21），其子浪结构有时以 5－3－5－3－5 的五浪结构出现，有时也会以 3－3－3－3－3 的三浪结构出现。

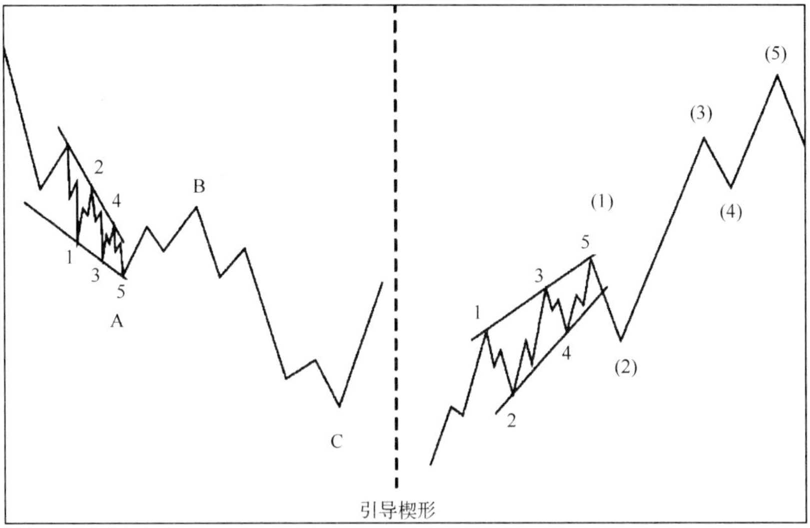

图 9－21

当引导楔形出现在第 1 浪时，随后的 2 浪回调幅度会较深，持股的投资者此时应及时退出，以便日后再以更低的价位将筹码接回，持币的投资者宜多看少动，待空方动能衰竭时再行建仓；如果出现在 A 浪时，之后 B 浪反弹相对较弱，期望不可过高，投资者尽量回避，以持币观望为主。

4. 失败的第 5 浪

在艾略特的波浪理论中，失败的第 5 浪是常见形态之一。由于基本面出现突然的重大变化或者由于第 3 浪的涨跌幅过猛，使得第 5 浪无力突破第 3 浪的终点（图 9－22），于是这个第 5 浪推动浪，称之为衰竭的第 5 浪。衰竭第 5 浪的出现，代表原有趋势动能的衰竭，市场趋势可能出现重大逆转（注意：这里说的“可能”，趋势逆转的确立必须以有效突破浪 4 的终点为准，有关趋势逆转的确认，在前面第六章和第八章中已有阐述，在这里不再赘述）。

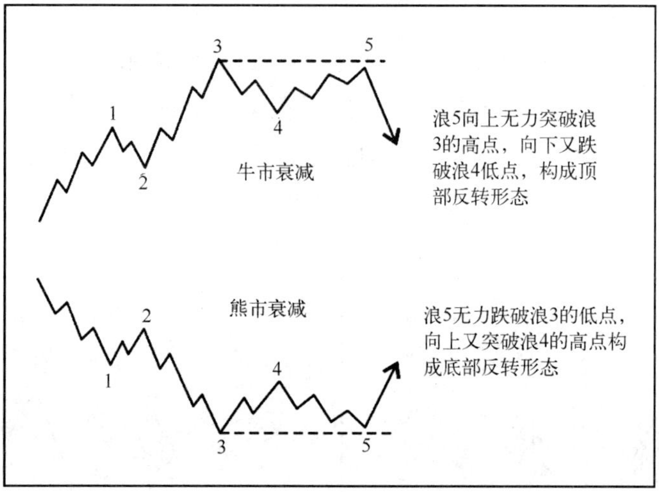

图 9 – 22　失败的第 5 浪形态示意图

另外，投资者在辨别失败的第 5 浪时，需注意以下两点：

第一，在识别失败第 5 浪时，需要分清其内部结构：若该浪包含了五个子浪，则可以判定为失败的第 5 浪；若为三个子浪，则该浪应视为调整浪，这是判定该浪属于失败第 5 浪还是属于调整浪的关键！

第二，在衰竭的第 5 浪出现后，第 4 浪和第 5 浪的性质也发生了变化：牛市衰竭形态中，第 5 浪不能创出新高(高过浪 3 的顶点)，则浪 4 变为调整浪的 A 浪，浪 5 变成 B 浪，之后将面临惨烈的 C 浪下跌；浪 4 也有可能成为下跌推动浪的浪 1，浪 5 变成反弹浪的浪 2，之后也就面临跌幅最深的浪 3。同理，熊市衰竭形态中，第 5 浪不能创出新底(跌破浪 3 的低点)，则浪 4 变为反弹的 A 浪，浪 5 变成 B 浪，之后将出现的 C 浪反弹；浪 4 也有可能成为上升推动浪的浪 1，浪 5 变成调整浪的浪 2，之后将是爆发力最强的浪 3。

三、延长浪

1. 延长浪的形式

推动浪的延长同时存在于牛市和熊市中，通常有两种表现形式(图 9 – 23)：一种是是发生在 1、3、5 的奇数浪中任何一浪，另一种是特殊的九浪延长形式。九浪延长其特点是：

(1)该浪分为九个子浪；

(2)一子浪，三子浪，五子浪，七子浪，九子浪全部等长；

(3)四子浪底不破一子浪头，同样六底不破三头，八底不破五头，即所谓“顶底不连”。

不过，值得注意是：“九个子浪全部等长，顶底不相连”这种标准形态只是理论上的概念，在实际走势中极少出现，常常是九个子浪并不等长，也会有顶底相连的不规则形态出现(在第二节中已有过相关介绍，这里就不再赘述)。

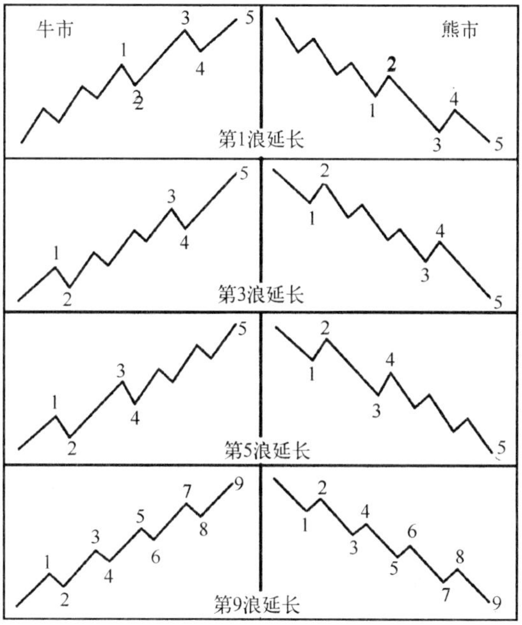

图9－23

2. 延长浪的特点

第一，如第3浪延伸，那么第5浪和第1浪的长度和运行时间可能相近，据此特点可以预测推动浪运行长度；

第二，在1、3、5浪中，只能有其中一浪延长。其中第1波发生延长的现象较少见，在成熟的市场，延长浪经常会出现在第3浪，而在新兴市场(或期货市场)，延长往往出现在第5浪；

第三，如果第1浪与第3浪都是简单的升浪，那么第5浪可能是一个延长浪，尤其是在成交量急剧增加时；

第四，如果第5浪延长，则就可能出现"双回撤"形态(图9－24)。关于双回撤的认识，投资者需要注意以下四点。

(1)出现双回撤的三大前提条件。

(a) 浪5的长度必须超过浪1加浪3涨幅之和的1.618倍，即浪5幅度大于或等于(浪1幅度至浪3幅度) ×1.618；

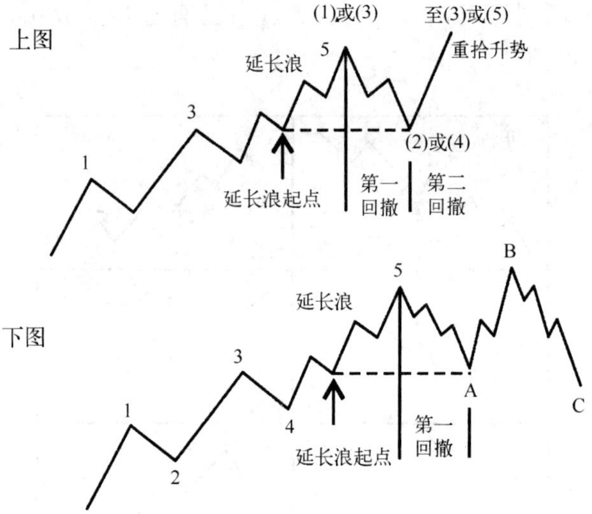

图9－24 牛市中的双回撤

5浪延长的"双回撤"是指5浪延长完成后，市场将以三浪结构向下运行至延长浪起点。之后，再度上行，回试延长浪的顶部。这将成为水岭，此后，市场要么延续上升趋势，要么形成顶部

(b) 5浪延长后的市场必须出现一轮暴跌，且暴跌的终点是浪5的次级浪2的低点区域，即5浪延长后必须回试5浪2的低点区域，这是最为关键的一点；

(c) 调整浪A必须以三波段形式出现，其后才会有"双回撤"，如果调整浪A以五波段形式出现，其后的走势将是"B浪反弹。

(2)所谓"双回撤"，是指的方向相反的两个过程，A浪属于第一次回撤，其后的上涨是第二次回撤，并称"双回撤"。

(3)假设A浪是由三段组成，那么在A浪退出之后的第二次回撤(即回试第5浪的顶点)也有个强弱之分。一般来说，如果第二次回撤由三段组成，那么它的走势就比较弱，过5浪顶的几率很小(注：不等于没有)；如果第二次

回撤由五段组成，那么破5浪顶点或者过顶点后形成新升势的可能性就非常高。

(4) 第一次回撤至延长浪的起点(即第5浪次级浪2的低点)后，价格再次上攻回试延长浪的顶点，其走势可能出现一下三种情形：

情形1：回试延长浪的顶点，但由于多头攻势不足无力越过顶点，呈现衰竭形态而无功折返；

情形2：回试延长浪的顶点并越过顶点后，受到空头的强力阻击而掉头向下，上升趋势被逆转；

情形3：是回试延长浪的顶点，并越过顶点后继续上升。

(1) 在次级浪“(5)”突破上轨时视作第一卖点。

(2) 价格跌破下轨作为第二卖点。

(3) 如果满足“双回撤”条件，可在延长浪起点区域低吸，静待第二次回撤；如果不满足，投资者还是持币观望为主。

俗话说“条条大道通罗马”，只要能找到适合自己的交易方法，不必苛求非得按照波浪理论来制定交易策略。

第五节　调整浪形态的识别和运用

在上升趋势中，当股价(指数)经过一轮上涨之后，会出现回落。同样，在下跌趋势中，当股价(指数)经过一波大幅下跌之后，会有反弹。这种与主要趋势走向相反的波浪，也就是波浪形态中两种最基本形态之一的调整浪。依据艾略特波浪理论，调整浪阶段由三个波段组成，一个推动浪后将伴随着一个调整浪的出现，调整浪是对主要走势的修正。如上升趋势五个浪中的2浪、4浪为调整浪，其中浪2是对推动浪第1浪上涨后的修正，而浪4时对推动浪第3浪大幅上涨后的修正。一般来说，调整浪的构成比上升推动浪更复杂，更难以把握，其形态可分为：锯齿形、平台形、三角形、联合型和一种不规则形态，下面就分别对几种形态作以简要介绍。

一、锯齿形

锯齿形也称之字形或N字形，以(5－3－5)三波段的形式运行，通常以

A—B—C 标识。其中每一个波段可以细分为更小一级的 5 - 3 - 5 的形式。多头市场中的锯齿形态，是三浪结构下跌的修正浪，空头市场中的锯齿形态，是三浪结构上升的修正浪(9 - 25)。其特征是：

(1)以(5 - 3 - 5)三波段的形式运行，即 A 浪和 C 浪均由 5 个次一级的子浪组成，B 浪则由 3 个次一级的子浪组成，而且 B 浪的终点明显地低于 A 浪的始点水平。

(2)通常浪 B = 浪 A 的 0.5 倍或 0.618 倍，一般很少超过 0.75 倍；浪 C = A 或 1.618 倍或 2.618 倍浪 A。

(3)当一个锯齿形态未能达到调整目标时，市场会出现由一个过度的“三波段的 X 浪”连接的两个锯齿或三个锯齿的形态，从而出现双重锯齿、三重锯齿形态。所以，锯齿形又可分为单一锯齿形、双重锯齿形和三重锯齿形和变异的锯齿形。

1. 单锯齿形

单一锯齿形即由 A - B - C 三个波段组成。其中 A 浪和 C 浪均有由 5 个次一级的子浪组成，B 浪则由 3 个次一级的子浪组成。A、B、C 之间的比率通常是：浪 B = 浪 A 的 0.5 倍或 0.618 倍，一般很少超过 0.75 倍；浪 C = A 或 1.618 倍或 2.618 倍浪 A。

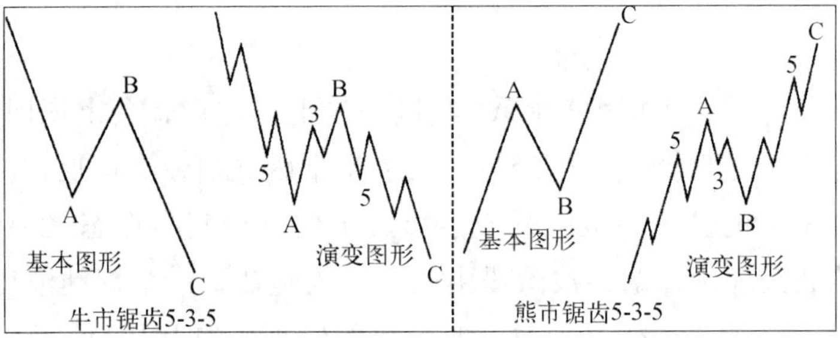

图 9 - 25

2. 双重锯齿形

双重锯齿形：是由两个“之字形”整理由一个过度的“X”浪相连接，共同构成一个七浪结构的调整浪(图 9 - 26)，这个整理过程较为漫长，整理完后就会将整理之前的趋势进行放大。比如整理之前是上升趋势，则整理后将会是大涨，反之，整理之前是下降趋势，则整理后则是大跌！

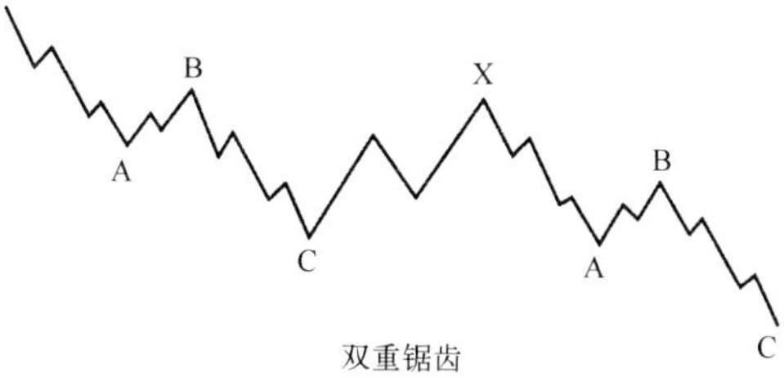

图 9-26

3. 三重锯齿形

三重锯齿形是比双重锯齿更为特殊的一种整理形态，三个“之字形”整理由两个过度的“X”浪相连接，共同构成一个十一浪结构的调整浪（图 9-27）。这个整理过程非常漫长，而一旦整理完毕，则趋势会更加地强烈，预示一轮暴涨或暴跌将至，大牛市（股）或大熊市（股）常常从这样的形态里面出现。

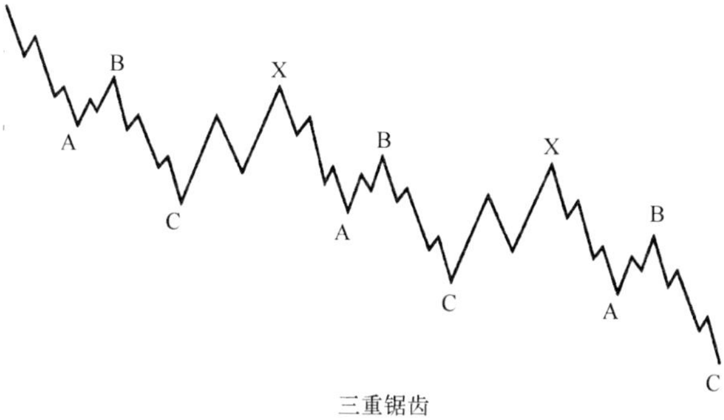

图 9-27

不过，在实际市场走势中，内部结构以 5-3-5 形式的双重锯齿和三重锯齿在市场中出现的情况极少，大多以两个单一“之字形”整理由一个“X”浪相连接，组成一个七浪结构的“双重三”调整浪。或者 3 个单锯齿整理，由 2 多个“X”浪相连接，组成一个“三重三”的调整浪。甚至由多个单锯齿整理，再由多个“X”浪相连接，组成一个更为复杂的“多重三”调整浪。其技术含义与双重锯齿和三重锯齿的一样，都是对整理之前趋势的强化。

二、平台形

平台形不同于锯齿型，平台型的修正浪内部结构细分为 3-3-5，同样以 A-B-C 标识。由于市场在推动浪之后缺乏足够的拉回力度，使得 A 浪无法像锯齿型修正浪那样形成完整的五浪结构。因此，B 浪的反弹(回调)便在接近 A 浪的始点就宣告结束，而接下来的 C 浪一般也在较 A 浪终点附近终止，不像锯齿型中的 C 浪，结束的位置往往明显低于 A 浪的终点。于是，形成 A 浪、B 浪、C 浪的长度基本相同或相近的状态。艾略特认为，平台型修正浪经常出现在强劲的市场趋势中，许多时候是出现在延伸浪之后，而且，市场走势愈强，平台整理的时间就愈短。与锯齿形态一样，其形态也可分为单一平台形、双重三平台形和三重三平台形。

1. 单一平台形

平台形调整中，每一浪的长度基本相同或相近，其浪型结构是 A(3) + B(3) + C(5)(图 9 - 28)，多数出现在强势的延长浪之后。

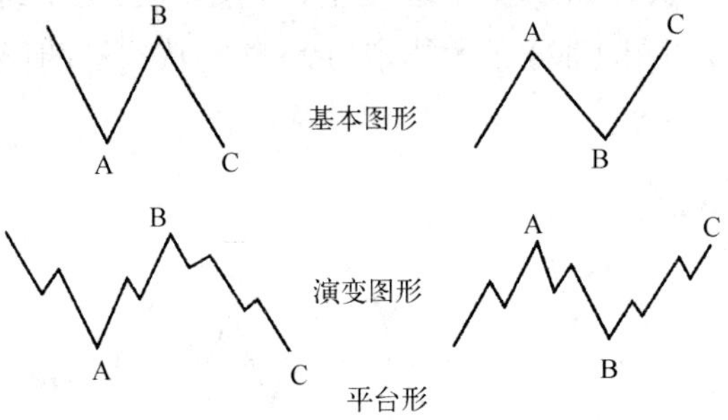

图 9 - 28

2. 双重三平台形

双重三平台形是两个平台形整理由一个过度的“X”浪相连接，共同构成一个七浪结构的调整浪(图 9 - 29)。双重三平台形是多空长期博弈的结果，表明多空双方实力趋于平衡，市场走向尚不明朗。

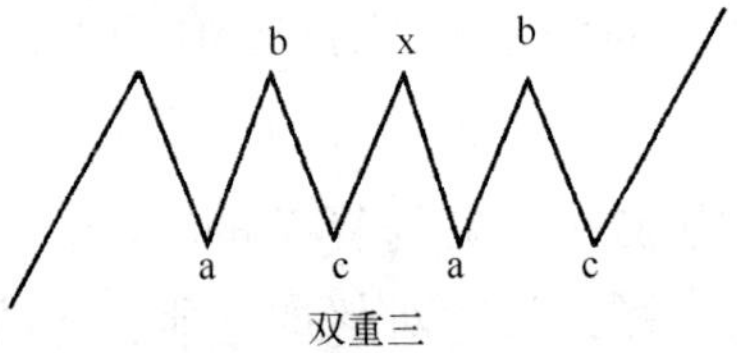

图 9 - 29

3. 三重三平台形

三重三平台形是三个平台形整理由 2 个“X”浪相连接，共同构成一个 11

浪结构的调整浪(图9－30)，整理过程十分漫长，多空双方实力趋于平衡，市场走向也不明朗。

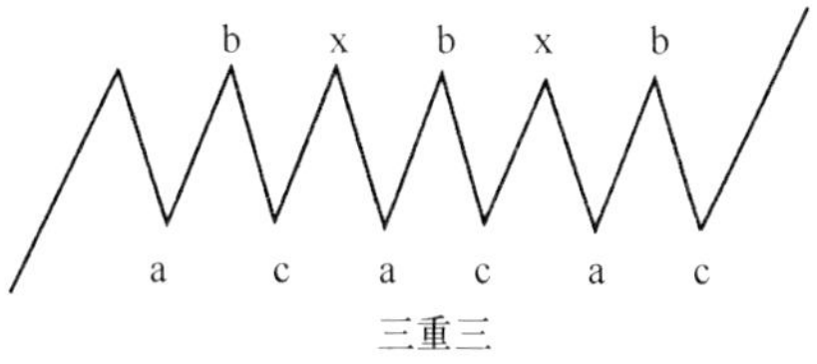

图9－30

双重三平台形与三重三平台形多出现在市场较弱的趋势初期，一旦整理完毕，同样是对整理前趋势的放大。

三、三角形

1. 三角形的基本形态

三角形可分为水平三角形和倾斜三角形(即楔形，在前面推动浪形态中已做分析，这里就不再介绍)。三角形整理，通常指的是水平三角形(即上升三角形、下降三角形、收敛三角形和扩张三角形)(图9－31)，其结构都由a(3)＋b(3)＋c(3)＋d(3)＋e(3)五个子浪组成，大部分的次一级细浪都是锯齿形态，每个子浪又都是由三个更低级别的小浪构成。

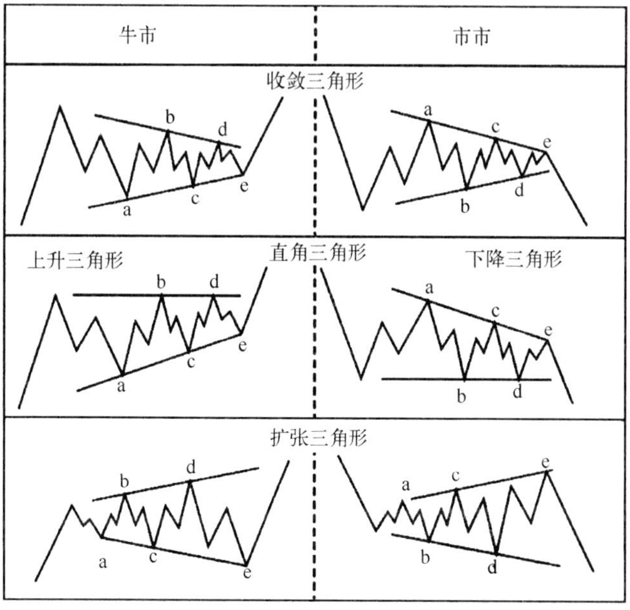

图9－31

2. 三角形的出现位置

值得投资者特别留意的是：艾略特认为三角形常常出现在第4浪、也可以出现在B浪或双重锯齿浪、三重锯齿浪中的最后一个X浪中，并且总是在最后一浪之前出现(图9－32)，出现在第2浪的概率极少。

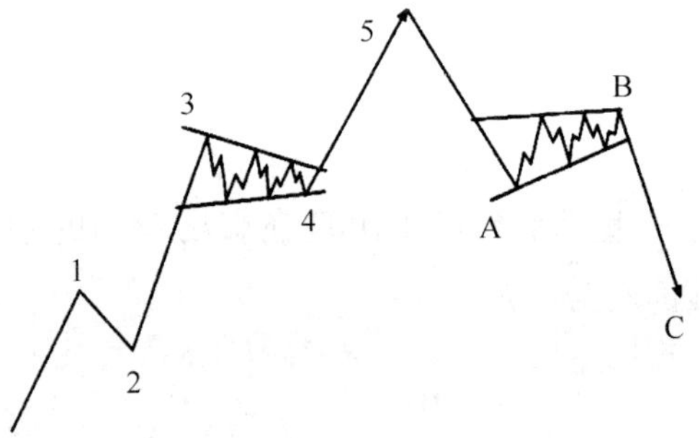

在艾略特波浪理论中，三角形只出现在第4浪或B浪，由此我们可以知道，三角形后都是趋势的最后一浪

图9－32　三角形出现位置示意图

第六节　波浪理论的更替原则

大自然的昼夜变换，四季更替，如此日复一日，年复一年，周而复始，是自然界的客观规律。股市反映的是人类的群体行为，人类行为作为自然界的一部分，其客观规律也必然反映在股市中。一个推动浪之后，市场随即进入一个调整浪，推动浪与调整浪之间完成一次交替，如此形成一个完整的循环浪。随后，市场将进入新一级的波浪循环。波浪形态的交替 也正是自然规律的客观体现，所以，艾略特认为“股市波浪形态的交替现象是客观存在的，交替原则几乎在所有波浪运行中存在，其波浪的形态维持着交替的形式出现，市场不会以同样的方式演变”。因此，交替原则成为艾略特波浪理论最重要的原则之一，也是投资者在学习波浪理论时必须认识和掌握的原则。波浪的交替常用有以下表现形式：

(1)推动浪与调整浪之间的更替。一个推动浪之后，市场随即进入一个调整浪；同样一个调整浪之后，市场也随即进入一个推动浪。

(2)顶部与顶部，底部与底部的形态更替。后一次顶部形成方式决不会与前一次顶部一样；同样，后一次底部的形成方式决不会与前一次底部一样。

(3)调整浪之间简单与复杂的更替。同为调整浪的 2 浪与 4 浪，如果 2 浪以简单的形态运行，则 4 浪就会以复杂的形态出现。反之，如果 2 浪以复杂的形态出现，则 4 浪就会以简单的形态出现(图 9-33)。同理，如果 A 浪简单，则 B 浪复杂，而 C 浪更复杂(图 9-34)。

(4)调整浪之间平缓与陡峭的更替。同为调整浪的 2 浪与 4 浪，如果 2 浪走势陡峭，则 4 浪运行平缓。反之，如果 2 浪运行平缓，则 4 浪走势陡峭(图 9-33)。

(5)调整浪中锯齿形与平台形或三角形之间的交替出现。同为调整浪的 2 浪与 4 浪，如果 2 浪为锯齿形态，则 4 浪可能为平台形或三角形。反之，若 2 浪为平台形，则 4 浪可能为锯齿形或三角形(图 9-35)。

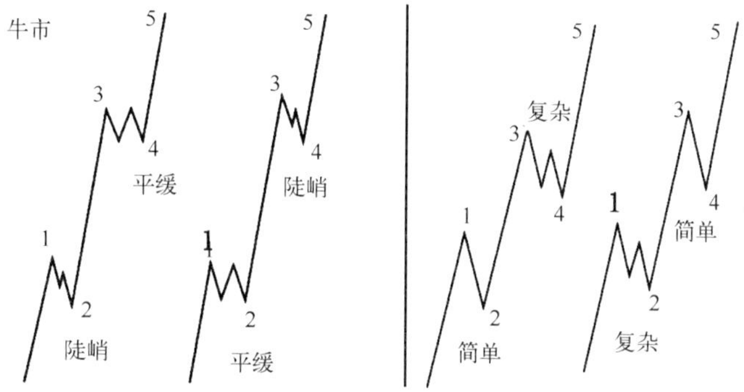

调整浪的内部更替示意图

图 9-33

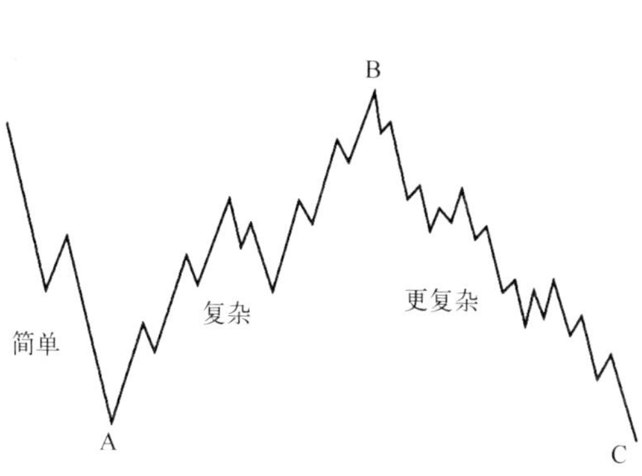

图 9-34

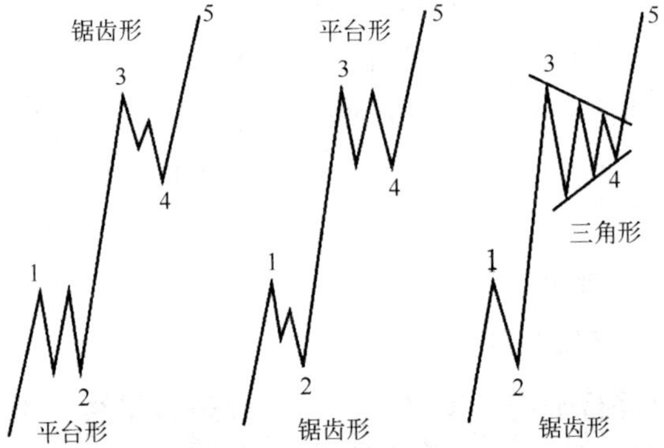

图9－35

在上面几种交替形式中，以调整浪之间的简单与复杂、陡峭与平缓相互更替最常见。掌握了波浪的更替原则，对于投资者分析波浪形态和预测未来趋势可能出现的形态提供有效指引。根据这一原则，虽然我们不能确定下一浪一定是什么形态，但可以确定下一浪一定不是什么形态。

第七节　黄金分割理率在波浪理论中的应用

一、黄金分割率的特性

首先黄金分割率的计算方法是建立在费波那契数列基础之上。而费波那契数列是由意大利数学家列奥纳多·费波那契在13世纪以兔子繁殖为例子而引入一些奇异数字的组合，后人以他的名字命名，称之为费波那契数列，故又称为“兔子数列”。这些奇异数字的组合就是1、1、2、3、5、8、13、21、34、55、89、144、233……费波那契数列具有以下特性：

(1)每两个相连数字相加之和等于其后的第一个数字。

也就是任何一个数字都是前面两数字之和：2＝1＋1、3＝2＋1、5＝3＋2、8＝5＋3、…，以此类推。

(2)前一个数字大约是后一个数字的0.618倍，是后第二个数字的0.382倍。

比如 5 ÷ 8 = 0.625，5 ÷ 13 = 0.384；34 ÷ 55 = 0.618，34 ÷ 89 = 0.382；而 0.618 + 0.382 = 1。

（3）后一个数字大约是前一个数字的 1.618 倍，是前第二个数字的 2.618 倍。比如 21 ÷ 13 = 1.615，34 ÷ 13 = 2.615；而互为倒数的 0.618 与 1.618 之间关系是：0.618 × 1.618 = 1；同样，互为倒数的 0.382 与 2.618 之间关系是：0.382 × 2.618 = 1。

（4）交替原则：在费波那契数列中，某个数字 B 的 2 平方后等于该数字的前 一个数 A 和后一个数 C 相乘后减 1，而数字 C 的 2 平方则等于 B 乘以 D 后加 1，然后 D 的 2 平方又等于 C 乘以 E 减 1，而 E 的 2 平方又等于 D 乘以 F 加 1……费波那契数列均呈此关系交替出现。比如 3 × 3 = 2 × 5 − 1；5 × 5 = 3 × 8 + 1；8 × 8 = 5 × 13 − 1；13 × 13 = 8 × 21 + 1……

由此而体现出费波那契数列有趣而又神秘！另外，有人研究过向日葵，发现向日葵花有 89 个花辫，55 个朝一方，34 个朝向另一方。这些大自然的奇妙巧合，神秘之处，人们一直难以给予合理解释！

所以，黄金分割指的是人们经过长时间经验积累发现，大自然中所有美丽的动植物，在它们的形体构造上都有一个固定的比值，使它们散发出一种令人着迷的气质，这个比值就是 0.618。而依此比例设计的造型十分美丽，因此人们称为黄金分割，而 0.618 就是黄金分割的核心比率。费波那契数列具有的特性也正是黄金分割的特形，由此而算出常见的黄金分割率有：

0.191、0.382、0.5、0.618、0.809

1.382、1.5、1.618、2、2.382、2.618

二、斐波那契数列在波浪理论中的体现

依据艾略特波浪理论，一个完整的循环浪由推动浪五浪（1、2、3、4、5）和调整浪三浪（A、B、C）构成，一共八浪。如果把波浪细化，大的推动浪又可分为 1、3、5 浪为推动浪，2、4 浪为调整浪；A、C 浪为推动浪，B 浪为调整浪。这样，一个大的推动浪（5 + 3 + 5 + 3 + 5 = 21）+ 调整浪（5 + 3 + 5 = 13）= 34。如果要更进一步，做更为详细的浪形划分，一个更大的推动浪为 21 + 13 + 21 + 13 + 21 = 89，一个更大的调整浪为 21 + 13 + 21 = 55，这个大的循环浪共计 144 浪，以此类推一个更大一级循环浪为 233 浪……

总之，无论波浪理论怎么细分，都会与斐波那契数列神奇而惊人的一致。

于是，黄金分割率为艾略特所创的波浪理论所套用，使得黄金分割率在股市、期货等金融市场广泛应用，几乎无处不在。黄金分割主要在两个方面用来预测价格：一是升势中价格回调时或跌势中的价格反弹时；二是价格未来的空间。

三、黄金分割线的画法

黄金分割线是利用黄金分割率进行的切线画法，在行情发生转势后，无论是止跌转升还是止升转跌，以近期走势中重要的高点或低点之间的涨跌额作为计量的基数，将原涨跌幅按 0.236、0.382、0.5、0.618、0.809 分割为 5 个黄金点，股价(指数)在反转后的走势将可能在这些黄金分割点上遇到暂时的阻力或支撑。

目前绝大多数股票、期货行情分析软件上都有画线辅助功能，黄金分割线的作图比较简单，画法如下：

(1)首先在行情分析软件的的左上角找到“工具”，单击鼠标左键——选择“画线工具”；

(2)在画线工具栏中选择“黄金分割”选项；

(3)选定画线起点和终点：一定要以股价(指数)终点为画线起点，以股价(指数)起点为画线终点。例如：如果股价(指数)见顶回落时，以此顶点为起点，用鼠标左键点击此顶点，并按住鼠标左键不放，拖动鼠标使边线对齐相应的低点为终点，即回溯这一上涨波段的谷底，松开鼠标，系统自动生成股价(指数)回档过程中下档支撑位的黄金分割线。如图 9－36 所示，该股见顶后在下跌过程中，每一次回落后受到支撑而反弹，均出现在 0.382、0.618、0.819 等黄金比值附近。

如果股价(指数)见底后上涨时，以该低点为起点，用鼠标左键点击此低点，并按住鼠标左键不放，拖动鼠标使边线对齐相应的高点为终点，即回溯这一下跌波段的峰顶，松开鼠标左键，系统自动生成向上反弹上档压力位的黄金分割线。如图 9－37 所示，该股见底后在上升过程中，每一次上涨受阻回落，均出现在 0.382、0.618、0.819 等黄金比值附近。

冀东水泥(周线 前复权)
30.10
23.6% 24.05
38.2% 20.34
50% 17.34
61.8% 14.34
支撑
支撑
支撑
100% 4.63
4.55
30.00
28.00
26.00
24.00
22.00
20.00
18.00
16.00
14.00
12.00
10.00
8.00
6.00
VOL-TDX(5,10) VVOL: - VOLUME: 1818504.00 MA5: 2013644.75 MA10: 1602080.00
20000
X100

图 9－36

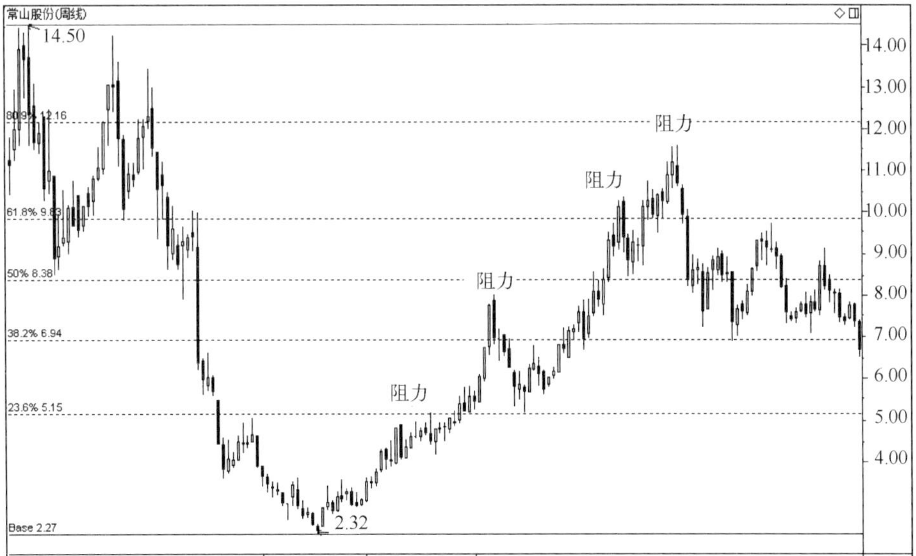
常山股份(周线)
14.50
12.16
61.8% 9.83
50% 8.38
38.2% 6.94
23.6% 5.15
Base 2.27
2.32
阻力
阻力
阻力
阻力
14.00
13.00
12.00
11.00
10.00
9.00
8.00
7.00
6.00
5.00
4.00
VOL-TDX(5,10) VVOL: - VOLUME: 223939.00 MA5: 263864.00 MA10: 479432.00
20000
X100

图 9－37

四、黄金分割率的使用方法

目前关于黄金分割率的使用方法中，被市场广泛认可，使用频率最高的一种是：

以前一波段的涨跌幅度作为计算基期，以此来计算出股价(指数)的阻力位或支撑位。而今，市面上的行情分析软件的黄金分割率均是依此而设计。这样，黄金分割的支撑位或阻力位可分别用下述公式计算：

(1)某段行情回档支撑位 = 某段上涨行情终点 - 其涨幅的 0.382 倍、0.618 倍、0.809 倍；

(2)某段行情上涨阻力位 = 某段下跌行情终点 + 其跌幅的 0.382 倍、0.618 倍、0.809 倍；

(3)如果要计算某段上涨行情目标位，则可用下列公式计算：本段上涨行情目标位 = 本段行情的低点(即起点) + 前段行情涨幅的 1.382 倍、1.618 倍、2 倍、2.382 倍、2、618 倍……

以上证指数 2005 年 6 月的 998 点见底后这波牛市为例。1994 年 7 月至 2001 年 6 月这一轮牛市涨幅为 1920 点(2245 - 325)，依据这一计算公式，基本可以计算出大盘突破 2245 点后的阻力位置，第一个重要阻力位为 4104 点(与实际的 4335 点仅差 231 点)和第二个重要阻力位是 6024 点(与实际的 6124 点仅差 100 点)(图 9 - 38)。

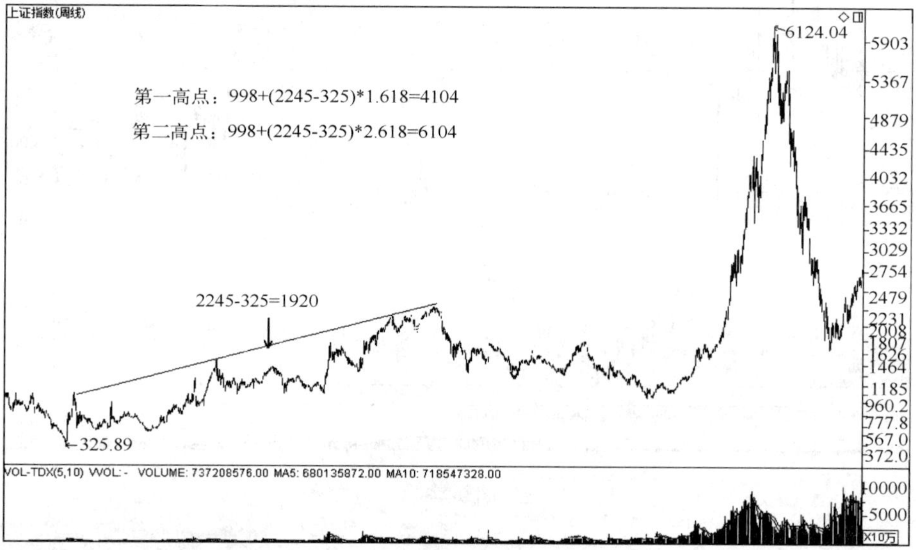

图 9 - 38

用黄金分割律来预测股价(指数)的“顶”或“底”，是每一位市场参与者的期望！当熊市结束，牛市开启之后，这轮牛市的“顶”在哪里？同样，当牛市结束，熊市来临时，这波熊市的“底”又在哪里？这时每一位市场投资者最关心的问题。事实上，影响股价(指数)变动的因素极多，要想准确地掌握上升行情的最高点或者下跌行情的最低点是绝对不可能的，但是，投资者可以依照黄金分割率计算出股价(指数)可能出现转折点的大致范围，以供参考。

五、黄金分割率的准确性确认

我们在使用黄金分割的时候，当某一比率出现时，如何确认该比率是否准确，其有效性是否可靠？可以从以下几方面的来着手分析：

(1)在一段时间内，某个比率常被用到，那么这个比率准的确性可信度较高；

(2)在一个波段中，某个比率被价格验证，那么这个比率的准确性可信度也较高；

(3)不同时间、不同波段的黄金分割位聚于一点，或一个狭小的区域，那么，这一区域的支撑或阻力作用将被增强；

(4)黄金分割位恰好与前期的均线、支撑位或阻力位重合，那么，这个比率的准确性可信度也较高；

(5) 黄金分割位与不同预测方法的交汇点，那么，这个比率的准确性可信度较高。总之，在使用黄金分割时，共振点越多，其准确性越高，越具有分析价值！

第八节　波浪的比率分析

艾略特波浪理论认为：各浪之间，无论从幅度或运行时间上都存在一定的比例关系。这种关系以费波那契数列为基础，按黄金分割率维持着浪与浪之间的关系。比如一个上升浪可以是上一次高点的 1.618 倍，再一个高点则再乘以 1.618 倍，以此类推。另外，调整浪也是这样，无论以哪一种形态整理结束，结束后的位置均与以前的涨幅(或跌幅)会保持某一比率，这些比率是：0.191、0.236(0.382×0.618)，0.382，0.5，0.618，0.809。其中以0.382和0.618调整比率最为常见。比如在反弹行情中，0.382位置为弱势的反弹目标位，0.618位置为强势反弹的目标位；而在回调过程中，若是强势回调，则在0.382位区域应有较强的支撑，若是弱势回调，则在0.618为区域才有强支撑位。**尤其值得投资者留意是0.809，在黄金分割律中被视为过度调整比率，无论牛市或熊市中，过了0.809比值，都会有比较充分的调整**。也就是说，在回调过程中，回档过了0.809，在低位逢低吸筹的多方力量逐步增强，使股价(指数)从而在此区域止跌回升(图9－39)；同样，在反弹行情中，反弹过了0.809后会引发空方强力抛盘，对多头进行阻击，形成强大的阻力位，迫使股价(指数)在此区域重回跌势(图9－40)。

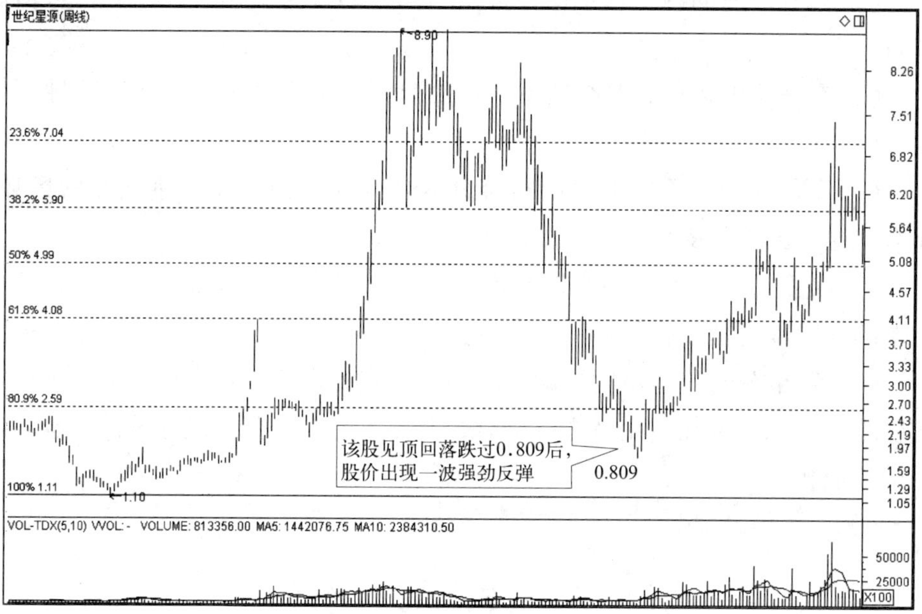

图9－39

对黄金分割率有基本认识之后，再来了解波浪之间运行幅度的比率关系，这里将分别以推动浪之间的比率关系、调整浪之间的比率关系和调整浪对推动浪比率关系等三个方面进行介绍。

图 9－40

一、推动浪之间的比率关系

(1)在 1、3、5 三个上升浪中，只能有一个延长浪，其他两个未延长浪在时间和幅度上相似。

(2)第 3 浪最小目标涨幅 =2 浪底 +（1 浪涨幅 ×1.618）。

(3)如果第 3 浪出现延伸、则 1 浪、5 浪大致相等或是以 0.618 倍的比率维系，而第 3 浪最小目标涨幅为：第 3 浪 =2 浪底 +（1 浪涨幅 ×1.618）(图 9－41)。

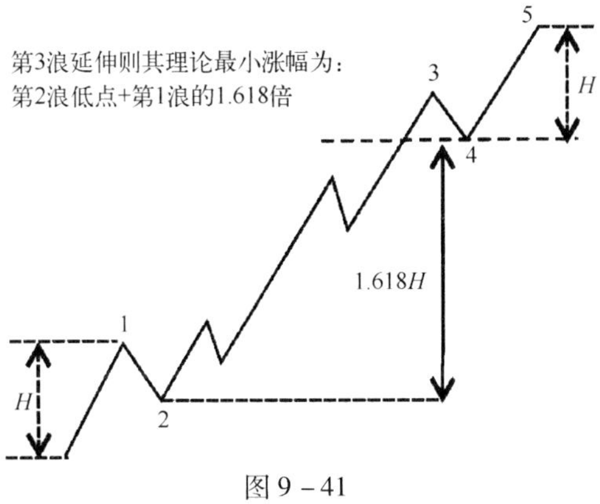

图 9－41

(4)如果1、3浪大致相等，则预期第5浪延伸。由此可得出第5浪的最小涨幅目标为：第5浪=4浪底+（1至3)浪涨幅×1.618(图9-42)。而当第5浪不是延长浪时，其幅度为(1至3)浪涨幅的0.382或0.618。

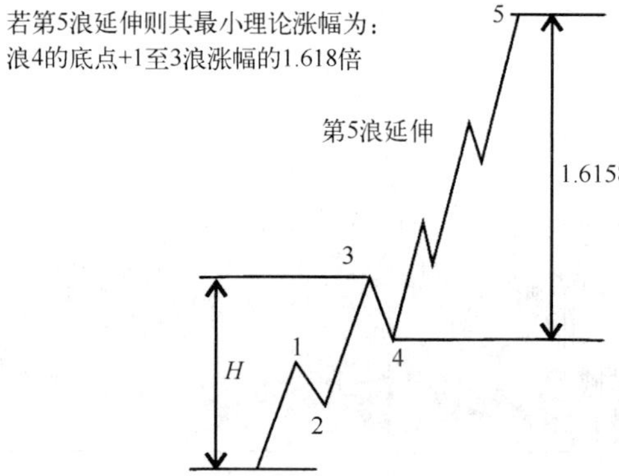

图9-42

二、调整浪与推动浪比率关系

调整浪对推动浪的回撤比率也就是费波那契的百分比。2浪是对1浪的回调，4浪是对3浪的回调，B浪是对A浪的回调，其常见比率有：0.236(0.618×0.382)，0.382，0.5，0.618；以及常见的1/3，2/3。调整浪对推动浪的回撤也有强弱之分：在强势回档中比率多为0.382或0.236；在弱势回档中比率多为0.618或2/3。但具体到某一浪时又有所不同，比如：

浪2=浪1×(20%~100%之间)，其中以0.618或0.809比率最多；

浪4=浪3×(20%~50%之间)，其中以过0.382较常见，过50%的情形较少；

B浪=浪A×(50%~100%之间)，其中以0.618或0.809比率最多。

三、调整浪之间的比率关系

1. 锯齿形

如果调整以5-3-5锯齿形态出现，A、B、C之间比率通常为：

浪B：浪B = 浪A的0.5（或0.618)，浪B不能超过浪A的0.75；

浪C：浪C=浪A(即C浪趋于浪A)(图9-43)；或者浪C=浪A ×1.618倍或者C=浪A×2.618倍(图9-44)。

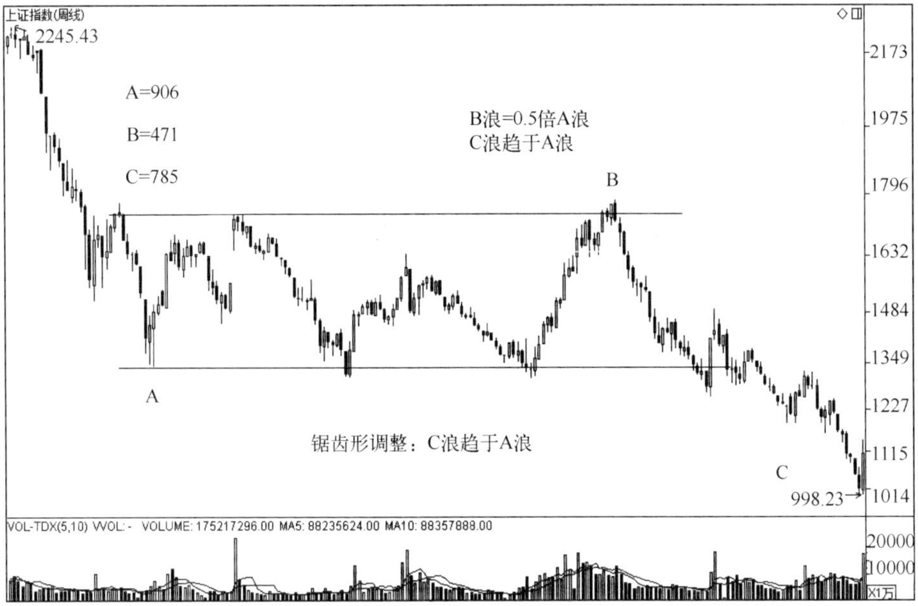

图 9－43

（2001 年 5 月 18 日—2005 年 7 月 22 日上证指数的周 K 线图 ）

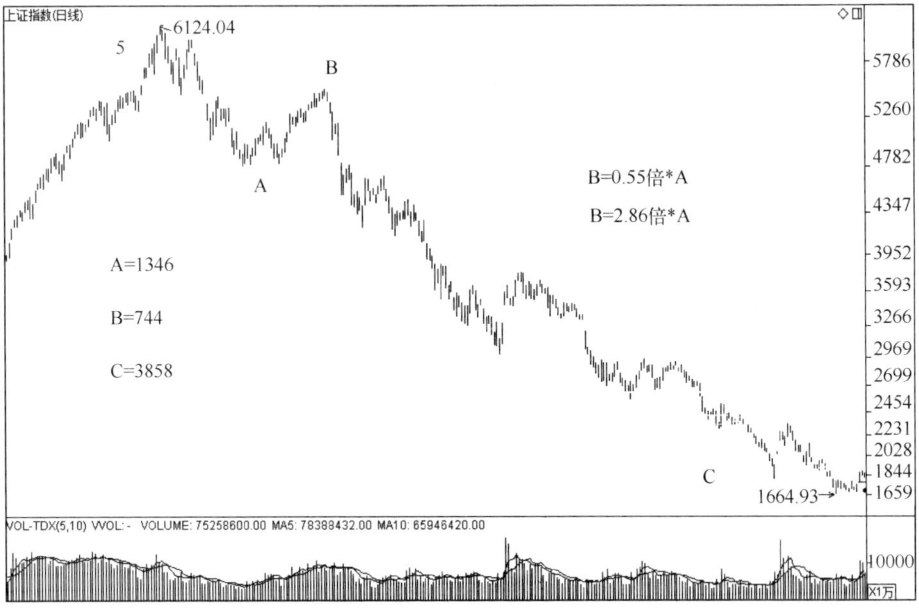

图 9－44

（2005 年 9 月 12 日—2008 年 11 月 10 日上证指数的日 K 线图）

2. 平台形

如图9－45所示，在3－3－5平台形调整中，B浪可能运行到A浪的顶点，而C浪＝浪A×1.618倍；若C浪为衰竭形态，则C浪＝浪B×0.618倍。

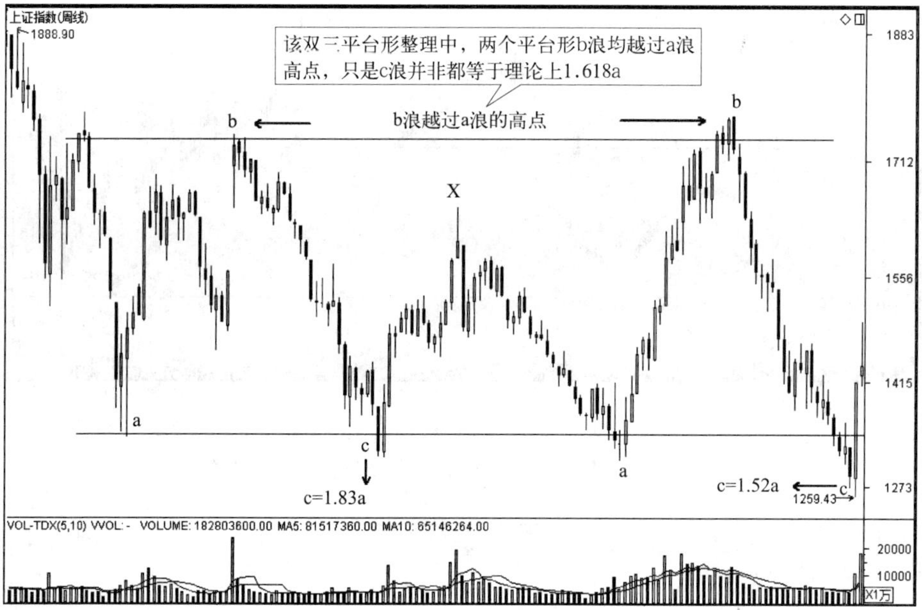

图9－45

（2001年8月31日—2004年9月24日上证指数的周K线图）

3. 三角形

在收敛三角形内，每个浪的升跌幅度与其他浪的比例，通常以0.618.的黄金分割率比例维系。

但在实际行情走势中，往往会走出不规则的收敛三角形，各浪之间的比率也不一定是0.618。比如以2007年“5.30”这波宽幅震荡行情为例（图9－46），上证指数在4335点见阶段性顶部后，进入第4浪调整，近两个月的期间，整理形态也是一个收敛三角形。三角形内部各浪之间的比率并不是以0.618，从图中可以看出b＝a的97%，c＝b的78%，d＝c的50%，e＝d的45%。由此可见，在实际市场走势中，真正理想的、标准化的图形并不多见，需要投资者灵活运用。

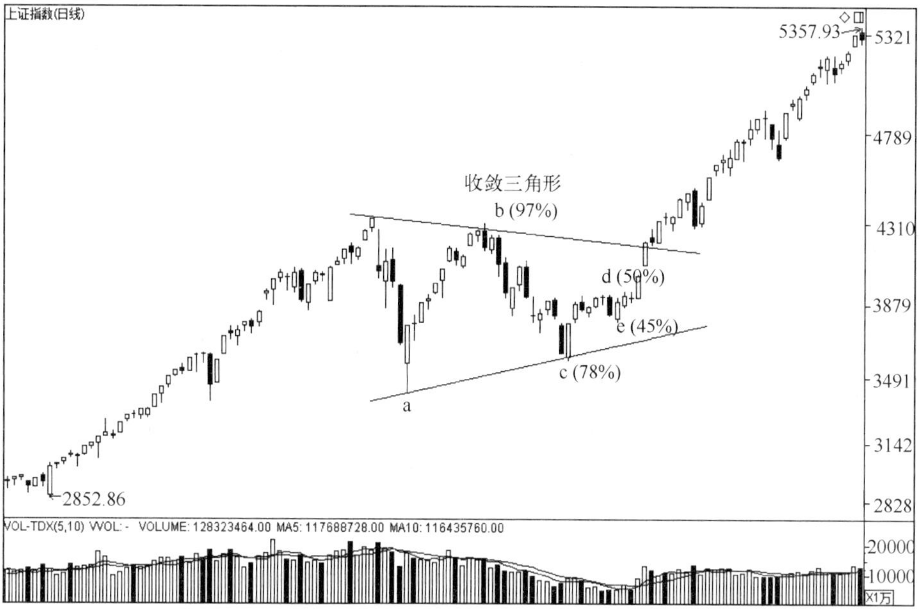

图 9－46
（2007 年 4 月 5 日—2007 年 9 月 17 日上证指数的日 K 线图）

第九节　波浪运行的时间

波浪理论由波浪的形态、比率和时间三方面组成，三者在波浪理论中的重要程度逐次降低。虽然时间在波浪理论中的重要性最小，但投资者运用波浪理论时，可用时间对波浪的形态和比率进行验证分析，因为各浪的运行时间符合“费波那契数列”，市场出现转折点的日期可能为上一个顶(底)部的 8、13、21、34、55、89 个交易日……所以，形态完成时间、比率均与时间之间存在一定的联系，波浪有节奏的重复运动可以验证波浪的形态和比率。这样，投资者分析市场时会发现市场顶(底)部出现的时间，常常出现在“斐波那契数列“日期上，无论日线、周线、月线甚至季线、年线都存在，这种用波浪运行时间，回头来验证波浪形态和各浪之间比率的方法依然适用。在费波那契数列的运用上，如果出现波浪形态，比率分析，时间目标三个方面互相验证，那是最为理想的情形。

这里我们以上证指数2005年6月的998点这个底部为例(图9－47)，从图中可以看出：在2005年6月的上证指数下挫至1000点附近时，依据波浪理论分析表明：从波浪形态上分析，市场正运行在2245点见顶后调整浪的C浪；从比率上分析，998点正处于1994年7月大盘325点见底到2001年6月2245点这轮涨幅的0.618区域；再从时间上看，自2245点这波调整已经运行50个月，与“费波那契数列”周期的55月很接近，与前一浪牛市的底部(325点)相距134个月(图9－48)，也与“费波那契数列”周期的144月接近。因此，按照波浪理论在波浪形态、比率、时间目标都得到相互验证，我们有理由相信：这波长达4年的熊市趋于结束，底部即将出现。后市走势也得以验证，自上证指数998点见底后，此后上海股市一路狂飙，开启了中国股市自1990年以来最为壮观的大牛市，于2007年10月创下6124点历史高点。

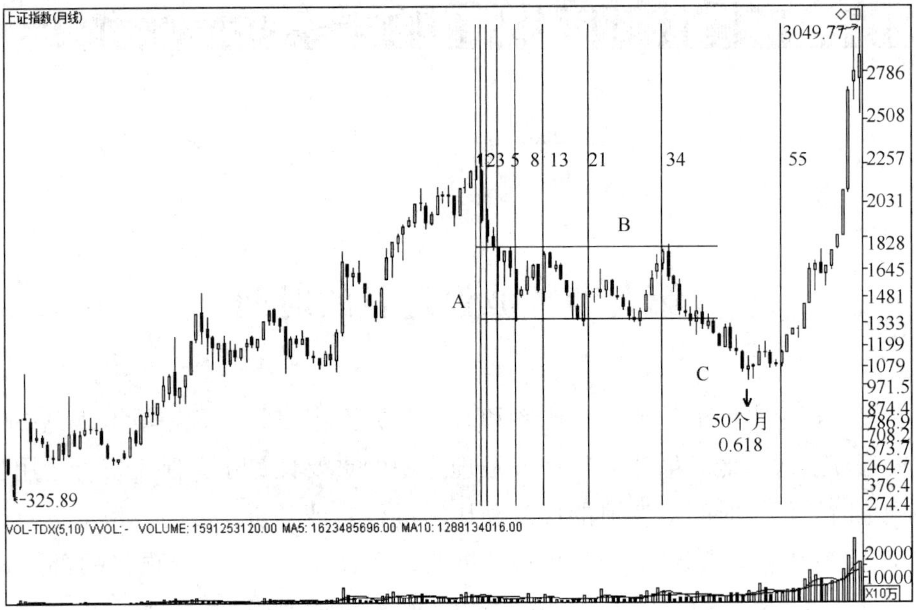

图9－47

(1994年5月—2006年12月上证指数的月K线图)

不过，值得注意的是，在实际市场走势中并不是都会出现“形态、比率、运行时间”这三者彼此验证的理想情形，在很多时候三者之间并没有彼此验证。比如我们以2007年上证指数的6124点这个顶部为例(图9－49)，从图中

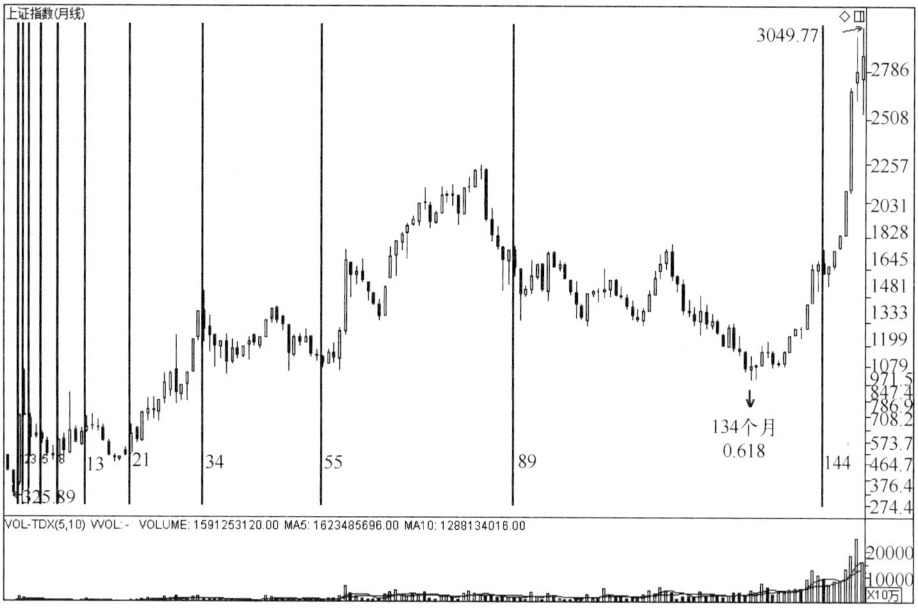

图 9 -48

（1994 年 4 月—2006 年 12 月上证指数的月 K 线图）

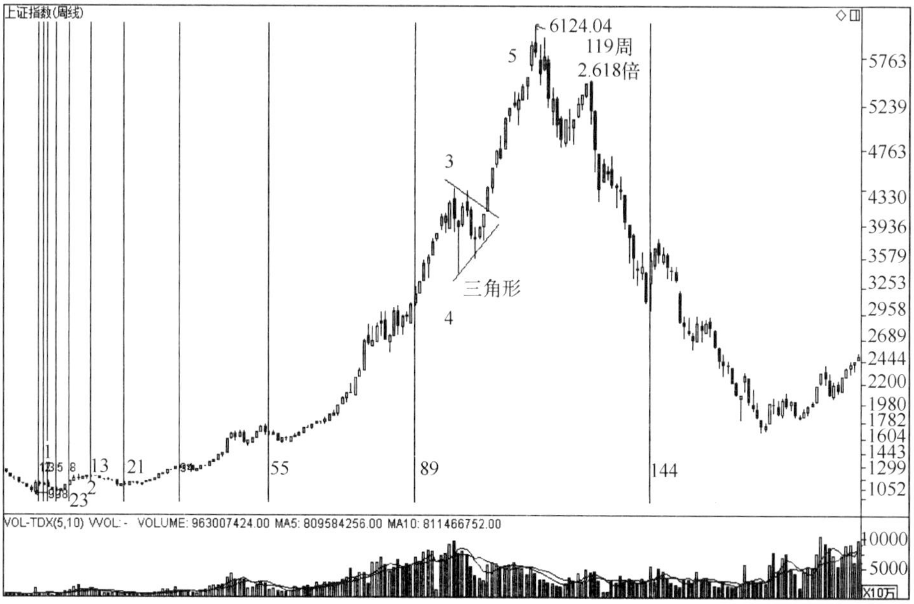

图 9 -49

（2005 年 4 月 15 日—2009 年 4 月 17 日上证指数周 K 线图）

可以看出：自2005年6月上证指数在998点见底之后，大盘一路上行，经过“5.30”的剧烈调整，走出一个收敛三角形，依据波浪理论可以确认这是上升趋势中第4浪，三角形之后的上行是上升趋势中的推动浪第5浪；从比率上分析，从998点到6124点，这一波涨幅已经越过前一波牛市涨幅（325～2245点）的2.618倍，这从波浪形态和比率上，基本可以确认6000点区域即将见顶，投资者依据这两点就可以清仓离场了。不过，从时间上看，从这轮行情的底部998点到6124点，这波上涨已经总共运行119周，与“费波那契数列”周期中的89周和144周都相距甚远，与前一波牛市的顶部（2245点）相距318周，与“费波那契数列”周期也不相符，距离“费波那契数列”中的233周和377周都很远（图9－50），这样，在时间目标上并没有对波浪形态、比率进行有效验证。由此，投资者在运用波浪理论分析市场时，应把波浪的形态和比率分析放在首位，无需刻意寻求时间的验证效应，以免误判，错失逃顶和抄底的最佳时机。

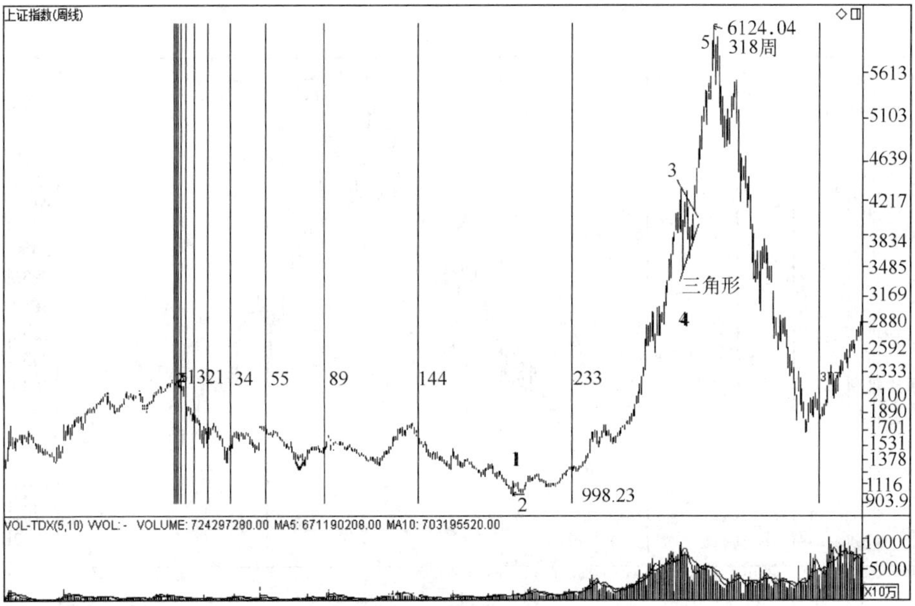

图9－50

（2001年3月2日—2009年6月26日上证指数周K线图）

第十节　艾略特波浪理论小结

波浪理论是技术分析大师艾略特创立的，是现有技术分析中运用最多的分析预测方法。它与其他追随趋势的技术方法不同的是：波浪理论可以在趋势确立之时，预测趋势何时结束，是现存最好的一种预测工具。但同时又是最复杂，最难于掌握和精通的分析工具，从其诞生的那天起，在市场中就颇受争议，但它最终依靠其独特的价值和研判功能经受住了市场的考验，使得越来越多的投资者开始学习、研究和运用波浪理论，以辅助其投资。投资者在学习和运用波浪理论过程中，需要注意以下几点。

一、正确认识和掌握波浪分析的三大要素

在前面章节中，我们介绍了波浪理论的三大要素：波浪的形态、波浪间的比率关系、以及波浪的形成时间。在这三个要素中，投资者需要首先重点关注的是波浪的形态，因为波浪所构成的形态，是波浪理论的立论基础，是波浪理论形成的根本条件，对数浪正确与否至关重要，波浪的大小和持续的时间是会发生变化的，而波浪的形态则不会变化，这是波浪理论的核心；其次是浪与浪之间的比率，市场调整浪什么点位，哪些点位具有交易价值，都需要利用黄金分割率这些技术指标来确定；然后就是波浪运行的时间，它常常会对波浪的形态和比率具有验证效应。

除了关注上述三大要素之外，成交量在波浪分析中的作用也不容忽视。虽然艾略特在波浪理论中很少提及成交量，但是，在计数波浪时，依然提出对成交量的重视。他认为成交量顺着波浪的浪形独自进行着，必要时应该把成交量视为辅助分析的工具，尤其是在市场数据相当缺乏时，成交量的信号会显得弥足珍贵，以便验证数浪的正确性，并以此来预测市场未来可能出现的走势。

二、牢记波浪的数浪原则

波浪理论作为一种最富弹性的预测分析方法，在计算浪数时，往往会出现对同一轮趋势，不同的人对波浪的划分，会有不同的结论。而形态是波浪

理论的基础，正确的数浪方法是波浪理论的分析前提，无论怎么计算数浪，都必须坚持数浪的三大铁律：

（1）浪2的回撤绝不能跌过浪1的起点，即浪2回调必须在浪1的100%以内；

（2）浪4的底部与浪1的头部不能重叠，即浪1与浪4顶底不相连（倾斜三角形例外）；

（3）在1、3、5浪中，浪3绝不是最短的浪。

只有做到正确数浪，才能运用波浪理论分析市场，而数浪有一定的难度，建议初学的投资者数得清就数，数不清就不数，采用其他的技术分析方法。同时，投资者应注意得是：波浪理论主要用于分析指数，而非个股，尤其是中小盘的个股。

三、熟悉各浪的规则和比率关系

波浪理论中，波浪的形态（5－3）决定了其性质是推动浪还是修正浪，无论是推浪还是调整浪，都有其遵循的规则和比率：

1. 推动浪

浪1：浪1必须是推动浪或者为一个引导楔形（不过较为少见）。

浪2：浪2可以是三角形以外的任何调整浪（以锯齿形态居多），其回调幅度至少在浪1的20%，但不能过浪1的起点。

浪3：

（1）浪3必须是推动浪，一定会越过浪1的高点；

（2）如果浪3在价格上等于浪1的161.8%，则浪5运行的时间与幅度与浪1相似；

（3）在浪1、浪3、浪5三个推动浪中，只能其中一个出现延伸（其幅度至少是另一个最长浪的161.8%）；最常见的是第3浪延伸。但在期货市场中，则倾向于第5浪延伸。

浪4：

（1）浪4可以是任何一种调整浪，其常常回撤到浪3的20%～50%之间；

（2）浪4的最大回撤幅度为浪3中次级浪4的低点；

（3）浪2和浪4经常在锯齿形和平台形之间或者是三角形和平台形之间交

替出现；

浪5：

(1)浪5必须是推动浪(特别是浪5价格长于浪3时)或者是终结楔形；

(2)如果浪5延伸时(即长于浪1和浪3的161.8%)，通常其价格长度是浪1起点至浪3终点的161.8%；

(3)浪5价格目标最倾向于：浪1的61.8%、浪1的100%、浪1的161.8%、浪1的起点至浪3的终点的161.8%。

楔形(倾斜三角形)：

楔形总细分为5浪：

浪2绝不超过浪1的起点；

浪3一定超过浪1的终点；

浪2的顶与浪4的底会重叠，但浪4绝不超过浪2的终点。

楔形可分为终结楔形和引导楔形：终结楔形总出现在推动浪的浪5、锯齿形或平台形的C浪中；引导楔形总出现在推动浪的浪1或锯齿浪的浪A中。

2. 调整浪

(1)锯齿形。

浪A：浪A总细分为一个推动浪或一个引导楔形浪。

浪B：①浪B总细分为一个锯齿形浪、平台形浪、三角形浪或其他联合形浪；②浪B绝不超过浪A的起点；③浪B通常回撤浪A的38.2%至79%。

浪C：①浪C总细分为一个推动浪或一个终结楔形；②浪C长度常常趋向于浪A的100%、161.8%或261.8%；61.%8(较少见)。

(2)平台形。

①平台形总是细分为三浪；

②浪A绝不会是三角形浪；

③浪B总是至少回撤浪A的90%，通常在浪A的100%~138%之间；

④浪C总是推动浪或终结楔形；

⑤浪C的终点通常超越浪A的终点；⑥浪C的幅度通常在浪A长度的100%~165%之间。

(3)三角形(水平三角形)。

①三角形总是细分为a、b、c、d、e五浪，其内部结构为(3-3-3-3-3)；

②三角形有收敛三角形、上升三角形、下降三角形和扩张三角形四种形态，其中收敛三角形内各浪之间常常以0.618的比率维系；

③三角形常出现在第4浪、B浪或X浪中。

总之，投资者只要对上述各浪规则与比率有足够的了解和认识之后，将更有助于对波浪理论的理解和运用。

四、要正视波浪理论的缺陷

结合其他技术分析方法弥补其不足。人类对于股市波动规律的认知，是一个极具挑战性的世界级难题，迄今为止，

尚没有任何一种理论和技术分析方法是万能的，能准确预测未来几天或几周股市的走向。波浪理论也不例外，作为自然法则，自然有不同解释，从其问世的那天起就饱受争议，成为股市中最有争议的技术分析方法。比如：

(1)一个浪是否已经完成而开始了新的一个浪？每一个波浪理论研究爱好者的看法都不统一，包括艾略特本人。

(2)波浪理论的延伸浪，在什么准则之下波浪可以延伸？无客观依据可循，无法予以标准量化，使得数浪更多的是倾向于主观推测。另外，在股市的涨跌常常并不以五升三降模式出现，比如以美国道琼斯工业指数来说(图9-51)，在2008年爆发全球金融危机，道指大幅下跌。自2009年3月6在6469.95点见底之后，美国股市开启了一轮目前已达8年的牛市，并在2017年1月26日突破20000点大关。本书完稿时，道指这一轮牛市尚未结束，若要运用波浪理论对这一轮上升行情进行数浪，还真是个难事儿。

(3)波浪理论更多适用大盘指数，极少用于个股。

(4) 成交量是价格变化的先行指标，而波浪理论恰恰忽视了对成交量的分析。

所以，由于波浪理论的缺陷，由此而得到结论将是多样的和不确定的。以笔者个人的看法认为，波浪理论对分析行情，把握大盘趋势确有相当高的参考价值，值得投资者学习和研究。但是，由于数浪很难做到精确量化，在运用波浪理论分析行情时，应采取宜粗不宜细，着眼大局，淡化细节的原则。也就是说，投资者只需了解市场大概运行到什么阶段就可以了，而无需刻意去推算每一浪的长度，大浪里含有多少细浪，以谋求精确预判，这样做结果往往适得其反，得出答案与市场走势不相符合。同时，投资者应把波浪理论

图 9－51

（2007 年 8 月 31 日—2017 年 12 月 12 日道琼斯工业指数周 K 线图）

与道氏理论、成交量、均线以及 K 线等分析方法进行有效的结合，来研判和分析市场，才能得出更为准确的结论。

第十章　阻力位与支撑位的识别和运用

舟，航行在茫茫大海上，通过气象预报可知：台风将至，舵手会停止继续前行，停靠于港湾，待暴风雨过去风平浪静之后，再重新抛锚起航。股海航行，靠什么来预知将至的狂风暴雨？又怎么知晓股海风已平，浪已静，何时可以再度起航？看来，要在股海中安全航行，就需要找到一种可预知的方法。依据海内外股市中一些成功人士的操盘经验，通过寻找股价（指数）在运行中的阻力位和支撑位，不失为一种有效方法！找到股价（指数）在运行中有效的阻力位，你可以暴风雨来临之前，快速驶向避风港，躲过股市暴跌带来的风险。同样，找到股价（指数）在运行中有效的支撑位，你能够在日出之前，重新起航，去迎接和沐浴股市中那温暖和熙的阳光。所以，寻找股价（指数）的阻力位和支撑位，就是我们识别顶部与底部，实现成功逃顶和抄底的关键所在！

第一节　支撑位和阻力位概述

一、什么是支撑位和阻力位

所谓支撑位，指的是在股价（指数）下跌时可能遇到的支撑，从而在此止跌回稳的价位。而阻力位则是指在股价（指数）上升时可能遇到的压力，从而在此反转下跌的价位。支撑位和阻力位常常是通过直线（比如趋势线和轨道线）或曲线（比如均线和 BOLL 线）的形式更为直观的表现出来，这一条线就是人们常说的支撑线或阻力线。曲线是股票行情分析软件系统本身就具有的，而直线，则需要投资者自己绘制。比如：将两个或两个以上相对低点的连接而成的直线，通常就是支撑线；将两个或两个以上相对高点的连接而成的直线，通常就是压力线。

支撑位和阻力位，是股市技术分析中最普遍也是最常用的专业术语，是投资者必须了解和掌握的基础知识。如果投资者连对支撑位和阻力位都缺乏足够认识而贸然入市，其面临风险可想而知。这样往往会陷入一抛就涨，一买就套的窘境，那就更谈不上应变自如的高抛低吸了。

二、支撑位和阻力位的形成原因

股市反映的是人类的群体行为，人类的群体行为是可以预测的，这也正是道氏理论和艾略特波浪理论的出发点之一。处于市场中的投资者，他们的希望与恐惧、力量与软弱、贪婪与幻想无不交织在市场中，这些心理因素也直接影响市场的供求关系。而支撑位与阻力位实际就是供求变化的直接体现：没有人在低位割肉，相反却是众多投资者的逢低抢筹，市场筹码供小于求时，股价不再继续下跌，这个位置自然成为支撑位；无人在高位接盘，相反人人都想在高位套现，抛盘涌出，市场筹码供大于求时，股价不再继续上涨，这个位置也就成为阻力位。

三、支撑线和阻力线的作用

支撑线又称为抵抗线，当股价(指数)跌到某个价位附近时，价格停止下跌，甚至有可能止跌回升，这就起着阻止或者暂时阻止股价(指数)继续下跌的作用。

阻力线又称为压力线，当股价(指数)上涨到某价位附近时，价格停止上涨，甚至掉头下跌，这个起着阻止或暂时阻止股价(指数)继续上升的作用。这样，支撑线和阻力线的根本作用就在于：暂时阻止股价(指数)向一个方向继续运行，或者彻底阻止股价(指数)按原方向运行的可能。

于是，股市中便有了这样的谚语："熊市找压力，牛市找支撑"。其意思就是：熊市中要关注压力位的强大作用，在压力位上股价(指数)将重回跌势，投资者应在压力位上抛售筹码。而牛市中，要注重支撑位的强劲作用，在支撑位上股价(指数)将重拾升势，投资者应在支撑位上逢低布局或加码跟进。

另外，支撑线和压力线的作用是相互转化的。一旦一条支撑线如果被有效跌破，那么其性质就已经发生改变，由以前对股价(指数)回落时的支撑转换为对股价(指数)上涨时的压制，迫使股价(指数)掉头向下(图 10－1)。同理，一旦一条阻力线如果被有效突破，那么其性质就也会发生改变，由以前对股价(指数)上涨时的压制转换为股价(指数)回落时的支撑，从而使股价(指数)止跌回升(图10－2)。

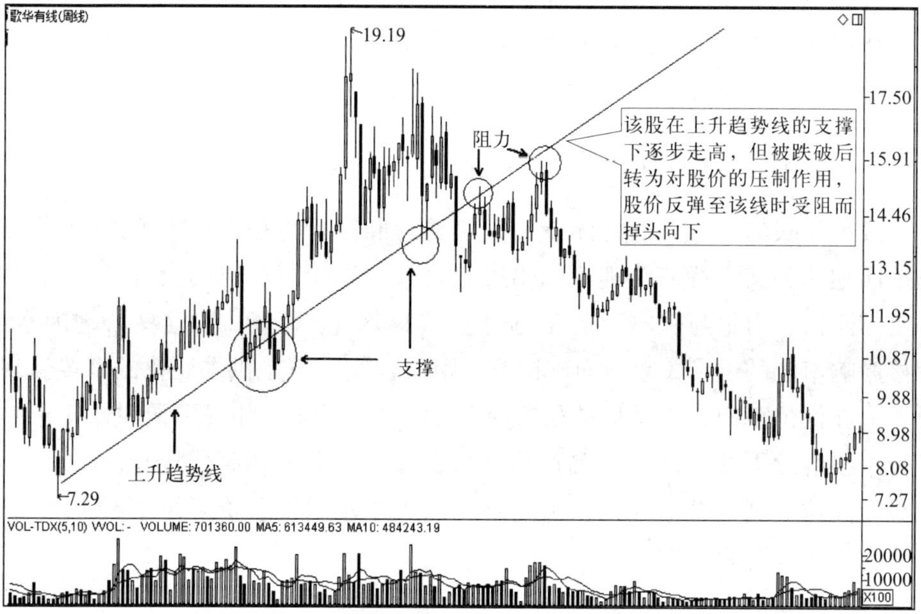

图10－1

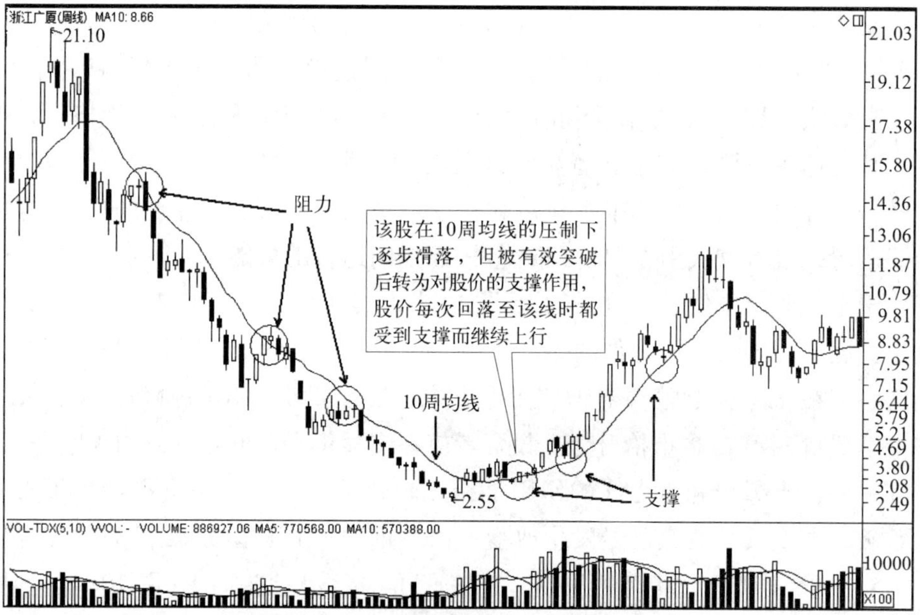

图10－2

四、支撑位和阻力位的类型

在股价(指数)运行时，阻力与支撑可以互相转化的，也就是说当重要的阻力位被有效突破后，该阻力位转化为未来股价回落时的重要支撑位；反之，当重要的支撑位被有效击穿后，则该支撑位反而变成日后股价上涨的阻力位了。这样，支撑位与阻力位，二者只是方向相反而已，阻力位有多少种类型，那么支撑位也会有多少种类型。在这里我们以阻力位为例，对常见的 12 种阻力位类型进行介绍：

(1)均线阻力位。

主要指 5、10、20、30、60、120、250 日等均线对股价(指数)的阻力。其中尤以 60、120、250 日均线以及 5 月均线对股价的阻力最为重要，因此，投资者应特别关注这几条均线对股价(指数)的阻力作用。

(2)高点阻力位。

股价运行的前期高点对股价上行构成阻力。

(3)低点阻力位。

股价跌破前期两个以上低点连线后，如果反弹，这条连线对股价将产生阻力作用，这条连线就叫低点阻力线。

(4)趋势线阻力位：指下降趋势线对股价上涨构成的阻力作用。

(5)通道阻力位。

通道阻力位可分为两种：一种是以趋势线为基础的通道上轨的阻力；另一种是以 BOLL 线为通道的中轨和上轨阻力。

(6)某些图形的颈线或上边线。

比如双顶、头肩顶、三重顶等图形颈线对股价的反弹构成的阻力，以及楔形、旗形、三角形、矩形等图形的上边线对股价上涨构成的阻力作用。

(7)黄金分割位对股价上涨构成的阻力。

(8)缺口：股价在下跌途中形成的向下跳空缺口，对未来股价的上涨构成阻力作用。

(9)股价 K 线图上的前期成交密集成交区。

股价在涨跌过程中，总会出现一些成交量集中的时段或者从 K 线图形看，无论是日 K 线或周 K 线上，会出现股价在某价位区内长时间停留，少则几根多则几十根 K 线。这个 K 线集中且成交量较大的价位区，称之为成交密集区

(也称密集成交平台)。这种成交密集区也往往成为下一轮上升行情的阻力区。

(10) 平台阻力位。

股价在平台(或一定幅度内)横盘整理，之后跌破平台整理区，股价再次上涨时，平台整理区域将对股价上行构成阻力。

(11)X 阻力线。

X 阻力线对股价构成的阻力是所有阻力位中最重的。所谓 X 线阻力线，指的是股价下跌到一定价位，在此价位形成两次或两次以上反弹，各次反弹的低点连线本来已经成为股价的支撑线，可后来股价又跌破这一波谷连线，股价在这一连线下方又经过两次或两次以上反弹，反弹高点又在此连线的延长线上，这一条由两次或两次以上低点和两次或两次以上反弹高点形成的连线就称之为股价的 X 阻力线。X 阻力线常常出现在股价的成交密集区，对股价的上涨构成的阻力更胜于其他阻力位，是所有阻力位中最重的阻力位。

(12)股价或指数的整数关点阻力位。

比如股价的 10 元、20 元、50 元、100 元、150 元、200 元等等和指数的 2000 点、3000 点、5000 点、6000 点、10000 点等等，一方面是投资者在这些价位买进或卖出股票后，比较容易计算盈亏状况，更多的是对新高价的恐惧心理，使他们在面临整数关口时急于抛售，久而久之，这些整数点位也给投资者的心理上形成压力，这些整数点位也就成了阻力位。

综上所述，常见阻力位有上述 12 种类型，那么，支撑位也就有以上 12 种类型。另外，需要注意以下两点：一是支撑位和阻力位，多数情况下是一个区域，而非一个点；二是这种判断支撑位和阻力位的方法，在任何时候的 K 线图都可以切换为分钟线图、日线图、周线图、月线图甚至季线图。

第二节　支撑位和阻力位的案例分析

在第一节中讲到压阻位和支撑位较为常见的类型分别有 12 种，在这一节中将以实际案例对每一种类型进行介绍。

一、均线的阻力与支撑

移动平均线的助涨助跌作用，其具体表现就是对股价形成的支撑和阻力。

股价在上升途中偶尔出现回档，就会受到均线的支撑而止跌，之后继续上行；反之，股价在下跌途中，有时会出现反弹，也就会受到均线的压力而掉头向下，之后继续走低。另外，均线的支撑和阻力作用与其周期成正比关系：周期越长，其对股价构成的支撑和压力越强，周期越短它对股价形成支撑和压力越弱。比如5日、10日、30日、60日、120、250日对股价构成的支撑和压力逐级递增；同样，分钟线、日线、周线、月线也逐级增强。所以，投资者在操作中，应更多关注长期均线对股价的影响，如60日、120日、250日和5周、10周、30周、60周、120周、250周以及5月、10月、30月对股价的支撑和压力作用(图10－3)。

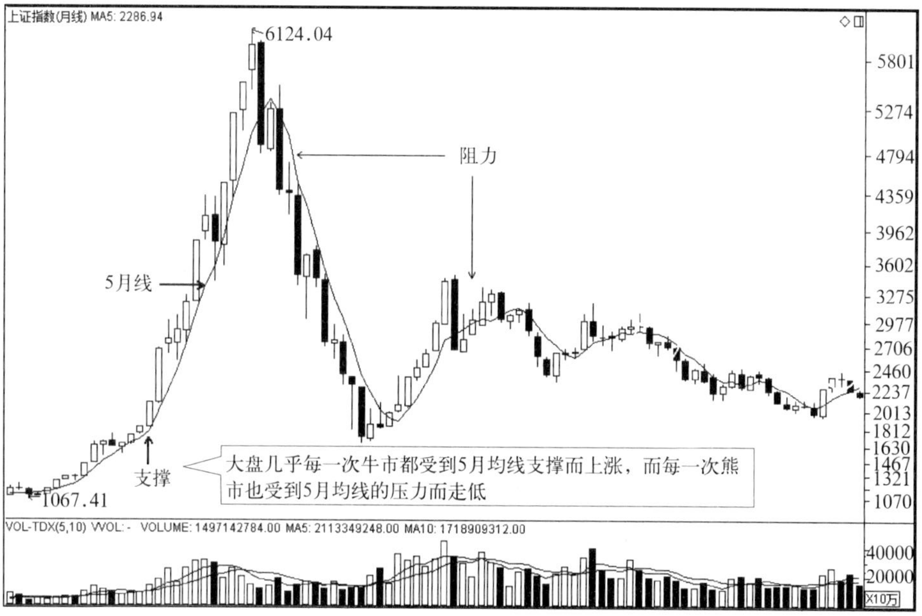

图10－3

二、高点的阻力与支撑

股价(指数)在上升势中，面对前期(或历史)的高点时，由于众多投资者的恐高心理，纷纷将筹码套现，市场出现供大于求的局面。于是，股价继续上行受阻，这样，前高点区域就成为影响股价上涨的阻力区域(图10－4)。不过，这个阻力区域有可能只是暂时或阶段性的，股价经过整理后，迟早会越过这个阻力区域而创出新高，一旦这个阻力位被有效突破后，该阻力位就转化为股价回落时支撑位(图 10－5)。

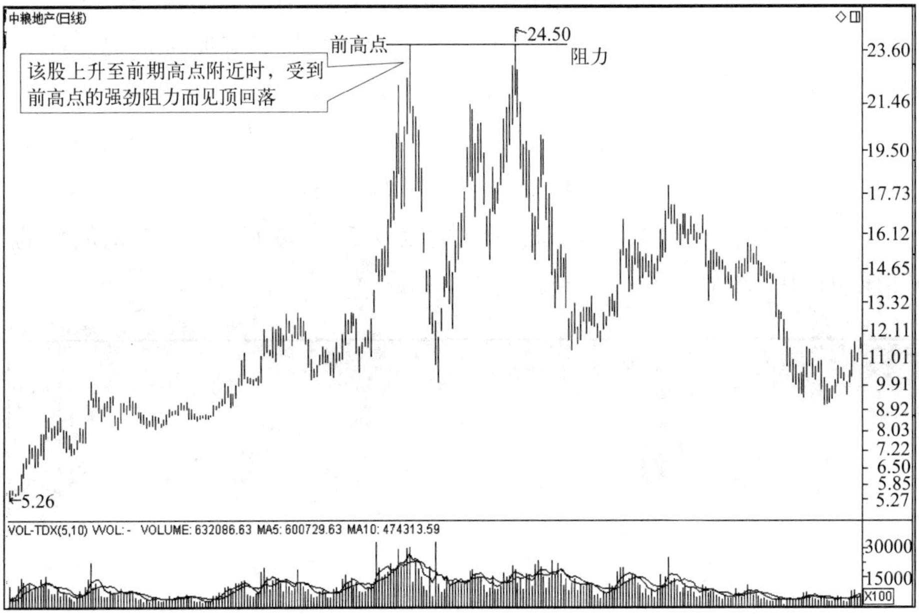

图 10－4

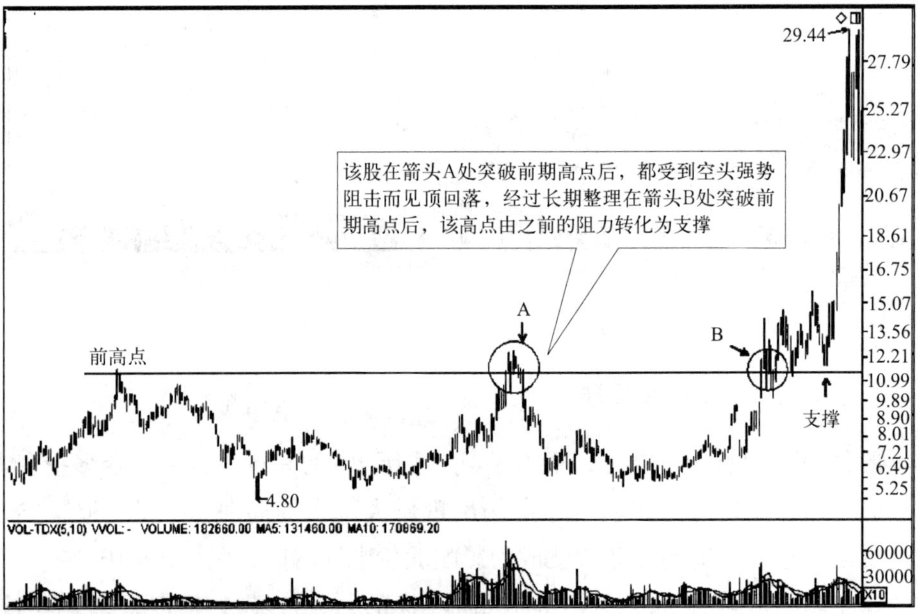

图 10－5

另外，投资者切勿机械认为，面对前期（或历史）高点都会产生阻力而致股价回落。在实际市场走势中，一些股票因为重大利好消息刺激或大盘处于新的一轮牛市中主升浪中，多头往往会一举突破前期（或历史）高点并持续走高。

三、低点的阻力与支撑

股价（指数）在下跌势中，面对前期（或历史）的低点，由于众多投资者低位惜售心理，不愿在低位交出筹码，再加上场外资金逢低抢筹，使得市场出现供小于求的局面，股价停止下跌，于是，前低点区域就成为股价停止下行的支撑区域。

不过，在下跌中这个支撑区域有可能只是暂时或阶段性的，股价经过反弹后，可能会跌破这个支撑区域而创出新低，一旦这个支撑位被有效突破后，该支撑位将转化为股价反弹时阻力位，迫使股价掉头向下而继续走低。

四、通道的阻力和支撑

通道阻力位和支撑位可分为两种：一是以趋势线和轨道线为通道的上轨阻力和下轨支撑，在升势中，以上升趋势线为下轨，即为支撑线，轨道线为上轨即阻力线；在跌势中，以下降趋势线为上轨，即为阻力线，轨道线为下轨，即为支撑线。二是以BOLL线为通道的阻力位和支撑位，在跌势中通常以中轨为阻力线，而下轨则是支撑线；升势中以上轨为阻力线，而中轨则为支撑线。

五、某些图形颈线或上边（下边）线的阻力和支撑

双顶、头肩顶、三重顶等图形颈线位对股价反弹形成阻力，以及楔形、旗形、三角形、矩形（即箱体）等图形上边线对股价的上涨构成阻力。

同样，双底、头肩底、三重底等技术图形的颈线对股价回档时构成支撑，以及楔形、旗形、三角形、矩形（也称箱体）等图形下边线对也对股价回档时形成支撑。

六、黄金分割位的支撑与阻力

以费波那契数列为基础的黄金分割位，在股价（指数）波动中与之保持着

一种神奇关系。在艾略特波浪理论中，无论是推动浪还是调整浪，不管以什么形态结束，都会与前一波段保持着某一比例，这一比例也就是黄金分割位。我们常见的黄金分割位有：0.191、0.382、0.5、0.618、0.809、1.382、1.5、1.618、2、2.382、2.618等等。在市场运行过程中，股价涨得太高会出现回调，跌得太深则会出现反弹。以往人们对其历史走势进行分析的时候发现，股价(指数)涨跌幅度接近黄金分割位时均会出现反弹或回调。因此，久而久之，人们认为当股价(指数)再次接近黄金分割位时，同样会出现反弹或回调，这样在黄金分割位出现的阻力或支撑，实际就是一种心理阻力位和心理支撑位。在诸多黄金分割位中，尤以0.382、0.618、0.809、1.618、2、2.618最为重要。

七、缺口的支撑与阻力

依据缺口理论，股价(指数)在上升途中形成的向上跳空缺口，对未来股价(指数)的回档具有强力的支撑作用；反之，在下跌途中形成的向下跳空缺口，对未来股价的上涨构成阻力。尤其是突破缺口对股价(数)的支撑和阻力的最为强烈，缺口的空档越大，信号越强。

八、成交密集区的阻力与支撑

股价在涨跌过程中，总会出现一些成交量集中的时段。另外，从K线图形看，无论是日K线或周K线，会在某价位区内停留一段时间，少则几根多则几十根。这个K线集中且成交量较大的价位区，称之为成交密集区。成交密集区表明这个区域经过长时间的盘整，积累了大量的筹码，当股价跌破这一密集成交区后，说明在这区域买进的投资者都被套牢，当股价再次接近这一区域时，必然会引发解套盘和获利盘的抛售，从而对股价上涨形成强劲压阻，致使股价重回跌势。

当股价从低位上升突破密集成交区后，说明在这一区域买进的投资者全都获利，而随着股价的继续上涨，在此之后建仓的投资者的投资成本，必然高于这一密集成交区的成本。当股价从高位回落再次到达这一密集成交区的时候，部分投资者由于亏损而拒绝割肉；而持币的投资者选择逢低吸筹；市场主力可能还有部分筹码尝未出尽，也通过低吸摊低成本等种种原因。这样，股价从高位再次回落到原来的密集成交区时，一般都会获得相应的支撑，出现反弹或反转。所以，这种成交密集区也往往成为下一轮行情的重要支撑区。

不过，密集成交区对股价的影响是暂时或阶段性的，更多表现在对投资者心理因素方面的影响，最终并不对市场走势起决定性作用。当伴随成交量的放大和充分的市场换手，这个密集成交区最终将被多方攻克。其突破密集成交区的方式有两种：一种渐进式突破，另一种是爆发式突破。

所谓渐进式突破，指的是多头主力不断地向上档成交密集区循序渐进的发起攻击，通过反复冲击上档密集区，使得上方套牢筹码逐步松动，当多方动能达到一定程度后，再向上突破。如图10－6所示，该股在向上突破时，前后发动3次冲击，前2次均无功而返，但这种冲击松动了上档的套牢筹码，经过长时间的蓄势整理，终于在第3次冲击中一举突破该密集区，迎来一轮凌厉的上升走势。

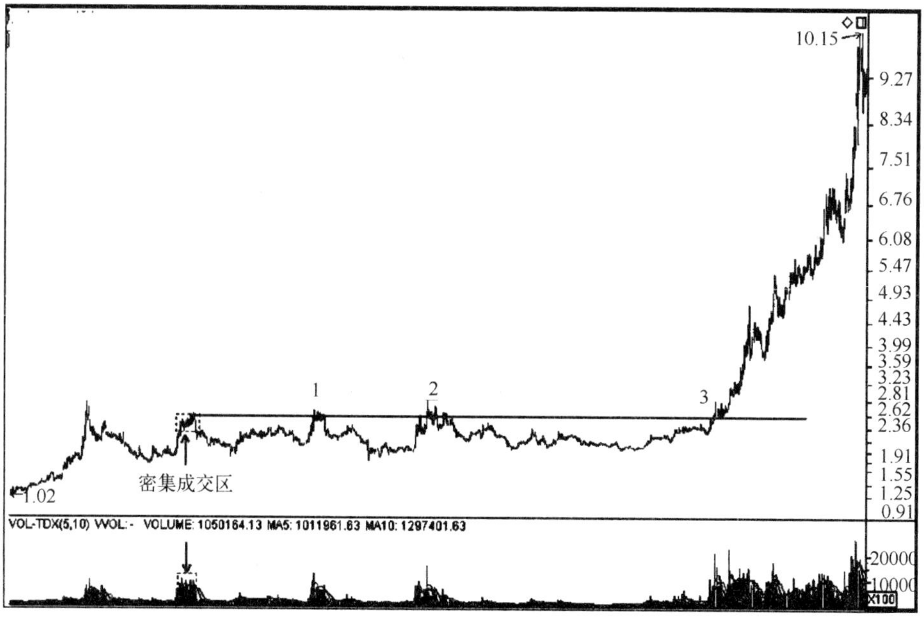

图10－6

而爆发式突破，通常是借助公司重大利好消息的出台，机构仓促拉高建仓而成，或者是大盘正处于疯狂的第3浪拉升中，第1浪顶部的止损单被触及，在该区域以向上跳空缺口的形式突破。

无论市场以怎样的方式向上突破成交密集区，一旦成功突破后，这个区域极有可能成为后市股价(指数)回调的强力支撑区域，是投资者加码或入场的极佳时机，而持筹的投资者不应在此区域将筹码拱手让人，而应继续持股。

九、平台的支撑与阻力

股价(指数)在平台(或一定幅度内)横盘整理，之后如果向上运行，这个平台整理区域将成为日后股价(指数)回撤时支撑区域。反之，如果这个平台整理区域被跌破，这里将成为日后股价反弹时的阻力区域。

十、X 线的阻力与支撑

股价 X 线这一概念，是台湾省投资人士许金华先生所提出，就是前一波谷连线的延伸线或前一波峰连线的延伸线。由于这条线被反复触及，阻力和支撑作用都曾在这条线上有所体现，所以，这条延伸线形成后，其产生的阻力或支撑作用是所有阻力位或支撑位中最重要的。按其作用可分为 X 阻力线和 X 支撑线。

1. X 阻力线

X 阻力线，指的是股价(指数)下跌到一定价位，在此价位形成两次或两次以上反弹，各次反弹的低点连线(即波谷连线)本来已经成为股价的支撑线，可后来股价又跌破这一波谷连线，股价在这一连线下方又经过两次或两次以上反弹，反弹高点又在此连线的延长线上(或附近)，这条由两次或两次以上回落前的低点和两次或两次以上反弹后的高点形成的连线，就称之为股价(指数)的 X 阻力线(图 10－7)。

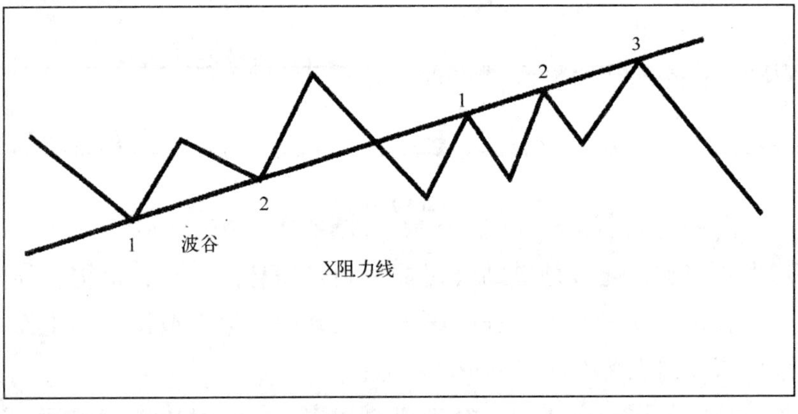

图 10－7

通常X阻力线往往出现在股价的成交密集区，对股价构成的阻力更胜于其他阻力位，是所有阻力位中最重的阻力位。

2. X支撑线

X支撑线，指的是股价(指数)上升到一定价位，在此价位形成两次或两次以上回落，各次回落时的高点连线(即波峰连线)，本来已经成为股价的阻力线，可后来股价又突破这一波峰连线，股价在这一连线上方又经过两次或两次以上回撤，回撤的低点又在此连线延长线上(或附近)，这条由两次或两次以上回落前的高点和两次或两次以上回撤后的低点形成的连线，就是股价(指数)的X支撑线(图10-8)。

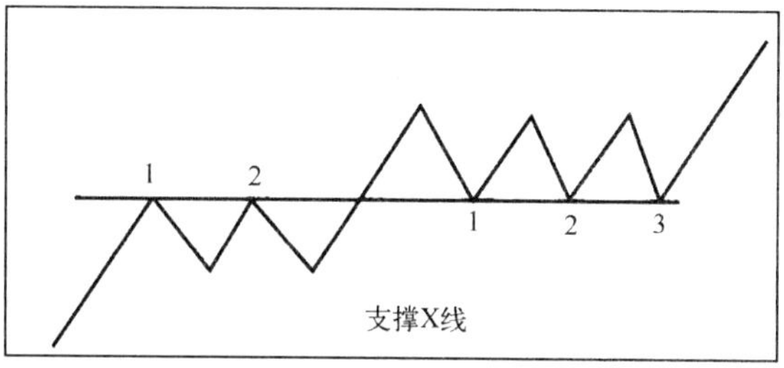

图10-8

X支撑线也常常是股价的成交密集区，X支撑线对股价的支撑也更胜于其他支撑位。

十一、整数点位的支撑与阻力

整数点位的支撑与阻力，主要指的是在整数点位给人心理上形成的支撑与压力，在指数上面表现得更为突出，尤其是整数点位与市场某一波段的黄金分割分相接近时。比如2007年10月上证指数6124点顶部与6000点整数位相近，主要是由于6000点整数关与2005年6月自998点见底以来的这一轮牛市其涨幅，是前一轮牛市涨幅的2.618黄金分割位所对应的6024点重要阻力区域相接近(图10-9)。

而2005年6月上证指数998点底部与1000点整数位相近，主要是由于1000点整数关与2001年6月大盘自2245点见顶以来的这一轮调整幅度0.618黄金分割位所对应的1059点重要支撑区域相接近的缘故(图10-10)。其余的整数点位若不与黄金分割位相接近，则参考意义不强。

上证指数(周线)
6124.04
阻力位
261.8% 5413.99
238.2% 4951.75
998+(2245-325)*2.618=6024
200% 4203.54
161.8% 3455.34
138.2% 2993.09
前高点
100% 2244.89
80.9% 1870.79
61.8% 1496.68
50% 1265.56
38.2% 1034.44
Base 286.24
325.09
VOL-TDX(5,10) VVOL: - VOLUME: 1111370112.00 MA5: 589633920.00 MA10: 611536064.00

图 10－9

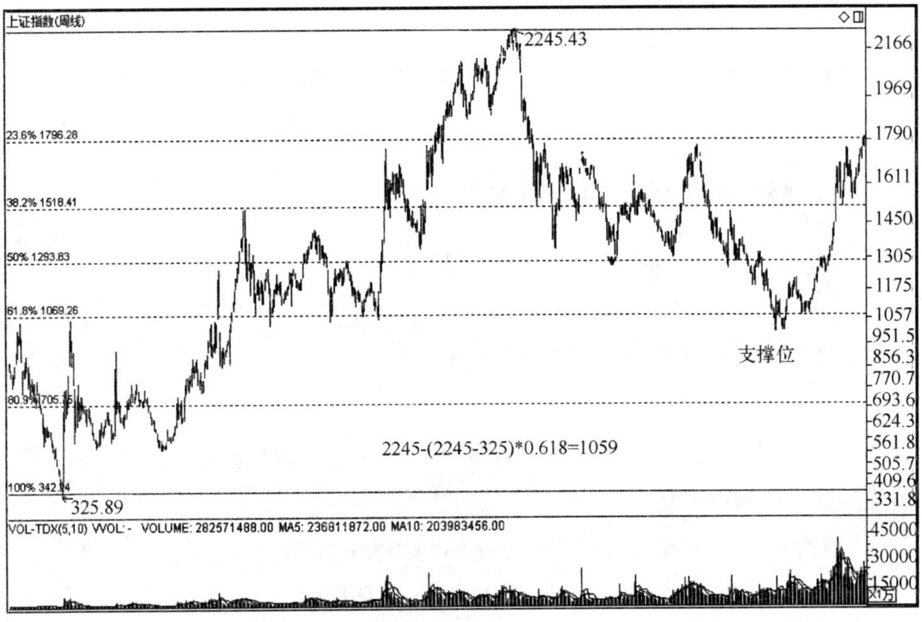
上证指数(周线)
2245.43
23.6% 1796.28
38.2% 1518.41
50% 1293.83
61.8% 1069.26
支撑位
2245-(2245-325)*0.618=1059
100% 342.24
325.89
2166
1969
1790
1611
1450
1305
1175
1057
951.5
856.3
770.7
693.6
624.3
561.8
505.7
409.6
331.8
VOL-TDX(5,10) VVOL: - VOLUME: 282571488.00 MA5: 236811872.00 MA10: 203983456.00
45000
30000
15000
X1万

图 10－10

第二节 支撑位与阻力位的有效性识别

判断阻力与支撑的突破是否有效，是技术分析中一个较为重要的环节。通常会以“三三原则”(即突破后的涨跌幅度超过3%，时间超过3天)来衡量是否是有效突破，阻力位被有效突破，即预示一波新的上涨行情的开始，支撑位被有效跌破，也预示新的一波下跌行情的开始。但在突破之前如何识别支撑与阻力是否有效，对投资者而言也显得同样重要，这一节中将简要介绍辨别支撑位与阻力位是否有效的几种方法。

一、支撑位的有效性识别

1. 支撑位有效常见的4种情形

(1)回落时未触及支撑线就调头回升，若呈现价涨量增，价跌量缩的量价配合的量价关系时，则该支撑位有效性可信度较高。

(2)回档时在支撑线附近，阳线实体迅速“吞没”阴线，股价回升，则该支撑为有效支撑。

(3)回档时在支撑线附近盘整，阳线频频出现，阳多阴少，表示多方力量强于空方，随后又出现中阳线或大阳线，则该支撑为有效支撑。

(4)回档时股价短时击穿支撑线后，又快速重返支撑线上方，则该支撑为有效支撑。

2. 支撑位无效常见的4种情形

(1)下跌过程中，在支撑线附近盘整，阴线频频出现，预示空头力量强于多方，跌破该支撑线概率极高，即便在支撑线附近略作弹升，也因接盘乏力，势必将跌破支撑线，则该支撑线为无效。

(2)下跌过程中，阳线少阴线多，显示空方力量强于多方，随后以长阴线一举跌破支撑线，则该支撑线无效。

(3)跌势中股价直扑支撑线，多方未做任何抵抗，空方直接以长阴或中阴线或向下跳空缺口的方式跌破支撑线(可放量也可不放量)，若股价不能快速重返支撑线上方，则该支撑线无效。

(4)回落时在支撑线附近出现横盘，经过一段时间的横盘整理后，以中阴线或者大阴线击穿支撑线，预示该支撑线无效。

二、阻力位的有效性识别

1. 阻力有效常见的4种情形

(1)下跌趋势中出现反弹，尝未能触及阻力线而调头回落，则该阻力位有效，股价将可能出现一轮新的下跌行情。

(2)下跌趋势出现反弹，股价由下向上冲刺阻力线未果，收盘价处于阻力线下方，则该阻力位有效。此时K线形态上常常表现为射击之星、穿头破脚等组合形态。在冲击阻力线时，成交量出现放大甚至巨量现象，投资者切勿为此时的价涨量增的现象所迷惑，实为庄家为了掩护出货，诱惑不明真相的投资者跟风而营造的一种假象。

(3)下跌趋势中，在阻力位区域横盘，经过一段时间的盘整后出现乌云盖顶、倾盆大雨、或者呈现阳线减少阴线增多而后阴线逐渐“吃掉”阳线的态势，股价回到阻力线下方，则该阻力位有效。

(4)反弹中股价突破阻力线后，但上攻势头未能持续，不久后股价又重新返回到阻力线下方，则该阻力位有效。

2. 阻力无效常见的4种情形

(1)股价止跌回升后，以一根放量的大阳线或中阳线突破阻力线，此后股价一路上行或者经回撤后，股价始终在阻力线上方，表明该阻力线无效。

(2)在跌势中止跌回升，阳线频频出现，预示多头实力增强，若呈现价涨量增，价跌量缩的量价配合的量价关系时，突破阻力线概率极高，则该阻力线可能已失效。

(3)在跌势中股价在阻力线附近经过一段时间的盘整后，以一根长阳线或跳空缺口向上突破，成交量也随之增加，则该阻力线被突破的概率增加，阻力可能失效。

(4)跌势中股价由下向上穿越阻力线后，因受阻而回落到阻力线下方，不久多方再度发动攻势，伴随成交量放大，以中阳线或大阳线再一次穿越阻力线，则该阻力可能失效，若之后股价经回抽该线并在此止跌回升，则意味着该阻力线已被突破，阻力已失效，转而成为支撑线。

以上主要是从 K 线形态的角度来识别支撑与阻力是否有效，除此之外，其有效性还与成交量、时间密切相关，可以概括为以下三点：

(1)在阻力位或支撑位形成过程中，积累的成交量越大，预示多空双方在此的分歧越大，该位置的阻力或支撑越强。

(2)在阻力位或支撑位形成过程中，停留的时间越长，预示多空双方在此的博弈越久，该位置的阻力或支撑越强。

(3)阻力位或支撑位形成时间与回撤时时间的距离，二者相距越近有效性越高，越远有效性越低。

第四节　支撑位与阻力位的识别和运用小结

寻找股价(指数)的阻力位与支撑位，无疑是技术分析法中判断市场走势的极为重要的一环。而一些证券书籍中对它介绍很少甚至根本提及，使得很多初入市场的投资者对阻力位、支撑位这些基本概念都不是很了解，更谈不上如何寻找阻力位和支撑位了，那利用阻力位和支撑位进行高抛低吸更是无从谈及。股市中有一句名言：识大势者方能赚大钱。而能准确寻找到阻力位和支撑位，并依据它制定相应交易策略的人就是识大势者，要在风险很高的股市生存下去，并成为一个成功的投资者，就必须对阻力位和支撑位有足够的认识和理解，并能正确找到影响股价(指数)运行的阻力位和支撑位。投资者在学习阻力位和支撑位时应注意以下几点。

一、对阻力位和支撑位的含义要有正确和全面的理解

我们都知道阻力位则是指在股价上升时可能遇到压力，从而反转下跌的价位；支撑位是指在股价下跌时可能遇到支撑，从而止跌回稳的价位。不过投资者在认识阻力和支撑的含义时，还应理解以下三点。

(1)在上升趋势中，阻力代表上升趋势的暂时停顿，通常会被突破；支撑则代表市场调整的结束，是一波新的上涨行情的开始。在下降趋势中，支撑代表下跌趋势的暂时停顿，通常也会被跌破；阻力则代表市场反弹的结束，是一波新的下跌行情的开始。

(2)上升趋势要持续，每一个支撑位必须高于前一个支撑位，每一个阻力位也必须高于前一个阻力位；下降趋势要持续，每一个支撑位会低于前一个

支撑位，每一个阻力位也会低于前一个阻力位。

(3)支撑位与阻力位一旦被有效突破，其作用将相互转换。

二、要熟悉常见的阻力位和支撑位的类型

在第二节中介绍了均线、高点、低点、趋势线、成交密集区、跳空缺口以及黄金分割等共计12中阻力位和支撑位。每一种阻力位和支撑位都应引起投资者的足够重视，因为它对我们分析市场走向都有着举足轻重的作用，尤其是趋势线和黄金分割位。比如以上海股市2005年6月的998点后开启的这轮牛市来说，股指于2006年12月一举突破2245点的历史高点后，对绝大数投资者而言，不知道这轮牛市还将持续多久？行情能走多远？顶部又在在哪里？这一连串的问号，对于哪些不了解和掌握阻力位和支撑位的投资者而言，确实是个棘手问题，对后市无法预知。但对于那些掌握阻力位和支撑位的投资者而言，这些问题都不是太难的事，尤其是对黄金分割位有足够认识投资者，就显得容易得多。股指突破2245点的历史高位后，前一轮牛市涨幅的1.382倍、1.618倍、2倍和2.618倍等黄金分割位，就是这波牛市所面临的重要阻力位，具体是哪一个阻力位，此时投资者需要结合成交量、波浪理论、道氏理论、K线形态、技术图形等技术分析方法，进行全面综合的分析。最终，上证指数在突破1.618倍之后，出现“5.30”的大幅调整，1.618倍成为牛市第3浪阻力位，2.618倍成为第5浪的阻力位。

三、要掌握如何寻找阻力位和支撑位

投资者要想准确找到有效的阻力位和支撑位，需要做到以下四点：

(1)要善于分析股价(指数)的历史走势。因为阻力位和支撑位大部分来自股价以往走势的高点、低点、密集成交区、缺口等，只有熟悉这些容易产生阻力和支撑的重要位置，才是我们寻找阻力位和支撑位的基础。

(2)要养成画趋势线，轨道线的习惯。股价(指数)的众多阻力位和支撑位来源于趋势线和轨道线，只有正确的画出趋势线和轨道线，并对突破后的趋势线和轨道线进行及时修正，才能保证阻力位和支撑位的准确性。

(3)要熟悉和掌握各种技术图形。因为某些技术图形的颈线对股价(指数)的涨跌产生强劲的支撑或阻力作用，以及一些技术图形的上边线或下边线也对股价(指数)的涨跌也具有强大的阻力或支撑作用。所以，熟悉并掌握这些技术图形，是准确找到阻力位和支撑位的前提。

(4)要掌握阻力位和支撑位的计算方法。股价(指数)的一些重要阻力位和支撑位，来源于其历史涨跌幅的黄金分割位，通过这些黄金分割位，就可以计算出股价(指数)的阻力位和支撑位。

四、要能够识别阻力位和支撑位的有效性

阻力位和支撑位的类型较多，当我们寻找出相应的阻力位和支撑位后，如何识别这些阻力位和支撑位哪些是有效的？哪些又是无效的？这对投资者而言也至关重要。如果不能真确区分这些阻力位和支撑位的有效性，往往会陷入在无效阻力位一抛就涨，在无效支撑位一买就被套的尴尬境地。投资者要识别阻力位和支撑位的有效性，可以从下几方面进行分析：

(1)分析成交量的大小。

在阻力位或支撑位形成过程中，积累的成交量越大，预示多空双方在此区域的分歧越大，日后该区域的阻力或支撑越强。

(2)从时间上分析。

在阻力位或支撑位形成过程中，停留的时间越长，预示多空双方在此的博弈越久，日后该区域的阻力或支撑越强；阻力或支撑位形成的时间与回撤时的时间越近越有效，越远越无效。

(3) 不同类型的阻力位或支撑位同时出现在同一区域，该位置的阻力或支撑有效性越高。比如在某一区域即面临250天均线阻力，又有黄金分割位、轨道线、向下跳空缺口等阻力，那么这个阻力位有效性极高，遇此情形时，投资者应逐步减磅，做好离场准备。

总之，只有投资者对支撑位和阻力位有足够的了解和认识，在市场分析中准确的找到支撑位和阻力位，才可能较好的把握每一次买入和卖出的时机，成功的捕捉市场机遇，规避市场的风险，成为股市中的赢家。

第十一章　六合一操盘法

2013年的年度诺贝尔经济学奖获得者、美国著名经济学家、学者罗伯特·席勒曾在其2000年出版的《非理性繁荣》一书中指出："我们应当牢记，股市定价并未形成一门完美的科学，迄今为止，尚没有任何一种理论和方法能够令人信服，并且经得起时间的检验，几乎没什么方法能准确预测未来几天或几周股市的走向，但也许可以通过研究对三年以上的价格进行预测。"虽然，笔者并不完全认同其看法，但足以说明人类对于股市波动规律的认知，依然是一个极具挑战性的世界级难题。不过，罗伯特·席勒的思想与道氏理论、波浪理论的核心思想又不谋而合：市场是可以被预测的，但对价格又不可能精准的预测！在本书共用十章的篇幅分别向投资者介绍了技术图形、移动平均线、趋势线、轨道线、道氏理论、波浪理论、支撑位与阻力位等技术分析方法和成交量、KDJ、MACD、BIAS等辅助性指标。虽说其中每一种分析方法和技术理论都并非尽善尽美，各有其缺陷，正如罗伯特·席勒所说，没有任何一种理论和方法能准确预测未来几天或几周股市的走向。但是，这些技术理论和分析方法，只要我们善于扬其长而避其短，结合使用，综合分析，完全可以提高我们对市场预测的准确性和预测精度。就以我个人经验而言，经过对各种技术方法的分析和总结，归纳出一套有效而实用操盘方法，将它称之为"六合一操盘法"，它就是帮助我们实现成功逃顶和抄底的有效方法。在这章节中，将运用"六合一操盘法"，分析如何在股市中成功逃顶和抄底，相信这是每一位股市参与者都极具关注的话题 。

第一节　六合一操盘法

一、六合一操盘法简述

所谓六合一操盘法，其中的“一”，指的是一个核心，“六”指的是六个基本点。这一核心就是以阻力位和支撑位为核心，单从技术分析的角度出发，股价(指数)在上升过程中之所以出现下跌，是因为其在上涨过程中遭遇强劲的阻力；而在下跌过程中之所以止跌回升，是因为其在下跌过程中受到强力的支撑。股价(指数)因阻力而回落，因支撑而止跌，是技术分析法对股价(指数)涨跌最直观的描述。所以，能否准确找到股价(指数)在波动中的阻力位和支撑位，是投资者交易成败与否的核心所在。所以，六合一操盘法也称顶底识别法，是投资者实现成功抄底和逃顶的有效方法，也是众多投资者眼中一直探索而苦苦寻求的“秘笈”。而“六”，指的是六个基本点。这六个基本点是六种辅助验证阻力位或支撑位是否有效的技术指标和技术分析法，他们分别是：

1. 成交量

股市的涨跌，是股票市场供求关系变化的结果。当市场筹码供大于求时，股价就以下跌的形式来寻求多空双方力量的平衡；反之，市场筹码供小于求时，股价就以上涨的形式来谋求多空双方趋于一致。所以，成交量真实的反映了股市供求关系，是股价(指数)变化的先行指标。投资者可以借助成交量的变化，来辅助验证阻力位或支撑位的有效性。

2. 技术图形

技术图形理论是人们对股价走势经过长期的观察、研究之后发现，无论什么股票，随着交易时间的延长，总会在其走势图上形成各种不同图形，而且每一种图形的变化都呈现一定的规律。于是，就产生了以股价(指数)走势图为研究对象的技术图形理论，并且已为被全球的股票市场所广泛应用。所以，只要掌握了技术图形的变化规律，投资者就可以依据技术图形来分析、验证阻力位或支撑位是否有效。

3. K线形态

不同的K线及K线组合，都包含着各种不同的市场信息。比如在涨势末期或阻力位附近，出现射击之星、乌云盖顶、吊颈线等K线形态时，预示升势可能走到尽头，告诉投资者应该离场了；在跌势末期或支撑位附近，出现旭日东升、锤头线、早晨之星等K线形态时，表明股价可能出现反弹或触底回升，提示投资者可以尝试性建仓。所以，通过K线形态所发出买进或卖出信号，可以及时验证支撑位或阻力位的有效性。

4. 道氏理论的123法则、2B法则和相互验证原则

道氏理论从诞生到现在，以历时100年有余，其理论精髓延续至今并得到市场的有效验证，成为一切技术分析的基础。而道氏理论123法则和2B法则，是判断市场趋势是否反转的重要依据，尤其是在在行情反转初期，趋势不明朗时，道氏理论的123法则和2B法则就显得极为关键。投资者就可以通过这两个法则来分析和确认阻力位和支撑位的有效性。而相互验证原则(主要适用于指数)是道氏理论三大核心思想之一。依据道氏理论，当某个趋势附和道氏理论时，除了成交量必须验证趋势之外，整个市场的平均指数都必须相互间印证、符合道氏理论的基本法则，只要其中一个指数的走势不能印证道氏理论的基本原则，那么就不能确认主要趋势已经改变。比如以上证指数为例，如果大盘经过长期大幅上涨后见顶，那么深证成指、沪深300、上证50、中小板、创业板等指数势必也有见顶的征兆，以印证上证指数的见顶，上升趋势已经改变。

5. 波浪理论

艾略特波浪理论作为屹今为止，现存最好的预测市场趋势走向的工具，有着其特殊的参照价值，它可以在趋势确立之时就可以预测趋势何时结束，这是其他任何技术分析方法都无法与之相比的。因此，依据波浪理论的分析方法，也可以验证支撑位和阻力位的有效性。

6. KDJ、MACD、BIAS等技术指标

KDJ作为短期随机指标，能够对市场行情的变化快速做出反应，及时发出预警信号；MACD作为中长期趋势性指标，因其稳定而克服了KDJ和移动平均线假信号频繁的缺陷，减少了失误率，但有对单边上涨或下跌的市场反应迟缓的缺陷，而KDJ对市场的敏感性又弥补了MACD的不足。乖离率

(BIAS)作为反映股价(指数)与移动平均线之间偏离程度指标，其绝对值接近或超越历史最大值或最小值时，对股价(指数)的暴涨和暴跌将引发趋势逆转的预警作用，是其他任何技术指标所不具备的。同时，KDJ、MACD、BIAS 等指标与股价(指数)出现背离时，常常预示趋势可能发生转变，也是趋势改变警示信号。所以，通过 KDJ、MACD、BIAS 等指标与股价(指数)之间背离现象，也是验证阻力位和支撑位是否有效的可行方法之一。

从上面对六合一操盘法的介绍中，投资者可以明白六合一操盘法实际就是各种基础的技术分析方法、辅助性指标以及道氏理论和波浪理论的综合运用，而并非简单的、片面的依据某单一指标或分析工具。下面就运用对六合一操盘法进行实例分析。

二、六合一操盘法案例解析

如图 11 - 1 所示，为三一重工 2010 年 10 月 27 日至 2011 年 4 月 22 日复权后的日 K 线走势图。股价经过大幅整荡后，受 60 均线支撑继续上攻，并收出两根中阳线(箭头 A 处)。有投资者要问该股后市将如何发展呢，在此不妨尝试用六合一操盘法进行分析后再做结论。

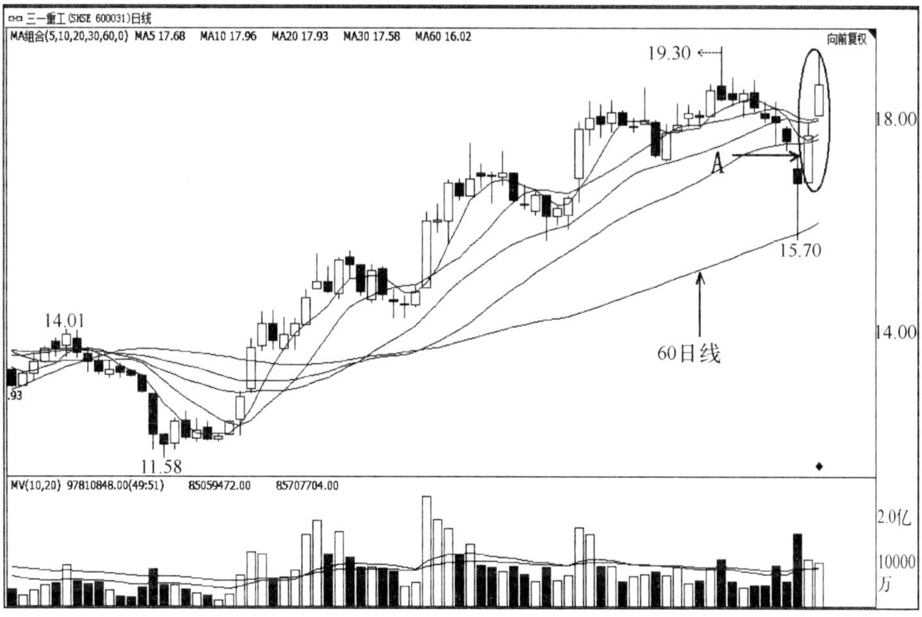

图 11 - 1

六合一操盘法看盘简析：

（1）首先依据六合一操盘法对股价历史走势进行分析，寻找出股价的阻力位或支撑位。分析三一重工的历史走势，如图 11－2 为三一重工 2004 年 11 月 5 日至 2011 年 4 月 22 日复权后的周 K 线走势图。其中方框区域即为图 11－1 的周线走势部分。从股价历史走势可以计算出，最近这波上升行情股价涨幅接近前一波涨幅的 2 倍，已进入股价黄金分割的重要阻力区。

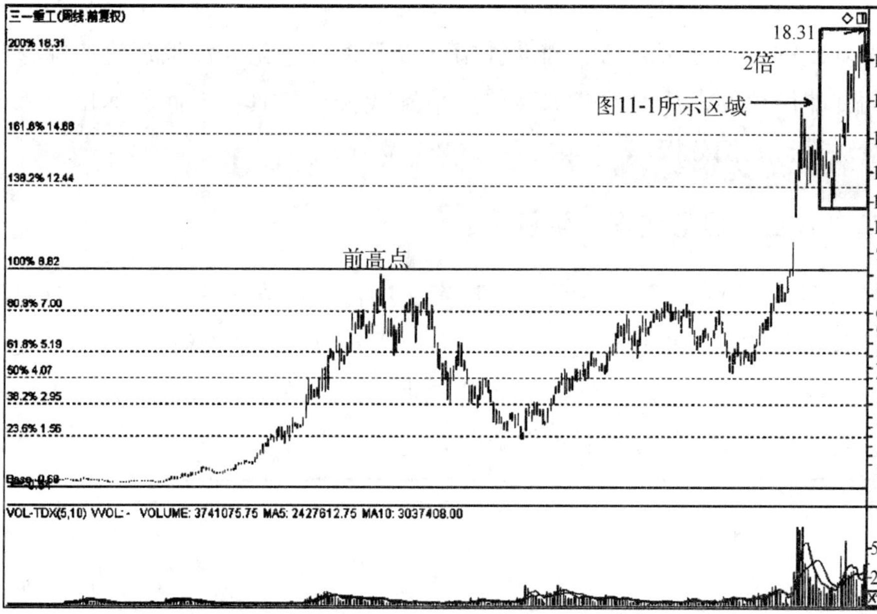

图 11－2

（2）从图 11－3 中显示，股价在上升过程中逐步盘升，而成交量却逐步减小，股价与成交量之间出现顶背离现象，表明多方力量出呈现逐步减弱态势。

（3）从图 11－4 显示股价上升过程中，以上升楔形的形态向上爬升，股价击破楔形下边线，标志着上升楔形顶基本形成，只是回落时受 60 日支撑后出现一次反抽而已。另外，从 K 线形态上分析，股价受阻楔形上边线和回抽下边线时均以射击之星报收，高位射击之星为典型的见顶信号。

（4）从图 11－5 显示股价逐步走高，而 KDJ 和 MACD 指标却逐步走低、与股价走势也出现顶背离现象，并且 MACD 的柱状线也由红柱转为绿柱，出现顶背离的危险信号。另外，在图 11－6 中，24 日乖离率越过历史最大值后，也与股价呈现顶背离的警示信号。

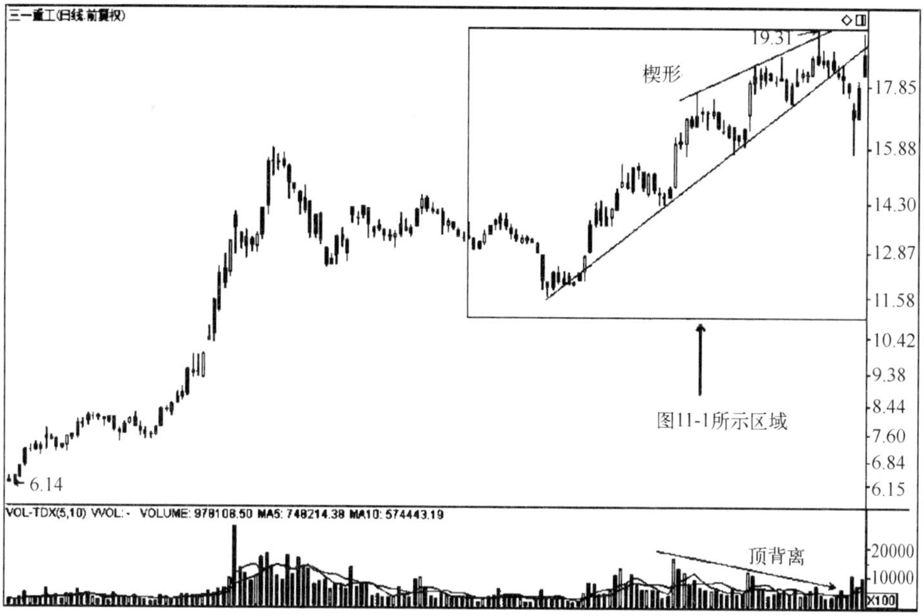

图 11－3

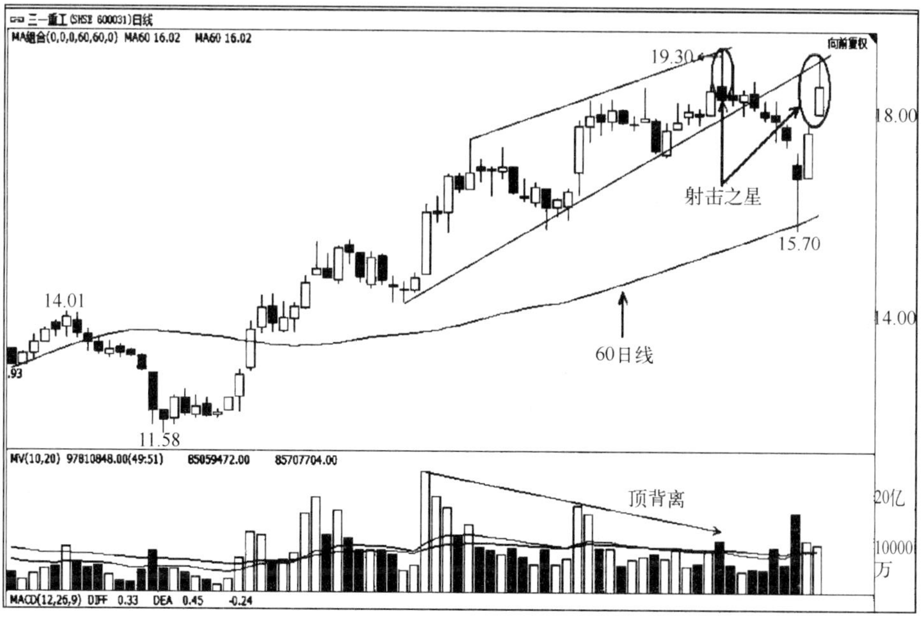

图 11－4

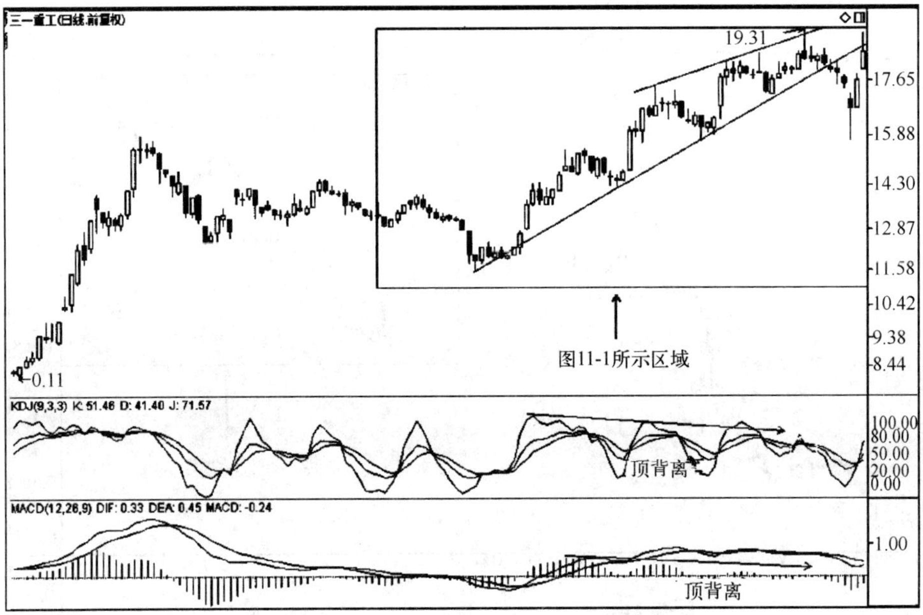
三一重工(日线,前复权)
19.31
17.65
15.88
14.30
12.87
11.58
10.42
9.38
8.44
0.11
图11-1所示区域
KDJ(9,3,3) K: 51.46 D: 41.40 J: 71.57
100.00
80.00
50.00
20.00
0.00
顶背离
MACD(12,26,9) DIF: 0.33 DEA: 0.45 MACD: -0.24
1.00
顶背离

图 11－5

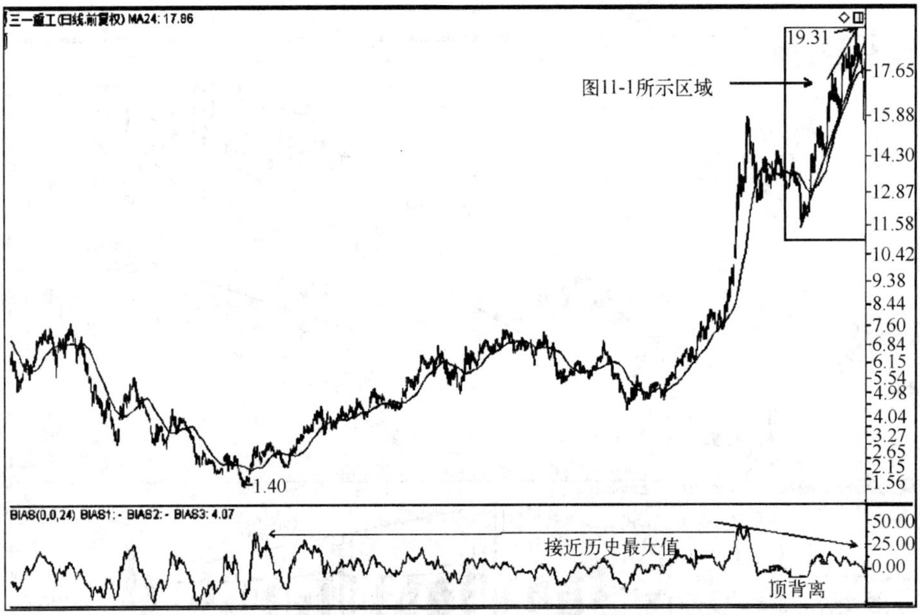
三一重工(日线,前复权) MA24: 17.86
19.31
图11-1所示区域
17.65
15.88
14.30
12.87
11.58
10.42
9.38
8.44
7.60
6.84
6.15
5.54
4.98
4.04
3.27
2.65
2.15
1.56
1.40
BIAS(0,0,24) BIAS1: - BIAS2: - BIAS3: 4.07
50.00
25.00
0.00
接近历史最大值
顶背离

图 11－6

（5）从图 11 －7 日线图显示，依据波浪理论分析，股价在这一轮上升势中正运行在推动浪的第 5 浪，第 3 浪成交量大幅上升，呈现价涨量增的良好态势，而第 5 浪股价虽然继续走高，但成交量却逐渐减少，成交量与股价呈现顶背离态势，表明多方买盘逐步减弱，意味着上涨行情接近尾声。同时，第 5 浪又出现终结楔形，预示上升趋势即将反转。

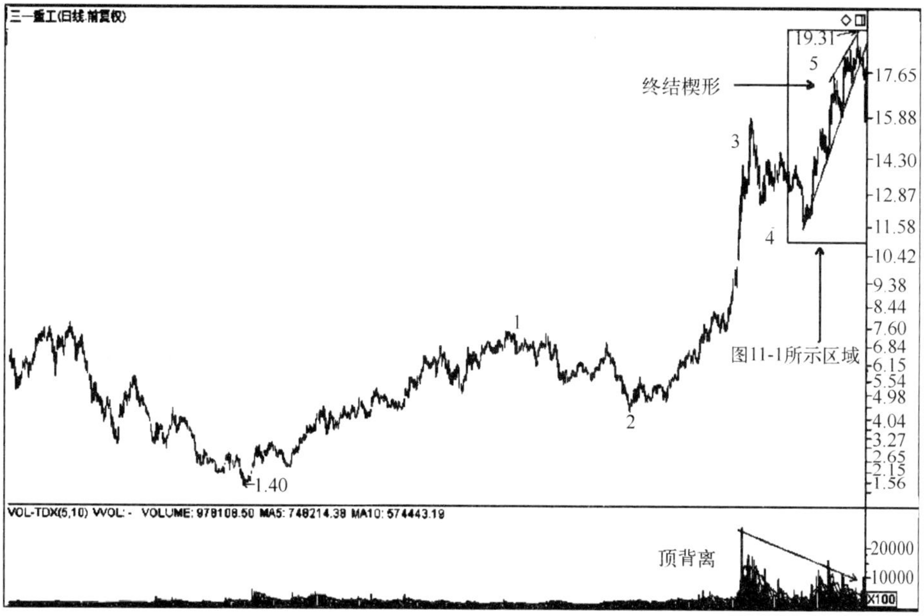

图 11 －7

通过上述对三一重工股价走势的全面分析，股价上涨面临前一轮涨幅 2 倍的阻力区域；成交量、KDJ、MACD、乖离率均与股价出现顶背离现象；股价运行在推动浪的第 5 浪，并且出现终结楔形；高位“射击之星”。所有迹象表明：股价上涨行情已经结束，在图 11 －1 中最后出现的两根中阳线，只是主力为高位胜利出逃而放出的烟雾弹。此时，投资者全线抛空离场乃为上策。从图 11 －8 显示，股价随后见顶回落，进入漫漫熊途。

我们再看另外一个案例，如图 11 －9 所示，为山东钢铁 2007 年 7 月 23 日至 2008 年 1 月 18 日复权后的日 K 线图。股价经过一波急速调整后，再次出现上升之势。可在箭头 A 所示的四根 K 线，股价重心下移，收盘价一根比一根低，当日收盘后，大户室的老张指着该走势图对同室的室友说，该股上涨势

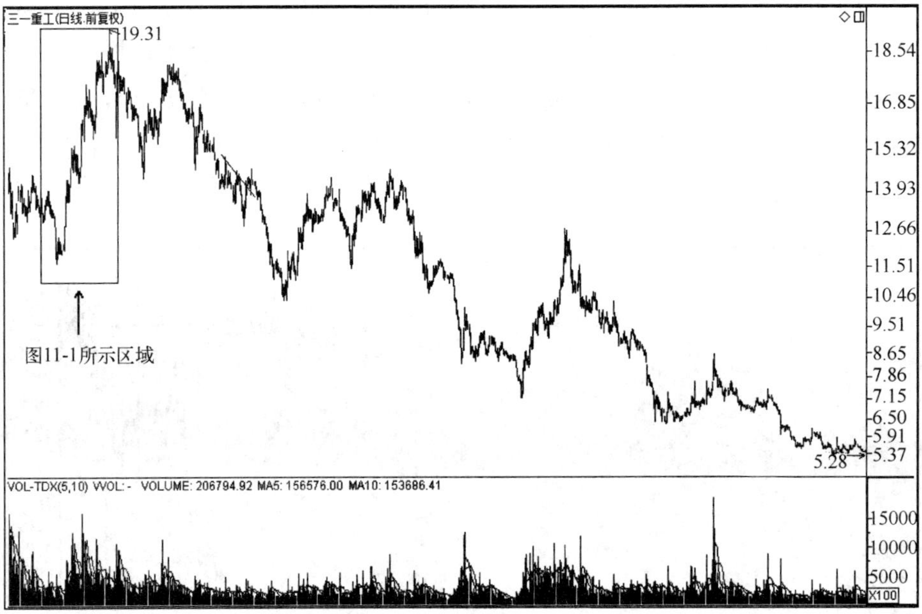
三一重工(日线.前复权)
19.31
18.54
16.85
15.32
13.93
12.66
11.51
10.46
9.51
8.65
7.86
7.15
6.50
5.91
5.37
5.28
图11-1所示区域
VOL-TDX(5,10) VVOL: - VOLUME: 206794.92 MA5: 156576.00 MA10: 153686.41
15000
10000
5000
X100

图 11－8

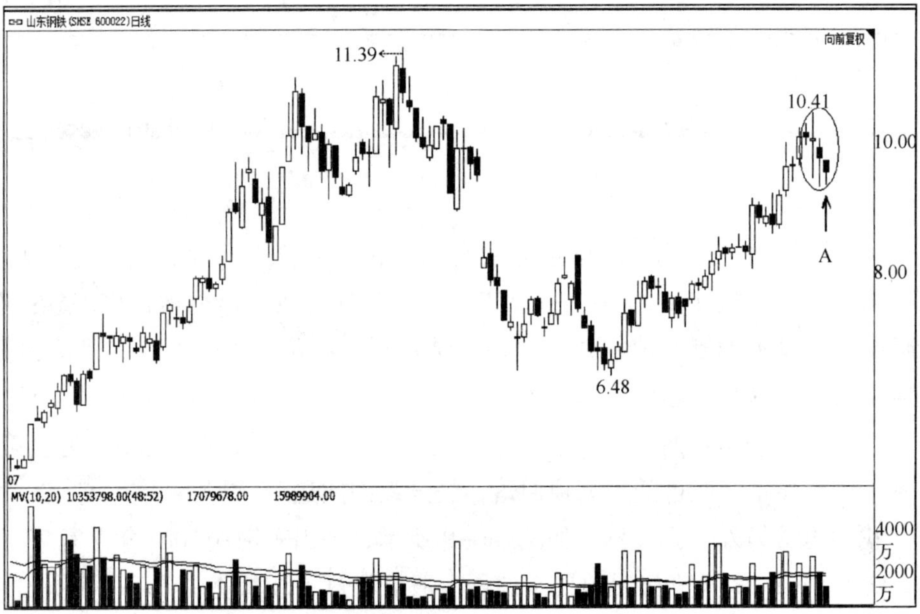
山东钢铁(SHSE 600022)日线
向前复权
11.39
10.41
10.00
8.00
6.48
A
07
MV(10,20) 10353798.00(48:52) 17079678.00 15989904.00
4000万
2000万

图 11－9

头已经结束，现在是最后的出逃机会。那老张的判断是否正确呢，我们不妨依据六合一操盘法进行细致分析。

六合一操盘法看盘简析：

(1)图 11－10 为山东钢铁 2004 年 6 月 29 日至 2008 年 1 月 18 日复权后的日 K 线图。该股上市后呈现长期横盘整理走势，自 2005 年 11 月 16 日见底后开启一轮强劲的上升行情，股价从最低时 0.48 元一路上涨到 2007 年 10 月 16 日最高时的 11.39 元，不到两年的时间里涨幅高达 24 倍，市场累积了巨大的获利盘。

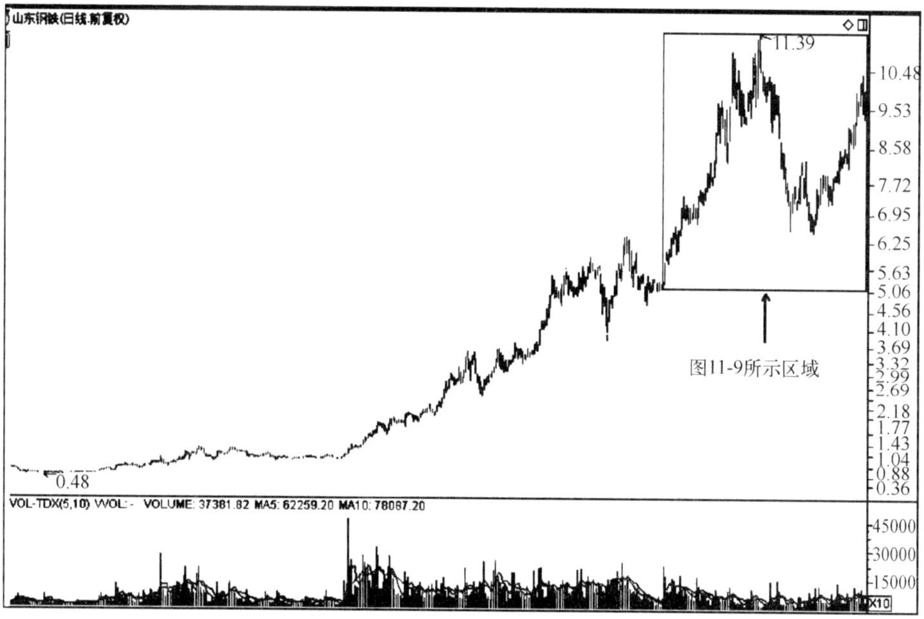

图 11－10

(2)在图 11－11 中，股价击穿中期上升趋势线 L2 后受到长期趋势线 L1 的支撑而弹升，反弹的高点未能越过前高点 11.39 元，便出现重心下沉迹象，表明多方已无力将股价继续推高。依据道氏理论对趋势的描述，上升趋势要延续，上升途中的每个低点应逐步走高，高点也应逐步走高，而图 11－9 中股价未能创出新高，并且股价重心再次下沉，预示上升趋势已经改变，股价即将跌破短期上升趋势线 L3 和长期上升趋势线 L1 已成必然，只是时间问题。

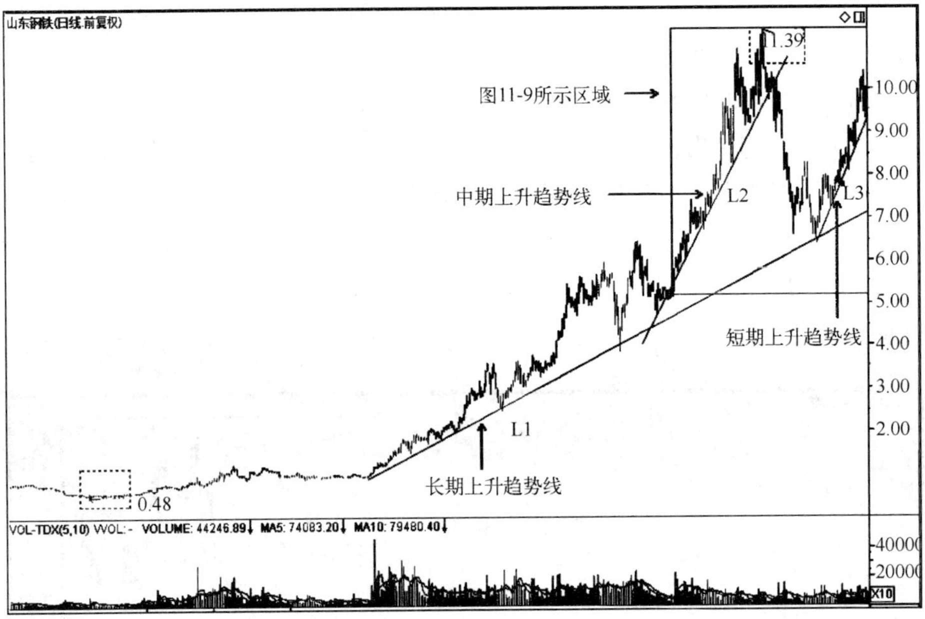

图 11－11

(3)从技术图形上我们会发现：股价走势构筑一个双顶形态，并且已经跌破颈线，标志双顶形态已经确立(图 11－12)。股价虽然重返颈线上方，但最后收出重心不断下沉，收盘价一根比一根低的四根 K 线，而且其中一根还是螺旋桨。若将这四根 K 线与前一根中阳线组合，更像一组黄昏之星。这样螺旋桨、黄昏之星出现在颈线附近，其转势信号得以进一步确认；

(4)从技术指标上分析：随即指标 KDJ 再次死叉，趋势指标 MACD 已经向下拐头(图 11－12)，印证趋势向淡。

(5)图 11－13 为山东钢铁 2007 年 2 月 9 日至 2008 年 1 月 18 日的周 K 线图。该股日线上技术图形构筑一个双顶形态，而在在周 K 线上形成的是“双剑并列”的射击之星，而射击之星为典型的见顶信号，并且在出现大涨之后的周 K 线上，表明股价中长期顶部已经形成；同时 MACD 已呈现空头排列，KDJ 的快速线 J 再现向下拐头趋向，表明新的一波下跌即将出现。

(6)如图 11－14 所示，依据波浪理论分析法，图 11－9 显示区域为八浪循环中的第 5 浪、A 浪和 B 浪，市场已经步入调整的下跌趋势浪，B 浪结束后即将面临的凶悍的 C 浪下跌。

山东钢铁(SHSE 600022)日线
向前复权
11.39
双顶
10.41
10.00
颈线
A
8.00
6.48
07
KDJ(9,3,3) K 68.48 D 77.39 J 50.66
100
80
50
20
0
死叉
MACD(12,26,9) DIFF 0.52 DEA 0.44 0.15
0.50
0.00
-0.50

图 11－12

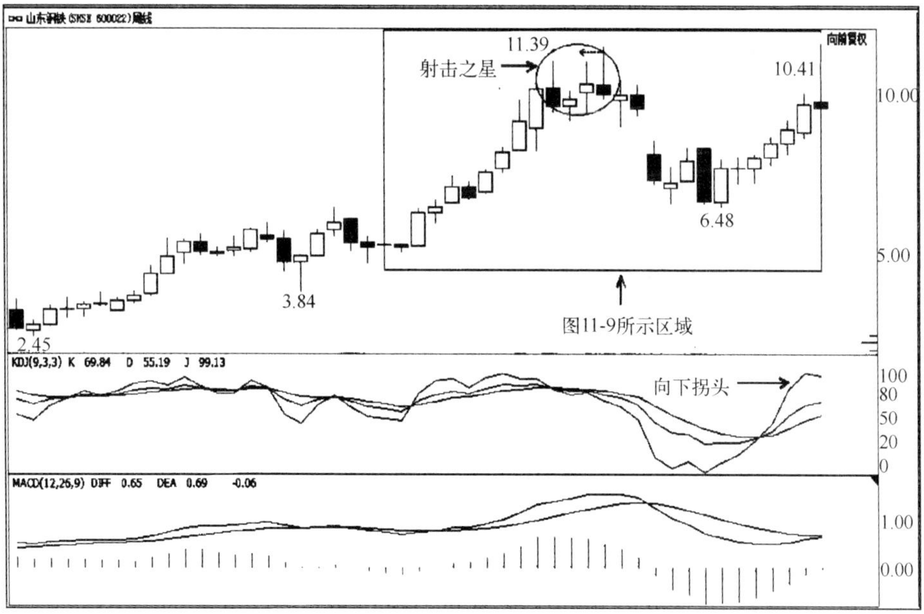
山东钢铁(SHSE 600022)周线
向前复权
11.39
射击之星
10.41
10.00
6.48
5.00
3.84
2.45
图11-9所示区域
KDJ(9,3,3) K 69.84 D 55.19 J 99.13
向下拐头
100
80
50
20
0
MACD(12,26,9) DIFF 0.65 DEA 0.69 -0.06
1.00
0.00

图 11－13

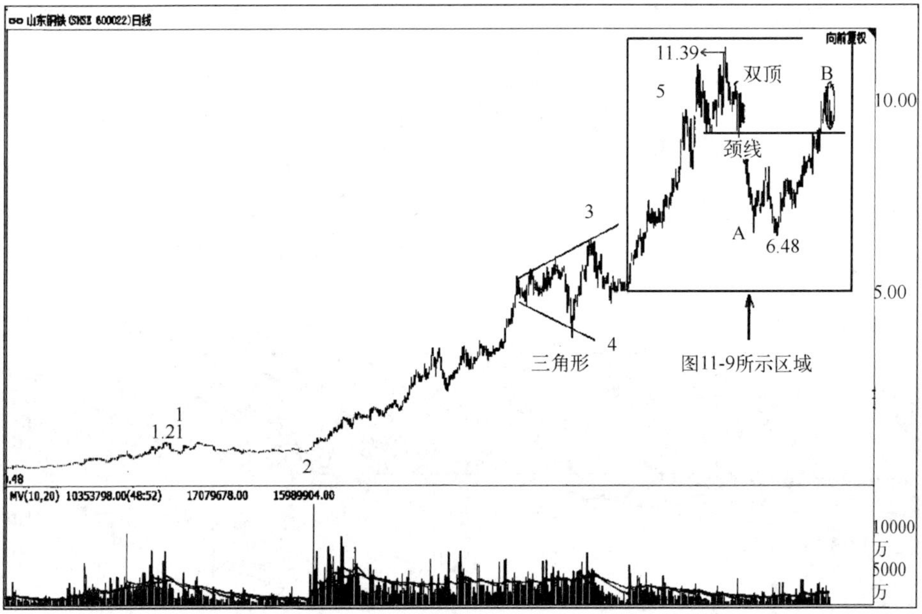

图 11－14

从成交量角度分析，图 11－14 显示三角形后的上升浪，股价不断扬升而成交量却逐渐减少，成交量与股价出现顶背离之势，基本可以确定是第 5 浪无疑，那浪 5 之后，自然是下跌趋势浪的开始，A 浪与 B 浪就不难确定。由此，成交量的变化与浪性特征相互得以印证。

进行综合全面分析后发现：股价从底部开始，经历一波近 24 倍的巨大涨幅后，累积了大量的获利盘，面临投资者套现的强劲压力；周 K 线收出“双剑并列”的射击之星的见顶 K 线形态，预示股价中长期顶部形成；股价虽站上颈线后，重心却下沉，涨势未能延续；回落时受长期趋势线支撑的二次上攻，股价未能创出新高，表明上升趋势发生转势的概率大大增加；依据波浪理论，B 浪反弹之后，将是跌幅更大的 C 浪。通过各种技术方法分析后，得出与大户老张有着相同的结论：山东钢铁的股价中长期顶部已成，将面临大幅下跌。如图 11－15 所示，随后股价先后跌破短期上升趋势线和长期上升趋势线，步入熊途。

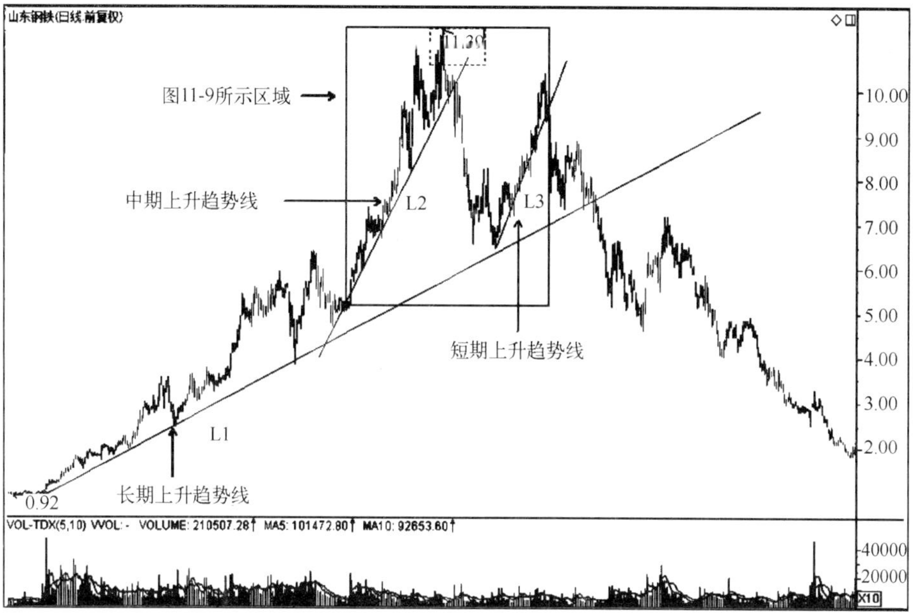

图 11－15

第二节　六合一操盘法之——逃顶技巧

作为股市中人，如何识别顶部和底部并成功的实现逃顶和抄底，是每一名市场参与者都渴望实现和追求的投资境界。人人都想知道顶部在哪里，底部又在哪里？这种投资境界能否实现呢？我认为只要您足够努力与勤奋，积累和掌握了丰富的技术分析的基础知识和技术理论，一定程度是能够实现的！道氏理论和波浪理论都正确地指出：股市反映的是人类的群体行为，一种发源于自然的、人心理的群体行为，它是有规律的，也是可以预测的。虽然，这种预测无法精准到某一具体价格，但是，可以预测到大致的顶部区域或底部区域，而这种预测是建立在人们对股市以往历史走势的分析基础之上，探寻其内在的运行规律。因此，股市中逃顶与抄底的过程，也就是一步对股价(指数)历史走势分析的过程，无论大盘还是个股，在顶部或底部出现时，盘中都会出现见顶或见底的前兆。这一节和下一节中将结合六合一操盘法，从技术分析的角度对上证指数历史上多次顶部或底部进行回顾，分析每次见顶或见底前后，市场所发出的预警信号或转势信号，以有助于广大投资者从中获得一些的启示。

一、顶部 1558 点

图 11－16 为上证指数 1993 年 2 月 16 日到达历史峰值 1558 点前后的日 K 线走势图。经过仔细梳理，我们会发现以下预警信号。

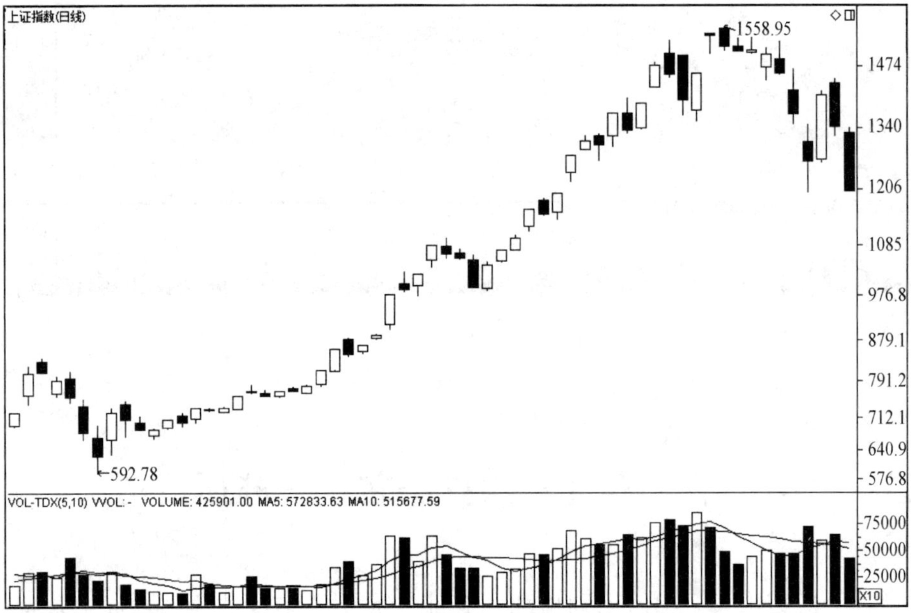

图 11－16

(1)图 11－17 为上证指数 1992 年 3 月 27 日至 1993 年 2 月 26 日的周 K 线图。从图中显示股指越过前期 1429 点的高点而创出 1558 点的历史新高后，进入强大的阻力区域，市场面临严重抛压。

(2)在图 11－18 中显示，从技术图形上看股指已构筑一个小双顶，并且已经跌破颈线，标志顶部形态初步形成。

(3)在图 11－18 中显示 KDJ、MACD 共振死叉发出卖出信号，而且二者呈现空头排之势，表明股指趋势已进入弱势格局。

(4)在图 11－19 中显示，股指创出 1558 点新高后快速回落到最近高点下方，并先后跌破上升趋势线和最近低点（如图箭头 A 和 B 所示）。

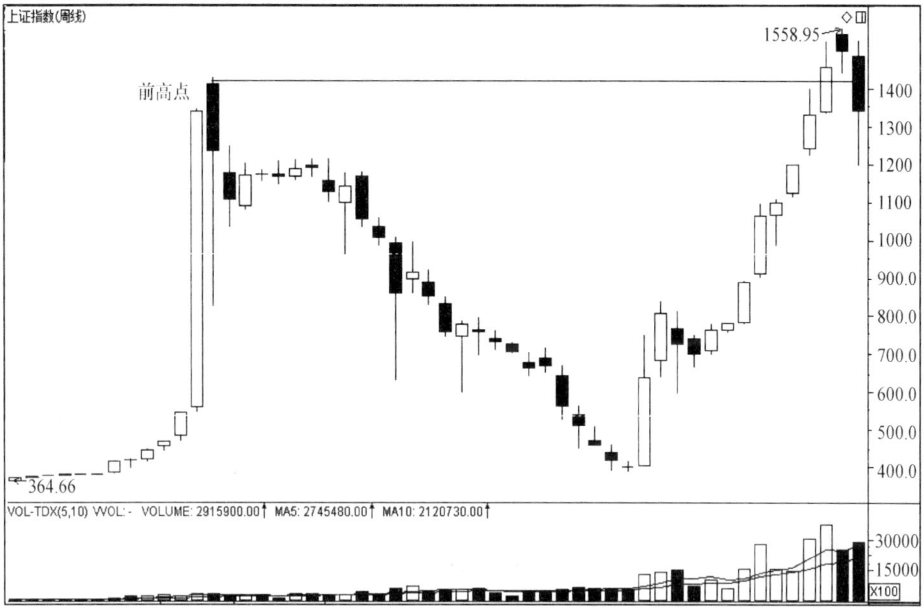

图 11－17

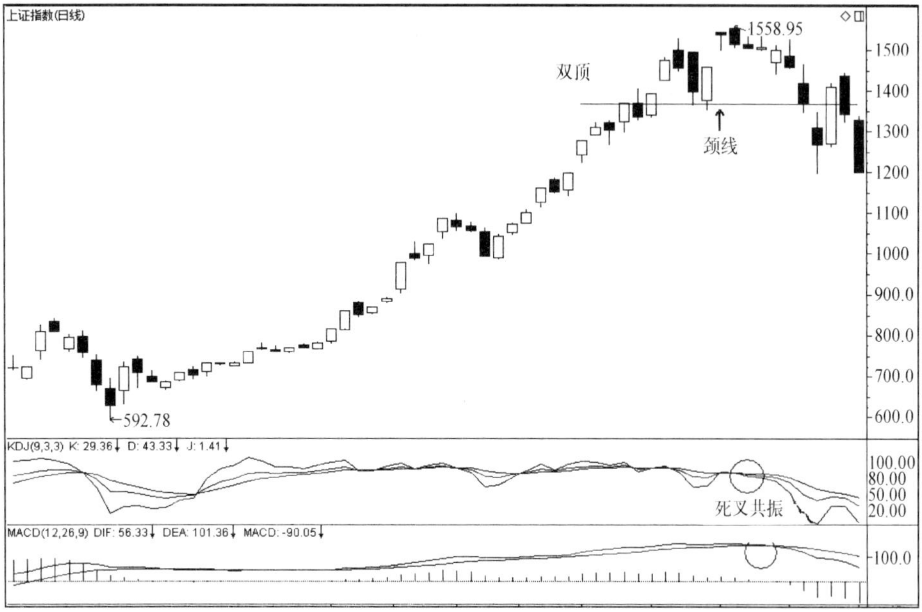

图 11－18

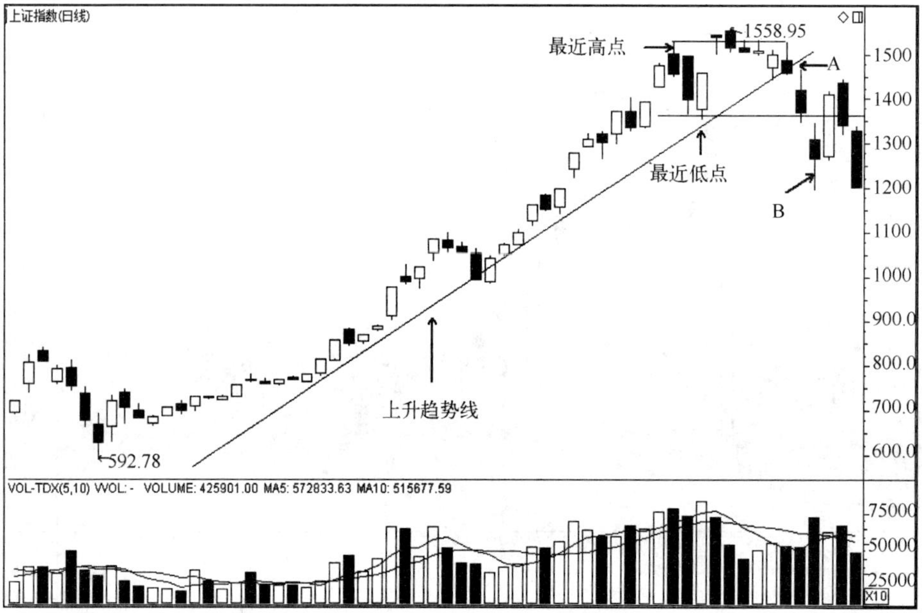

图 11－19

依据道氏理论的 123 法则和 2B 法则，上升趋势改变的三个条件均已出现，表明股指的上升趋势已经结束。

二、顶部 2245 点

图 11－20 为上证指数 2001 年 2 月 15 日至 2001 年 7 月 2 日见顶前日 K 线走势图。仅仅从这一段走势图上能够得到的预警有限，只有全面回顾上证指数的历史走势，才能发现更多、更准确的顶部警示信号。

(1)依据黄金分割理论预测方法，我们可以测算出上证指数自 1994 年 7 月 28 日的 325 点见底以后，这一轮上涨行情中的重要阻力位之一大致在 2221 点区域附近(图 11－21)。当大盘上涨到这一区域时，很容易受阻形成一个顶部。如果这种预测成立的话，2221 点附近将见顶，投资者应做好减仓或离场准备。

(2)如图 11－21 所示，上证指数自 325 点开始的这一轮上升行情中，一直沿着一条上升通道运行，图 11－20 所示区域正运行在通道上轨附近，上轨对股指的继续上行构成强劲阻力，而依据轨道交易法，突破上轨是明显的卖出信号。

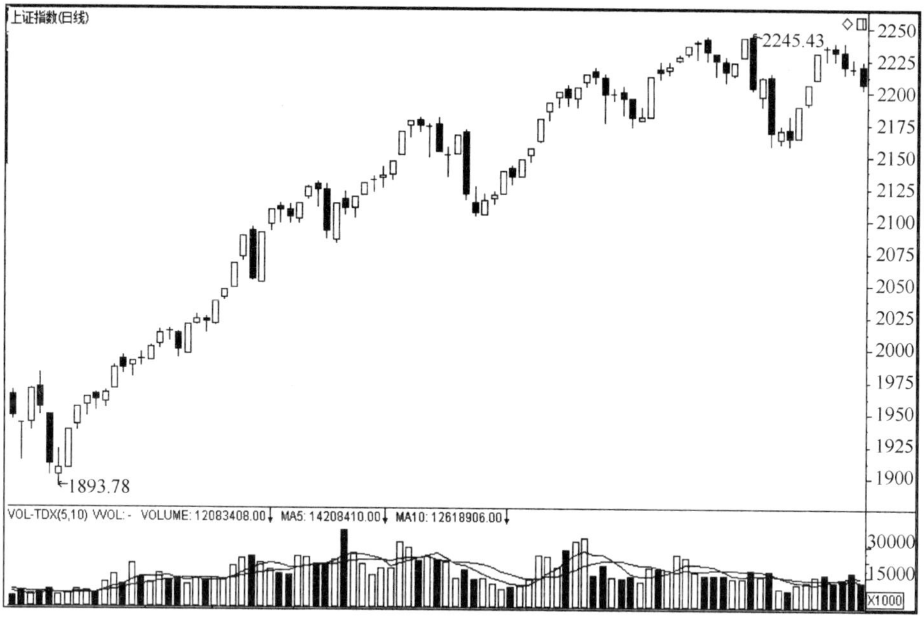
上证指数(日线)
2245.43
1893.78
VOL-TDX(5,10) VVOL: - VOLUME: 12083408.00 MA5: 14208410.00 MA10: 12618906.00
X1000

图 11－20

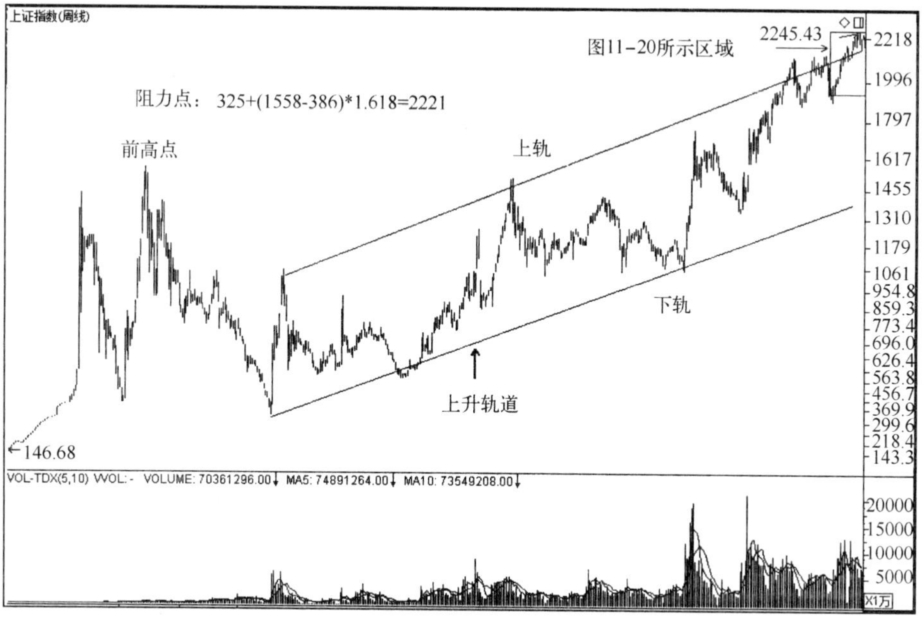
上证指数(周线)
图11-20所示区域
2245.43
阻力点：325+(1558-386)*1.618=2221
前高点
上轨
下轨
上升轨道
146.68
VOL-TDX(5,10) VVOL: - VOLUME: 70361296.00 MA5: 74891264.00 MA10: 73549208.00
X1万

图 11－21

(3)在日线图 11－22 中显示，上证指数在 2245 点遇阻通道上轨回落，受下轨支撑再次上升时，未能触及上轨和越过 2245 点，就再次掉头向下，这是典型的上升轨道衰竭的形态，预示上升趋势可能已经结束。

(4)在图 11－22 中股指在上升过程中与成交量和 MACD 指标均呈现顶背离，并且 MACD 已经前后 3 次出现死亡交叉，红色柱状线正在减少缩短，甚至消失而出现绿色柱状线，表明多方气势已近衰竭，股指的上升趋势随时可能结束，短期内见顶概率极高。

(5)在周线图 11－23 中也显示，股指上涨面临通道上轨的强劲阻力，MACD 与股指也形成顶背离。表明股指自 325 点以来的这一轮中长期升势已接近尾声。与此同时，随机指标 KDJ 顶背离后再一次出现死亡交叉，市场信号明确的告诉投资者，应逐步减磅或做好离场准备。

(6)在图 11－24 显示上证指数自 325 点开始的这一轮牛市中，运用波浪理论的分析方法，上升推动浪可以划分五浪结构运行在上升通道中，而且第 5 浪正运行在通道的上轨，股指的上涨将面临上轨的强大阻力。如果这种数浪正确的话，那么市场将开始下跌趋势的 A 浪－B 浪－C 浪的三浪调整。

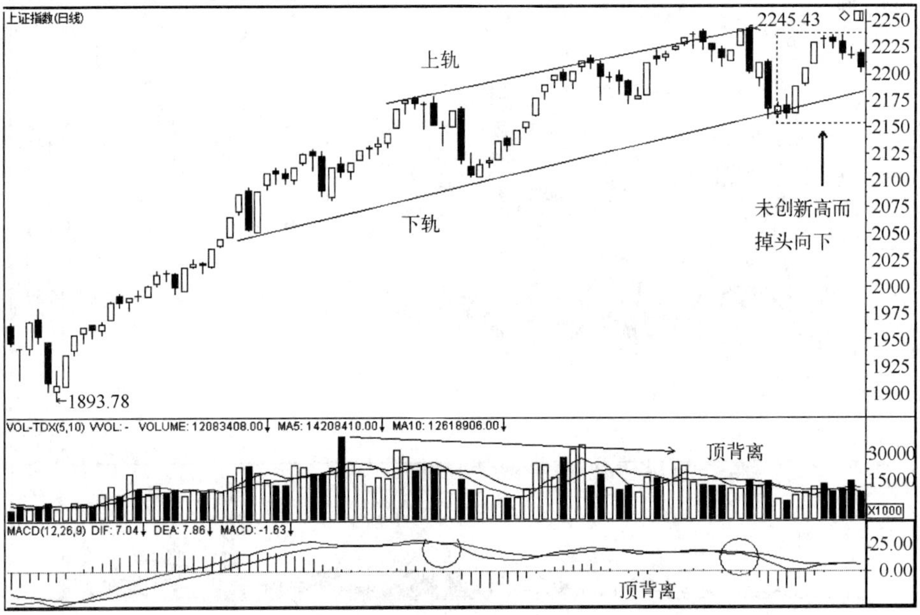

图 11－22

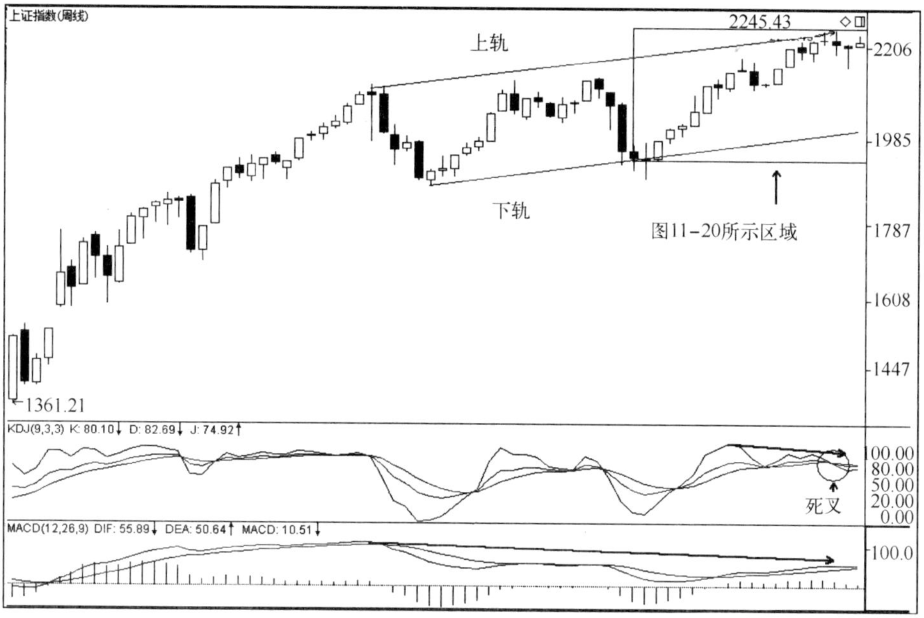
上证指数(周线)
2245.43
上轨
下轨
图11-20所示区域
1361.21
2206
1985
1787
1608
1447
KDJ(9,3,3) K: 80.10 D: 82.69 J: 74.92
100.00
80.00
50.00
20.00
0.00
死叉
MACD(12,26,9) DIF: 55.89 DEA: 50.64 MACD: 10.51
100.0

图 11 -23

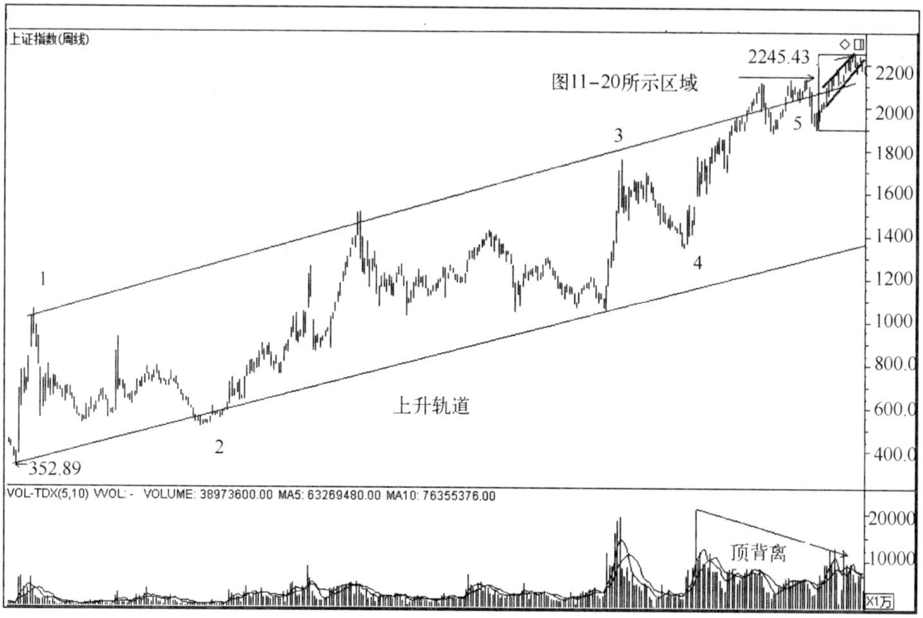
上证指数(周线)
2245.43
图11-20所示区域
1
2
3
4
5
上升轨道
352.89
2200
2000
1800
1600
1400
1200
1000
800.0
600.0
400.0
VOL-TDX(5,10) VVOL: - VOLUME: 38973600.00 MA5: 63269480.00 MA10: 76355376.00
顶背离
20000
10000
X1万

图 11 -24

三、顶部 6124 点

图 11－25 为 2007 年 6 月 26 日至 2007 年 11 月 8 日的日 K 线走势图。经过仔细梳理我们会发现大盘见顶前，发出有以下预警信号：

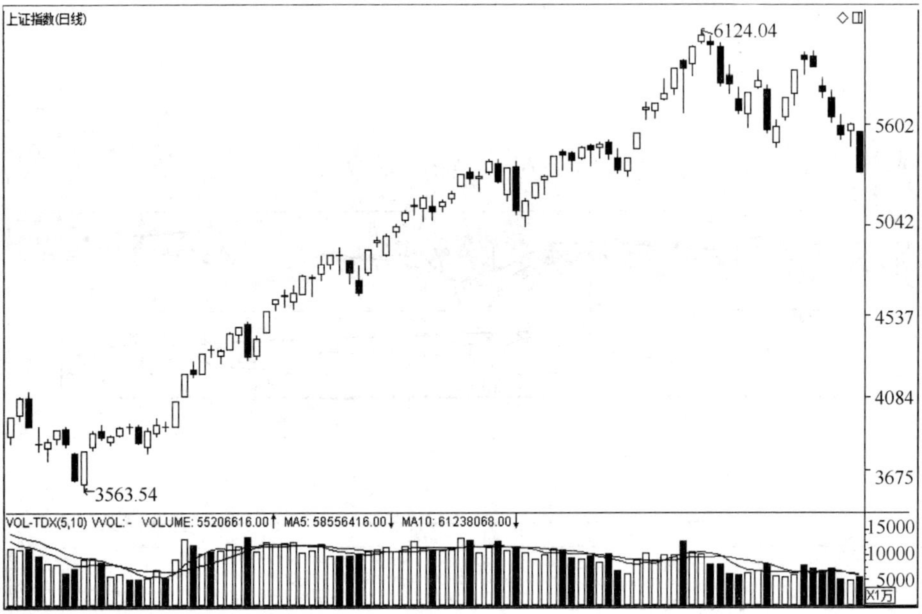

图 11－25

（1）股指在成功突破前期 2245 点历史高位之后，又分别成功越过 1.382、1.618、2、2.382 等黄金阻力位，将面临 2.618 黄金分割位所对应的 6024 点这道重要关口阻力区域（图 11－26）。如果这种预测成立的话，股指上涨到这一区域将遭遇空方的强大阻力，形成顶部的概率极高。同时，这也是指数的整数关 6000 点阻力位区域。

（2）从 K 线形态上分析，上证指数在 6000 点阻力位附近收出一组强弩之末形的 K 线组合（图 11－27），其中的吊颈线形成当日，股指盘中整荡高达 300 点，表明多空双方在此区域出现严重分歧。上证指数在经历两年的疯狂牛市之后，在此位置出现强弩之末形的 K 线组合，为典型的见顶信号。

（3）指数大涨之后 MACD 指标前后两次出现死亡交叉，发出了卖出的警示信号，同时红色柱状线逐步减少缩短，表明多方气势正在衰减，MACD 指标

上证指数(月线)
6124.04
阻力位：998+(2245-325)*2.618=6024
261.8% 5374.32
238.2% 4916.69
200% 4181.18
161.8% 3443.68
138.2% 2988.04
前高点
100% 2250.54
80.9% 1881.79
61.8% 1513.04
50% 1285.22
Base 319.90
325.89
6000
5500
5000
4500
4000
3500
3000
2500
2000
1500
1000
VOL-TDX(5,10) VVOL: - VOLUME: 1464079872.00 MA5: 2178380544.00 MA10: 2384094720.00
30000
15000
X10万

图 11 - 26

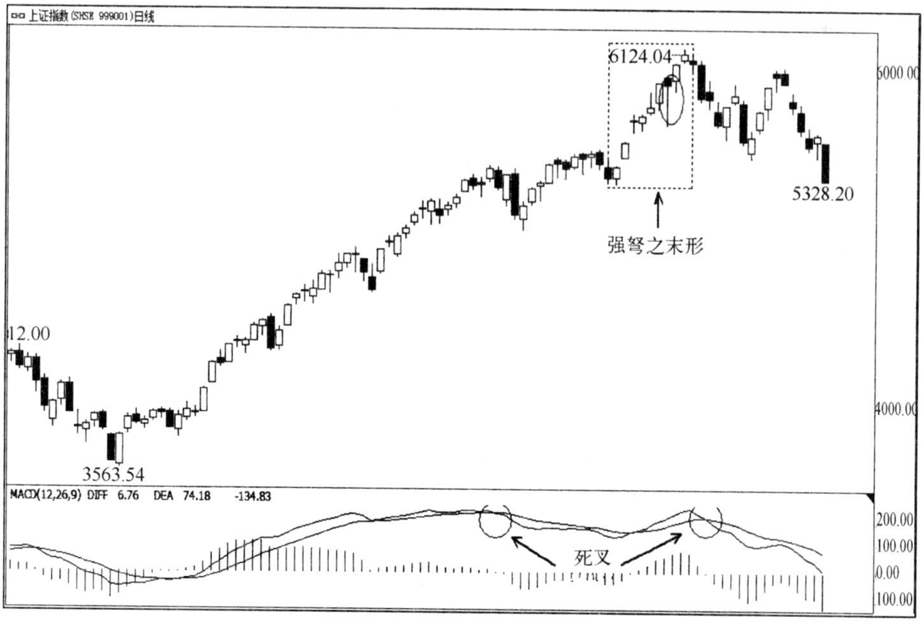
上证指数(SHSE 999001)日线
6124.04
5328.20
强弩之末形
3563.54
6000.00
4000.00
MACD(12,26,9) DIFF 6.76 DEA 74.18 -134.83
死叉
200.00
100.00

图 11 - 27

已呈现空头排列，预示大盘中长期走势向淡。

(4)在图 11－28 中显示这轮牛市经过两年的暴涨，乖离率绝对值已接近历史最大值，表明上升行情将出现逆转，随时可能见顶。

图 11－28

(5)在图 11－29 中，股指击穿上升趋势线后，反弹未能创出新高，并且受阻回落时跌破最近低点，依据道氏理论 123 法则，上升趋势逆转的 3 个条件均已出现，标志大盘的上升趋势已经终结。

(6)依据艾略特波浪理论，三角形只会出现在出现在推动浪的第 4 浪或调整浪的 B 浪或 X 浪。而上证指数自 998 点见底后，在这一轮上升行情中出现三角形(图 11－30)，这表明上升趋势的第 4 浪已经出现，而图 11－25 所示区域基本可以推断上证指数正运行在第 5 浪末期或已步入 A 浪初期。

(7)如图 11－30 所示，第 5 浪上大盘继续走高，而成交量却逐步减少，与指数走势呈现顶背离，表明做多动能趋于衰竭，这轮牛市已接近尾声。

上述所有信号基本都是大盘见顶的前兆，预示上证指数已经见顶(图 11－31)，提醒投资者应该离场了。然而，让人可惜的是：在 2007 年 10 月上证指数到达 6000 点时，市场已进入白热化，疯狂地追涨，一些“专家”和

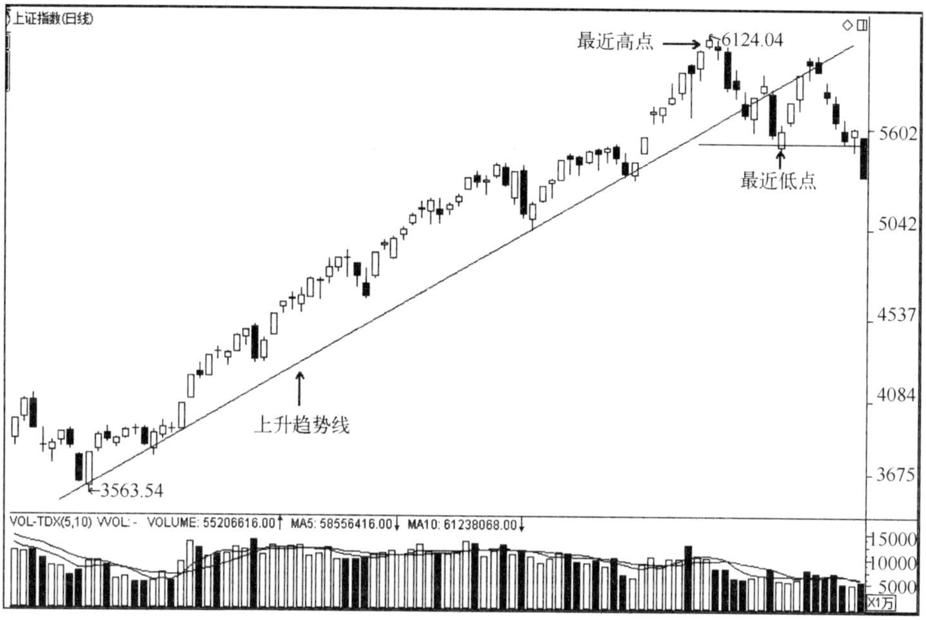
上证指数(日线)
最近高点
6124.04
5602
最近低点
5042
4537
4084
上升趋势线
3675
3563.54
VOL-TDX(5,10) VVOL: - VOLUME: 55206616.00↑ MA5: 58556416.00↓ MA10: 61238068.00↓
15000
10000
5000
X1万

图 11 -29

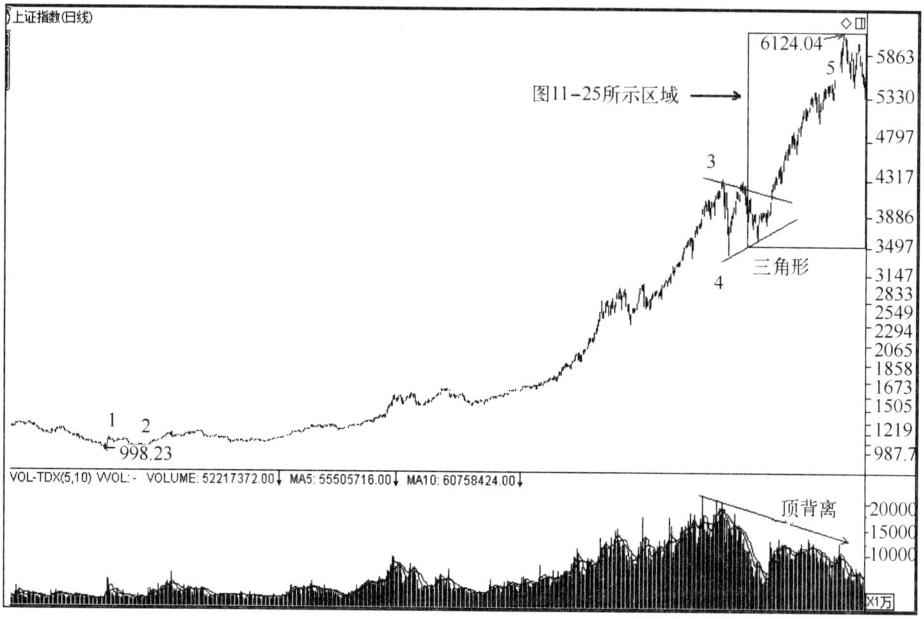
上证指数(日线)
6124.04
5863
5
图11-25所示区域
5330
4797
3
4317
3886
3497
三角形
4
3147
2833
2549
2294
2065
1858
1673
1505
1
2
1219
998.23
987.7
VOL-TDX(5,10) VVOL: - VOLUME: 52217372.00↓ MA5: 55505716.00↓ MA10: 60758424.00↓
顶背离
20000
15000
10000
X1万

图 11 -30

专业机构看到7000点甚至8000点；到2008年初上证指数回落至5000点时，众多专业机构的年初报告几乎一边倒的看好大势，招商证券甚至提出“10000点论”，就这样牛市在人们的欢笑中渐渐远去。

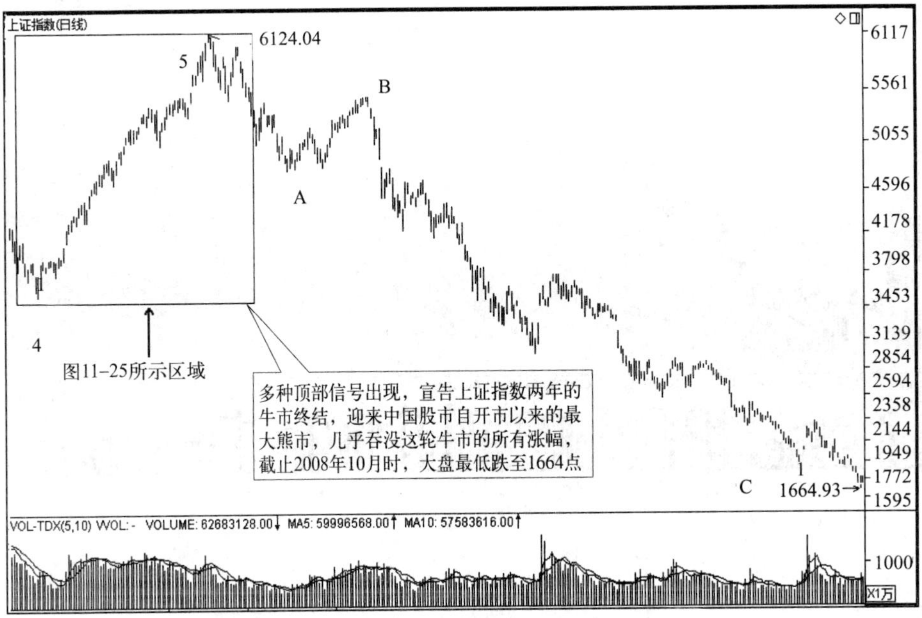

图 11－31

四、顶部 3478 点

图 11－32 为 2009 年 2 月 12 日至 2009 年 8 月 7 日上证指数顶部形成前后的日 K 线图，只要投资者细心地分析，就会发现以下见顶的前兆。

(1) 自 2007 年 10 月 16 日上证指数在 6124 点见顶后，一路狂泻，跌至 1664 点才止跌回升，随后出现恢复性反弹。依据黄金分割理论，将依次面临 0.382、0.5、0.618 和 0.809 等重重阻力，第一道阻力位就是 0.382 黄金分割率所对应的 3369 点(图 11－32)。只有越过这道坎，大盘才有继续向上的可能，如果这道关隘都无法突破，那自然谈不上 0.5、0.618 和 0.809 的阻力位。

(2) 只要我们回顾上证指数的历史走势会发现，在上一轮熊市中，上证指数在 2008 年 6 月留下一个持续性的向下跳空缺口：3215～3312 点(图 11－32)。依据缺口理论，上证指数反弹至这个缺口附近时，势必遭遇空方的

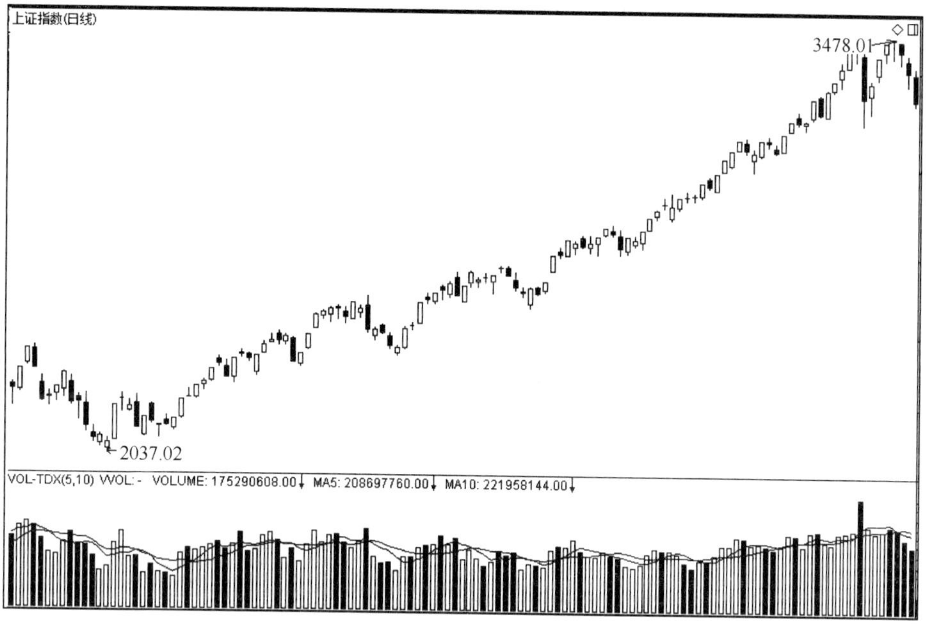

图 11－32

猛烈阻击。向下跳空缺口和 0.382 黄金分割这两道阻力位都集中在 3300～3400 点附近，如果多方力量不足够强大，无法突破这道防线，这个区域极有可能形成阶段性的顶部。

(3)依据均线理论，当原先的支撑线被击破后，将演变成对股指上行的阻力线。在图 11－33 中上证指数在箭头 A 处以锤头线报收，表明 30 月均线对大盘进行了有效支撑，但 30 月均线之后又被跌破，其性质由原来对股指回落的支撑转化为股指上涨时的阻力，这样当股指反弹至该线时(图 11－33 中箭头 B)，将对大盘继续上行构筑压制。而在 2009 年 7 月，30 月均线值为 3401 点。于是，缺口、黄金分割、均线三重阻力位同时集中出现在 3300～3400 区域，该区域成为阶段性顶部的概率大增。

(4)从 K 线形态上分析，在图 11－34 中箭头 A 处的第 1 根和第 5 根分别收处一根带长下影线的阴线和高位 T 字线，随后又出现下跌三连阴组合。在 K 线理论中，股价(指数)经过大幅上涨后，在高位出现长下影线的阴线、高位 T 字线和下跌三连阴，均为典型的见顶信号，而且三组 K 线又组合成一组空方尖兵的顶部形态，这样见顶信号的可信度大大增强。

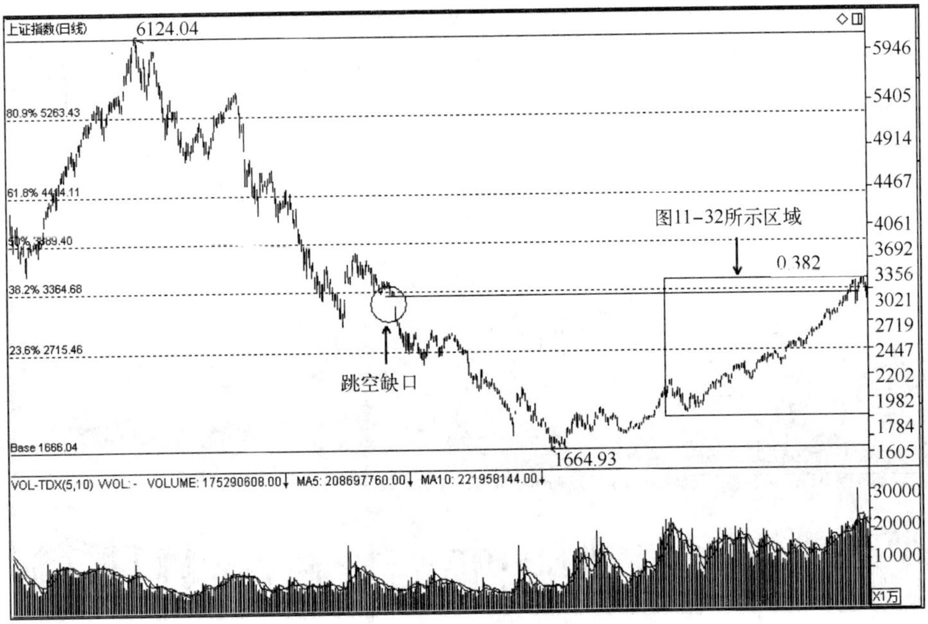
上证指数(日线)
6124.04
80.9% 5263.43
61.8% 4414.11
50% 3889.40
38.2% 3364.68
23.6% 2715.46
Base 1666.04
1664.93
跳空缺口
图11-32所示区域
0.382
5946
5405
4914
4467
4061
3692
3356
3021
2719
2447
2202
1982
1784
1605
VOL-TDX(5,10) VVOL: - VOLUME: 175290608.00 MA5: 208697760.00 MA10: 221958144.00
30000
20000
10000
X1万

图 11 - 32

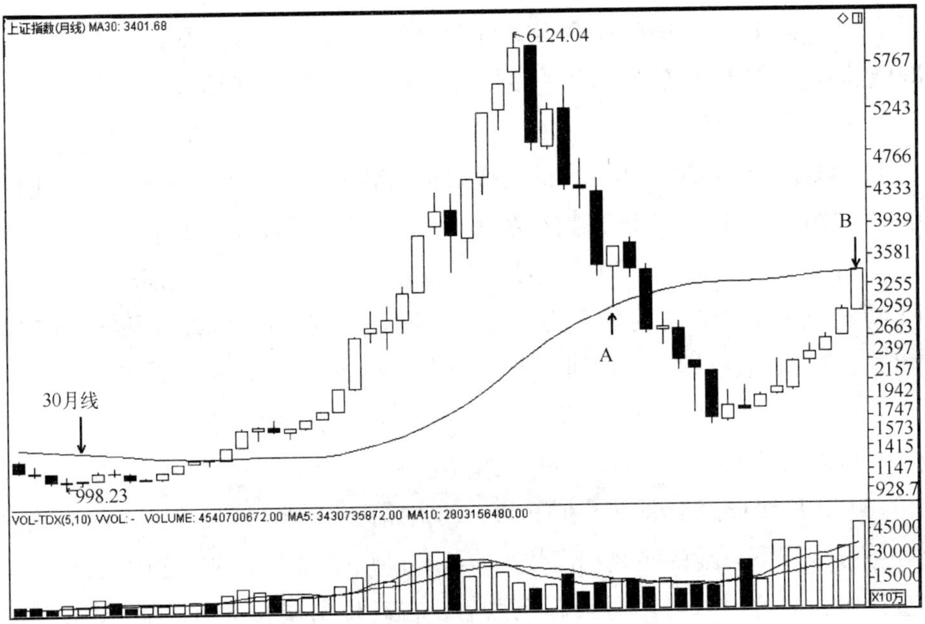
上证指数(月线) MA30: 3401.68
6124.04
30月线
998.23
A
B
5767
5243
4766
4333
3939
3581
3255
2959
2663
2397
2157
1942
1747
1573
1415
1147
928.7
VOL-TDX(5,10) VVOL: - VOLUME: 4540700672.00 MA5: 3430735872.00 MA10: 2803156480.00
45000
30000
15000
X10万

图 11 - 33

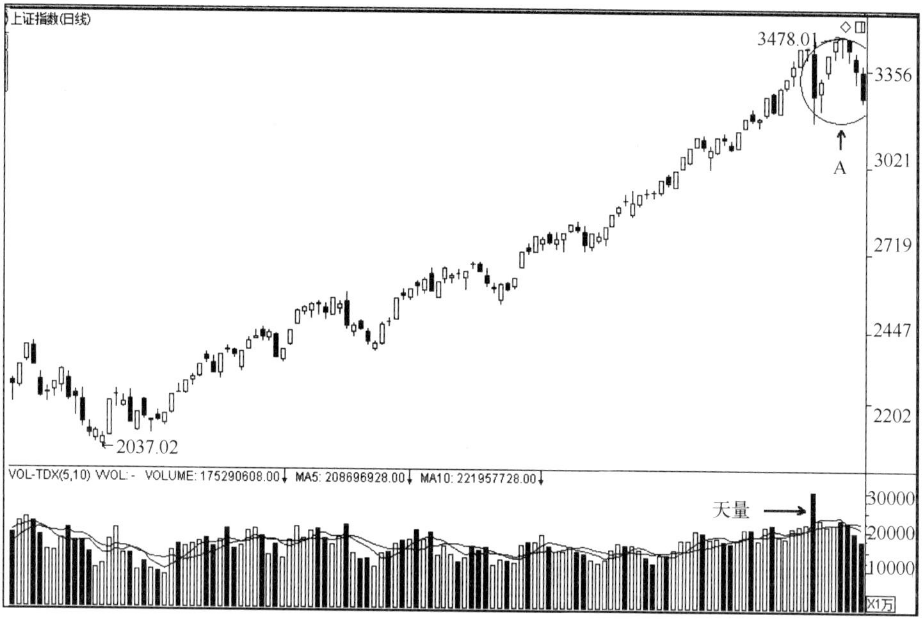

图 11－34

(5)从成交量上看，第 1 根带长下影线的阴线报收当日，沪市成交量创出沪深股市自开市以来最大成交额 3028 亿，成为名副其实的天量。股市中有句谚语：天量见天价。意思就是说当股价(指数)出现天量时，预示顶部即将来临，行情也接近尾声了。

(6)如图 11－35 中所示，KDJ 和 MACD 指标出现共振死叉，表明大盘趋势转弱，下跌的概率陡增。

(7)依据道氏理论的 2B 法则，股价(指数)创新高后重返最近高点下方和跌破上升趋势线，预示趋势可能逆转。在图 11－36 中，上证指数创出 3478 点新高后未能继续挺升，而是掉头向下重新回到最近高点 3454 点下方，并且击破新的上升趋势线 L2。上升趋势改变的三个条件已经有两个成立，只待跌破最近低点这一条件的出现来确认，而天量的出现，先知先觉的投资者则无需等到这一条件的出现就应该离场了。

这样在 30 月均线、黄金分割、向下跳空缺口三重阻力的压制下，伴随成交量、K 线形态、技术图形等顶部信号的出现，上证指数在 2009 年 8 月 4 日形成阶段性顶部(图 11－37)，宣告 1664 点见底后上涨行情暂时落下帷幕。

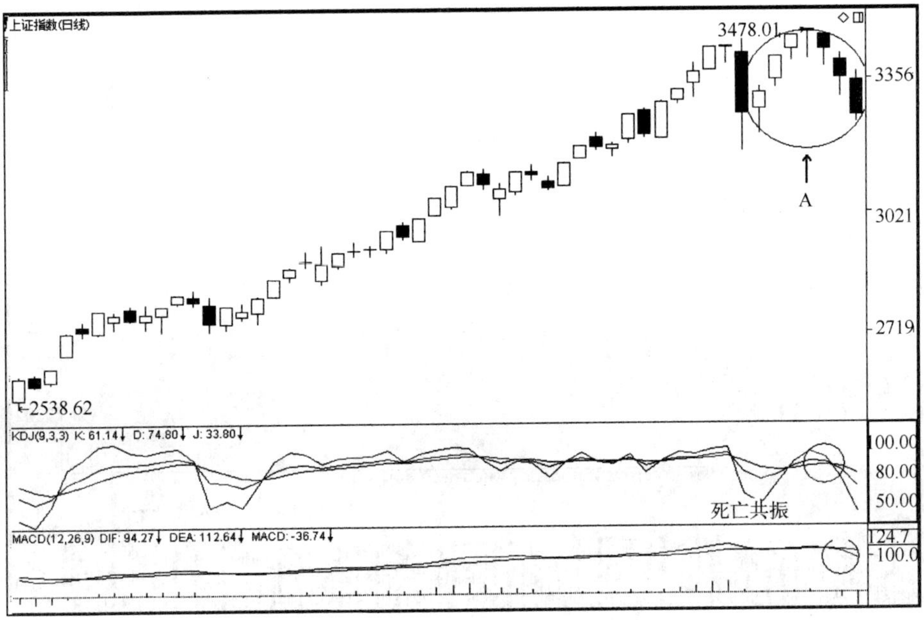
上证指数(日线)
3478.01
3356
3021
2719
2538.62
A
KDJ(9,3,3) K: 61.14↓ D: 74.80↓ J: 33.80↓
100.00
80.00
50.00
死亡共振
MACD(12,26,9) DIF: 94.27↓ DEA: 112.64↓ MACD: -36.74↓
124.7
100.0

图 11－35

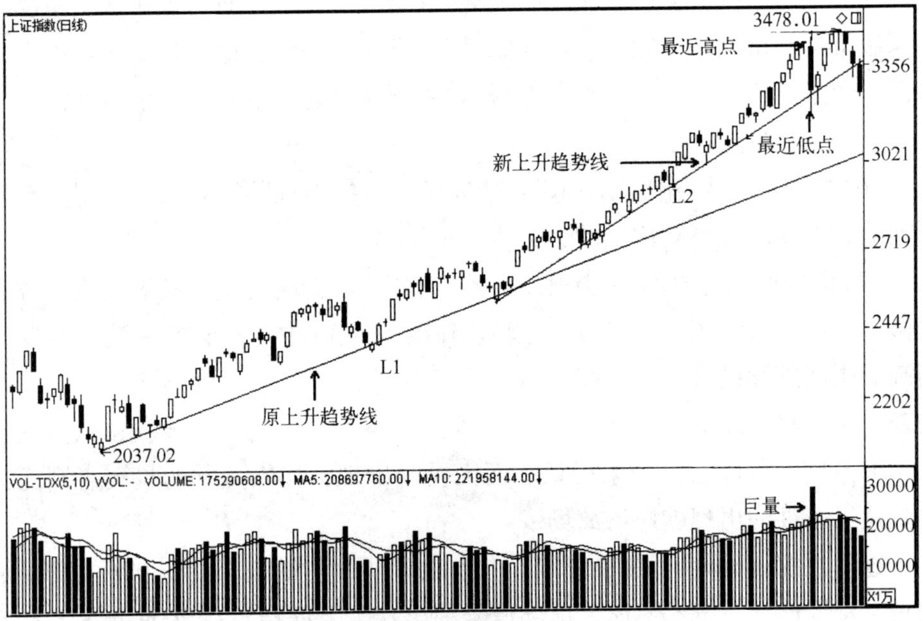
上证指数(日线)
3478.01
最近高点
3356
最近低点
新上升趋势线
3021
L2
2719
2447
L1
原上升趋势线
2202
2037.02
VOL-TDX(5,10) VVOL: - VOLUME: 175290608.00↓ MA5: 208697760.00↓ MA10: 221958144.00↓
巨量
30000
20000
10000
X1万

图 11－36

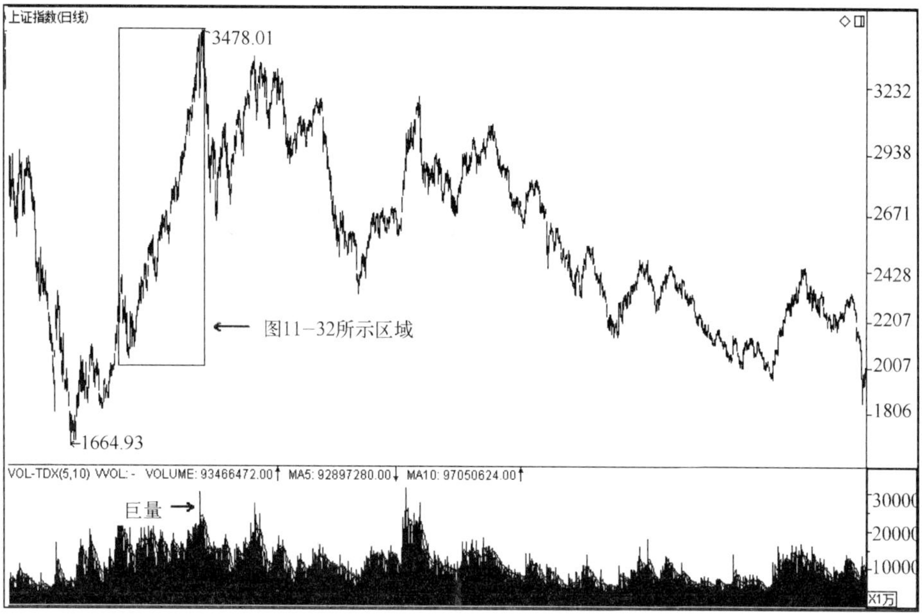

图 11－37

五、顶部 5178 点

图 11－38 为上证指数 2015 年 1 月 30 日至 2015 年 6 月 18 日 5178 点见顶前后的日 K 线走势图。投资者只要经过细心梳理，一样会找到在这区域顶部形成的蛛丝马迹，实现成功出逃。

(1)上证指数自 2007 年 10 月 6124 点见顶后，一路跌至 2008 年 10 月的 1664 点才见底，随后出现恢复性上涨行情。至 2009 年 8 月 4 日，遭遇黄金分割位的第一道阻力位 0. 382，大盘上升至此区域的 3478 点便戛然而止，再次步入长达近四年熊市调整。在 2013 年 6 月，大盘在 1849 点筑底后经过近一年夯实整理，再一次强势上攻，期间一路高歌猛进、过关斩将，先后冲破 0. 5、0. 618 两道关隘，直扑 0. 809 所对应的 5272 点，这道通向 6124 点顶峰(图 11－39)的最后障碍。能否越过这道坎，多方将面临再一次严峻考验。

(2)在 2008 年熊市中，上证指数在 2008 年 1 月留下一个 4818～4891 点的持续性向下跳空缺口(图 11－39)。依据缺口理论，上证指数反弹至这个缺口附近时，极有可能遭遇空头的强势反扑。这样，黄金分割和跳空缺口两道阻

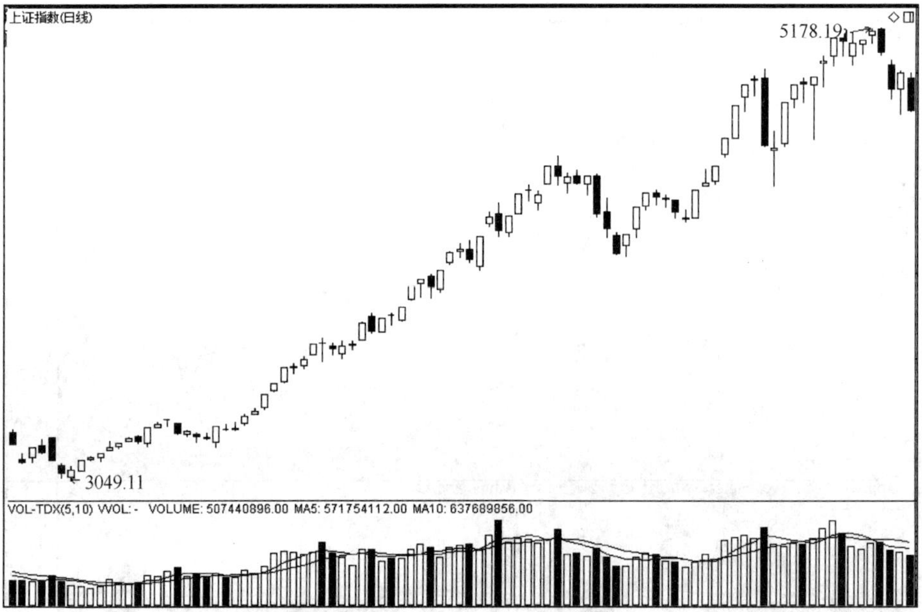
上证指数(日线)
5178.19
3049.11
VOL-TDX(5,10) VVOL: - VOLUME: 507440896.00 MA5: 571754112.00 MA10: 637689856.00

图 11－38

上证指数(日线)
6124.04
跳空缺口
0.809
61.8% 4404.9
图11-38所示区域
3880.15
23.6% 2706.03
1664.93
Base 1656.43
VOL-TDX(5,10) VVOL: 246039440.00↑ VOLUME: 246039440.00↑ MA5: 215174352.00↑ MA10: 221007056.00↓

图 11－39

力位都集中在4800～5300点区域附近，能否越过这道坎，多方将面临再一次严峻考验，如果多方没有足够的能量抵挡空方的疯狂反扑，这个区域形成阶段性顶部概率非常高。

(3)从K线形态上分析，在图11－40中分别收出一组强弩之末形和向下跳空缺口，的K线组合和形态，在股指大涨后出现该组合，为典型的见顶信号。

(4)从成交量上看，2015年6月8日沪市成交量高达13099亿，成为中国股市乃至全球股市单个交易日的最大成交额，成为名副其实的天量。天量的出现，预示历史极有可能将重现2009年8月3478点见顶前的一幕。

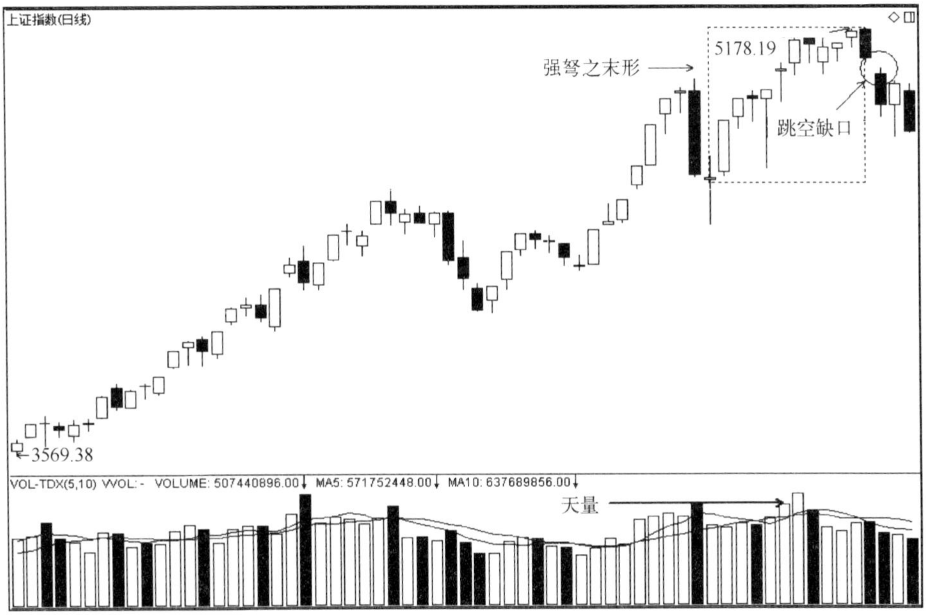

图11－40

(5)从技术图形上分析，上证指数正在构筑一个收敛楔形，并且指数已跌破楔形的下边线，标志着收敛楔形顶已经确立，阶段性顶部已成(图11－41)。同时，指数逐步走高时，而KDJ和MACD却逐步走低，与股指出现顶背离之势，并且二者同时出现死亡交叉，预示股指升势已走到尽头。

(6)依据波浪理论分析的方法，大盘自1849点以来的这一轮上升行情，可以划分出上升推动浪的五浪结构，目前市场正运行在第5浪(图11－42)。

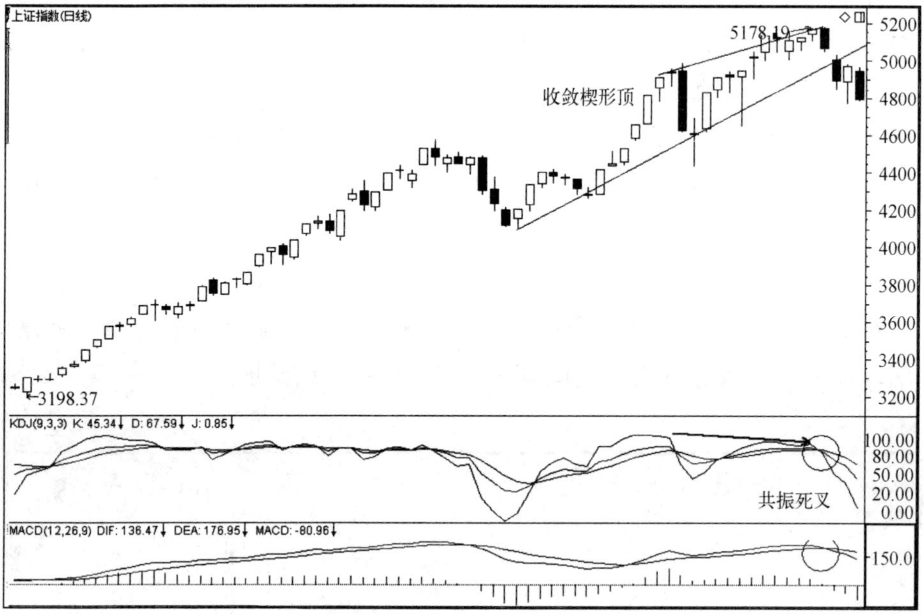
上证指数(日线)
5178.19
收敛楔形顶
3198.37
KDJ(9,3,3) K: 45.34 D: 67.59 J: 0.85
共振死叉
MACD(12,26,9) DIF: 136.47 DEA: 176.95 MACD: -80.96
5200
5000
4800
4600
4400
4200
4000
3800
3600
3400
3200
100.00
80.00
50.00
20.00
0.00
150.0

图 11－41

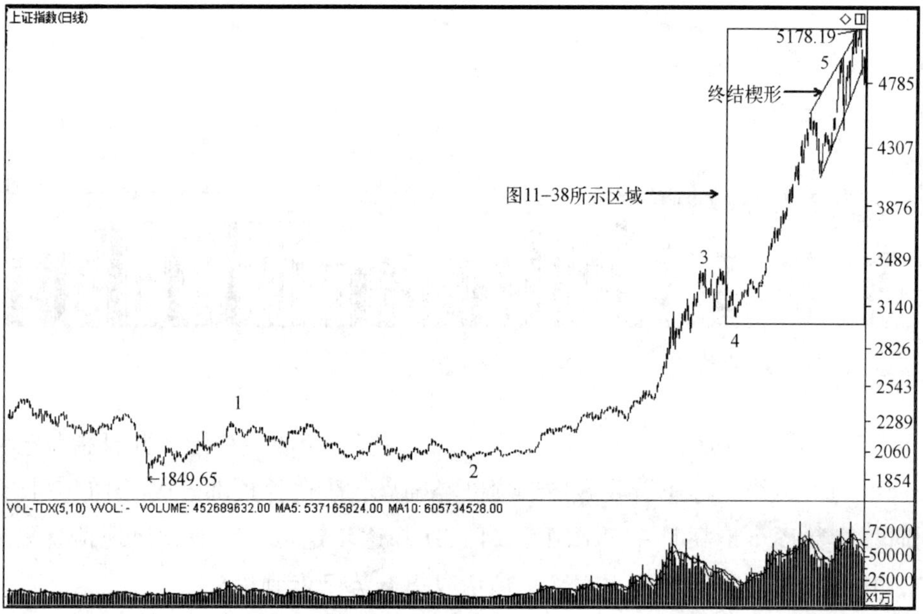
上证指数(日线)
5178.19
5
终结楔形
图11-38所示区域
3
4
1
2
1849.65
VOL-TDX(5,10) VVOL: - VOLUME: 452689632.00 MA5: 537165824.00 MA10: 605734528.00
4785
4307
3876
3489
3140
2826
2543
2289
2060
1854
75000
50000
25000
X1万

图 11－42

如果这种计浪成立的话，那么在第5浪退出后，市场将步入修正浪，第5浪无疑是投资者减磅或成功出逃的最佳时机。而终结楔形的出现，进一步印证的这个第5浪是成立的，因为艾略特波浪理论指出，终结楔形只会出现在第5浪或C浪，代表一波强势运动的结束。

综合上述分析：MACD与指数的顶背离，强弩之末形的K线组合，上升楔形顶(终结楔形)，指数运行第5浪和A浪的转折点，多种顶部警示信号汇集在向下跳空缺口和0.809的阻力位出现，印证了2015年6月15日5178点顶部的形成(图11－43)。

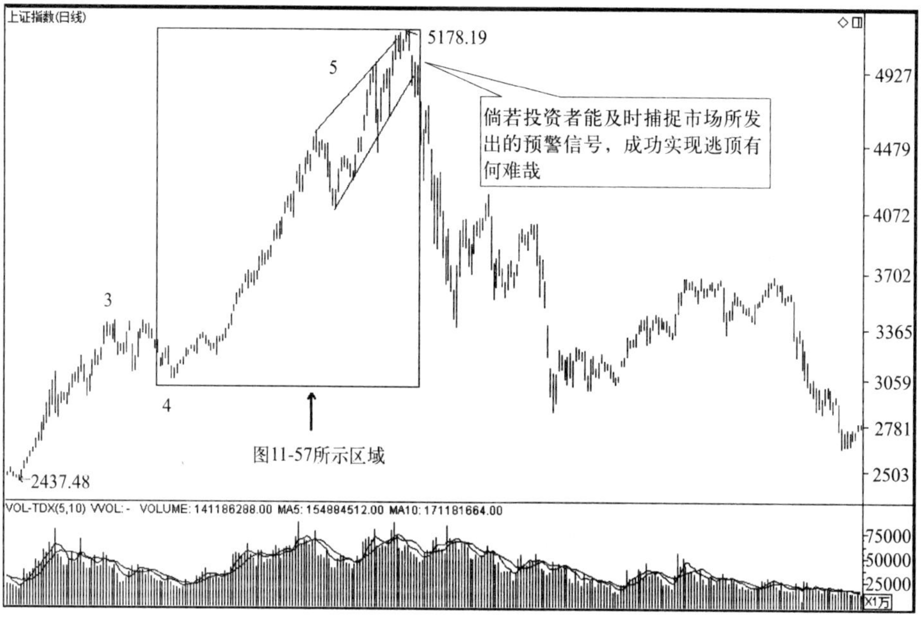

图11－43

分析小结：

从技术分析的角度，通过对沪深股市几次重要顶部形成分析发现：每一次大盘顶部形成前夕，都会出现见顶的前兆信号，比如从成交量、技术图形、K线形态和KDJ、MACD等技术指标都可找到顶部形成的蛛丝马迹。同时，运用技术分析的方法可以肯定：股市的顶部是可以预测的，而预测的最佳方式就是准确找到股价(指数)上行中的阻力位。只要正确找到股价(指数)上行的阻力位，那么距离实现顺利逃顶至少就成功了一半，然后再运用技术指标和技术分析法对这个阻力为加以验证，识别其有效性。比如：

(1)1993 年上证指数 1558 点的顶部，距离前期高点 1429 点的阻力位相差 129 点。

(2)2001 年 2245 点的顶部距离黄金分割率 1.618 所对应的 2221 点阻力位相差 24 点。

(3)2007 年 6124 点的顶部距离黄金分割率 2.618 所对应的 6024 点阻力位相差 100 点。

(4)2009 年 3478 点的顶部距离黄金分割率 0.382 所对应的 3369 点的阻力位相差 109 点。

(5)2015 年 5178 点的顶部距离黄金分割率 0.809 所对应的 5272 点的阻力位相差 94 点。

虽然每一次阻力位与实际顶部无法做到极致精确，但是仅 100 ~ 200 点的差距也可为相当“精确”了。投资者如果能够准确这些阻力位，然后再根据在这些阻力位区域出现的见顶前兆信号，从而实现成功逃顶是完全可以做到的。总的来说，识顶逃顶的过程实际就是六合一操盘法“一个核心，六个基本点”的完美运用。在这一节中用大量篇幅对 A 股的几次顶部进行回顾，旨在抛砖引玉，让大家找到一种行之有效的识顶逃顶的方法。因为随着中国股市的发展，A 股在 5 年后，或 10 年，20 年、50 年，100 年……后还有更多的顶部出现，投资者可以在六合一操盘法的基础之上实现“触类”而“旁通”，从而实现成功逃顶！

第三节　六合一操盘法之——抄底技巧

在第二节中我们通过回顾上证指数的历史走势，发现每一次顶部形成时，盘中都会出现见顶的预警信号。同样，底部出现时，无论大盘和个股，盘中也都会出现见底的前兆，这一节中我们也来回顾上证指数的历史走势，运用六合一操盘法来分析每一次底部出现时，市场出现的转暖信号。

一、底部 325 点

图 11－44 为上证指数 1994 年 2 月 23 日至 1994 年 8 月 3 日 的日 K 线走势图。从图中显示，在 7 月 29 日大盘创出 325 点的新低后，次日大盘在中国证监会推出“年内暂停新股发行与上市；严格控制上市公司配股规模；采取措施扩大入市资金范围”等三项救市措施之下，大幅跳空高开，当日以 33.46% 涨幅报收。如果单从技术分析的角度，这次底部形成是否有迹可循呢？答案当然是肯定的。

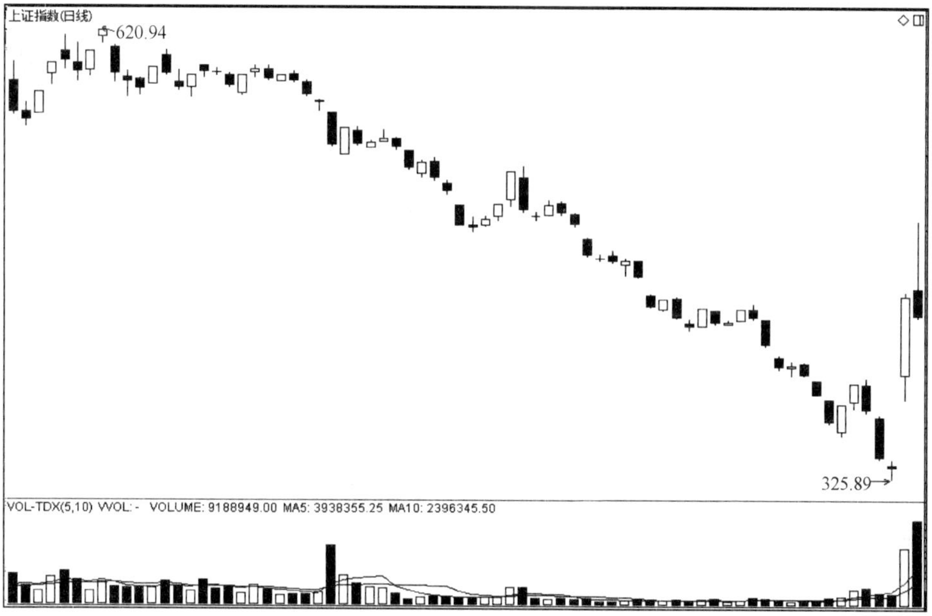

图 11－44

见底信号(1)：在图 11－45 中前期 386 点的历史地位，当指数下挫至这个区域时，势必遭遇多方的猛烈反扑，该区域是一个重要的支撑位。如果空方力量无法阻挡多方进攻，这个区域极有可能成为阶段性底部。

见底信号(2)：从月 K 线形态上看，上证指数经过罕见月线五连阴后，跌破前期 386 点的历史低点，收出一组非标准的赶底形加速线，为典型的见底信号。

见底信号(3)：从日 K 线形态上看，上证指数创 325 点新低当日以 T 字线

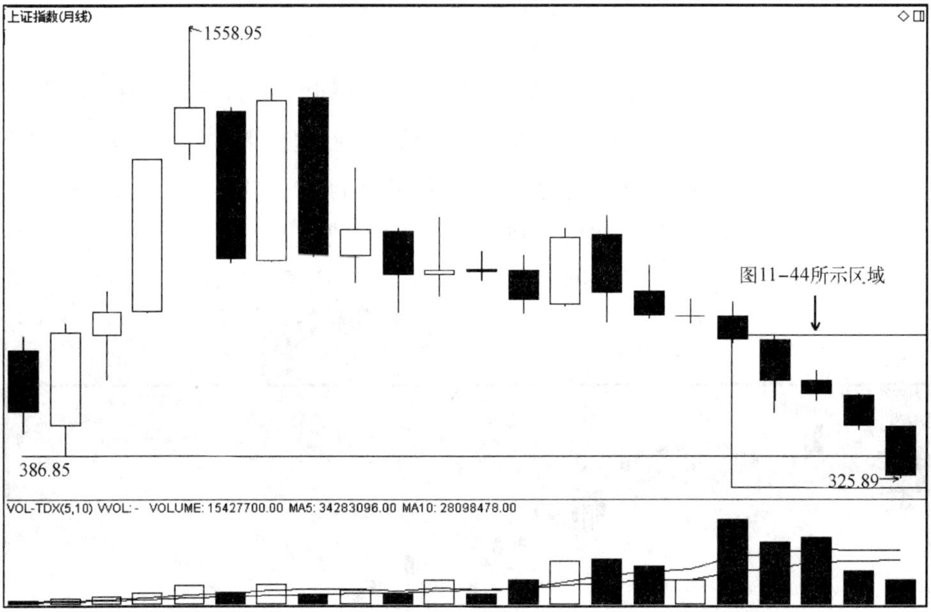

图 11－45

报收，次日再收一根跳空高开大阳线，股价重心上移，并且在月线五连阴的情况下，此时的T字线为一种见底信号。

见底信号(4)：从技术图形和成交量上分析，T字线与大阳线之间出现一个向上跳空的突破缺口，放出巨额成交量，表明多方进攻势头强盛，随后两天成交量持续放大，股价继续上扬，市场形成V形反转之势，标志着V形底已成。

见底信号(5)：在向上突破缺口出现的同时，KDJ、MACD指标形成共振金叉，同时发出买进信号。

见底信号(6)：依据趋势线分析法，在向上突破缺口形成当日，上证指数一举突破压制股指上行的下降趋势线，并突破最近高点表明大盘的下降趋势已经被逆转。

从以上信号的来看，在重要的支撑区域附近突然出现的向上突破缺口，巨额的成交量，KDJ、MACD指标的共振金叉，一举成功突破下降趋势线，戏剧性的变化尽在一日之间，标志着V形底已成(图11－46)，大盘迎来新一轮牛市的转机。

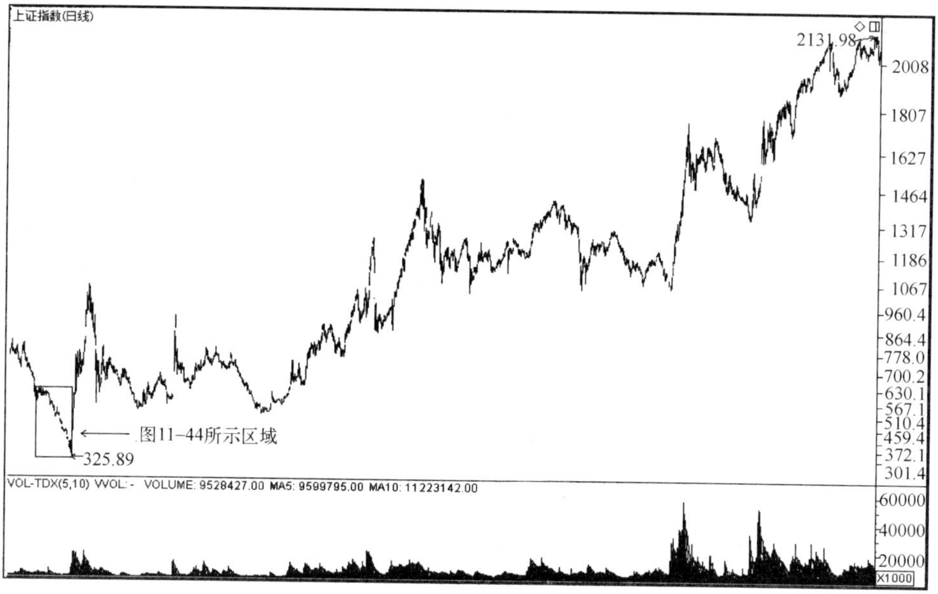

图 11 －46

二、底部 998 点

图 11 －47 为上证指数 2004 年 4 月 2 日至 2005 年 9 月 9 日的周 K 线图，经过详细分析，可以发现以下揭示底部反转的信号。

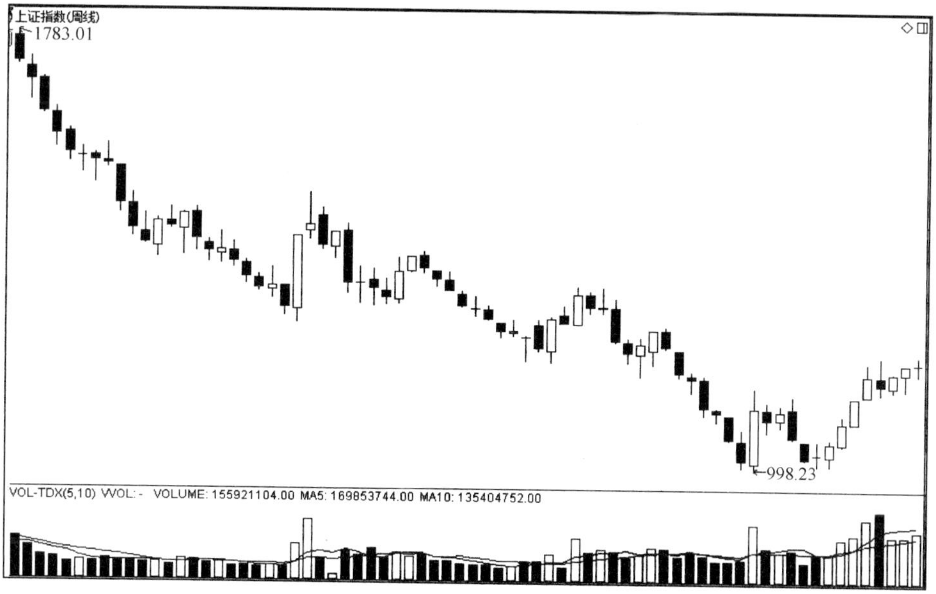

图 11 －47

见底信号(1)：众所周知，上证指数自 2001 年 6 月 14 日 2245 点见顶之后，整荡走低。根据黄金分割理论，回落目标位分别是前一轮涨幅的 0.382、0.5、0.618 和 0.809(图 11－48)，这些位置将有可能大盘止跌的支撑区域。

图 11－48

0.382 区域未能对大盘回落构成有效支撑，在 0.5 区域附近股指 1300 点～1700 点之间多空双方搏杀两年之久，最终多头力量耗尽，空方得以突破该支撑区域。0.382、0.5 两个关隘失手后，0.618 所对应的 1057 点附近区域，多头势必再一次组织强势反击，如果空方气势不再强盛，将无法跌破该区域，这样，大盘极有可能在 1057 点附近区域见底。

见底信号(2)：从图 11－49 显示，上证指数自 1993 年至 1999 年期间形成一条 X 支撑线，股指正好位于该 X 支撑线的上方附近。根据 X 支撑线的特性，其对股价(指数)的支撑作用是所有支撑位中最强，也是最重要的支撑位，而股指回落该区域时，这个位置形成底部的概率极高。

见底信号(3)：上证指数自 998 点止跌回升后，虽受阻回落，但回落的低点并未跌破 998 点，并且再次上攻时突破下降趋势线和最近高点。依据道氏理论的 123 法则，下降趋势逆转的三个条件均已出现，标志着自 1783 点以来

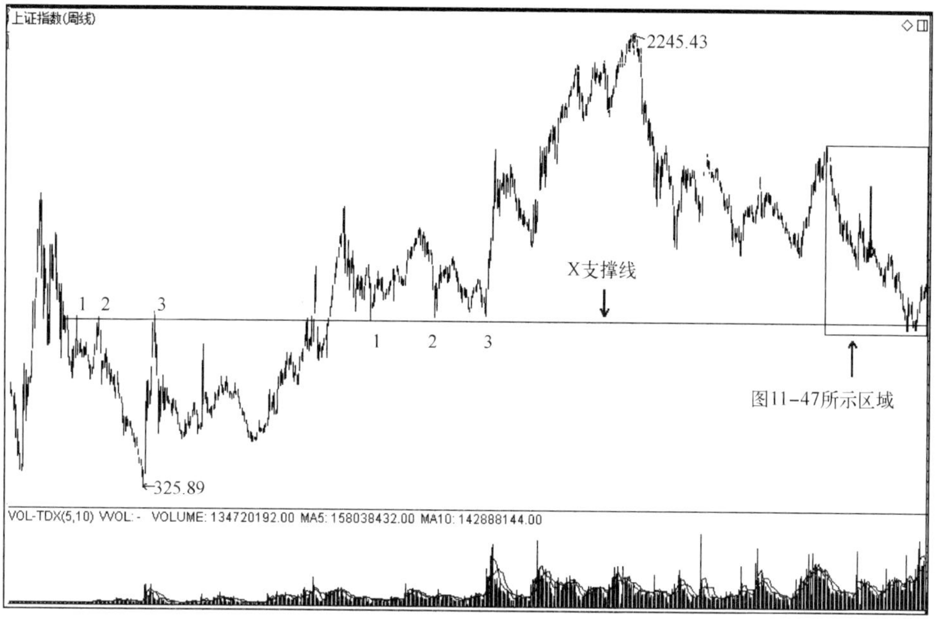

图 11 - 49

下跌行情已经结束，阶段性的底部已形成。

见底信号(4)：自 998 点后，MACD 与随即指标 KDJ 再现已共振金叉，MACD 指标出现多头排列之势，并逐渐向 0 柱靠拢(图 11 - 50)，预示一轮新的上升行情即将开启。

见底信号(5)：从成交量上分析，998 点后第 4 周交易量极度萎缩，出现 231.6 亿元的最低成交量(图 11 - 51)。地量的出现，往往是成为市场行情的转折点，预示历经 4 年的熊市已经结束。

见底信号(6)：运用波浪理论的分析方法，将 325 ~ 2245 点看作上升推动五浪，2245 ~ 998 点视作 A、B、C 调整三浪，则 325 ~ 2245 点，再到 998 点就是一个完整的八浪循环(图 11 - 52 所示)。如果这种数浪方法成立的话，那么 998 点之后将迎来新的一轮上升推动浪。

经过全面地分析后我们发现：在黄金分割支撑位和 X 支撑线附近，上证指数先后出现成交额现地量，突破下降趋势线，MACD 指标多头排列，KDJ 低位金叉等见底征兆，并且一个完整的八浪循环已经完成，预示将开启一波新的循环浪。于是，中国股市迎来了开市以来的最大一轮牛市，到 2007 年 10 月 16 日，上证指数飙升至 6124 点的历史高位。

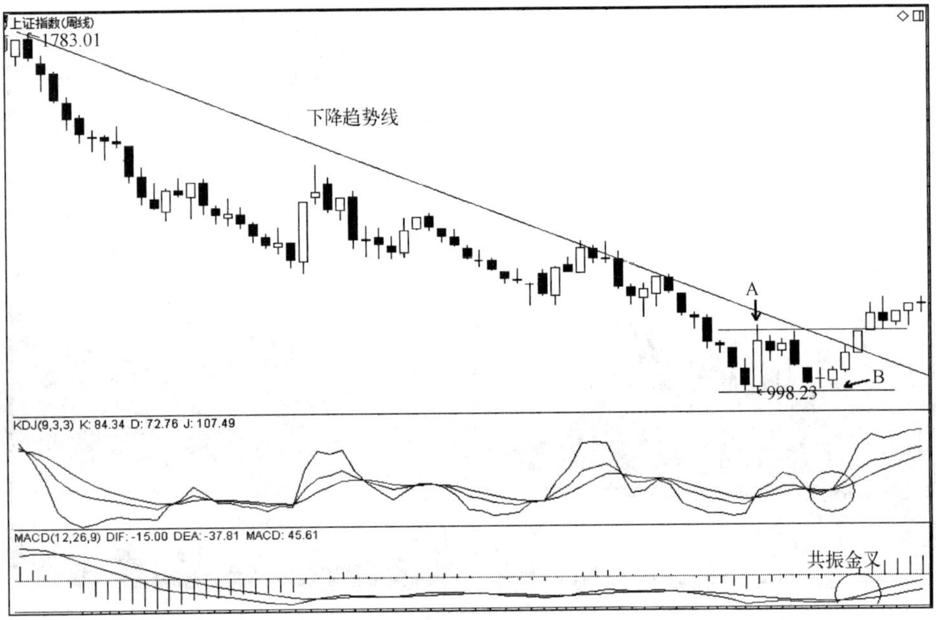
上证指数(周线)
1783.01
下降趋势线
A
B
998.23
KDJ(9,3,3) K: 84.34 D: 72.76 J: 107.49
MACD(12,26,9) DIF: -15.00 DEA: -37.81 MACD: 45.61
共振金叉

图 11－50

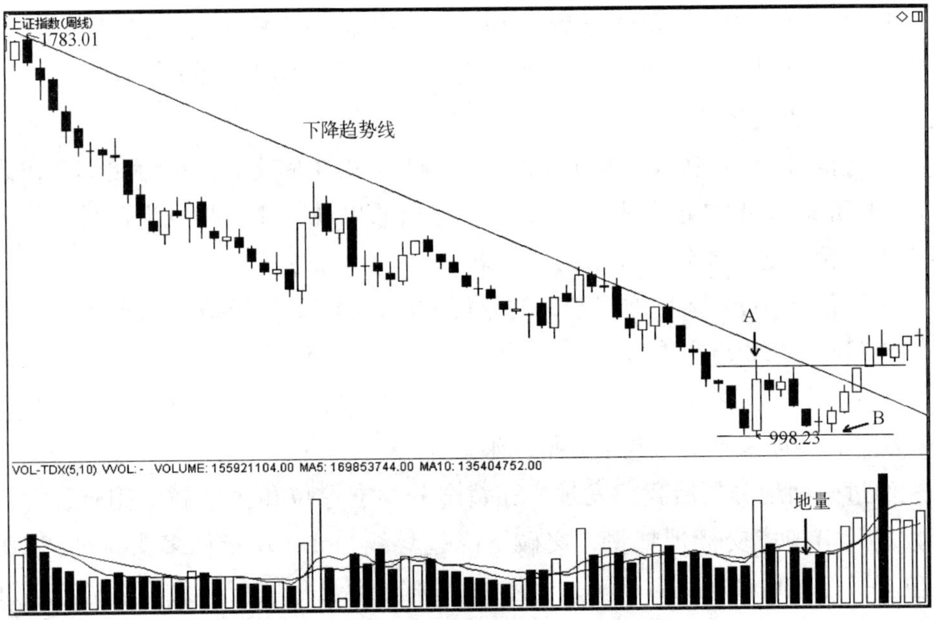
上证指数(周线)
1783.01
下降趋势线
A
B
998.23
VOL-TDX(5,10) VVOL: - VOLUME: 155921104.00 MA5: 169853744.00 MA10: 135404752.00
地量

图 11－51

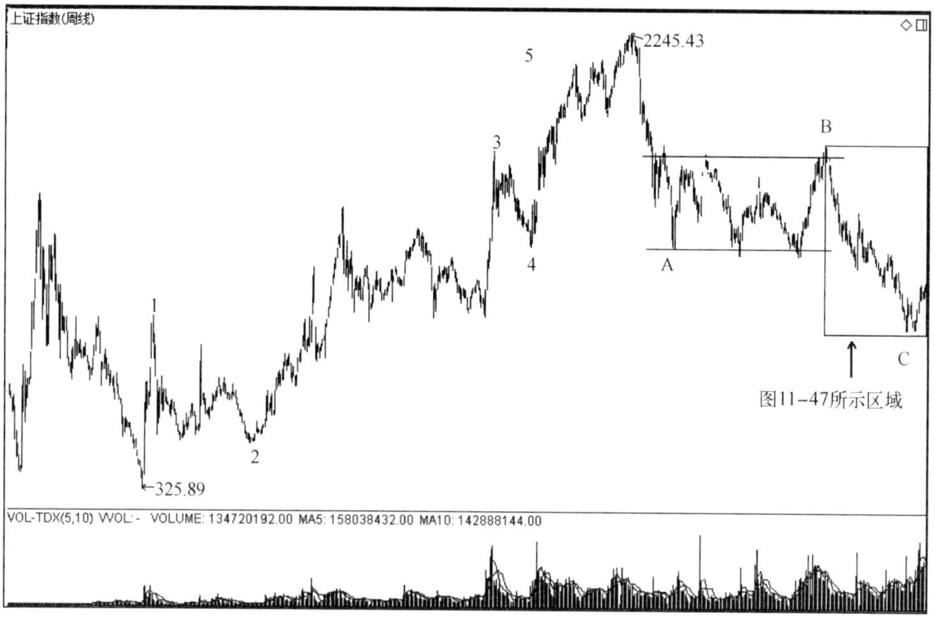

图 11－52

三、底部 1664 点

图 11－53 为上证指数 2008 年 5 月 5 日至 2009 年 2 月 6 日的日 K 线图，经过分析后会发现以下见底信号。

见底信号(1)：上证指数自 2007 年 10 月 16 日 6124 点见顶后，股市一路走熊，这轮熊市杀伤力度之大，几乎超出所有人的预料，先后跌破 5000 点、4000 点、3000 点、2000 点等整数关口。当时大部分投资者对后市非常悲观，在大盘跌破 1800 点后，连一些专业机构，股评人士也在媒体上鼓吹说大盘会跌至 1300，甚至 1000 点，造成市场的极度恐慌。从黄金分割理论的角度分析，这一轮下跌先后将 0.382、0.5、0.618 和 0.809 等重要支撑位一一击破后。艾略特在其波浪理论中曾指出，无论熊市和牛市，调整浪过了 0.809 往往都会有充分的反弹或回调。如图 11－54 所示，上证指数已经跌破 0.809 所对应的 1968 点区域，预示市场底部即将出现。

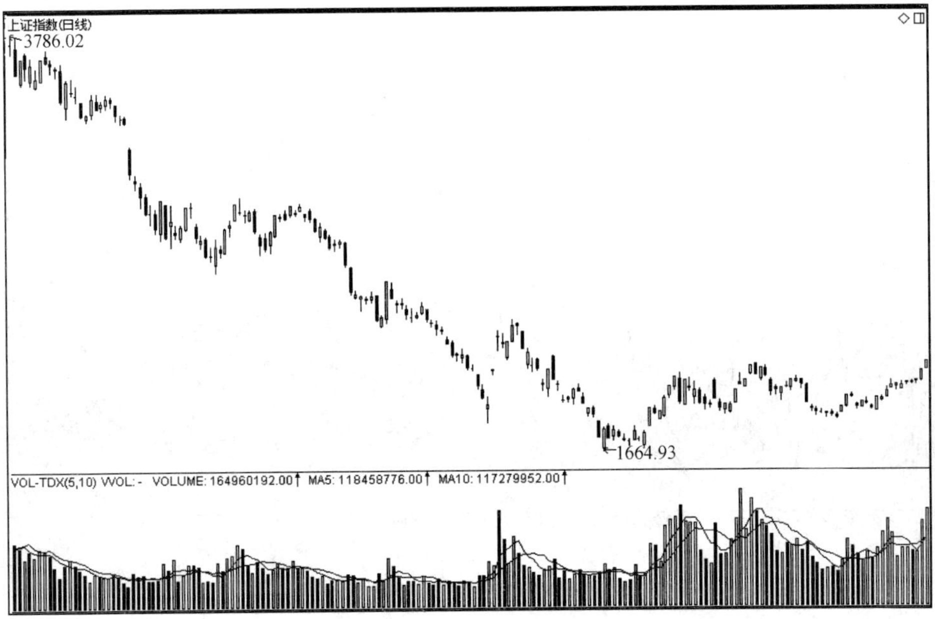
上证指数(日线)
3786.02
1664.93
VOL-TDX(5,10) VVOL: - VOLUME: 164960192.00↑ MA5: 118458776.00↑ MA10: 117279952.00↑

图 11 - 53

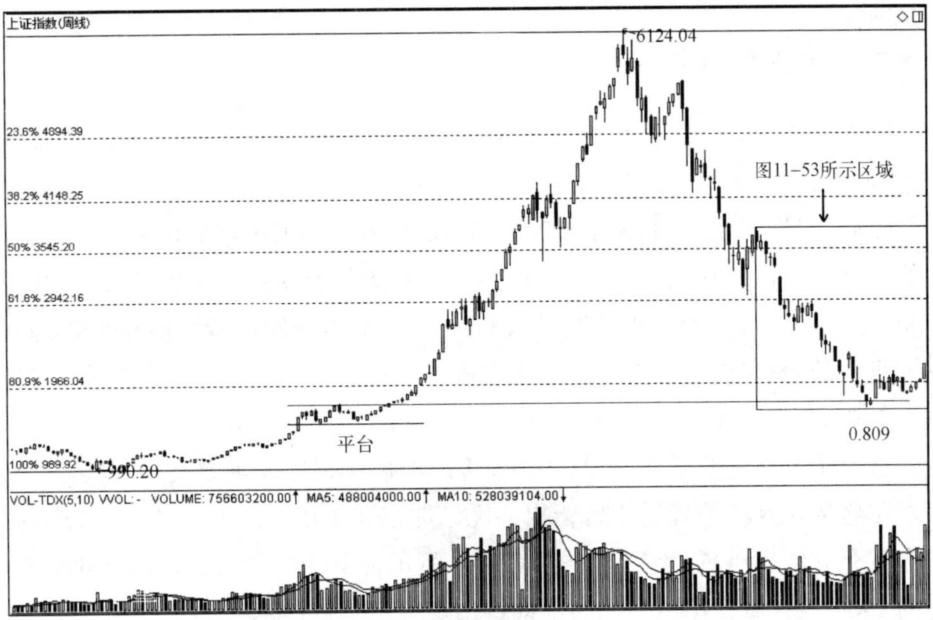
上证指数(周线)
6124.04
23.6% 4894.39
38.2% 4148.25
50% 3545.20
61.8% 2942.16
80.9% 1966.04
100% 989.92
990.20
图11-53所示区域
平台
0.809
VOL-TDX(5,10) VVOL: - VOLUME: 756603200.00↑ MA5: 488004000.00↑ MA10: 528039104.00↓

图 11 - 54

见底信号(2)：如图 11－54 所示，在 998～6124 点这一轮牛市上攻行情中，大盘在 1500～1700 点区域进行横盘整理，构筑一个平台支撑位。而股指回落至这个平台整理区域时，将对大盘有着强烈的支撑作用，该区域形成底部的概率极高。

见底信号(3)：从技术图形上分析，上证指数在 1664 点止跌回升后，正在构筑一个头肩底形态(图 11－55)，先后突破下降趋势线和头肩底的颈线，并且在突破颈线后的回档过程中，股指在颈线位止跌回升，重拾升势，标志着头肩底形态的完全确立，

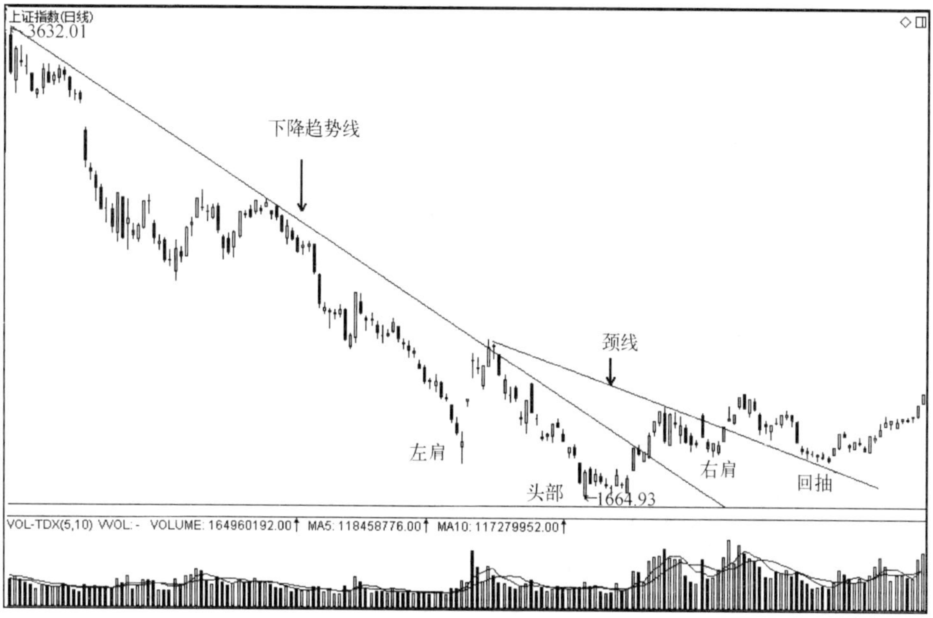

图 11－55

见底信号(4)：运用趋势线分析法，如图 11－56 所示，上证指数突破下降趋势线后，已经形成新的上升趋势线，预示大盘下跌趋势结束，一轮升势已经开启。

见底信号(5)：从技术指标上分析，周线 KDJ、MACD 共振金叉后，MACD 呈现多头排列，红色柱状线逐渐增多拉长，表明多方力量逐步加强。同时，KDJ 出现二次金叉(图 11－57)，预示新一波上涨行情将启动。

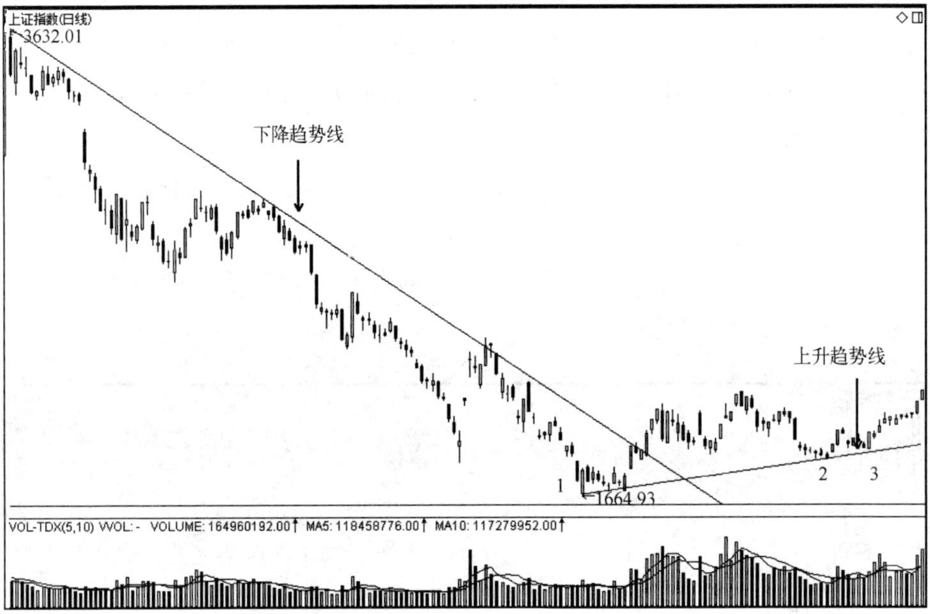
上证指数(日线)
3632.01
下降趋势线
上升趋势线
1
2
3
1664.93
VOL-TDX(5,10) VVOL: - VOLUME: 164960192.00↑ MA5: 118458776.00↑ MA10: 117279952.00↑

图 11－56

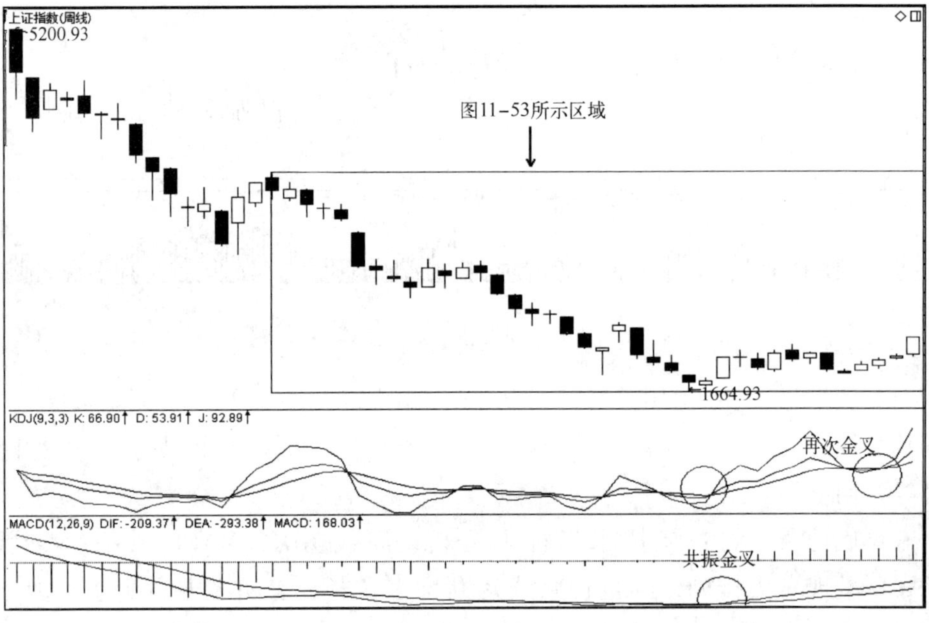
上证指数(周线)
5200.93
图11-53所示区域
1664.93
KDJ(9,3,3) K: 66.90↑ D: 53.91↑ J: 92.89↑
再次金叉
MACD(12,26,9) DIF: -209.37↑ DEA: -293.38↑ MACD: 168.03↑
共振金叉

图 11－57

综合上述分析，在上证指数在跌破 0.809 后，回落至前期支撑平台区域时，这个区域极可能就是这轮熊市的谷底区域。与此同时，头肩底、上升趋势线的形成，MACD 的多头排列，KDJ 的二次金叉，进一步验证了该区域作为这轮熊市底部的可靠性。这样，这轮熊市就在人们的恐慌中渐渐离去，投资机会正悄悄地临近，上证指数迎来 2008 熊市后的恢复性上涨行情。

四、底部 1849 点

图 11－58 显示的是 2012 年 5 月 18 日至 2014 年 7 月 25 日 的上证指数周 K 线图。在其底部形成的过程中，出现以下见底信号。

图 11－58

见底信号(1)：上证指数自 2009 年 8 月 4 日 3478 点形成阶段性顶部后，长达近四年的熊市中，指数始终运行在一条下降通道中(图 11－59)，每一次触及或破上轨都会受阻而重回跌势，返回通道内。同时，每一次跌破或触及下轨都会止跌反弹，回到通道中。依据轨道交易法则，触及下轨或跌破下轨，将是投资者抢反弹或抄底不错的时机。

图 11－59

见底信号(2)：上证指数自 2009 年 8 月在 3478 点形成阶段性顶部后，股指回落先后跌破 0.382、0.618 和 0.809 等重要支撑位。依据波浪理论，熊市过了 0.809 往往会有充分反弹。如图 11－59 所示，大盘击穿 0.809 所对应的 2009 点支撑位后确实出现一波强势反弹，但反弹至下降通道上轨后受阻回落，并创出新低再一次跌破 0.809 支撑位。在下轨的支撑作用下，股指重返前一低点 A 的上方，股指弹升时虽再度数次受阻上轨回落，但回落的低点 B 并未创出新低。这样，依据道氏理论的 2B 法则，意味着下降趋势可能改变，股指第二次击穿 0.809 支撑位后见底的可信度强于首次跌破。

见底信号(3)：在图 11－60 中，上证指数在箭头 C 处突破下降趋势线，并连续三周站在下降趋势线上方，标志着 3478 点以来的跌势结束。

见底信号(4)：如图 11－61 所示，上证指数在 2012 年 12 月至 2014 年 7 月的这段一年半的时间里，在周 K 线上构筑一个头肩底的底部形态，并且在箭头 C 所示区域，指数在成交量的配合下突破颈线位，标志着头肩底形态已经确立。

见底信号(5)：从 K 线形态上分析，上证指数在构筑头肩底的头部当周，以一根带长下影线的锤头线报收。在大盘长期大幅下跌后，在低位收出这样带长下影线的锤头线，表明该区域有强力支撑，为典型的底部信号。

上证指数(周线)
3186.72
下降趋势线
图11-58所示区域
C
1049.65
VOL-TDX(5,10) VVOL: - VOLUME: 662514496.00 MA5: 535868224.00 MA10: 448841312.00

图 11 - 60

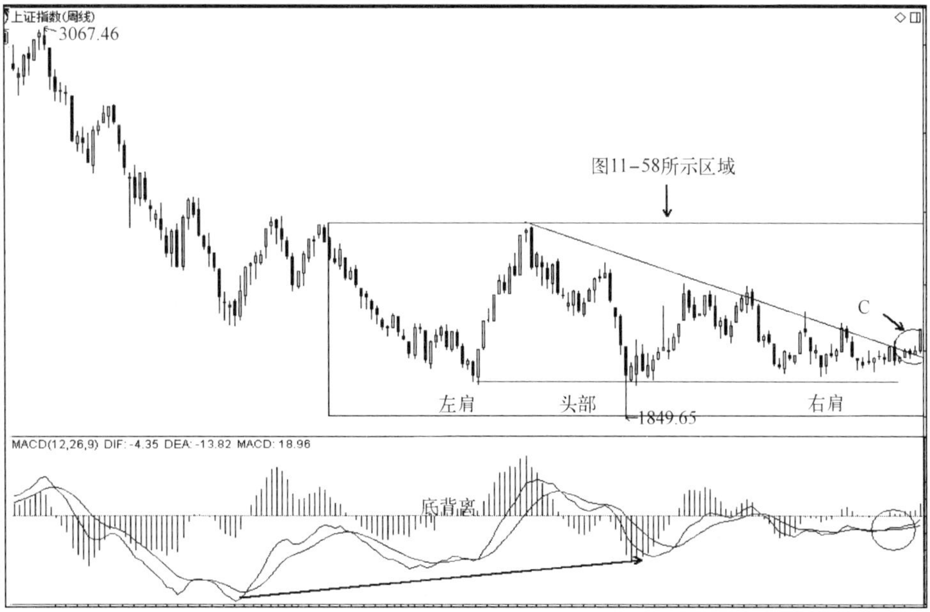
上证指数(周线)
3067.46
图11-58所示区域
C
左肩
头部
右肩
1849.65
MACD(12,26,9) DIF: -4.35 DEA: -13.82 MACD: 18.96
底背离

图 11 - 61

见底信号(6)：在图 11－61 中，上证指数在不断下跌时，MACD 指标却逐步走高，与指数呈现底背离之势。之后，MACD 逐步向 0 柱靠拢，绿色柱状线逐步减少缩短，而红色柱状线却逐渐增加，表明空方力量正在逐步衰减，多方气势渐渐增强，在箭头 C 所对应区域，MACD 指标再次出现黄金交叉，表明一轮中长期升势即将出现。

这样上证指数在下跌过程中随着 MACD 指标的底背离的出现，通道下轨支撑、第二次跌破 0.809 支撑位后转势信号的增强、低位锤头线、头肩底的形成，突破下降趋势线等一系列底部信号的出现，沪深股市再一次爆发一波强劲的牛市行情。

五、底部 2638 点

图 11－62 是 2015 年 12 月 15 日至 2016 年 5 月 31 日 的日 K 线图。A 股在其经历 2015 年的“股灾”之后，于 2016 年 1 月 27 日在 2638 点处止跌回升，在其底部形成的过程中，我们会发现以下见底信号。

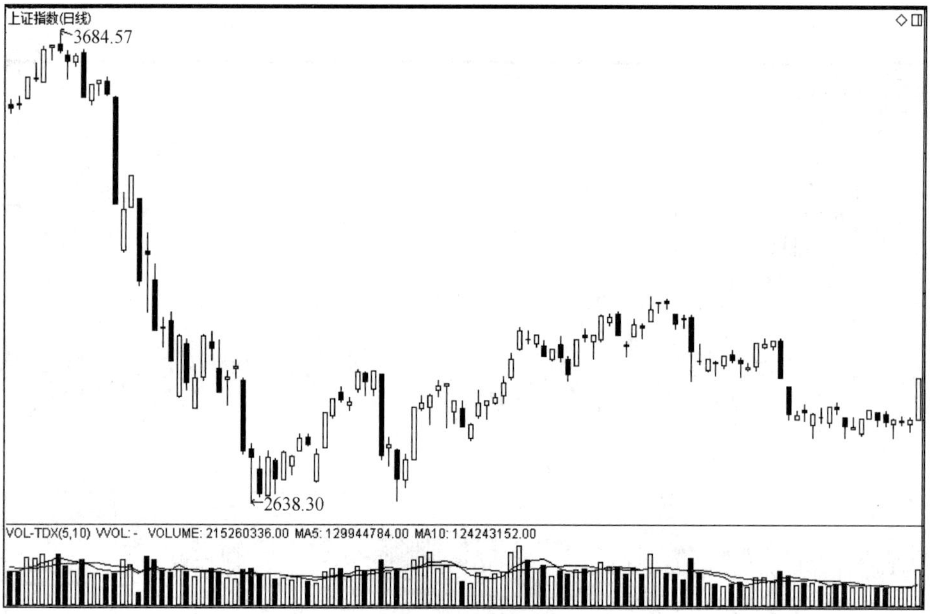

图 11－62

见底信号(1)：A 股自 2015 年 6 月 15 日在 5178 点见顶后，股指出现雪崩式下跌，先后快速击穿0.382、0.5、0.618等重要支撑位（图11－63）。在跌破0.618黄金分割位后，A股迎来近四个月的反弹，但在证监会推出“熔断机制”后，在欧美成熟的资本市场运行多年的，旨在维护市场稳定的“熔断机制”，在A股遭遇“水土不服”，大盘再一次急速下挫，二次跌破0.618，临近0.809。在空方首次跌破0.618时多方曾进行反扑，再次击穿0.618，临近0.809时，多头势必再一次组织反击，如果空方气势不再强盛，将无法跌破该区域，这样，大盘极有可能在0、809所对应的2483点附近区域止跌回升。

图11－63

见底信号(2)：如图11－63所示，上证指数从1849—5178—2638点这一波行情中，可以划清晰的数出上升趋势的1、2、3、4、5共五浪，下降趋势明显的也可以画出A、B、C等三浪，只是A浪和C浪都含有a—b—c三个子浪，而图11－62所示区域正好显示的是调整浪的C浪。这样，依据波浪理论，这就形成一个完整的循环周期，那么，2638点之后，意味着市场正在开启新的一个循环浪的上升趋势浪。

见底信号(3)：如图11－64所示，股指已经成功突破C浪的下降趋势线，

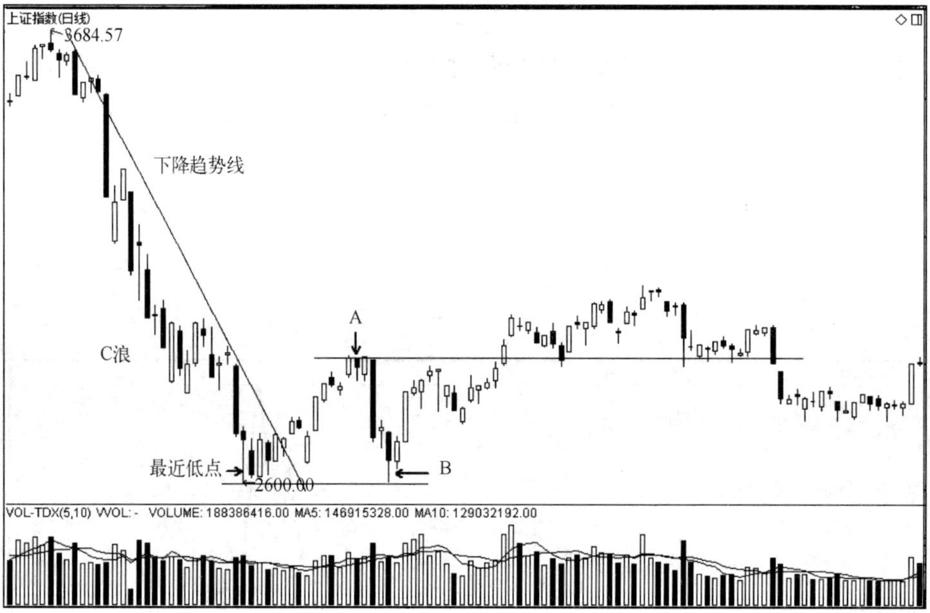

图 11－64

回落的低点 B 并未跌破 2368 点，并且再次上攻时突破最近高点 A。依据道氏理论的 123 法则，下降趋势逆转的三个条件均已出现，标志着 C 的来下跌行情宣告结束，阶段性的底部已形成。虽然股指一度回落到 A 点下方，但并未跌破回落的低点 B，更没有逼向 2638 点，那么预示预示着 2638 点以来上升趋势依然没有改变。

见底信号(4)：如图 11－65 所示，股指在急速下挫过程中，周线上的乖离率和 MACD 指标却逐步走高，与指数呈现底背离之势。绿色柱状线逐步减少缩短，而红色柱状线却逐渐增加，表明空方力量正在逐步衰减，多方气势渐渐增强，表明市场正向有利于多头是方向发展。

这样，上证指数在二次跌破 0. 618 后，逼近 0. 809 的过程中，周线上乖离率、MACD 指标的底背离的出现；突破 C 浪的下降趋势线，一个完整循环浪的完成，意味着一个新的上升推动浪的开始；道氏理论 123 法则下跌趋势逆转条件的成立等一系列底部信号的出现，表明 A 股再一次迎来一轮上升行情。

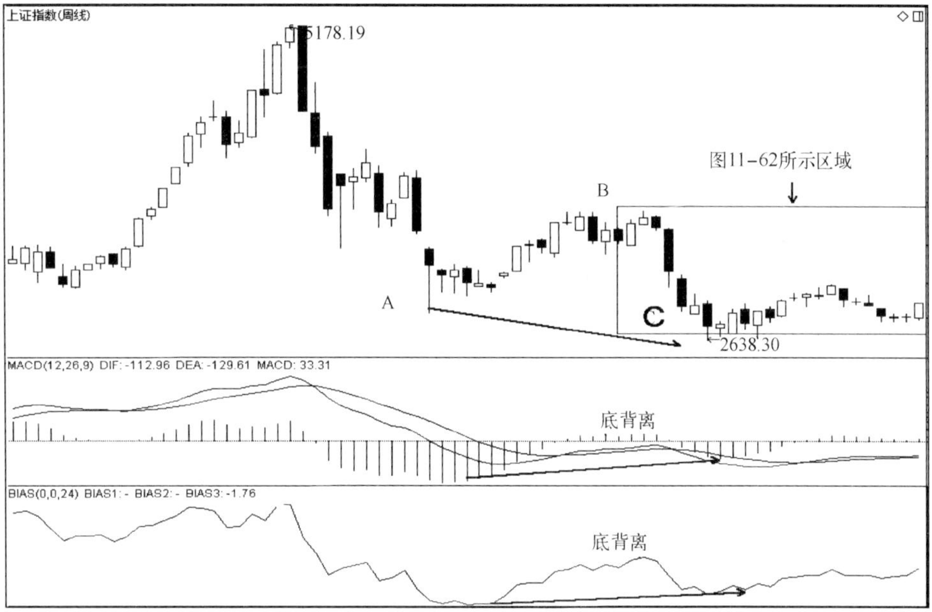

图 11-65

六、分析小结

对沪深股市几次重要底部形成分析发现：每一次底部的形成，与顶部形成一样，在形成前夕都会出底部反转的前兆信号。同样，运用技术分析的方法可以确信：股市的底部也是可以预测的，而预测的最佳方式就是准确找到股价（指数）下跌中的支撑位。只要正确找到股价（指数）下跌中的支撑位后，再结合趋势线、轨道线、技术图形等技术分析方法和成交量、KDJ、MACD 等技术指标对其进行验证，识别其可信度和有效性，分清其属于阶段性反弹支撑位还是属于熊市底部的支撑位。如果其性质是反弹，投资者可以轻仓操作，快进快出或是继续持币观望；如果是一轮熊市底部的支撑位，则可以重仓出击，由此实现成功抄底不是太困难的事，并非遥不可及。投资者只要细心分析就会发现，每一次底部与关键支撑位相距都很相近，点差在 50～300 点左右。比如：

（1）1994 年上证指数 325 点的底部，距离前期低点 386 点的支撑位仅相差 61 点。

(2)2005 年大盘 998 点的底部距离黄金分割率 0.618 所对应的 1059 点支撑位也仅位相差 61 点。

(3)2008 年 1664 点的底部距离黄金分割率 0.809 所对应的 1968 点支撑位相差 304 点。

(4)2013 年 1849 点的底部距离黄金分割率 0.809 所对应的 2007 点的支撑位仅相差 158 点。

(5)2016 年 2638 点的底部距离黄金分割率 0.809 所对应的 2482 点的支撑位仅相差 158 点。

所以，投资者如果选择在股价(指数)的重要支撑位进行建仓，其承受的风险小，而成功率却极高。

这一节中用大量篇幅对沪深股市的几次底部进行详细分析，一是让投资者加深对“六合一操盘法”的认识和理解，二是通过以往案例以达举一反三的效果，帮助投资者找到一种行之有效的识底抄底的方法。因为在每一位投资者的投资生涯中，将会有诸多大盘底部或股价底部需要识别，投资者需要一双“火眼金睛”，才能在波涛汹涌的股海中扬帆远航!

第四节　六合一操盘法小结

在这一章节中重点介绍了六合一操盘法(即顶底识别法)，如何实现成功抄底与逃顶，这一个议题是每一名参与股市的投资者极具关注的焦点，也是投资者最终希望能够达到或实现的技术境界。本章用了大量篇幅，回顾了 A 股历史上几次重要的顶部和底部，这些旨在向读者传递一种抄底与逃顶的思路和解决问题的方法，行之有效的方法才是股市中最重要的财富。对投资者而言，最大的帮助是“授人以渔”，而非“授人以鱼”。不过，投资者在学习、运用以及实战操作时，需要注意以下几点:

(1)要全面学习和掌握各类技术分析方法和技术指标。六合一操盘法本身就是 K 线、技术图形、移动平均线等分析方法和辅助性指标以及道氏理论和波浪理论的综合运用，而并非简单的、片面的依据某单一指标或分析工具。投资者不要指望仅仅参照一组 K 线或某一均线或成交量，就能够准确识别股价(指数)的顶部或底部，把握住买进或卖出的时机。假若投资者抱有这样幼稚的想法，势必会在这蕴藏巨大风险的股市碰得头破血流，遍体鳞伤。对于那些初入股市的投资者，要想在这个市场中少走弯路，少交“学费”甚至不交“学费”，唯一的办法就是在入市前脚踏实地的静心学习。从K线、技术图形、技术指标等基础知识开始，然后逐步深入到道氏理论，艾略特波浪理论等技术分析理论，一步一个脚印，认真地、全面性、系统性的学习，对书中相关概念和相应案例有着深刻的认识和理解。只有这样，才能把股市技术分析这门功课学好，学踏实，最终成为股市的赢家。而不是零星或零乱的、或者选择性的了解其中一部分知识，更不是依赖于某些点滴的技巧或秘诀。

(2)运用各种技术方法和技术指标时，应分清主次，抓住重点。对于研判市场走向，每一种多技术分析法和技术指标在其中的作用和重要程度也有主次之分。以笔者个人的观点，若硬要将这些技术分析法和技术指标按其重要性进行划分的话，可分为五个档次。

第一档是阻力位和支撑位分析法。阻力位和支撑位分析法，在众多技术分析法中无疑是最重要，最核心的分析法。股价(指数)在升势中之所以回落，那是由于其在上升过程中受到阻力，看空的投资者纷纷将筹码抛出，市场筹码供大于求，导致股价(指数)下跌。同样，跌势中股价(指数)之所以止跌回升，那是由于其在下降过程中受到支撑，被套的投资者拒绝割肉，而看多的投资者逢低抢筹，市场筹码供小于求，使得股价(指数)上涨。因此，从技术分析的角度出发，股价(指数)的涨跌是由支撑和阻力决定的；而从基本面分析，股价(指数)的涨跌则是由上市公司的基本面或国家宏观经济面决定的。

第二档是趋势线、道氏理论和艾略特波浪理论分析法。由于趋势线揭示了股价(指数)的运行方向，是投资者决定做多还是做空的重要依据，它有助于帮助投资者分清大势，不至于在市场中迷失方向。道氏理论是是所有市场技术研究的鼻祖，尤其是道氏理论的123法则和2B法则，是衡量趋势是否改变的关键所在，是投资者辨别趋势，追随趋势的核心依据。而波浪理论是所有技术分析法中，唯一可以在趋势确立之时预测趋势何时结束，是现存最好的一种预测工具，这也是它与其他追随趋势的技术方法不同之处。

第三档是技术图形分析法。技术图形是股价(指数)在支撑位和阻力位附近的一种图形表现形式，投资者可以通过技术图形来识别顶部或底部。因为股市中的技术图形犹如气象的卫星云图一样，它的变化是有规律的。只要你看懂了它，就知道日后的运行方向，是风？还是雨？是买进？还是出？这些都会变得一目了然，使投资者不再因把握不住买卖时机而困惑。

第四档是以成交量、KDJ、MACD、乖离率为主指标分析法。成交量、KDJ、MACD、乖离率等技术指标有一共性，那就是在股价(指数)大幅上涨后，他们都可能与股价(指数)出现顶背离，预示一轮升势将接近尾声，短期内见顶回落。同样，在股价(指数)大幅下跌后，他们都可能与股价(指数)出现顶底背离，意味着一轮跌势将尽，短期内可能止跌回升。通过它们与股价(指数)的顶背离或底背离现象，投资者可以依据它们来验证支撑位或阻力位的有效性。但是，投资者需要明白的是：他们只是一种验证指标，并不能决定股价(指数)的走向。

第五档是K线分析法和移动平均线分析法。K线分析法和移动平均线分析法，虽然是投资者使用得最广，使用频率最高的技术分析法。但是，正是由于被投资者广泛使用的缘故，这两种技术分析方法也成为市场主力或庄家利用信息、资金优势，制造技术骗线来欺骗投资者的重灾区。让那些初入股市，对这两种技术分析法一知半解的投资者被这种主力或庄家的诱空或诱多技俩所蒙骗。这样，就需要投资者在运用这两种分析法必须结合其他技术分析法来过滤技术图表上的虚假信号，识破主力和庄家的阴谋。

(3)逃顶要果断，抄底需谨慎。股市常有“筑顶3天，筑底3月”之说，意思就是说股价(指数)每一次顶部的形成往往时间很短，见顶后将急速转为下跌；而构筑底部却是一个漫长而复杂的过程，股价(指数)由跌势转为升势往往需要相当长的时间。根据这一特点，投资者在每一次逃顶的时候，在阻力位区域若发现成交量、KDJ、MACD、乖离率等指标与股价(指数)出现顶背离，就应该逐步减磅，并好随时离场的准备。一旦发现股价(指数)跌破上升趋势线，则放弃幻想，果断清仓离场，或者在技术图形雏形初步出现时就逐步减仓，不必等到股价(指数)击穿图形颈线后才采取行动，因为到那时股价(指数)往往已经跌去一大截了。相反，投资者在每一次抄底的时候，若发现成交量、KDJ、MACD、乖离率等指标与股价(指数)出现底背离时，先不忙做多，更不要急于抄底，宜在股价(指数)有效突破下降趋势线并形成新的上升趋势线时或者突破图形颈线位，底部形态确立时再建仓，这样操作风险就小了很多，也就安全多了。

第十二章 擒牛七法

A股开市26多年来，吸引众多投资者竞相入市，希望在股市中获取更多的财富机会，实现财富升值。然而，股市中“一赢二平七亏损”的格局是不争的事实，真正依靠股票投资实现财富梦想的投资者可谓凤毛麟角。究其原因，除了缺乏股市技术分析的基本知识和风险意识之外，还有就是没能很好把握市场脉搏，抓住主流热点，发掘潜在的牛股，从而无法在股市中实现自己的财富梦想。而股市中热点的不停转换是市场永恒的规律，投资者只有把握市场节奏才能获取更大利润。下面这首网上广为流传的《炒股四季歌》，以打油诗形式一定程度上总结了A股市场板块轮动涨跌的规律。

炒股四季歌

冬炒煤来夏炒电，五一十一旅游见，
逢年过节有烟酒，两会环保新能源；
航空造纸人民币，通胀保值就买地，
战争黄金和军工，加息银行最受益；
地震灾害炒水泥，工程机械亦可取，
市场商品热追捧，上下游厂寻踪迹；
资源长线不败地，稀土萤石锗钼锑，
偶尔爆炒高科技，超细纤维石墨烯；
重组向来都无敌，定增注资也给力，
牛市买入大蓝筹，弱市你就玩玩ST；
年报季报细分析，其中自有颜如玉，
高送转股先潜伏，每逢四月涨积极；
……

在这一节中笔者在结合自己的分析方法和汇集一些成功人士捕捉牛股所积累的宝贵经验，总结出发掘牛股的几种方法，称之为“擒牛七法”。它揭示牛股的一些共性和规律，期望读者能从中有所收获或启示。不过，股市风云变幻，随着时间的推移，股票市场的特点也并非一成不变的，“擒牛七法”中所选举的案例旨在抛砖引玉，读者切不可简单的照搬套用。下面将用七节的篇幅，每节一法对“擒牛七法”进行逐一介绍。

第一节　行业龙头中抓牛股

根据沪深的20多年的历史走势证明：市场行情的每一次启动，无论是大盘还是板块，均与这轮行情的龙头股走势紧密相连。所谓行业龙头股，指的是在同类公司中市场占有率高、市场研发创新能力居于领先地位、收益良好、具有极强市场竞争力、有着领头羊作用、最具投资价值的公司的股票。这类公司股票易吸引主力资金的特殊关注，呈现出涨势最强，先于板块启动，后于板块调整的特性。因此，发掘龙头股是投资者赢得利润，获取丰厚回报的最佳途径，只要在行情启动之初找到并抓住龙头股，就可以降低风险，跑赢大盘，获取可观收益。

案例1：三一重工(600031)

三一重工以生产销售混凝土机械、挖掘机械、起重机械、桩工机械、筑路机械等工程机械为主的中国工程机械的龙头企业。在2008年全球金融危机之后，中国政府推出4万亿投资计划以拉动内需，促进经济增长，其中包括保障性安居工程；农村民生工程和农村基础设施；汶川地震灾后恢复重建；铁路、公路和机场等重大基础设施。这一系列基础设施的建设为工程机械提供广大的市场需求，三一重工作为国内市场占有率最高的工程机械龙头企业，无疑成为这一轮4万亿投资计划最大的受益者，公司股价自2008年11月30日的最低价1.40元(前复权)起步，一路攀升至2011年4月11日的最高价19.31元，涨幅达13倍之多(图12-1)，成为这轮工程机械股上涨行情中最耀眼的明星。

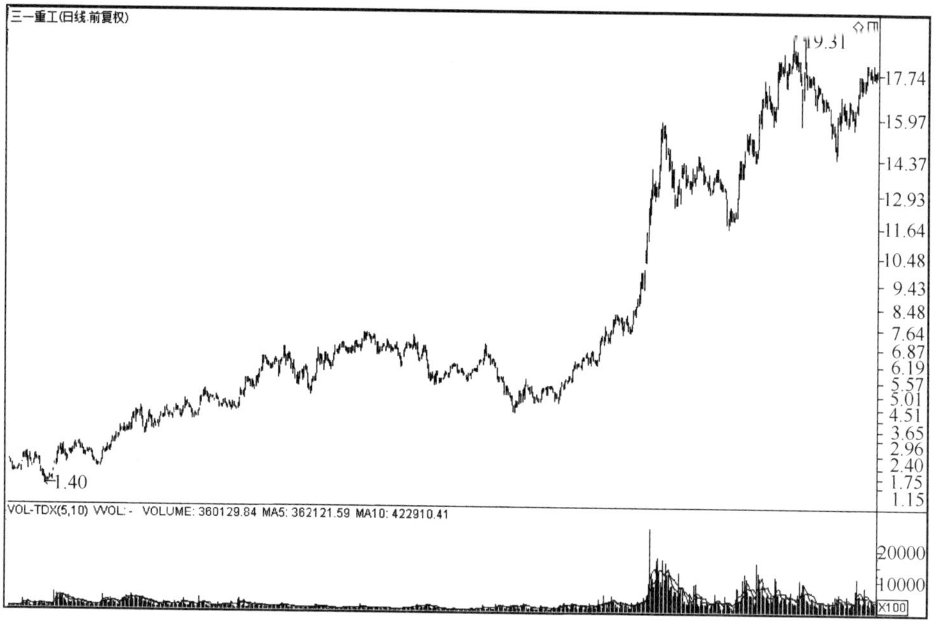

图 12－1　三一重工

案例 2：北方稀土(600111)

北方稀土(原包钢稀土)。北方稀土拥有从稀土选矿、冶炼、分离、科研、深加工到应用的完整产业链条，是我国乃至世界上最大的稀土产业基地，我国稀土行业的龙头企业。稀土被誉为“工业味精”，因具有丰富的光、电、磁、超导等优异性能，被广泛应用于尖端科技和军工领域，成为一种不可替代的高新技术战略物资。由于我国稀土行业长期以来存在低水平无序开采、不良竞争、低价出口的局面，占全球30%的稀土储备却提供了全球90%的贸易量，珍贵的稀土几乎成了“土”。着眼于节能环保和我国稀土行业地有序发展，2009 年 2 月工信部表示将研究制定《2009—2015 年稀土工业发展规划》，为稀土出口划出了红线：未来 6 年，中国稀土出口配额的总量，将控制在 3.5 万吨/年以内，初级材料仍被禁止出口。同时，将研究制定《稀土工业产业发展政策》，促进稀土企业的兼并重组，提高产业集中度、走集约化发展的道路。这样，在产业政策利好消息出台预期之下，稀土产品出口价格持续上涨，作为行业龙头，北方稀土受到市场追捧，公司股价从 2008 年 11 底的 5.66 元上涨至 2009 年 10 月的 33.30 元，特别是受 2010 年 7 月后，与稀土行业相关的产业政策相继出台后，使得稀土产品价格连续暴涨，公司业绩大幅改善，2010年8月10日公告预计，2010年净利润同比增长1200%以上，净利润达到60485万元，上年同期为亏损1365万元。公司业绩改善的同时，股价也大幅飙升，截止2011年5月13的最高价99.84元，涨幅近5倍(图12-2)，而大盘同时涨幅到100%。

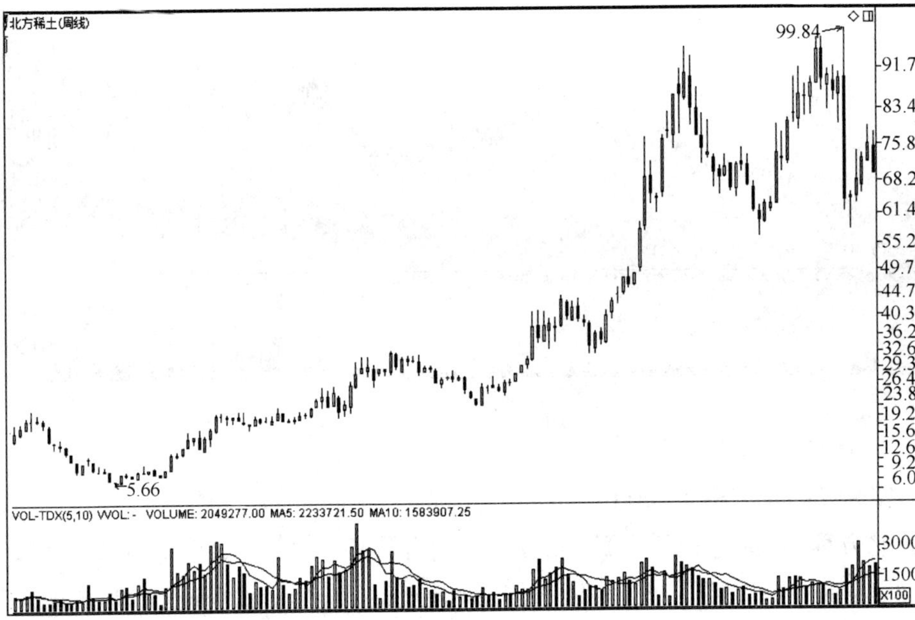

图12-2 北方稀土

案例3：方大碳素(600516)

2017年2月，国家环保部、国家发改委、财政部、国家能源局与北京、天津、河北、山西、山东、河南等省市人民政府联合发布旨在切实改善京津冀及周边地区环境空气质量的《京津冀及周边地区2017年大气污染防治工作方案》。这一环保限产政策公布后，预示着包括钢铁、铝、铜、锰、钒等所有金属冶炼行业将由铁矿石高炉进入电弧炉时代，导致作为电弧炉原材料石墨电极价格的不断上涨，从2017年初的不到2万元/吨，上涨高达19万元/吨，涨幅惊人，而且供不应求。而方大炭素作为亚洲最大的炭素制品生产供应企业，行业龙头，成为这一轮环保限产政策的最大受益上市公司之一，公司业绩由此暴涨。从方大炭素发布2017年半年报中显示：上半年实现净利润4.12

亿元，其净利润暴增 2647.66%。而在资本市场上，方大炭素股价自 6 月初的 10 元开始一路飙涨，到 9 月 14 日以上涨至 39.20 元，近 3 个月涨幅为 400%（图 12-3）。

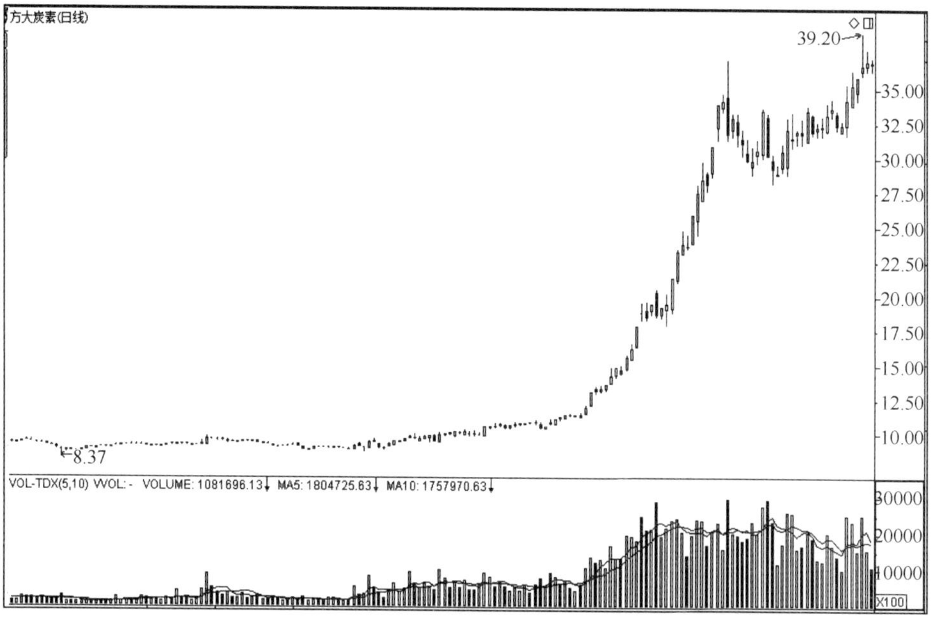

图 12-3　方大碳素

第二节　题材股中抓牛股

何谓题材股？顾名思义指的是具有炒作题材的股票。通常指由于一些突发事件、重大事件或特有现象而使部分个股具有一些共同的特征（题材），这些题材供机构或游资借题发挥，引起市场大众跟风。比如国家产业政策、资产重组、增资配股或分红高送股、消息、传闻、公司业绩等等。总之，股市中的题材层出不穷，一切可以引起市场兴趣的话题，都是炒作题材，这种题材多数情况下只有主力、庄家等少数人知道。该题材所涉及的股票，也就成了题材股。题材股一般都具有以下特性。

（1）抽象朦胧：题材股起初往往是抽象、朦胧的，似明非明，吸引着投资者的关注。一旦市场完全看清了，这类题材股的炒作也就接近尾声。

(2) 极大的想象空间：给人以非常大的想象空间，对后势发展充满希望。

(3) 阶段性、时效性强，持续性弱：由于题材股是一个阶段所发生的，时效性强，即人们所说的“过期不遇”。

(4)有反复性：有些题材具有反复性，今年这一类炒作的题材有时会成为第二年炒作的对象。

(5)主力、众人关注：题材股能激发市场人气，利用人们的从众心理，引起大众跟风。

(6)题材信息出现后，股价往往会走出一波逼空行情。

所以，根据题材股的上述特性，投资者一旦发现某一类题材信息出现后，应密切关注龙头股走势，在盘中敢于追涨，及时跟进，只要不跌破5日均线，可以继续持有。因为这一类题材龙头股，主力即便震仓洗盘，也不会轻易跌破5日均线，更不会击穿10日均线，否则将极大挫伤市场人气，导致无人跟风，不利于主力拉台股价或派发筹码。如果股价一旦跌破5日均线或10日均线，说明主力早已将筹码派发完毕，实现胜利出逃，此时投资者切不可盲目介入。

案例1：成飞集成(002190)

2010年7月6日，成飞集成公布定向增发预案，增资收购中航锂电建设锂离子动力电池项目。在锂电池概念大行其道的市场背景下，这样的消息横空出世，公司股价犹如火箭般腾空而起，当日“一”字涨停，7日、8日早盘集合竞价或盘中涨停打开之时，均为敢于追涨的投资者提供绝佳机会。随后股价连拉4个涨停(图12－4)。随后，该股因短期涨幅过大被证监会勒令停牌核查，在发布核查公告复牌后的的十多个交易日里，成飞集成的股价出现横盘整理，但始终未跌破5日或10均线。在投资者逐渐将它遗忘的时候，该股再度拔地而起，并展开了一轮更为疯狂和眩目的表演。就这样，成飞集成在有“锂”走遍天下和“先入为主”的投资理念下，各路游资击以鼓传花之式对成飞集成展开了接力式的轮番炒作，使得成飞集成成为那段时间当之无愧的“妖股”，股价在短短3个月时间翻了近5倍。可在9月15日股价击穿10日线后，这场游戏宣告收场，股价见顶回落(图12－5)。

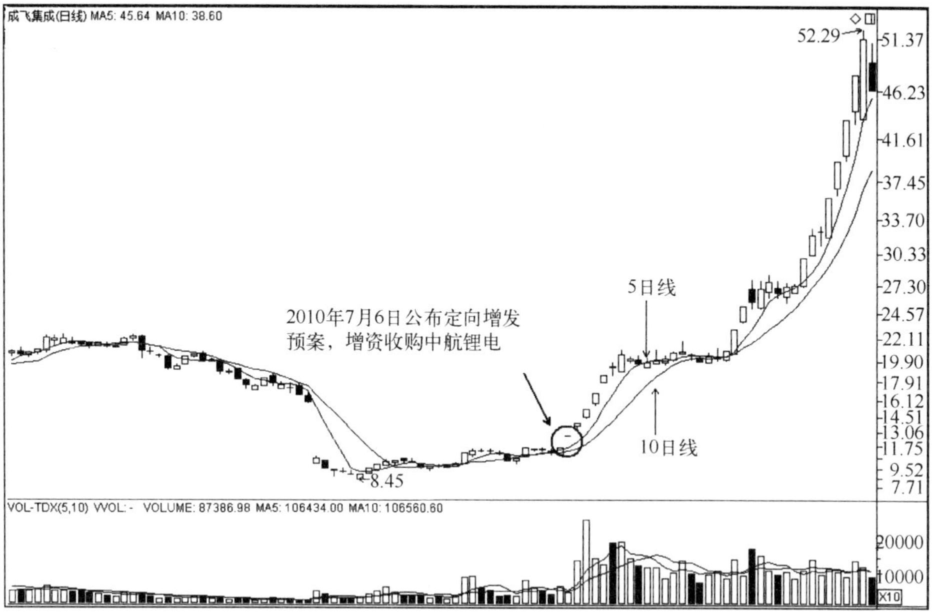

图 12－4　成飞集成

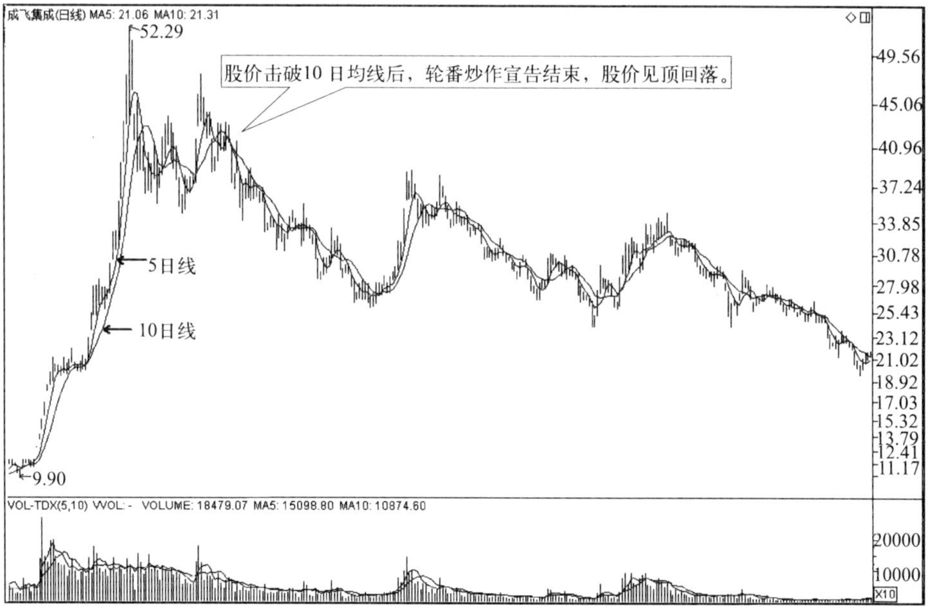

图 12－5　成飞集成

2014 年 5 月 19 日成飞集成发布重大资产重组预案：公司拟以每股 16.6 元的价格，向中航工业、华融公司及洪都集团三家资产注入方，定向发行股份，购买沈飞集团、成飞集团及洪都科技，标的资产的预估值为 158.47 亿元。重组完成后，成飞集成将由原有汽车业务向中航防务业务转型。自重大资产重组方案出炉后，受百亿军工资产注入的刺激，成飞集成的股价便扶摇直上，连续拉出六个“一”字涨停，之后一周的时间里出现横盘整理，但股价始终运行在 10 日均线之上，为投资者提供难得的介入机会。沉寂一周后，在各路游资的推动下再度发力上攻，两个月时间股价从 15.13 元涨到了 72.6 元，累计涨幅高达 380%（图 12－6），成为 2014 年 A 股的大牛股之一。7 月 17 日，股价跌破 10 日线后（图 12－7），标志着这一轮题材炒作结束。12 月 12 日晚间发布公告称，其重大资产重组事项终止，未来三个月内不筹划重组事项。公告发布后，股价直线下跌。

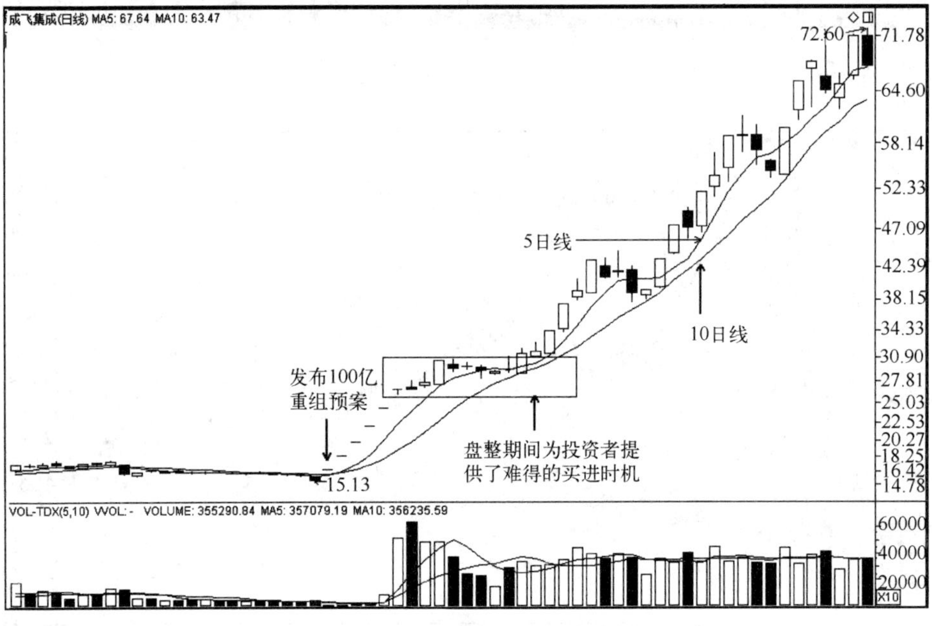

图 12－6　成飞集成

案例 2：易尚展示（002751）

易尚展示作为一支上市不足半年的次新股，2015 年 8 月 23 日晚间披露中报，公司上半年营业收入为 2.5 亿元，同比增长 27.46%，实现净利润 2051.23

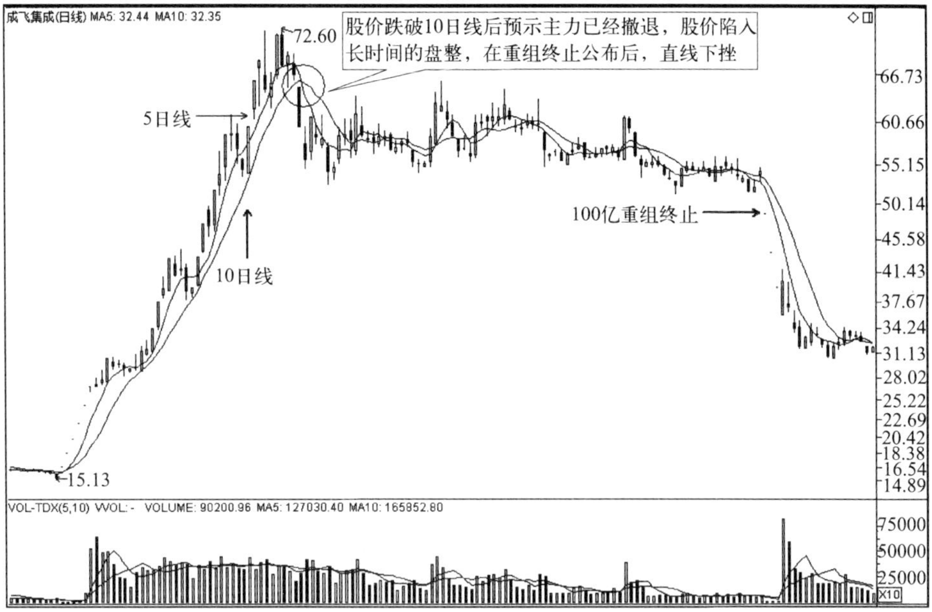

图 12－7　成飞集成

万元，同比增长 19.6%，每股收益 0.35 元。公司中期拟每 10 股转增 10 股。因大盘同期大幅下跌，高送转方案并未吸引市场眼球，当天却以下跌 8.43% 报收。除权后，与此同时大盘也已经止跌企稳，股价在次新股、填权和虚拟现实等概念的催化下，引来一波强势的上攻行情，股价沿着 5 日线一路攀升，在三个多月的时间里股价涨幅达 586%（图 12－8），直至股价击穿 5 日线，这一波升势在彻底结束。

案例 3：四川双马(000935)

2016 年 8 月 22 日四川双马公告，拉法基(中国)及拉法基瑞安四川公司持有四川双马的 55.93% 股权将以 34.52 亿元的总价转让给北京和谐恒源科技有限公司，后者将成为上市公司新的控股股东。由于新入主的控股股东有可能对四川双马进行资产重组。这样，在重组预期猛然升温的利好消息刺激下，股价连续 4 天以“一”字涨停。沉寂一周后，在各路游资的轮番炒作下，股价从公告之日的 7.71 元到 11 月 3 日的最高价 42 元(图 12－9)，两个多月的时间里翻了 5 倍多。

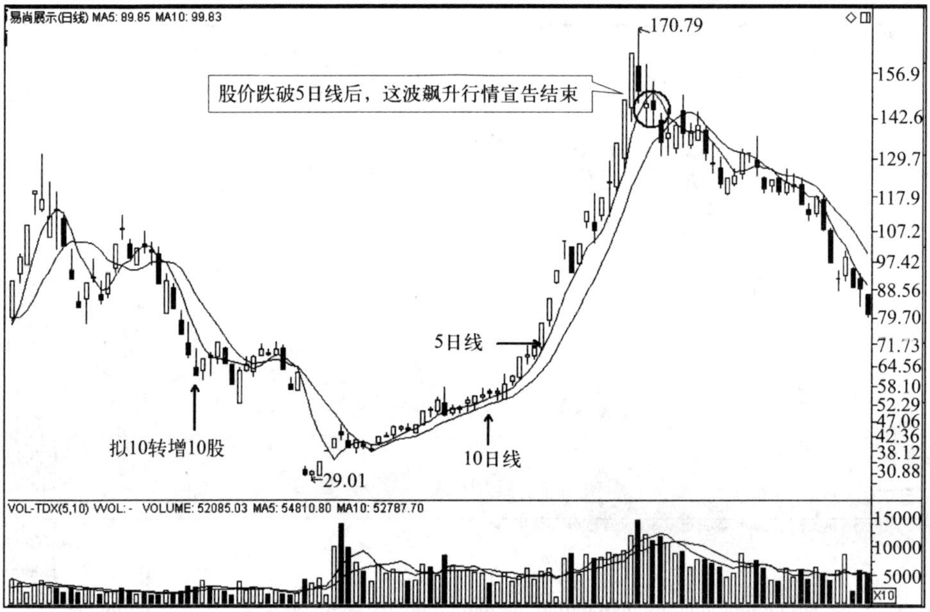

图 12－8　易尚展示

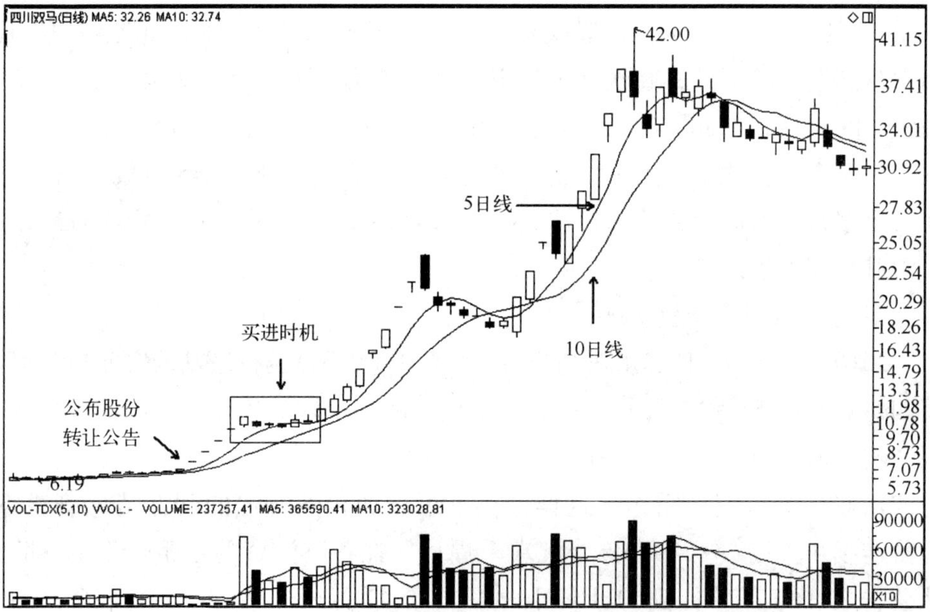

图 12－9　四川双马

第三节　高送转中抓牛股

所谓高送转，指的是上市公司将本公司的公积金和用于支付红利的利润转为新股，并在原有持股比例基础之上，以较高的送转比例无偿赠送给股东的一种利润分配方式。上市公司的送转分配，仅仅是让投资者持有的股票数量增加以外，而投资者的持股比例和总价值未发生任何变化，从实质性回报角度来说，并没有给投资者任何现金收入。但是却广受投资者欢迎，成为市场热议热炒的话题，尤其是每年第四季度的年报出炉前后。究其原因是：一方面高送转释放出公司对自身经营状况以及发展潜力的乐观预期，表明公司希望通过股本扩张从而实现企业扩张的步伐，彰显公司质的和成长性，以鼓舞投资者的持股信心；另一方面则是高送转除权后，降低了公司股价，增强了市场流动性，打开公司股价的上升空间。于是，就有了公司公布高送转方案前后的“抢权效应”和方案实施后的“填权效应”。从历史数据显示，高送转个股在当年 11 月份到次年 5 月份，明显跑赢大盘和给投资者带来超额收益。所以，A 股市场对高送转题材素有“牛市爆炒，熊市小炒”的现象。面对高送转题材所带来的盎然“升”机，投资者都想发掘高送转的潜力股。而具有高送转预期的股票通常具有“四高一低三增”的特征：

四高：指的是公司的股价高，宜在 40 元以上；每股净资产高，宜在 6 元以上；每股公积金和每股未分配利润高，均高于 2 元为好。

一低：指的是公司流通股本低，小于 1 亿或 1.5 亿为好。因为公司股本越小，上市公司管理层对股本扩张的欲望越强。

三增：指的是上一季度的公司业绩预增，每股公积金和每股未分配利润同比增加。业绩持续增长是公司股本扩张，股价走高的基石。如果只具备“四高一小”，而公司业绩下滑，公积金和未分配同比下降，通常不具备高送转预期，即便是推出高送转方案，也不具备炒作预期，因为缺乏业绩支撑的高送转，犹如空中楼阁。

而具备上述“四高一低三增”特征的股票主要集中在中小板和创业板，尤其是上市后尚未实施股本扩张或未实施大幅度扩张的次新股，值得投资者重点关注。

近年来随着 A 股扩容壮大，送转比例也呈现节节攀升之势，越来越多的公司倾向采用对股价刺激效果更强的高比例送转。比如 2013 年以前，公司实施的送转比例大多为 10 送(转)5 ~ 15 之间，而 2015 年送转实施 10 送(转)20 以上的方案公司就达 20 家。所以，高送转题材股是值得投资者挖掘的金矿。

案例 1：维维股份(600300)

2009 年 3 月 28 日维维股份年报公布，公司净利润同比预增 100% 以上，向全体股东拟每 10 股转增 12 股，每 10 股派发现金股利 1.25 元(含税)预案后，公司股价加速扬升(图 12－10)，除权后经过一段时间的横盘整理，走出一波强劲的填权行情。

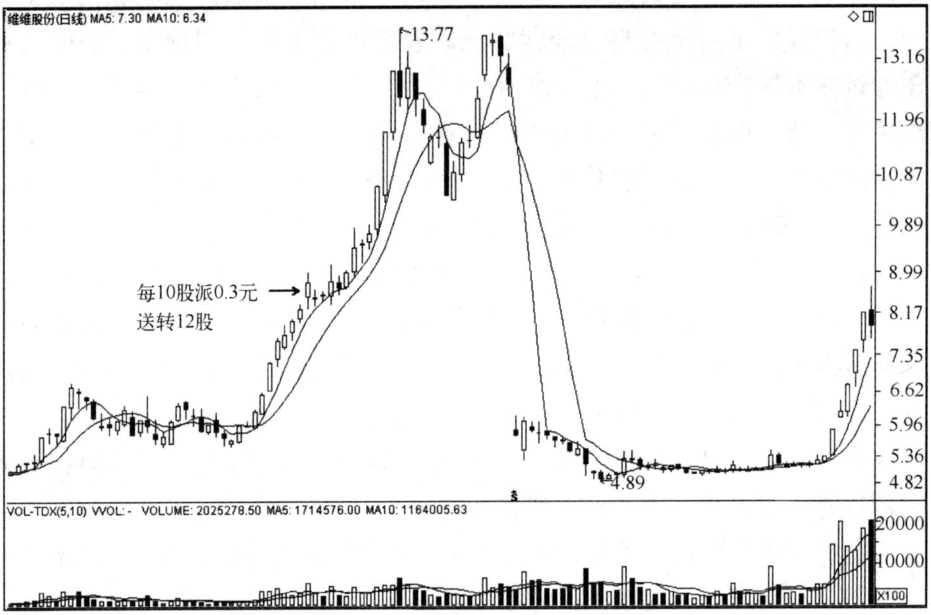

图 12－10　维维股份

案例 2：煌上煌(002695)

2016 年 6 月 29 日公司公布高送转预案，拟向全体股东每 10 股派发现金红利 1.25 元(含税)，送红股 5 股(含税)，同时以资本公积金转增股本，向全体股东每 10 股转增 25 股。公告称，基于公司目前总股本规模较小，经营及盈利状况良好，每股未分配利润和资本公积金较高，且公司上市以来未进行过送股及资本公积金转增股本，为了回报广大股东，同时增强公司股票的流动性，煌上煌集团提出此次利润分配预案。次日，公司股价“一”字涨停，5天收出4个涨停板(图12-11)，涨幅达45%，随后整荡上行。2016年半年度报告显示，公司实现营业收入同比增长13.47%；净利润同比增长27.97%。在良好业绩的支持下，除权后不久股价呈现8连阳，飙涨70%，成为2016年的大牛股。

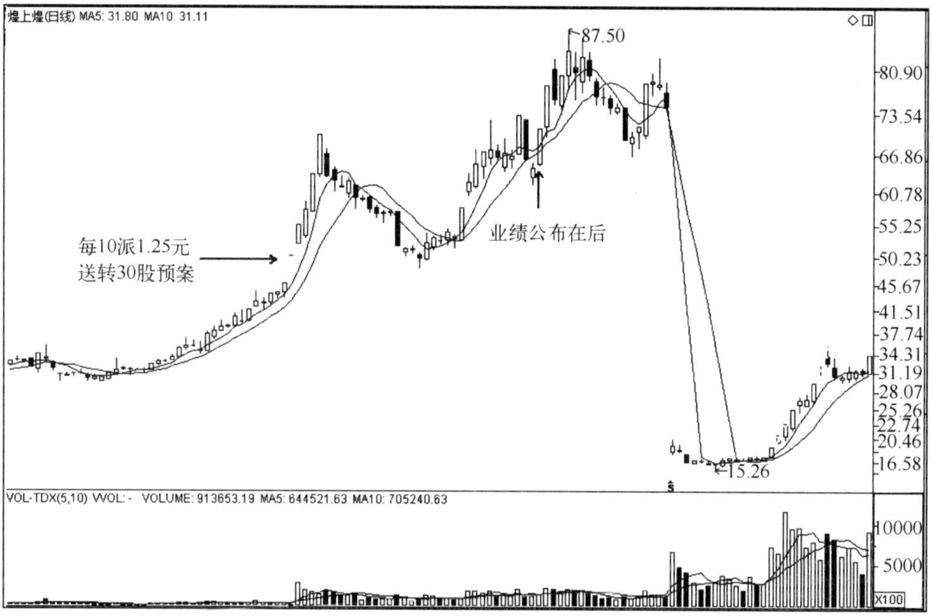

图12-11 煌上煌

另外，投资者在挖掘高送转股时，应注意以下几点：

(1)重点留意高送转实施流程中的几个关键时间点：预案公告日、股东大会日、股权登记日和除权除息日。因为这几个时间点也正是高送转题材炒作的四个阶段，即高送转预期阶段→兑现阶段→实施阶段→填权阶段。预期阶段，也就是投资者根据“四高一低三增”特征，寻找当年业绩优良，尚未进行大规模股本扩张的潜力股，建立股票池，仔细斟酌鉴别后，在预案公布前提前埋伏。在这一阶段，谁先介入，谁就能收获预案或中报或年报公布后，股价上涨带来的回报。兑现阶段，指的是高送转预案公布后到中报或年报公布日，这一时段抢权行情一触即发，股价走势往往最为强劲。实施阶段，也就是股东大会审议通过到股权登记日，这一阶段股价走势常常也较为可观。在填权阶段，并非每只高送转的股票都会走出填权行情，如果在除权前股价已有翻倍涨幅，或者除权后市场处于熊市氛围，很难再有填权行情出现，甚至会走出贴权行情。

(2)个股走势与大盘走势息息相关，高送转题材也一样。如果大势走弱，市场人气涣散，炒作高送转题材的热度将大大减弱，有些高送转股票走势常常不尽人意。

(3)分析上市公司分红扩股的历史，排除上市后近一两年已经进行过大规模股本扩张的公司。因为短期内已经进行了股本扩张后的公司，再次推出高送转方案后，市场的炒作预期将大幅减弱，股价上升空间有限。

(4)理性面对高送转，注重上市公司的业绩和成长性。业绩增长是股价上涨，公司股本扩张的前提和基础，缺乏业绩支撑的高送转，更多的是一种迎合市场炒作的投机心理，这类高送转背后隐藏着股价大幅走低的风险。所以，投资者应保持清醒认识，避免陷入玩数字游戏的“高送转陷阱”。

(5)扑捉高送转题材时，除了关注公司基本面之外，技术分析也不可忽视。

当股价遭遇重要阻力位或处于下行通道时，高送转可能成为主力出货的“多头陷阱”。

第四节　ST 股中抓牛股

长期以来，资产重组是市场经久不衰的炒作题材，一直贯穿着 A 股市场。众多上市公司经过重组后脱胎换骨，实现了从“乌鸡”到“凤凰”的转变。而这些重组题材的公司中，又以 ST 股易受到资金的关注，市场表现也最为抢眼，尤其是一些具有实质性重组题材的 ST 股。所谓 ST 股，指的是公司财务状况或其他状况出现异常而受到特别处理的股票，由于“特别处理”的英文是 Special treatment(缩写是“ST”)，因此，这些股票就简称为 ST 股。特别处理又分为警示存在终止上市风险的特别处理(简称“退市风险警示”)和其他特别处理两类，分别在公司股票简称前冠以“*ST”和“ST”，以区别于其他股票。在上市公司的股票交易被实行特别处理期间，股票报价日涨跌幅限制为 5%。而公司财务状况或其他状况出现异常主要是指两种情况：一是上市公司经审计连续两个会计年度的净利润均为负值，二是上市公司最近一个会计年度经审计的每股净资产低于股票面值。

在价值投资理念的驱动下，很多投资者只关注那些经营稳健、业绩持续增长等基本面良好的上市公司，对那些主营业务下滑、业绩亏损、盈利能力较差、财务状况异常的公司避之不及。然而，在股票市场“炒股就是炒预期”的氛围下，优质公司的股价走势未必一路上扬，业绩亏损的公司股价也未必都是一路下跌。因此，ST 股留给市场想象空间远远大于业绩优良的上市公司，“摘星脱帽”和“资产重组”的预期成为推动股价上涨的潜在动力。由于 ST 股通过资产重组有利于快速增强企业的盈利能力，提升上市公司的内在价值和投资价值，从而实现“乌鸡”到“凤凰”的华丽转身，由此而缔造 A 股市场一支又一支大牛股的诞生。

案例 1：三安光电(600703)

三安光电前身为天颐科技，由于 2004、2005、2006 年连续三年亏损，公司股票简称 S＊ST 天颐。于 2007 年 5 月 25 日起暂停上市，资产重组成为公司恢复上市的唯一“救命草”。2008 年 6 月 7 日 S＊ST 天颐公告称，以 4.33 元/股的价格，定向增发 114945392 股，所募资金将用于购买厦门三安电子有限公司涉及生产、销售 LED 外延片及芯片所密切相关资产，全部过户至公司全资控股子公司厦门市三安光电科技有限公司名下。这样 S＊ST 天颐主营业务由传统的油脂产业，变身为高科技的 LED 产业。同时，三安集团在推出重组捆绑方案同时，也作出明确的业绩承诺：保证重组后 S＊ST 天颐给上市公司普通股股东的月均净利润不低于 800 万元，2009 年实现的归属于上市公司普通股股东的净利润不低于 1.2 亿元，2010 年实现的归属于上市公司普通股股东的净利润不低于 1.5 亿元。由此，明确的业绩承诺可以看出控股股东对 S＊ST 天颐未来的发展前景充满了信心。于是，公司股票于 2008 年 7 月 8 日复牌，当日股价大涨 156%，以 13.89 元报收(图 12－12)。之后，虽跟随大盘下跌而回落至 11 月的 5.89 元，但到 2010 年 1 月 20 日时，股价已经飙升至 78 元，涨幅达 1324%。

案例 2：广晟有色(600259)

广晟有色前身为兴业聚酯，主营业务为纺织业。由于 2004 年、2005 年、2006 年连续三年亏损，公司股票简称 S＊ST 聚酯，于 2007 年 5 月被暂停上市。2007 年 12 月 11 日，广晟有色与 S＊ST 聚酯签订相关协议，拟对

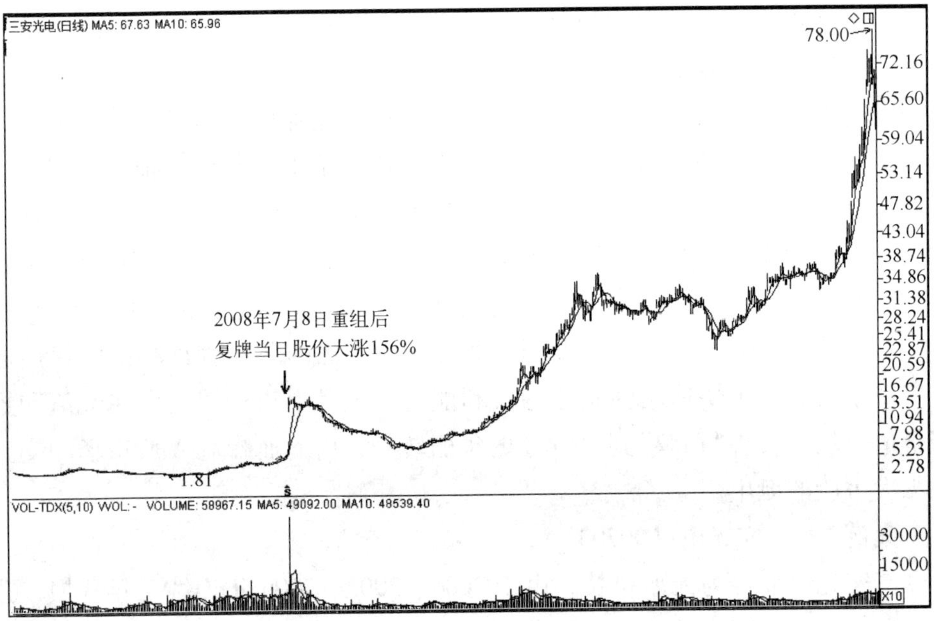

图 12－12　三安光电

其进行重组，实现稀土、钨类业务的借壳上市。根据所签协议，S＊ST 聚酯拟以扣除 2.72 亿元相关银行负债后的全部资产和负债，与广晟有色持有的稀土、钨相关资产进行置换，置入资产估值为 4.83 亿元，置换差额 2.41 亿元由 S＊ST 聚酯以 6.68 元/股的价格向广晟有色发行 3600 万股股份购买。双方同时约定，S＊ST 聚酯前三大股东将持有的 8876 万股股份转让给广晟有色，广晟有色以 S＊ST 聚酯置出资产和 5027 万元现金购买上述股权。股权转让后，广晟有色将持有 S＊ST 聚酯 41.59% 股权，增发完成后，将持有 S＊ST 聚酯 50.02% 股权，成为其第一大股东。重组后 S＊ST 聚酯主营业务由原来的纺织业转身为有色金属，背后的大股东变为广东国资委旗下的广东广晟有色金属集团，该集团是我国最早进入所在生产领域的公司，年产值达到 300 多亿元，在华南地区拥有行业的重要话语权，拥有控股公司 30 多家，未来资产注入等资本运作需求强烈。同时，公司拥有广东省所有的“稀土采矿权证”，是广东省唯一合法的稀土采矿商，高度的行业竞争壁垒以及产品价格和需求的快速复苏，有望在后期持续推升公司的盈利能力，为摘帽再添重要砝码。停牌一年半后，2009 年 1 月 19 日恢复上市，在业绩提升的预期刺激下，股价开启一波大牛市行情，以复牌当日收盘价 6.80 元计算，截止于 2010 年 10 月 18 日的最高价 101.37 元，股价涨幅达 1490%（图 12－13）。

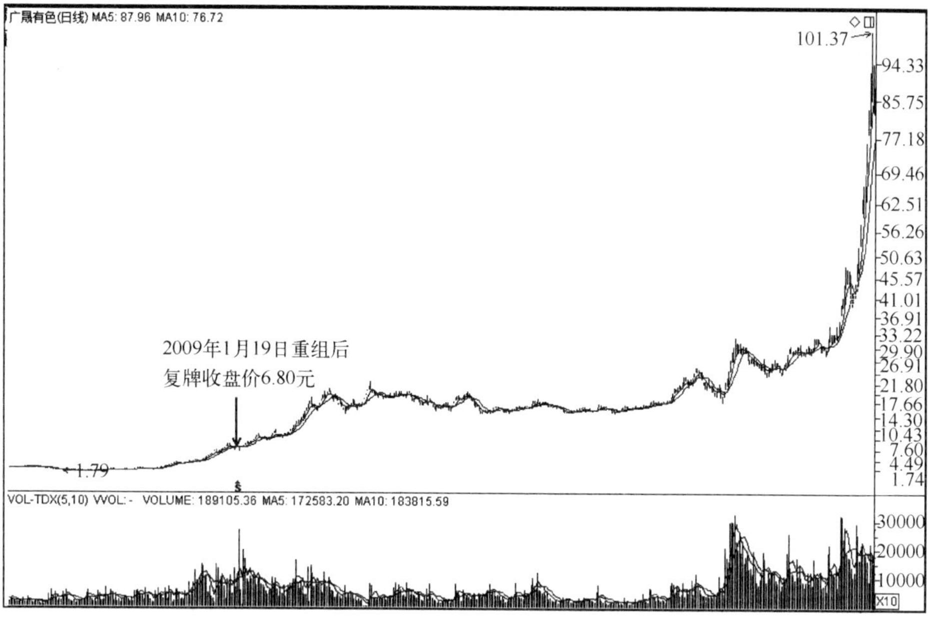

图 12－13　广晟有色

从上述案例说明，投资者倘若仅仅关注绩优股，而忽略或坚决不碰 ST 股的投资理念并不可取。尽管 ST 股常常被视作垃圾股，但同时也是孕育牛股的“温床”，投资者应该尝试在 ST 股中寻找潜力股，从“垃圾”中挖掘“金矿”。那么，哪些 ST 股会有重组或借壳的潜质呢？投资者可以从以下几方面分析：

（1）流通盘小，市值在 50 亿元以下，其中 25 亿以下市值最受青睐，这样便于重组方以较小的代价介入，股本小、股价高、且债务负担小的为优先借壳标的。

（2）上市公司主营业务失去市场竞争力或面临淘汰，上市平台基本失去融资功能。

（3）重点关注具有国资背景，尤其是央企背景的公司。因为地方优质的国企未上市的还有不少，在国企改革背景下，具有国资背景的一些壳资源股将是未上市国企借壳重组上市的重要途径之一。从历史数据来看，该板块黑马频出。

(4) 大股东出售资产，有强烈保壳意愿的＊ST 公司。保壳举动说明大股东希望积极利用壳资源，虽然短期内没有实现市场预期，保壳后股价大多还会下跌，此时正好可以吸纳。特别是年报出炉前后，也就是岁末年初的时候，众多的＊ST 股票公司的大股东都会为了保壳而使出浑身解数，上演一幕幕精彩的保壳大戏，也会为二级市场提供炒作的契机。

(5) 险资、券商、QFII、社保、基金等机构积极持仓的 ST 股，后续上涨动力更强。

(6) ST 股股东户数的下降，或者创历史新低，表明筹码锁定较好，某种意义上预示公司基本面已经或正在朝好的方向发展。

(7) 重点关注重组中大股东经济实力雄厚和有大量优质资产注入潜力或者主业属于新兴产业的公司，这些将为上市公司的业绩持续增长打下坚实的基础。

(8) 关注大股东有业绩承诺的公司，良好的基本面是股价上涨的核心因素。

市场对 ST 股的炒作，归根结底是对资产重组后上市公司的业绩提升预期的炒作。所以，一些公司在资产重组后，大股东往往会附加一个未来业绩承诺，承诺的时间越长，显示对公司发展前景的越乐观，越能提振投资者持股信心，也是 ST 股孕育牛股的重要原因之一。

尽管重组能让 ST 股咸鱼翻身，上演乌鸡变凤凰的神话，投资者有可能博得高收益，但是潜在风险也比较大，投资者应谨慎参与 ST 股，理由如下：

(1) 近年来随着借壳门槛和难度的提高，以及新股发行将由核准制向注册制转变，意味着壳资源概念股的价值将日益缩水，A 股市场以往频繁上演的“乌鸡变凤凰”，ST 板块往日“一飞冲天”的风采将很难再现。

(2) 普通投资者在信息和投资策略上与专业机构相比完全处于劣势，参与 ST 股将承受重组不确定性所带来长时间的煎熬和亏损的压力。

(3) 重组失败或重组效果低于市场预期，可能导致股价持续下跌，甚至暂停上市或退市风险。比如在证监会推出退市制度后，2016 年＊ST 博元因重大信息披露违法被终止上市，打破了 A 股“不死鸟”的神话。为了避免这类“黑天鹅事件”的发生，投资者应把风险放在首位，即使看准了重组有实质进展的公司，也只能以一部分资金参与，不宜全仓押上！

第五节　从公司基本面分析中抓牛股

在股市中，总会有一些股票能够长时间的跑赢大盘，成为名副其实的大牛股。其长期走强的背后离不开公司良好基本面的支撑，也就是公司的内在价值。投资者分析上市公司的基本面时，可以从以下四方面着手。

(1)上市公司的财务分析。财务分析是研究企业业绩和成长性最基本的分析方法，通过财务分析就可以对上市公司的优劣作出比较准确的判断。财务分析可以分为两种：一种是纵向分析，即对这家上市公司过去、现在财务报表以及将来可能出现的财务变化进行对比，由此判断企业是发展壮大了，还是衰退了；另一种就是横向分析，即把同行业不同上市公司在相同年度的财务进行对比，由此可知谁强谁弱，孰优孰劣。

(2)上市公司是否具有核心竞争力。企业核心竞争力，指的是企业长期形成的，蕴涵于企业内质之中，是企业独具的，支撑企业过去，现在和未来的竞争优势，并使企业在竞争环境中能够长时间取得主动的核心能力。诸如独特的商业模式、品牌效应或资源的稀缺性所形成的市场壁垒、技术专利所构筑的技术壁垒，由此而形成的市场垄断地位或市场语权等等。

(3)上市公司主营业务是否属于国家政策支持的新兴产业。新兴产业代表国民经济产业发展的未来方向，不仅会获得国家的政策支持，同时也会受到资本市场资金的追捧，受到政策支持的产业和相关上市公司，其前景和成长性更值得期待。

(4)从公司上市时间的长短、股本大小，来探究公司是否具有股本扩张和高分红送转的潜力，因为大牛股诞生的过程，一定意义上说也是公司高速成长壮大的过程。所以，上市时间短，股本小，具备股本扩张和高送转潜力的公司更值得关注。

案例1：贵州茅台(600519)

贵州茅台其主导产品贵州茅台酒与法国科涅克白兰地、英国苏格兰威士忌并称世界三大(蒸馏)名酒，是我国大曲酱香型白酒的鼻祖和龙头，具有2000多年的悠久历史。近一个世纪以来已先后14次荣获各种国际金奖，并蝉联历次国内名酒评比之冠，被誉为“国酒”。其悠久的历史和享有的美誉都铸就了贵州茅台的品牌价值。同时，因其拥有独一无二的工艺技术，独特的空气、气候、地理、水文环境，使茅台酒不能异地生产，在全国白酒行业绝无仅有。另外，其 GB18356—2001《茅台酒（贵州茅台酒）》既是国家标准，也是企业标准和国际标准，这些都构成了贵州茅台的核心竞争力。自 2001 年公司上市以来，其业绩复合增长率达 35% 以上，给投资者带来了丰厚的回报，年年实施分红，16 年来累计分红已经超过 430 亿元，成为中国资本市场当之无愧的“分红王。而股价也从上市之初的 34. 51 元涨至 2017 年 11 月 16 日的最高价 719. 96 元（图 12 - 14），总市值也突破 9000 亿元，距离万亿市值仅一步之遥，成为沪深两市第一高价股，向世人展示大牛股的本色，是价值投资最好的诠释。

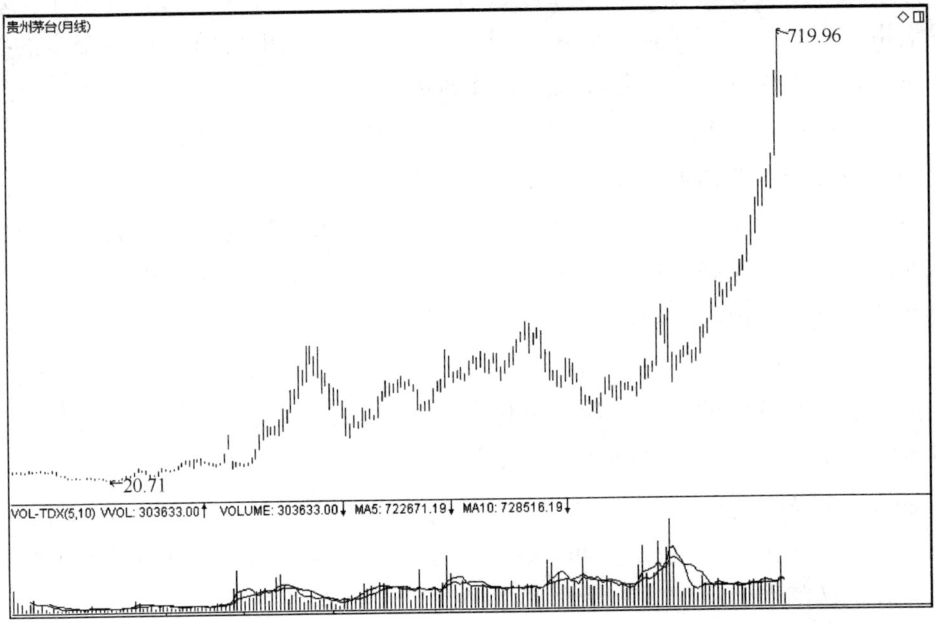

图 12 - 14 贵州茅台

案例 2：片仔癀（600436）

公司主导产品片仔癀源于宫廷，拥有 450 年的历史，属国家绝密级配方，技术壁垒极高，具有高端品牌价值，在国内外具有极佳的声誉。由于片仔癀系列产品受限于原材料天然麝香极为稀有，使得其产品具有独家稀缺性，有着“药中茅台”的美誉。同时，受益于政府对中医药产业的扶持，片仔癀拥有了自主涨价的权利，2003 年片仔癀上市之初，单粒平均售价约为 102.76 元，自 2005 年以来，公司共提价 13 次，其价格也涨至如今的 500 元/粒，涨幅为 3.86 倍。这样，使得公司净利润也是大幅攀升，从上市首年(2003 年)净利润的 6047.81 万元，达到 2015 年的 4.67 亿元，涨幅高达 7 倍。在良好业绩的支撑下，股价也由上市之初的 15.89 元，上涨至 2015 年 6 月 2 日的最高价 234.55 元(图 12－15)，涨幅达 15 倍。

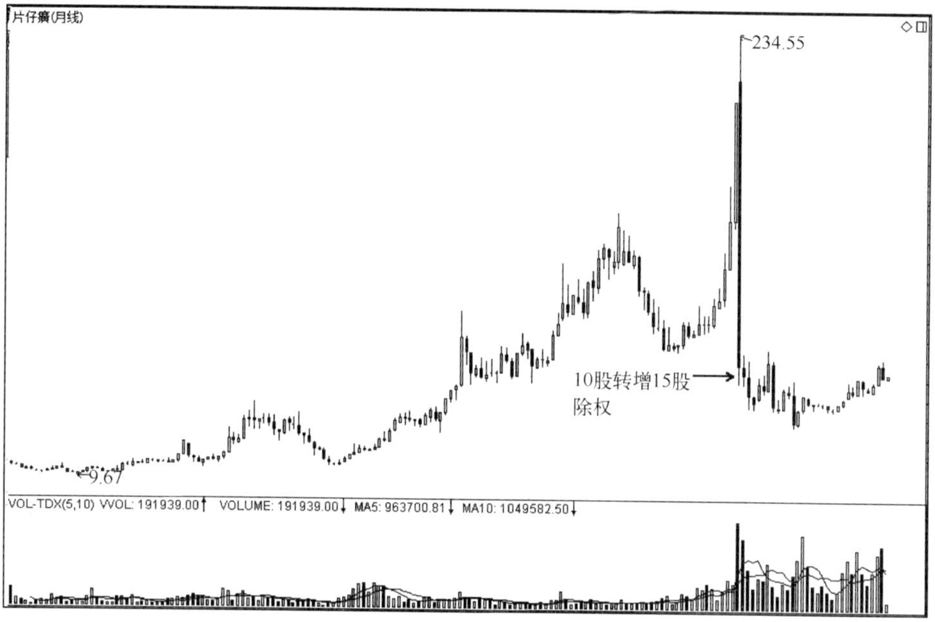

图 12－15　片仔癀

上述案例均是从上市公司良好的基本面选择投资的标的，也就人们常说的价值投资。价值投资和趋势投资是代表当今资本市场风格完全不同的两种投资方式。趋势投资，是投资者以技术图形和指标所发出的买卖信号作为买进或卖出股票依据的投资方式。价值投资，则是投资者注重以分析股票内在价值的高低来作为买进或卖出的一种投资方式，也就是投资者认为股票的价值被低估时的时候买进，在高估的时候卖出。而纯粹的价值投资者是不看走势图的，甚至连大盘走势，国家经济政策都可以毫不关心，他们唯一关注的上市公司的经营现状，重点关注和研究的是上市公司的财务报表。价值投资的代表人物，就是众所周知的美国著名投资大师沃伦·巴菲特。1976

年，巴菲特投资4571万美元购买Geico保险公司股票，持有20年，盈利23亿美元，增值50倍；1989年，投入6亿美元买进吉列刀片，持有15年，盈利45亿美元，翻了7.5倍；尤为经典的是1973年，投资1062万美元买进华盛顿邮报公司股票，持有33年，到2006年时已经实现127倍的超高投资收益。巴菲特买入上述公司的股票并长期持有，无一例外的都是看好相关公司的内在价值，在其认为价值被低估时买进，进行长期持有，然后在其认为价值高估时抛出。价值投资者认为，只有在内在价值被严重低估，并且未来拥有巨大发展潜力的上市公司才值得投资，就如同巴菲特所说，一支股票值不值得拥有，与股市走势无关，哪怕股市关门，照样可以发展壮大的上市公司，才值得投资者拥有它。但是，价值投资对绝大多数投资者而言，看起来很美，真正操作起来很难。那么，它难在哪里呢?

第一：难在A股市场近3000只股票，投资者若没有相当的专业知识，很难去发现股票的内在价值以及上市公司未来的发展潜力。等大牛股、大黑马成为市场耀眼的明星时，其股价往往已是高处不胜寒，出现严重透支了。缺乏实战经验的价值投资者，在媒体和股评家大谈其投资价值的氛围下，常常追在高位，当股价重心不断下沉时，会陷入进退两难的被动局面。

第二：难在价值投资在目前的价值投资理论体系中，未能解决何时买进或何时卖出这一基本问题。仅仅以“当价值被低估，尤其是被严重低估时候就是买进的时机；当价值被高估时，尤其是被严重高估的时候就是卖出的时机”作为买卖的依据，显得空洞和苍白无力，无法对“价值被低估或价值被高估”进行量化。正是由于缺乏一个可以量化的参考依据，“何时买进与卖出”成为价值投资者的最大困惑。至于投资大师巴菲特如何如何克服和解决这一难题，至今依然是一个谜。

第三：难在投资者如果没有一个良好的投资心态，即便是挖掘到这样有潜力的股票，恐怕也拿不住。首先，A股作为一个新兴市场，投机之风盛行，无论是机构投资者还是个人投资者，短期化操作突出，同时A股牛熊转换频繁，当股市出现系统性风险时，几乎所有股票均会跟随大盘下跌，绩优股也不例外；其次，大牛股、大黑马在上涨过程中，主力会通过震仓洗盘来影响投资者的心态，动摇其持股信心，从而迫使投资者交出筹码与大牛股、大黑马擦肩而过。而真正能在低位买进并一直持有，在这些大牛股身上获得几十倍，乃至上百倍利润的投资者，在A股市场简直是凤毛麟角。

第四：难在绩优股，在经过连续爆炒后价值被高估，也都会有一个价值回归股过程，盲目的长期持有，无异于把到手的盈利拱手让出。

第五：难在绩优股、大牛股也可能褪色，当他们褪色后导致的股价大幅下挫，将对崇尚长线持有的价值投资者造成巨大的损失。

正是由于价值投资的诸多困难，所以，价值投资在A股市场一直难以形成气候，不像趋势投资那样得到更广泛的推广和认同。同时，价值投资不能简单的理解为：找到长线牛股买进后，就一直长期的持有，对股价的波动不闻不问。毕竟，A股作为一个新兴市场，暴涨暴跌经常出现，牛熊转换频繁，绩优股生命周期短，况且不排除某些绩优股可能有造假或媒体虚假捧吹的可能，未经甄别的长期持有，可能会讓成大错。而将趋势投资与价值投资进行有机结合，将减少或避免这种错误的出现，无疑是目前最佳的一种操作方式。因为无论大盘和个股，经过一轮强劲的牛市行情之后，从趋势投资的角度分析，技术上有修复调整的需求；而从价值投资的角度看，也有价值回归的过程。所以，用技术锁定风险，一旦技术破位，再好，再优秀的股票也应该果断卖出，然后在技术指标发出买进信号后，在低位再买回来。这样比一味的盲目长线持有风险更小，长线盈利更有保证。以贵州茅台为例(图12－16)，从2003年11月28日至2016年8月31日，贵州茅台的股价曾出现过三次大幅度下跌。第一次是在2008年1月15日，贵州茅台的股价冲到230.55元后，受累于大盘下跌(上证指数已于2007年10月16日见6124点历史峰值，同时全球金融危机爆发)，股价也出现一波较大跌幅，最低跌至84.20元；第二次是2012年国务院对“三公消费”的整理，白酒业转入寒冬，首当其冲的就是作为白酒业龙头的贵州茅台，股价冲到7月20日的266.08元后，再一次深幅下挫，最低跌至118.01元；第三次是是在2015年6月股灾来临之前，贵州茅台股价在5月26日再创290元的新高后，市场一些先知先觉资金就开始撤离，短短三个月时间股价几近腰斩，跌至166.20元。贵州茅台这三次股价高位见顶回落和低位触底回升，技术上均有明显见顶或见底信号出现。最为简单的操作方法就是：股价跌破中长期上升趋势线时，即刻把筹码抛出；同样，在股价突破中长期下降趋势线时，再把股票接回来。所以，运用技术分析的方法对这类长线牛股进行波段操作，即可避免了股价大幅下跌带来的风险，锁定利润，也可通过低吸摊低持股成本，远比一味的捂股不动受益更高，风险更小。同时，也弥补了价值投资法买进卖出信号不明确的缺陷。

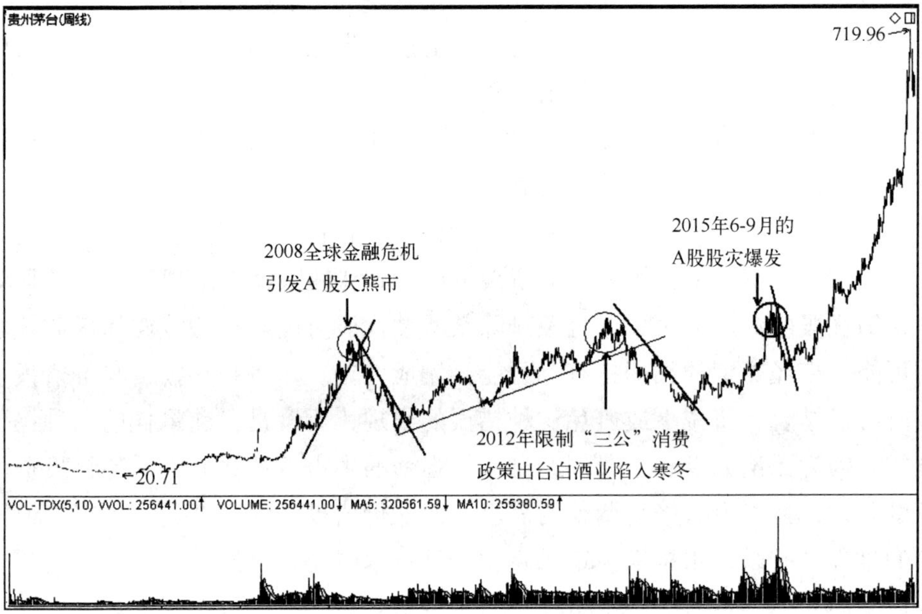

图 12－16　贵州茅台

第六节　先于大盘见底的个股或板块中抓牛股

在实战中，细心的投资者会发现，几乎每一轮股市调整中，当大盘尚处于熊市末期或筑底阶段时，常常会出现某一板块和个股提前于大盘见底而率先启动的现象。而这些率先启动的板块或个股，在大盘见底后并启动上升行情中，常常是这一轮上涨行情的龙头，成为当之不愧的大牛股。之所以出现这种现象，那是因为市场一些先知先觉的主力资金，凭借信息和专业的优势，在大部分普通投资者还在等待观望时而提前建仓，当大盘成功筑底时主力已完成布局，在大盘启动时，这些板块或个股往往成为市场的领头羊。投资者若能熟知此运行规律，跟随主力步伐，积极跟进，捕捉牛股的概率颇高。

案例 1：德赛电池(000049)

2008 年 10 月 28 日大盘经历 A 股史上最大一轮熊市后，终于在 1664 点见底。而就在大盘缓慢筑底期间，德赛电池已提前于 9 月 19 日见底回升(图 12－17)。

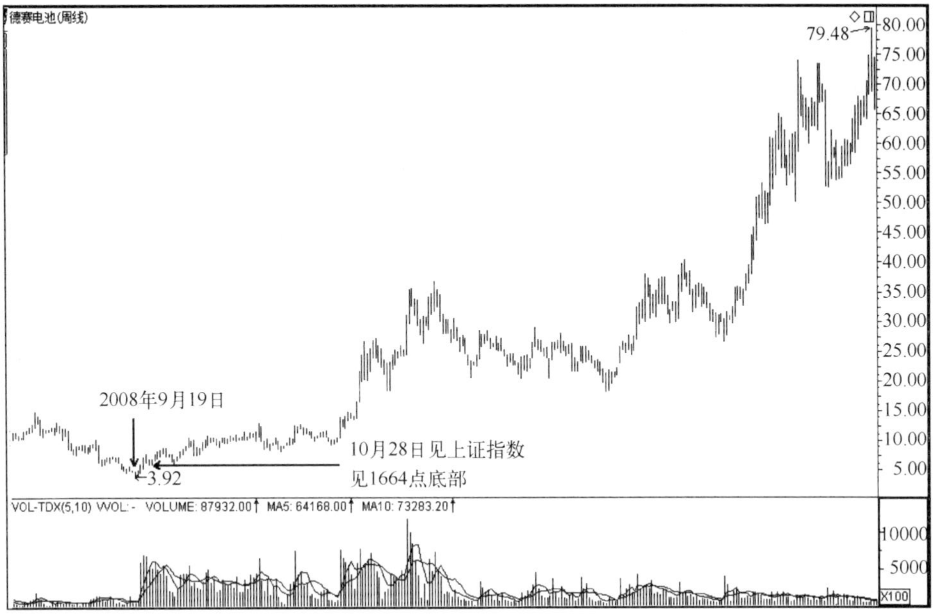

图 12－17

比大盘提前了近个月，到大盘见底时，股价已从 3.92 元上升至该阶段最高的 7.8 元，几近翻倍。之后，大盘出现一轮从 1664～3478 点恢复性上升行情，见 3478 点阶段性顶部后，大盘出现长达近 5 年弱势整荡，而德赛电池却开启了一轮长达近 6 年的牛市行情，到达 2014 年 1 月 10 日的 79.48 元，股价足足翻了 20 倍，成为弱势行情中最耀眼的明星股。

案例 2：民生银行(600016)

2012 年 12 月 4 日，上证指数在 1849 点形成阶段性底部，，而民生银行已于 9 月 6 日提前止跌回升(图 12－18)，在 1949～2444 点这波阶段性反弹中，民生银行成为当之无愧的领头羊。

案例 3：多氟多(002407)

2015 年 6 月 15 日上证指数自 5178 点高位下跌，于 8 月 25 日在 2850 点形成阶段性底部。而多氟多于 7 月 23 日提前大盘止跌回升(图 12－19)。在随后

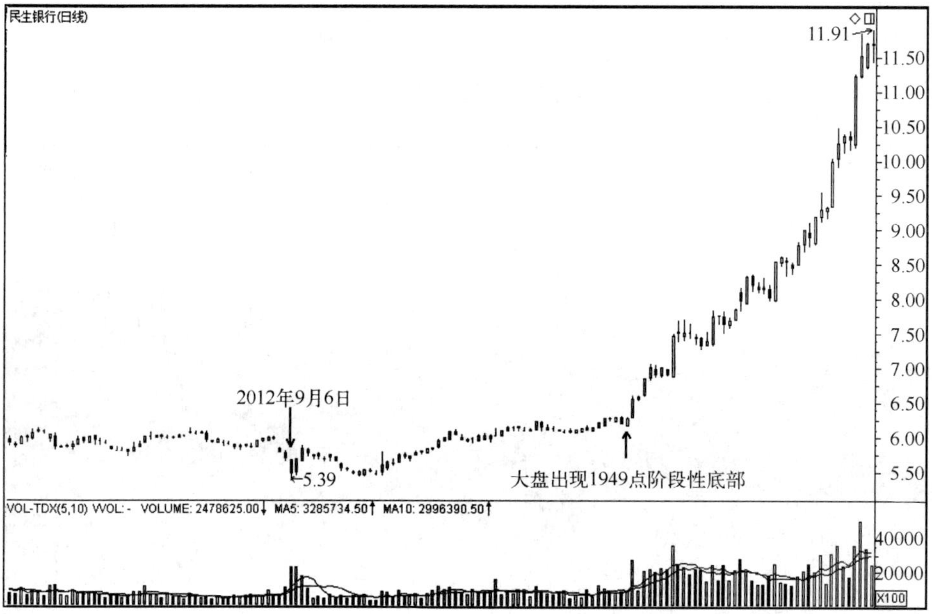
民生银行(日线)
11.91
2012年9月6日
5.39
大盘出现1949点阶段性底部
VOL-TDX(5,10) VVOL: - VOLUME: 2478625.00 MA5: 3285734.50 MA10: 2996390.50
X100

图 12－18

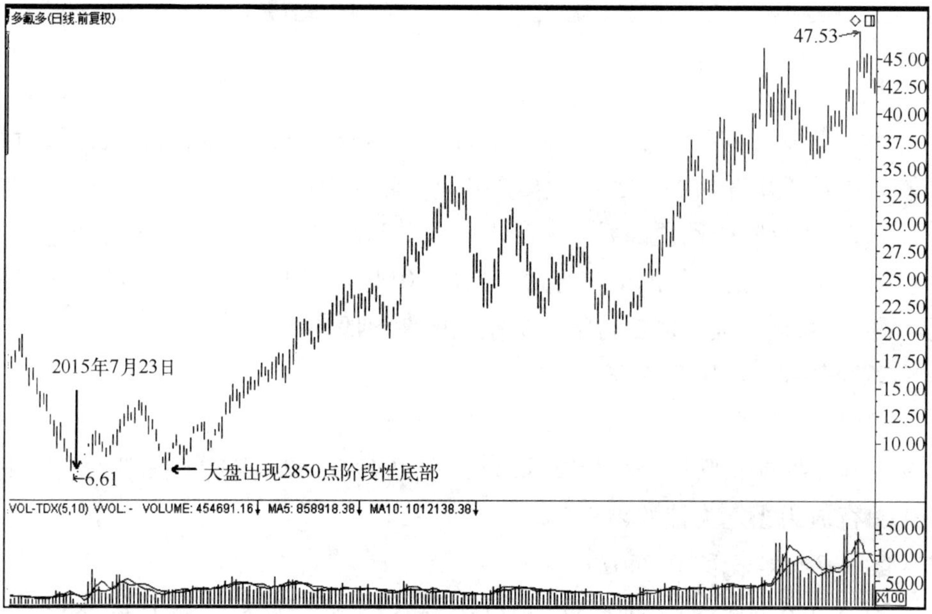
多氟多(日线,前复权)
47.53
2015年7月23日
6.61
大盘出现2850点阶段性底部
VOL-TDX(5,10) VVOL: - VOLUME: 454691.16 MA5: 858918.38 MA10: 1012138.38
X100

图 12－19

的大盘反弹中，多氟多也成为这波反弹的牛股之一，到 2016 年 5 月 6 日的最高价 47.68(前复权后)元，不到一年的时间里股价涨幅达近 7 倍。

第七节　潜伏底中抓牛股

众所周知，潜伏底是股价经过一轮大幅下跌后长期横盘，以突破上边线为标志的底部形态。由于长期横盘期间换手相当彻底的缘故，一旦突破上边线，股价常常呈现一路上飙的态势。投资者如果能发现潜伏底，并在突破上边线时大胆跟进，也不失为一种擒拿牛股的有效方法。

案例 1：深科技(000021)

1994 年 3 月深科技的股价从 12.45 元见顶回落，在 2.40 元止跌之后近两年的时间里，股价一直徘徊于 2.4～8 元之间，股价与成交量均各自形成一条带状，形成潜伏底雏形(图 12－20)。经过充分换手后股价一举突破潜伏底的上边线，从 7 元涨至 20 元。随后经过一段时间的横盘整理后再一次凌厉上攻，从 20 元飙升至 70 元。股价从突破上边线的 10 元上涨至最高时 70 元，涨幅近 10 倍。

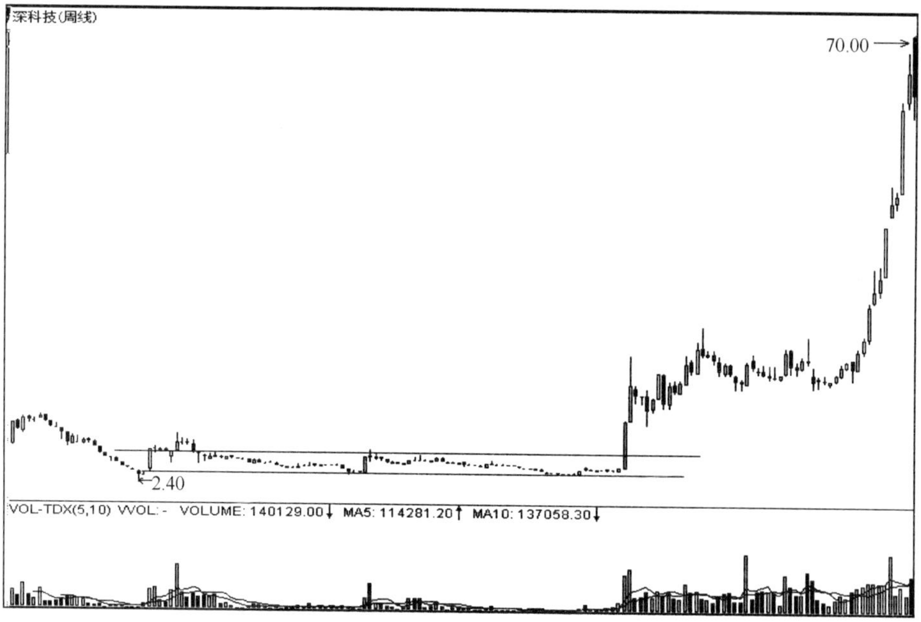

图 12－20

案例 2：神州信息(000555)

2002 年 9 月神州信息股价从 29. 30 元高位下跌，截止 2005 年 9 月的最低价 2. 05 元时，股价只有高峰时的一点零头。在前后长达 8 年的时间里，股价长期徘徊在 2 ~ 11 元之间(图 12 – 21)，直至 2013 年 8 月，一根涨幅 135% 的大阳线放量突破潜伏底上边线后，股价开启了一波牛市行情，从突破上边线时的 22 元涨至最高的 12. 05 元，涨幅达 500%。

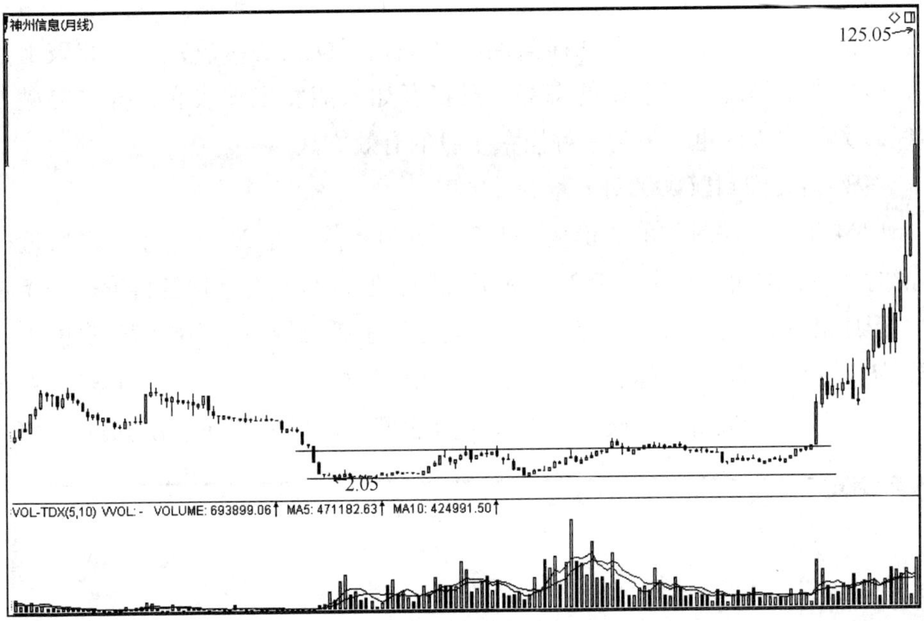

图 12 – 21

小节：在这一章中作者向大家介绍了 7 种发掘牛股的方法，这些方法比较适合于稳健型的投资者。不过，无论哪一种方法都必须遵循一个原则：顺应趋势，以趋势为王。我们都知道，趋势是自然界一切事物发展方向的内在运行规律，不会以因人们的意志而转移，股市也不例外。也就是说，无论是选择高送转，或 ST 股中寻找重组股，还从是公司基本面出发，只有在股价突破中长期下降趋势线后，或形成新的上升趋势线的股票，这才是您选择股票，挖掘牛股的前提！